U0906793

粒计算研究丛书

粒计算中的不确定性分析

苗夺谦　卫志华　王睿智
赵才荣　陈玉明　张贤勇　著

科学出版社
北京

内 容 简 介

粒计算是人工智能的重要分支领域。它以一种粒化的思想和方法来分析与处理问题，这为探究人工智能中普遍存在的不确定性问题提供了新方法。本书介绍粒计算中不确定性分析的最新研究进展。全书共 12 章，内容涉及经典粗糙集、模糊粗糙集、邻域粗糙集、三支决策、决策规则、邻域系统、深度学习等。每章都深入分析模型及其在应用中存在的不确定性问题，介绍相应的不确定性度量和分析处理方法。

本书可供计算机、自动化及相关专业的研究人员、教师、研究生、高年级本科生阅读，也可供相关领域工程技术人员参考。

图书在版编目（CIP）数据

粒计算中的不确定性分析 / 苗夺谦等著. —北京：科学出版社，2019.9

（粒计算研究丛书）

ISBN 978-7-03-060520-7

Ⅰ. ①粒…　Ⅱ. ①苗…　Ⅲ. ①人工智能－计算方法　Ⅳ. ①TP18

中国版本图书馆 CIP 数据核字(2019)第 029894 号

责任编辑：任　静 / 责任校对：张凤琴

责任印制：吴兆东 / 封面设计：迷底书装

科学出版社出版

北京东黄城根北街 16 号

邮政编码：100717

http://www.sciencep.com

北京凌奇印刷有限责任公司印刷

科学出版社发行　各地新华书店经销

*

2019 年 9 月第　一　版　开本：720×1 000　1/16

2019 年 9 月第一次印刷　印张：19 1/4

字数：364 000

POD定价：　115.00元

（如有印装质量问题，我社负责调换）

“粒计算研究丛书”编委会

丛 书 序

粒计算是一个新兴的、多学科交叉的研究领域。它既融入了经典的智慧，也包括了信息时代的创新。通过十多年的研究，粒计算逐渐形成了自己的哲学、理论、方法和工具，并产生了粒思维、粒逻辑、粒推理、粒分析、粒处理、粒问题求解等诸多研究课题。值得骄傲的是，中国科学工作者为粒计算研究发挥了奠基性的作用，并引导了粒计算研究的发展趋势。

在过去几年里，科学出版社出版了一系列具有广泛影响的粒计算著作，包括《粒计算：过去、现在与展望》《商空间与粒计算——结构化问题求解理论与方法》《不确定性与粒计算》等。为了更系统、全面地介绍粒计算的最新研究成果，推动粒计算研究的发展，科学出版社推出了"粒计算研究丛书"。丛书的基本编辑方式为：以粒计算为中心，每年选择该领域的一个突出热点为主题，邀请国内外粒计算和该主题方面的知名专家、学者就此主题撰文，来介绍近期相关研究成果及对未来的展望。此外，其他相关研究者对该主题撰写的稿件，经丛书编委会评审通过后，也可以列入该丛书。丛书与每年的粒计算研讨会建立长期合作关系，丛书的作者将捐献稿费购书，赠给研讨会的参会者。

中国有句老话，"星星之火，可以燎原"，还有句谚语，"众人拾柴火焰高"。"粒计算研究丛书"就是基于这样的理念和信念出版发行的。粒计算还处于婴儿时期，是星星之火，在我们每个人的细心呵护下，一定能够燃烧成燎原大火。粒计算的成长，要靠大家不断地提供营养，靠大家的集体智慧，靠每一个人的独特贡献。这套丛书为大家提供了一个平台，让我们可以相互探讨和交流，共同创新和建树，推广粒计算的研究与发展。本丛书受益于从事粒计算研究同仁的热心参与，也必将服务于从事粒计算研究的每一位科学工作者、老师和同学。

"粒计算研究丛书"的出版得到了众多学者的支持和鼓励，同时也得到了科学出版社的大力帮助。没有这些支持，也就没有本丛书。我们衷心地感谢所有给予我们支持和帮助的朋友们！

"粒计算研究丛书"编委会

2015 年 7 月

序

在第一次见到苗夺谦教授之前，我对他的研究工作已有所了解。他关于用 Shannon 信息熵度量知识粒度以及属性约简的结果与方法对我的研究具有很大的启发，我在文章中也曾多次借鉴他的工作成果。过去十多年，我们从相见恨晚到老朋友和研究合作者，我一直关注和关心苗教授及其团队的工作。他们的研究跨越很多领域，取得了丰硕成果。粒计算理论及其数学模型，特别是粒计算中的不确性和度量，一直是他们的重点研究方向之一。2011 年出版的《不确定性与粒计算》一书包含了他们的早期工作，本专著是续篇，从不确定性角度探讨粒计算、粗糙集、三支决策、模糊集、深度学习、大数据、人工智能等主题，为大家展示他们的最新成果。

不确定性是科学研究中必须考虑的基本问题之一，体现在众多学科中，如哲学、认知科学、经济学、计算机科学和人工智能等。20 世纪 80 年代中期，人工智能的学者认识到这个问题，提出人工智能中的不确定性(Uncertainty in Artificial Intelligence)这一研究方向。粒计算是人工智能领域的一个较新的方向，基于认知并以一种粒化的思维方式及方法论来认识世界和处理问题。作为本书的主要出发点，本书关于粒计算中的不确定性(Uncertainty in Granular Computing)的研究既有首创性、开拓性和独特性，也有前瞻性、深刻性和系统性。

我在 2009 年提出三支决策理论，很高兴看到本书有三章内容与三支决策相关。首先，我要感谢苗夺谦教授和这三章作者对三支决策的贡献与支持。同时，我想简单地谈谈怎样从三支决策看不确定性。三支决策是三元论和三分法，可以理解为基于三的思维、基于三的问题求解方法、基于三的信息处理模式。三支决策的主要思想是三分而治，将一个整体合理地分为三个部分，并采取有效的策略处理每个部分，从而获得所期待的效果。根据不同的应用，三支决策中的“三”有多种解释，如三要素、三部分、三分量、三层次、三阶段、三步骤、三种类、三件事和三句话等；三支决策中的“决策”也有多种解释，如处理、分析、求解和计算等。三支决策就是合理、有效地用三，表现为以三为本、基三思维、依三而治，既包含了“一分为三”，也包含了“三合为一”。基于三分，我们通常可以获得三个状态，两个极端和一个中间，不确定性可以看作中间状态的固有特征。例如，介于黑和白之间的是灰，灰表示一种不确定性；介于完全知道和完全不知道之间的是部分知道，部分知道给出另一种不确定性。科学研究就是从不知道到知道的过程，逐渐地降低不确定性。

在谈到科学的价值时，诺贝尔物理学奖获得者 Richard Feynman 说过，“The scientist has a lot of experience with ignorance and doubt and uncertainty, and this experience is of very great importance, I think. When a scientist doesn’t know the answer to a problem, he is ignorant. When he has a hunch as to what the result is, he is uncertain. And when he is pretty darn sure of what the result is going to be, he is in some doubt. We have found it of paramount importance that in order to progress we must recognize the ignorance and leave room for doubt. Scientific knowledge is a body of statements of varying degrees of certainty—some most unsure, some nearly sure, none absolutely certain." 其中，"doesn't know""has a hunch""is pretty darn sure"可以理解为三分的三个状态，两极分别具有最大和最小不确定性，中间具有中度不确定性。怎样表示、度量和减小不确定性是科学研究的关键。粒计算是方法论，可以指导科学研究，从这个意义上讲，本书也涉及科学研究方法论。

2007年苗夺谦教授主持编写了《粒计算：过去、现在与展望》这本中国第一部粒计算的专著；2012年苗夺谦教授和王国胤教授推出粒计算研究丛书(我有幸参与了这项工作；借此机会，我由衷地感谢他们的友谊和支持)。这些工作推动了粒计算在中国的研究，本书的出版将进一步促进粒计算的发展和壮大。

这是一部对研究不确定性分析的广大科研工作者、教师和研究生都不可多得的专著之一。我从中获得很多启示，我很高兴地把它推荐给大家。

姚一豫
加拿大里贾纳大学
2018年7月

前　言

科学以追求真理性和确定性为己任，而其发展历程中不确定性却常伴左右。克莱因在《数学：确定性的丧失》中说道："从认识到一门逻辑学科不合逻辑的发展，到实证观和统计方法的方兴未艾，人类逐渐突破了确定性思维的局限。"而今，在人工智能所引发的新一轮科技革命浪潮的推动下，人类开始直面不确定性问题，探索其中蕴藏着的非生物本能的智慧。

针对不确定性问题，来自哲学、经济学、人工智能、认知科学等众多学科领域的学者展开了研究。粒计算，这一人工智能领域的新理论，它抽象了人类面对复杂问题时所表现的多层次、多视角的问题处理方式及其近似求解能力，以一系列朴素的粒化思想、概念和方法来处理不确定性问题，展示出广泛的适用性，已逐渐成为不确定性问题求解的重要理论。

粒计算的主要理论有粗糙集、三支决策、词计算、商空间和云模型等，其中粗糙集理论无需先验知识，从数据集本身出发，利用一对上下近似算子对不确定性信息进行近似描述，进而进行特征选择、规则提取以获取知识，这是一种有效地处理不确定的、模糊的、不完整信息系统的模型，其有效性已在许多科学与应用领域得以验证。基于决策粗糙集发展而来的三支决策理论，在传统的两支决策基础上，增加了"不承诺"选项，即延迟决策。当信息不足时，采取延迟决策反映人们处理实际问题的认知模式。同时，对不承诺项的再研究，可细化对决策对象的认知粒度，进而提高决策的准确性。

不确定性度量及应用研究已受到广大学者的关注，但现有研究多从概率论、博弈论等角度予以讨论，而本书以粒计算、粗糙集、三支决策理论为基础，围绕应用场景里复杂问题中存在的不确定性，进行广泛的分析与探讨，内容涵盖了不确定性的度量与应用、多种扩展粗糙集模型的属性约简、三支决策理论及其在深度学习中的应用、大数据背景下的决策规则挖掘等，反映了当前粗糙集、三支决策领域不确定性研究的最新进展。

本书汇集了相关学者的最新研究成果，体现了在人工智能、大数据背景下利用粒计算和粗糙集理论解决复杂问题的优势，本书的出版将会促进粒计算和粗糙集研究的进一步发展。

全书组织结构如下：第 1 章为粒计算中不确定性分析概述，由胡声丹、王睿智撰写；第 2 章为基于三支决策的深度学习级联模型研究，由卫志华、沈雯、赵才荣、孙丽君撰写；第 3 章为深度学习中不确定性研究及其在监控视频智能分析中的应用，由赵才荣、陈康、田元、王睿智撰写；第 4 章为邻域系统中的不确定性度量与鱼群智能，由陈玉明撰写；第 5 章为基于三层粒度结构的三支信息度量，由张贤勇、杨霁琳撰写；第 6 章为基于相容关系的最大分布保持属性约简，由尹继亮、张楠、童向荣、张中喜撰写；第 7 章为大数据下层次决策规则不确定性分析与并行挖掘，由钱进、岳晓冬、刘财辉撰写；第 8 章为粒的不确定性度量及其关系研究，由刘财辉、钱进、张红云撰写；第 9 章为基于特征矩阵的动态覆盖信息系统属性约简，由郎广名、李振宇、张志飞撰写；第 10 章为基于模糊粗糙集理论的不确定信息系统及其约简研究，由徐菲菲撰写；第 11 章为基于混淆矩阵的三支决策度量体系，由徐健锋、张远健、张志飞撰写；第 12 章为基于邻域粗糙集的多标记分类算法研究，由余鹰撰写。

本书的出版得到了国家重点研发计划(213)、国家自然科学基金项目(61673301、61673299、61573259、61673285、61763031、61663002、61563016)、公安部重大专项(20170004)等的资助，在此一并表示感谢。

由于作者水平有限，加之时间仓促，书中疏漏之处在所难免，恳请读者批评指正。

目　　录

第 1 章　粒计算中不确定性分析概述①

不确定性是一种普遍存在的现象，哲学、认知科学、人工智能、粒计算、决策等不同学科，以不同角度来认识其领域中存在的不确定现象。本章从粒计算的角度来认识不确定性，介绍粒计算的理论模型，包括模糊集、粗糙集、商空间、云模型，并从表示、度量、推理三方面概括各模型的不确定性研究内容。在粗糙集理论背景下，重点从粒的表示、粒的度量、粒的关系、知识约简与规则提取等方面讨论分析不确定性。

1.1　对不确定性的认识

1.1.1　不确定性的普遍性

不确定性(Uncertainty)是自然界普遍存在的现象，它影响着人们生产、生活的各个方面。对不确定性现象的描述与思考，古已有之，如早在古希腊，哲学家赫拉克利特就提出“人不能两次踏进同一条河流”。

不确定性也是社会学、经济学、法学、管理学等社会科学领域普遍存在的现象。例如，经济学家奈特在 1921 年出版的《风险、不确定性和利润》一书中，对风险和不确定性进行了区分和描述，并将经济学建立在不确定性的基础之上；德国社会学家乌尔里希·贝克于 1986 年提出“风险社会”概念时指出，风险结构从自然风险占主导逐渐演变成人为的不确定性占主导；美国法学家弗兰克认为法律永远是不确定的，原因是法律处理的是人类关系中最复杂的方面，它面临的是整个令人迷惑、变化不定的社会生活。

在自然科学领域，玻尔曾指出，“不确定性和模糊性是量子世界所固有的”。1967 年，美籍数学家曼德博提出“英国海岸线有多长”的问题，而答案却是“不确定的”。美国气象学家洛伦兹意识到长期天气预报的不可能性，于 1972 年总结提出“蝴蝶效应”以说明系统对初值的敏感性。科学家不仅意识到不确定性的存在，更展开了对不确定性问题的研究。量子力学的主要创始人、德国物理学家海森堡于 1927 年提出了“不确定性原理”，该理论指出粒子的位置与动量不可同时被确定，位置的不确定性与动量的不确定性遵守不等式 $\Delta x\Delta p \geqslant \dfrac{h}{4\pi}$，其中 h 为普朗克常量。

---

① 本章工作获得国家自然科学基金项目(61673301)资助。

随着人类社会的不断发展、科技水平的不断进步，复杂性和不确定性现象充斥于各个领域，对不确定性问题的研究引起越来越多学者的兴趣。

1.1.2 不同领域对不确定性的认识

对于不确定性问题，来自哲学(Philosophy)、认知科学(Cognitive Science)、人工智能(Artificial Intelligence，AI)、粒计算(Granular Computing)等众多领域的研究者展开了不懈的探索。

英国哲学家伯特兰·罗素在其著作的《西方哲学史》中提到，“一切确切的知识都属于科学；一切涉及超乎确切知识之外的教条都属于神学。但是介乎神学与科学之间还有一片受到双方攻击的无人之域；这片无人之域就是哲学”[1]。古希腊哲学家阿那克西曼德认为世界的本源是不确定的。不确定性是事物内部矛盾引发的无序性、差异性、随机性、模糊性、不稳定性和不可预见等属性，根植于事物本身[2]。

不确定性也是人类认知过程中普遍存在的现象。当人们用概念、符号、语言、模型等来描述客观世界时，获得的认知具有不完备性或模糊性。此外，不同认知主体受生活经历、知识水平、价值观念、思维方式、兴趣爱好等诸多因素的影响，其认知结构是不同的，所以在感受、认知的过程中，对同一事物的认知是存在差异的。认知科学，作为探索人脑或心智工作机制的新兴学科，从一开始就肯定了认知不确定性的存在。近年来，在大脑处理信息整体运作机制研究方面，采用量化模型结合结构风险最小化相关理论作为分析手段。

当代科学在探索人类认知的同时，也在探索人工智能。人工智能其终极目标之一是使机器具有人类的智能，并能像人类一样对客观世界进行感知、认知、推理及决策。然而，客观系统存在随机性，人类认知存在模糊性，并且现有知识常常是不完整、不一致的，这一切都要求人工智能对不确定性问题展开深入研究，探索其度量、推理和决策的方法[3]。从目前已取得的一些成果来看，不确定性度量方法主要有概率、信息熵等；不确定性表示、推理的主要模型有贝叶斯网络(Bayesian Network)[4]、可信度(Certainty Factor，CF)、证据理论(Dempster-Shafer，D-S)[5]、模糊集(Fuzzy Set)[6]、粗糙集(Rough Set)[7]、云模型(Cloud Model)[3]等。

人工智能领域多年来对不确定性问题的探索推动了粒计算理论的兴起和发展[8]。粒计算是一种新的计算范式，它以多粒度的表示、问题求解方法、信息处理模式等为操作对象，属于人类较高层次认知机理研究的范畴[9]。由于其抽象了人类以多层次、多视角处理问题时所表现出全局观和近似求解能力，粒计算逐渐成为不确定性问题求解的重要理论。在过去的 30 年中先后涌现出基于模糊集的词计算[10]、粗糙集、商空间[11]、云模型等经典粒计算理论模型，粒计算的应用领域包括图形图像处理、数据挖掘、模式识别、聚类分析、复杂问题求解等。

在知识不完整、认知不确定等情况下所做出的决策自然也是不确定的、有风险的。传统的二支决策的非“接受”即“拒绝”策略显然存在风险。由姚一豫教授提出的三支决策，考虑了决策风险，在传统的两种决策选项基础上加入“不承诺”选项，有效地规避了对象认知不确定情况下误接受或误拒绝所造成的损失。同时，对不承诺项的再研究，可细化对决策对象的认知粒度，进而提高决策的准确性[12,13]。目前，三支决策思想已广泛应用于医疗科学、管理学、计算机科学、工程科学等复杂问题中的信息处理和决策中[14]。

从哲学到认知科学、人工智能、粒计算、决策等，不同学科以不同角度来认识其领域中存在的不确定现象，概括起来如图 1-1 所示。本章将从粒计算的角度来认识不确定性。

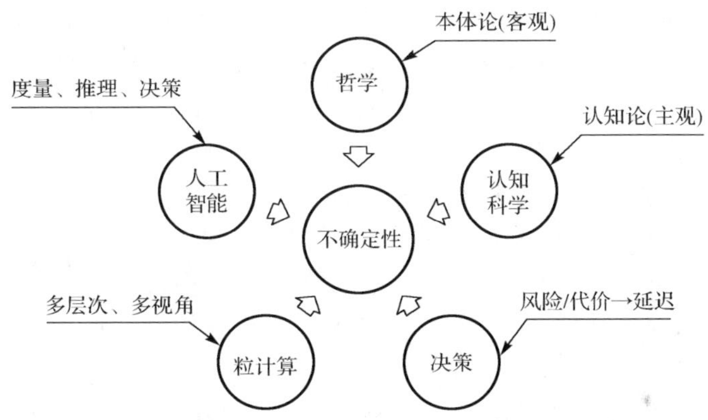

图 1-1　不同领域对不确定性的认识

1.2　粒计算及不确定性

粒计算是以多角度地看待不确定性，多粒度地表示不确定性，多层次地问题求解来处理不确定性。该理论的发展为不确定性问题研究提供了表示、手段和方法。本节综述粒计算的主要理论模型，以及各理论中不确定性的研究内容。

1.2.1　粒计算发展历程

美国数学家、控制论专家 Zadeh 教授指出，Cantor 集合论为了达到精确和严格的目的，将思维过程绝对化，而现实世界中复杂事物不可能绝对精确，存在着大量模糊现象，于是于 1965 年提出模糊集合论，其主要思想是使用“隶属函数”对“属于”或“不属于”之间的过渡状态进行量化，对经典集合进行推广。

在模糊集的基础上，Zadeh 于 1973 年提出了语言变量和信息粒度化概念[15]，于 1979 年首次提出并讨论了模糊信息粒度化问题[16]，他认为信息粒的概念存在于很多领域中，如自动机与系统论中的“分解与划分”、区间分析里的“区间数运算”等。

美国斯坦福大学的 Hobbs 教授于 1982 年，在第 9 届国际人工智能大会上提出粒度理论，并于 1985 年发表了题为 *Granularity* 的论文[17]，讨论了粒的分解与合并，提出了产生不同大小粒的模型和方法。

1996 年，Lin 教授在加利福尼亚大学伯克利分校访问时，向 Zadeh 提出了粒计算(Granular Computing，GrC)的研究，至此，粒计算一词正式诞生。随后，他发表了一系列关于粒计算的论文[18,19]，讨论了二元关系下的粒计算模型，论述了粒结构、粒表示、粒应用等方面的问题。

1996 年，Zadeh 提出“词计算理论”[10]，标志着模糊粒度化理论的诞生。随后，美国多特蒙德大学的 Thiele 教授于 1998 年发表的论文 *On Semantic Models for Investigating Computing with Words*[20]和 Zadeh 发表的论文[21,22]促进了词计算理论的发展，为将来的智能计算以及基于词的信息系统实现计算建立一个理论基础。

在 Lin 的工作基础上，加拿大里贾纳大学的 Yao 教授于 1999 年提出了基于邻域系统的粒度计算模型[23,24]，对粒度计算进行了一系列的研究[25,26]，并将它应用于知识挖掘等领域，建立概念之间的 IF-THEN 规则与粒度集合之间的包含关系，提出利用由所有划分构成的格求解一致分类问题，为知识挖掘提供了新方法和视角。

2002 年，Zadeh 在文献[27]中着重描述了粒计算的重要性，这激发了人们对它的研究兴趣。

在国内，张铃教授和张钹院士于 1990 年提出了基于商空间的粒度计算模型[11]。商空间理论用商集表示不同的粒度层次，建立不同粒度世界之间的保真、保假原理。该理论通过观察当前粒度空间是否可解，来决定是否进入更细、更深的粒度空间，将不同粗细的粒世界上的粒的解组合成原问题的解，并提出一种商粒度空间上的多粒度表示法，构建多粒度的分层递阶商空间结构。

20 世纪末，李德毅院士在概率论和模糊数学理论基础上，提出了云模型，通过赋予样本点以随机确定度来统一刻画概念中的随机性、模糊性及其关联性。基于云模型的云变换可以实现不同粒度层次上概念的合成和分解，是一种可变粒计算[3]。

进入 21 世纪后，粒计算的研究在国内受到越来越多学者的关注。刘清在他的专著中阐述了信息粒度及其计算[28]，并将粒度计算的方法成功应用于医疗诊断专家系统[29]；苗夺谦等用粒计算的概念阐述了对不确定性的研究[30-32]；王国胤等探讨了模糊集、粗糙集、商空间理论模型及其他扩展粒计算模型中知识的不确定问题[33]；梁吉业和钱宇华研究了信息系统中信息粒的刻画和表示，建立了信息粒度与熵之间的互补关系[34]；吴伟志等讨论了概念格中的粒度结构，并应用到形式概念分析中[35]。近年来，国内学者张燕平、钱宇华、李天瑞、杨习贝、张贤勇等关于粒计算研究的论文相继发表[36-44]。

1.2.2 粒计算主要理论模型

张铃教授和张钹院士指出:“人类智能的一个公认特点，就是人们能从极不相同的粒度上观察和分析同一问题。人们不仅能在不同的粒度世界上进行问题的求解，而且能够很快地从一个粒度世界跳到另一个粒度世界，往返自如，毫无困难。”[11] 粒计算正是反映了人类这种多层次、多视角的处理问题方式，逐渐成为不确定性问题求解的重要理论。粒计算的基本模型如图 1-2 所示，包括粒结构、粒层、粒子三部分，从不同视角看待问题可以构建不同的粒结构，一个粒结构由多个粒层构成，每个粒层又由多个粒子构成，不同粒层的粒子可以通过粗化或细化进行转换。

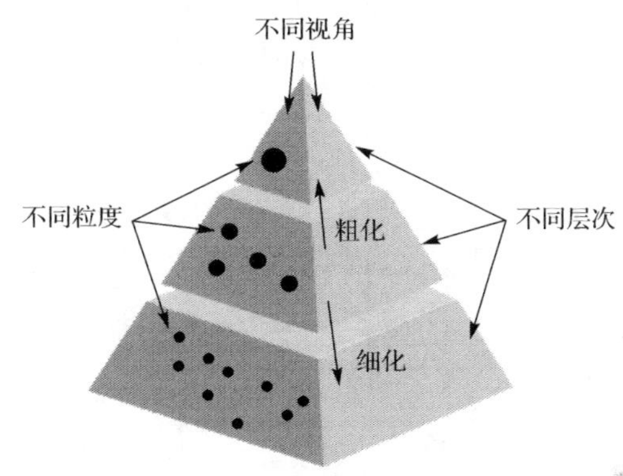

图 1-2　粒计算基本模型

随着越来越多学者加入粒计算的研究领域，其已成为一个研究热点。粒计算的代表理论模型有模糊集、粗糙集、商空间和云模型等，其中，基于模糊集的词计算模型侧重于信息的模糊粒化，以处理计算对象的不确定性为主要目标，而粗糙集、商空间、云模型则侧重于不同粒度上问题复杂性的不确定性，以多粒度计算为主要目标[45]。

1. 模糊集

Zadeh 于 1965 年提出模糊集理论[6]，他认为元素总是以一定的程度属于某个集合，也可能以不同的程度属于几个集合。模糊集合论是通过计算对象关于集合的隶属度来近似描述不确定性，反映了集合边界的不分明性。

经典模糊集(也称为一型模糊集)[6]中隶属度 $\mu_A(x)(0 \leqslant \mu_A(x) \leqslant 1)$ 反映了对象 x 属于模糊集 A 的程度。隶属度越小，说明 x 属于 A 的程度越低，隶属度越大，说明 x 属于 A 的程度越高。当 $\mu_A(x)=\{0,1\}$ 时，模糊集退化为经典的精确集。该模型中隶属度值是精确唯一的，后续研究中出现了对经典模糊集的各种扩展模型，如区间值模糊集[46]、直觉模糊集[47]、二型模糊集[48]、Vague 集[49]、勾股模糊集[50]等。

信息的模糊粒化，使得计算机能够在不精确以及部分精确的环境下给出合理的决策成为可能。随着模糊集理论的不断发展完善，以模糊逻辑和信息粒化为基础的模糊信息粒化理论能更好地实现，并为词计算[10]的发展提供了前提条件。

2. 粗糙集

粗糙集理论[7]由波兰学者 Pawlak 于 1982 年提出，它是一种处理不精确和不确定性知识的数学工具。粗糙集理论的基本思想是利用不可分辨关系（等价关系）构成对象的等价类，所有的等价类构成论域的划分，从而建立一个近似空间。对于任意概念，可以利用近似空间中的一对精确集（下近似集和上近似集）来表示，从而建立集合的子集边缘的病态定义模型。下面给出经典粗糙集理论相关概念的定义[7,51]。

定义 1-1　一个信息系统可以形式化地表示为一个四元组 $\mathrm{IS}=(U,A,V,f)$，其中：

(1) $U=\{x_1,x_2,\cdots,x_n\}$ 是非空数据对象的集合，称为论域，且 $n=|U|$；

(2) $A=\{a_1,a_2,\cdots,a_m\}$ 是非空属性的集合，称为属性集，且 $m=|A|$；

(3) $V=\bigcup_{a\in A}V_a$ 是所有属性可能取值的集合，称为值域；

(4) $f:U\times A\to V$ 是信息函数的集合，使得对 $\forall x\in U$，$a\in A$，$f(x,a)\in V_a$。

若信息系统 IS 中的属性集 $A=C\bigcup D$，其中 C 为条件属性，D 为决策属性，且 $C\bigcap D=\varnothing$，则称 $\mathrm{DS}=(U,A=C\bigcup D,V,f)$ 为决策信息系统。

定义 1-2　设 $\mathrm{IS}=(U,A,V,f)$ 是一个信息系统，对 $\forall R\subseteq A$，论域 U 上关于 R 的不可分辨关系定义为

$$\mathrm{IND}(R)=\{(x,y)\in U\times U\mid f(x,a)=f(y,a),\forall a\in R\}=\bigcap_{a\in R}\mathrm{IND}(\{a\})$$

显然，不可分辨关系满足自反性、对称性和传递性，是等价关系。论域 U 上基于属性集 R 的等价关系 $\mathrm{IND}(R)$，形成 U 的一个划分 $U/\mathrm{IND}(R)$ 或 U/R。对于 $\forall x\in U$，其关于属性集 R 的等价类表示为 $[x]_R=\{y\in U\mid (x,y)\in\mathrm{IND}(R)\}$，等价类是粗糙集理论中的基本知识粒，不同的知识划分可能产生不同的知识粒。

对于论域 U 上的任意概念 X，可以利用基本知识粒，通过一对上、下近似集合来逼近。

定义 1-3　设 $\mathrm{IS}=(U,A,V,f)$ 是一个信息系统，对 $\forall X\subseteq U$，$R\subseteq A$，概念 X 关于知识 R 的下近似和上近似分别定义为

$$\underline{R}(X)=\{x\in U\mid [x]_R\subseteq X\}$$

$$\overline{R}(X)=\{x\in U\mid [x]_R\bigcap X\neq\varnothing\}$$

定义 1-4　设 $\mathrm{IS}=(U,A,V,f)$ 是一个信息系统，对 $\forall X\subseteq U$，$R\subseteq A$，定义 X 的 R 正域、负域和边界域分别为

$$\mathrm{POS}_R(X)=\underline{R}(X)$$

$$\mathrm{NEG}_R(X)=U-\overline{R}(X)$$

$$\mathrm{BND}_R(X)=\overline{R}(X)-\underline{R}(X)$$

下近似或正域由那些根据知识 R 判断肯定属于 X 的元素组成，负域由那些根据知识 R 判断肯定不属于 X 的元素组成，边界域由那些根据知识 R 既不能判断肯定属于 X 又不能判断肯定不属于 X 的元素组成。概念 X 相对于知识 R 的边界域会随着知识划分 U/R 的变化而发生相应的变化。

经典粗糙集模型定义在单个等价关系和等价类的基础之上，针对只包含名义型数据的完备信息系统，使用精确的集合进行概念的表示及知识的获取。但在实际问题求解过程中，等价关系、名义数据、完备系统、精确的上下近似集等要求过于严苛，众多学者对经典粗糙集进行扩展，提出了适应不同问题的扩展粗糙集模型，例如，将论域从单一论域粗糙集扩展成双论域粗糙集[52,53]，将等价关系推广到覆盖关系（Covering）[54]、邻域关系（Neighborhood Relation）[55,56]、相容关系（Tolerance Relation）[57,58]、优势关系（Dominance Relation）[59]、相似关系（Similarity Relation）[60]，一般二元关系（General Binary Relation）[61]等，将精确集扩展到模糊集[62]，将经典完备信息系统推广到不完备信息系统、集值信息系统（Set-valued Information System）[63]、区间值信息系统（Interval-valued Information System）[64]、不协调信息系统（Inconsistent Information System）[65]等，将单粒度粗糙集扩展到层次粗糙集[66]、多粒度粗糙集[37]、多尺度粗糙集[67]。此外，经典粗糙集理论方法对噪声数据的容错和泛化能力较差，针对该问题，0.5 概率粗糙集[68]、决策粗糙集[69]、变精度粗糙集[70]等概率粗糙集模型相继被提出。

3. 商空间

我国学者张玲教授和张钹院士在研究问题求解时，独立地提出了商空间理论[11]，将不同的粒度世界与数学上的商集概念统一起来。根据研究目的的不同，商空间理论对同一问题可以构造不同的商空间，从而得到原问题不同角度、不同层次的解，最后综合这些解构成原问题的解。

商空间理论中，由等价关系产生论域 X 的不同商集 $[X]$ 及其对应的商空间 $([X],[f],[T])$ 构成了原问题 (X,f,T) 的不同粒度世界。分层递阶商空间链可以表示问题的不同粒度空间，利用商空间的保真、保假原理，建立不同粒度空间之间的联系，在不同的粒度世界上进行推理，从而简化问题和加快问题求解的速度。

对商空间理论进行的推广，包括引入模糊等价关系[71]、模糊相容关系[72]、同余关系[73]，以及动态商空间模型[74]等。

4. 云模型

云模型是由李德毅院士在概率论和模糊数学理论基础上，提出的定性定量转换的认知模型[3]，它可以实现定性概念与定量数值之间的双向转换。云模型通过赋予样本点随机确定度来统一刻画概念的随机性、模糊性及其关联性，利用期望、熵、超熵三个数字特征来整体表征一个定性概念，并通过正向云发生器、逆向云发生器算法形成定性概念与其定量表示之间的不确定性转换。

云模型中云滴 x 对定性概念 C 的确定度 $\mu(x)$ 是具有稳定倾向的随机数，是论域 U 到区间 $[0,1]$ 上的概率分布，而不是一个固定的数值。云滴的确定度可以理解为云滴能够代表该定性概念的程度。云滴出现的概率越大，云滴的确定度越大，则云滴对概念的贡献越大。

云变换是通过高斯混合模型和逆向云发生器，对样本数据的分布进行拟合，抽取形成不同粒度的多个概念，随着粒度的提升，细粒度的概念可以通过概念爬升形成新的更大粒度的概念。基于云模型的粒计算本质上是基于概率统计的方法实现粒计算和可变粒计算。

1.2.3 粒计算各模型的不确定性分析

对不确定性问题的研究，主要包括不确定性问题的描述、不确定性的度量、基于不确定性的推理等。针对模糊集、粗糙集、商空间、云模型四个粒计算理论模型，不确定性研究的主要内容概括起来如表 1-1 所示。

表 1-1 粒计算中不确定性研究内容

模型 \ 不确定性研究内容	表示	度量	推理
模糊集	隶属度	模糊熵、距离测度、相似测度等	模糊逻辑
粗糙集	上下近似集	粗糙度、粗糙熵、模糊熵等	规则提取
商空间	商空间链	信息熵序列	熵逼近原理
云模型	随机确定度	期望、熵、超熵	云变换

1. 粗糙集中的不确定性

在粗糙集理论中，将知识视为关于论域的划分，且知识是有粒度的。概念的不确定性用概念相对于知识的上下近似集合来描述；对概念、知识的不确定性度量方式有代数方法下定义的精度、粗糙度，信息方法下定义的粗糙熵、条件熵、互信息等；使用从条件集到决策集的 IF-THEN 规则进行不确定性推理以获取知识。

定义 1-5(精度、粗糙度)[51] 设 $\mathrm{IS}=(U,A,V,f)$ 是一个信息系统，对 $\forall X\subseteq U$，$R\subseteq A$，概念 X 关于知识 R 的精度和粗糙度分别定义为

$$\alpha_R(X)=\frac{\mathrm{card}\,\underline{R}(X)}{\mathrm{card}\,\overline{R}(X)}$$

$$\rho_R(X)=1-\alpha_R(X)=1-\frac{\operatorname{card}\underline{R}(X)}{\operatorname{card}\overline{R}(X)}=\frac{\operatorname{card}BN_R(X)}{\operatorname{card}\overline{R}(X)}$$

显然，$0\leqslant\rho_R(X)\leqslant 1$ 成立，且当 $\rho_R(X)=0$ 时，表示概念 X 在知识 R 下是完全清晰的，当 $\rho_R(X)=1$ 时，表示概念 X 在知识 R 下完全不清楚。

粗糙度反映了集合边界域的存在引起的不确定性，但没有考虑知识的粒度也会对概念的不确定性产生影响，Beaubouef 在研究粗糙集和粗糙关系数据库中不确定性信息度量时，用粗糙熵来定义概念的不确定性[75]。

定义 1-6(粗糙熵)　设 $\mathrm{IS}=(U,A,V,f)$ 是一个信息系统，对 $\forall X\subseteq U$，$R\subseteq A$，$U/R=\{X_1,X_2,\cdots,X_m\}$，粗糙集 X 在知识 R 下的粗糙熵定义为

$$E_R(X)=-\rho_R(X)\sum_{i=1}^{m}\frac{|X_i|}{|U|}\log_2\frac{1}{|X_i|}$$

苗夺谦等在研究粗糙集理论时引入信息论，开创性研究了知识的信息表示与信息度量，提出了知识的信息熵、条件熵和互信息等概念，分析讨论了知识的不确定性(粗糙性)与信息熵之间的关系[76-78]。

定义 1-7(知识的熵、条件熵、互信息)　设 $\mathrm{IS}=(U,A,V,f)$ 是一个信息系统，P、Q 是 U 上的等价关系，即 $P,Q\subseteq A$，且 $U/P=X=\{X_1,X_2,\cdots,X_n\}$，$U/Q=Y=\{Y_1,Y_2,\cdots,Y_m\}$，则 P、Q 在 U 上的子集组成的 σ-代数上的概率分布分别为

$$[X;p]=\begin{bmatrix} X_1 & X_2 & \cdots & X_n \\ p(X_1) & p(X_2) & \cdots & p(X_n)\end{bmatrix}$$

$$[Y;p]=\begin{bmatrix} Y_1 & Y_2 & \cdots & Y_m \\ p(Y_1) & p(Y_2) & \cdots & p(Y_m)\end{bmatrix}$$

其中，$p(X_i)=\dfrac{|X_i|}{|U|},i=1,2,\cdots,n$；$p(Y_j)=\dfrac{|Y_j|}{|U|},j=1,2,\cdots,m$。$P$ 与 Q 的联合概率分布为

$$[XY;p]=\begin{bmatrix} X_1\cap Y_1 & \cdots & X_i\cap Y_j & \cdots & X_n\cap Y_m \\ p(X_1Y_1) & \cdots & p(X_iY_j) & \cdots & p(X_nY_m)\end{bmatrix}$$

则知识 P 的熵 $H(P)$ 定义为

$$H(P)=-\sum_{i=1}^{n}p(X_i)\log_2 p(X_i)$$

知识 Q 相对于知识 P 的条件熵 $H(Q|P)$ 定义为

$$H(Q|P)=-\sum_{i=1}^{n}p(X_i)\sum_{j=1}^{m}p(Y_j|X_i)\log_2 p(Y_j|X_i)$$

知识 P 与 Q 的互信息 $I(P;Q)$ 为

$$I(P;Q) = H(Q) - H(Q \mid P)$$

信息论中信息熵度量信源提供的平均信息量的大小，互信息度量一个信源从另一个信源获取的信息量的大小。由以上定义可以分析得出以下结论：知识的熵 $H(P)$ 随知识不确定性的减少而单调递增；决策信息系统中，条件属性与决策属性的互信息随条件属性(知识)不确定性的减少而单调递增[77]。

此后，通过结合粗糙集与信息熵的方式，许多学者也给出了知识不确定性度量的其他方法，如互补熵[79]、Rough 熵[79]、协同熵[80]等。Chakrabarty 等通过量化粗糙集中对象与目标集合的隶属关系提出了粗糙集的模糊度，并用模糊集的方法对粗糙集的不确定性进行度量[81]，Liang 等[82]、Wang 和 Zhang[83]分别给出了不同的粗糙集模糊度量方法。在经典粗糙集不确定性度量方法的基础上，众多学者对模糊粗糙集、粗糙模糊集、覆盖粗糙集、不完备信息系统等扩展粗糙集模型中的不确定性进行了研究。

2. 其他模型中的不确定性

模糊集理论中，用隶属度来表示对象与集合之间的隶属关系，它近似描述了不确定性；用模糊熵、距离测度、相似测度[84]等对模糊集的模糊性进行度量；使用模糊逻辑进行推理、决策[85]。在给出模糊熵、距离测度、相似测度的公理化定义基础上，学者分析了三者之间的关系，提出多种模糊集的不确定性度量方法，并扩展到区间值模糊集、Vague 集、直觉模糊集等模型中。其中，距离测度和相似测度是两个对偶概念；距离测度可以是测量模糊集与自己的补集之间的距离，也可以测量模糊集与最不确定模糊集之间的距离，而距离计算形式有汉明距离、欧氏距离、闵氏距离等。

商空间理论中，用商空间链表示问题的不确粒度空间；在不同粒度层次的商空间中，利用信息熵度量该空间的信息不确定性；利用保真、保假的商逼近原理进行推理并求解问题。文献[11]和文献[45]介绍了建立在模糊等价关系上的模糊商空间及其上的不确定性度量，文献[86]和文献[87]分析讨论了以模糊相似关系、模糊相容关系、一般模糊关系等为基础的模糊商空间，与分层递阶商空间、信息熵序列之间的关系。

云模型中，使用随机确定度来描述概念的不确定性，使用期望、熵、超熵度量定性概念的不确定性，其中期望 Ex 是云滴在论域空间分布的期望，熵 En 对定性概念的不确定性进行度量，超熵 He 是熵的不确定性度量。利用云发生器进行云变换，可以描述人们对概念的认知过程。

1.3　基于粗糙集的不确定性分析

粒计算研究内容主要包括：问题的粒化，即如何构建粒的层次结构；粒的度量，即如何衡量粒子的“大小”或“粗细”；粒算子，即基于粒与粒、粒与层、层与层之间的关系，如何构造粒的运算、粒的转换等[9]。本节在粗糙集背景下，从粒的表示、粒的度量、粒的关系及转换、属性约简与规则提取等方面分析不确定性。

1.3.1　单粒度与多粒度

经典粗糙集理论中，论域中的任意概念可以用等价类$[x]_R$近似表示，每个等价类被看成一个知识粒，粒内部的各元素间具有不可分辨关系，所有的知识粒形成论域的一个划分。使用一个属性集对全域进行等价划分形成信息粒，由这些信息粒构成的模型称为单粒度粗糙集模型，单粒度粗糙集模型只能从某个单一角度刻画问题并进行近似求解，没有有效利用复杂问题中的多角度、多层次信息，在处理大规模、海量数据时，问题求解的复杂性和效率是一个瓶颈。

以单粒度粗糙集模型为基础的多粒度粗糙集模型可以发掘不同粒度之间的关系，对单粒度的信息进行融合，进而在多粒度下进行约简与知识获取，近年来引起了越来越多学者的关注。其中，Feng 等[66]在分析人类先验知识结构化特点之后，从属性值域出发，将每个属性扩展成一个概念层次树，提出了一个粗糙集的扩展模型，即层次粗糙集模型，并应用于层次决策规则挖掘。基于层次粗糙集模型，Qian 等[88]提出了大数据下层次决策规则并行计算模型，用于大数据背景下不同层次决策规则的挖掘。Zhang 和 Miao[40]提出双量化粗糙集模型，对概率粗糙集和程度粗糙集进行了扩展，并从粒计算角度分析了 4 种剖分区域的特点，研究了基于逻辑或的双量化粗糙集模型的属性约简[89]，进而研究了基于重要度-准确率的粒构造和属性约简[90]。Qian 等[37]分析了在多源信息系统、高维特征数据集、多智能体等应用中单粒度粗糙数据分析方法的局限性，提出了基于“求同存异”策略的乐观多粒度粗糙集和基于“求同排异”策略的悲观多粒度粗糙集，在此基础上 Lin 等研究了 1 型和 2 型邻域多粒度粗糙集[91]，Liu 等提出了多粒度覆盖粗糙集[92]、多粒度覆盖粗糙模糊集[93]，Yang 研究了多粒度区间值信息系统[94]。此外，典型的多粒度粗糙集模型还有 Wu 和 Leung 提出的多尺度粗糙集[67]。

1.　*层次粗糙集*[66,95]

层次粗糙集模型将数据集组织为层次结构，不同属性对应于粒计算模型的不同视角，同一属性的不同概念层对应于粒计算模型的不同层次，可以进行问题的多角度、多层次分析与结构化处理，是一个具体的粒计算模型。

定义 1-8　设 $\mathrm{IS}=(U,A,V,f)$ 是一个信息系统，则 $\mathrm{IS}_H=(U,A,V_H,H_A,f)$ 是由 IS 导出的层次系统系统，其中 $H_A=\{H_a\mid a\in A\}$，$H_a(a\in A)$ 是属性 a 的概念层次树，层次树中根节点为属性 a 的名称，叶节点为 a 的可观测到的值或在原始层决策表中的值，内节点为属性 a 的具有不同抽象程度的值。$V_H=\bigcup\limits_{a\in A}V_a^{\text{range}}$，$V_a^{\text{range}}$ 表示属性 a 的不同抽象层次的所有取值。

如果 $A=C\cup D$，且 $C\cap D=\varnothing$，则称 $\text{DT}_H=(U,C\cup D,V_H,H_{C\cup D},f)$ 为层次决策表。

由于将每个属性扩展成一棵概念层次树，各属性的不同概念层进行组合可以构建不同的决策表。例如，$\text{DT}_{k_1k_2\cdots k_m}=(U_{k_1k_2\cdots k_m},C\cup D,V^{k_1k_2\cdots k_m},f_{k_1k_2\cdots k_m})$ 表示第 $(k_1,k_2,\cdots,k_m)$ 个决策表，其中 $V^{k_1k_2\cdots k_m}$ 表示第 $(k_1,k_2,\cdots,k_m)$ 个决策表的值域，$f_{k_1k_2\cdots k_m}$ 表示第 $(k_1,k_2,\cdots,k_m)$ 个决策表的信息函数。

层次粗糙集可以使用多维数据模型表示，如图 1-3 所示，其中每个维表示一个属性，每一维上包含多个抽象概念层，从属性的不同概念层次上组合数据可以形成数据的不同粒结构，如图 1-3 (c) 和 (d) 所示。

U	Education-level	Vocation	Salary(unit: yuan)
1	Doctoral student	Private enterprise	Above 10000
2	Postgraduate student	State-owned enterprise	6000-10000
3	Others	Education	Under 2000
4	Undergraduate	Private enterprise	2000-6000
5	Undergraduate	State-owned enterprise	2000-6000
6	Postgraduate student	State-owned enterprise	2000-6000
7	Undergraduate	State-owned enterprise	6000-10000
8	Undergraduate	Civil servant	2000-6000
9	Doctoral student	Education	2000-6000
10	Others	State-owned enterprise	2000-6000

(a) 数据集

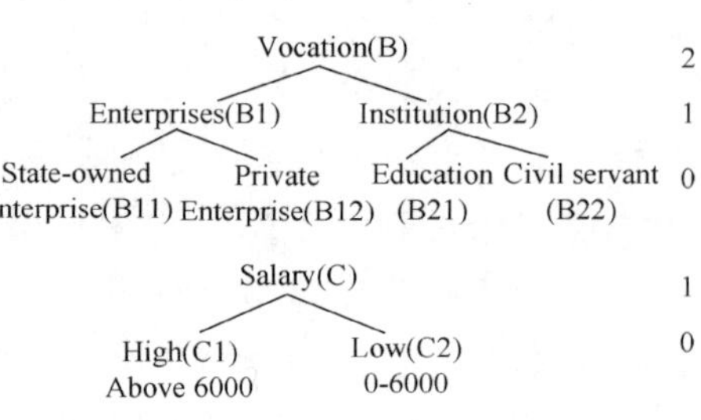

(b) 属性的概念层次结构

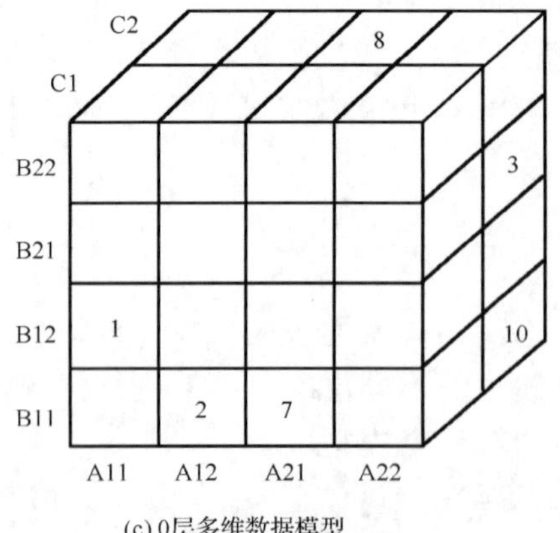

(c) 0层多维数据模型

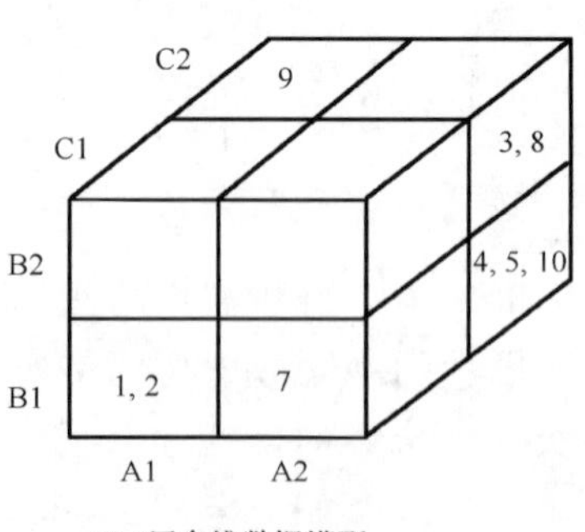

(d) 1层多维数据模型

图 1-3　决策表的多维数据模型表示

层次粗糙集模型中，不确定性由属性的不同概念层引起，不同概念层具有不同的粒度，若干个低层的粒可以组合成一个高层的粒，一个高层的粒可以分解成若干个低层的粒，高层是低层的泛化，低层是高层的细化。使用层次粗糙集可以将较低层的属性值聚合到更高的层，降低数据处理的规模和复杂性，发现更普遍、更重要的知识，但同时也会导致决策表的不一致性。

2. 双量化粗糙集[40]

变精度粗糙集中的精度和程度粗糙集中的程度是两个重要的量化指标，可以反映概念两个不同侧面的量化信息，基于精度与程度的复合而提出的双量化粗糙集模型，可以构建论域的四剖分区域，是宏观层面的粒结构，而对精度、程度两个阈值取不同的值可以进一步层次化粒结构。

变精度粗糙集的上下近似定义为

$$\overline{R}_{\beta}(X)=\bigcup\{[x]_R : c([x]_R,X)<1-\beta\}$$

$$\underline{R}_{\beta}(X)=\bigcup\{[x]_R : c([x]_R,X)\leqslant\beta\}$$

其中，$c([x]_R,X)=1-|[x]_R\cap X|/|[x]_R|$ 为错误分类率，精度阈值 $\beta\in[0,0.5)$。

程度粗糙集的上下近似定义为

$$\overline{R}_{k}(X)=\bigcup\{[x]_R : |[x]_R\cap X|>k\}$$

$$\underline{R}_{k}(X)=\bigcup\{[x]_R : |[x]_R|-|[x]_R\cap X|\leqslant k\}$$

其中，程度阈值 k 为非负整数。

变精度粗糙集中令精度 $p([x]_R,X)=1-c([x]_R,X)=|[x]_R\cap X|/|[x]_R|$，程度粗糙集中令 $\overline{g}([x]_R,X)=|[x]_R\cap X|$，$\underline{g}([x]_R,X)=|[x]_R|-|[x]_R\cap X|$ 为 $[x]_R$ 关于 X 的内、外程度。

定义 1-9　由 $\overline{R}_{\beta}$ 和 $\underline{R}_k$ 的笛卡儿积确定的双量化粗糙集模型表示为 $(U,\overline{R}_{\beta},\underline{R}_k)$，其中，$\overline{R}_{\beta}(X)=\bigcup\{[x]_R : p([x]_R,X)>\beta\}$，$\underline{R}_k(X)=\bigcup\{[x]_R : \underline{g}([x]_R,X|)\leqslant k\}$。$(U,\overline{R}_{\beta},\underline{R}_k)$ 中，R 的正域、负域、上边界域、下边界域、边界域分别表示为

$$\mathrm{POS}R_{\overline{\beta},\underline{k}}X=\overline{R}_{\beta}X\cap\underline{R}_kX$$

$$\mathrm{NEG}R_{\overline{\beta},\underline{k}}X=\sim(\overline{R}_{\beta}X\cup\underline{R}_kX)$$

$$\mathrm{UBN}R_{\overline{\beta},\underline{k}}X=\overline{R}_{\beta}X-\underline{R}_kX$$

$$\mathrm{LBN}R_{\overline{\beta},\underline{k}}X=\underline{R}_kX-\overline{R}_{\beta}X$$

$$\mathrm{BND}R_{\overline{\beta},\underline{k}}X=\mathrm{UBN}R_{\overline{\beta},\underline{k}}X\cup\mathrm{LBN}R_{\overline{\beta},\underline{k}}X$$

同样，可以由$\overline{R}_k$和$\underline{R}_\beta$确定粗糙集模型$(U,\overline{R}_k,\underline{R}_\beta)$及关系$R$的正域、负域、上边界域、下边界域、边界域。

双量化粗糙集模型对论域的划分及它们的关系如图 1-4 所示，其中正域、负域、上边界域、下边界域被看成基本模型粒，对论域具有完备剖分性，利用它们可以获得边界域、上近似、下近似三个区域，基本模型粒形成了宏观层的粒结构。粗糙集理论中，不确定性是由边界域的存在引起的，双量化粗糙集模型的边界域比经典粗糙集模型的边界域小，模型的不确定性减弱。对β、k进行不同层次的取值，可以构建边界域上微观的粒层次结构。

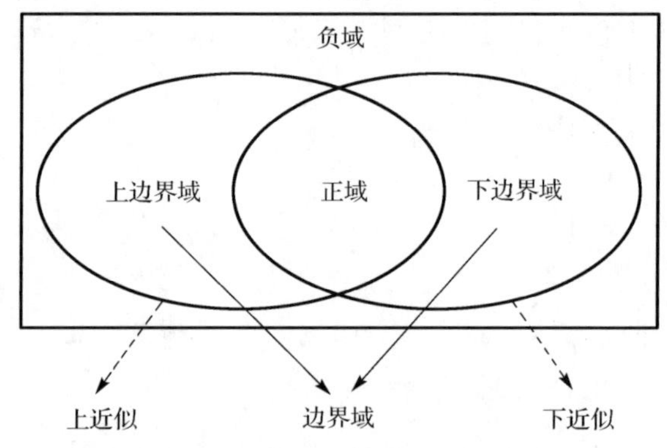

图 1-4　双量化粗糙集模型的划分区域

1.3.2　粒的度量

粗糙集理论中，等价类是信息系统的基本知识粒，知识粒度是知识粒的一种平均度量，反映了知识的分类能力，粒度越细，分类能力越强。苗夺谦等[30,32]给出了知识库中知识粒的度量，并从知识粒度、知识分辨度、知识熵的关系上研究了粗糙集的不确定性。

定义 1-10　设$K=(U,\boldsymbol{R})$是一知识库，其中$\boldsymbol{R}$为一簇等价关系，知识$R\in\boldsymbol{R}$的粒度$\mathrm{GD}(R)$定义为

$$\mathrm{GD}(R)=\frac{|R|}{|U\times U|}=\frac{|R|}{|U|^2}$$

其中，$|R|$表示$R\subseteq U\times U$的基数，若$U/R=\{X_1,X_2,\cdots,X_m\}$，则

$$\mathrm{GD}(R)=\frac{1}{|U|^2}\sum_{i=1}^{m}|X_i|^2$$

显然，$1/|U|\leqslant\mathrm{GD}(R)\leqslant 1$。当$R$为论域关系$\delta$时，$\mathrm{GD}(R)$取最大值为 1，此时知识的粒度最大，知识的分辨能力最弱；当R为相等关系ω时，$\mathrm{GD}(R)$取最小值为

$1/|U|$，此时知识的粒度最小，知识的分辨能力最强。不同粒层的知识粒度之间存在粗细关系，知识粒度随知识划分能力的增强而减小，而同一粒层下知识的分辨能力与粒度存在互补关系，定义知识的分辨度如下。

定义 1-11　设 $K=(U,\boldsymbol{R})$ 是一知识库，知识 $R\in\boldsymbol{R}$ 的分辨度 $\mathrm{Dis}(R)$ 定义为

$$\mathrm{Dis}(R)=1-\mathrm{GD}(R)$$

有 $0\leqslant \mathrm{Dis}(R)=1-1/|U|$ 成立。

由定义 1-7 可知，知识 R 的熵 $H(R)$ 定义为

$$H(R)=-\sum_{i=1}^{m}p(X_i)\log_2 p(X_i)=-\sum_{i=1}^{m}\frac{|X_i|}{|U|}\log_2\frac{|X_i|}{|U|}$$

当 R 为论域关系 δ 时，$H(R)$ 取最小值为 0，此时知识的不确定性最大；当 R 为相等关系 ω 时，$H(R)$ 取最大值为 $\log_2|U|$，此时知识的不确定性最小。所以，由定义 1-7 给出的知识熵随知识粒度的减小而单调递增。

冯琴荣等在文献[96]中定义了知识的划分粒度，来度量知识的分类能力：

定义 1-12　设 U 是一个论域，R 是 U 上的等价关系，记 R 在 U 上导出的划分为 X，且 $X=\{X_1,X_2,\cdots,X_m\}$，称

$$E(R)=\sum_{i=1}^{m}|X_i|\,p(X_i)=\sum_{i=1}^{m}|X_i|\frac{|X_i|}{|U|}$$

为知识 R 的划分粒度。

显然，$1\leqslant E(R)\leqslant|U|$。当 R 为论域关系 δ 时，$E(R)$ 取最大值为 $|U|$，此时知识的划分粒度最大，知识的分辨能力最弱；当 R 为相等关系 ω 时，$E(R)$ 取最小值为 1，此时知识的划分粒度最小，知识的分辨能力最强。事实上，知识的划分粒度可以看成期望粒度，是对知识导出的划分中各划分粒“平均”长度的一种度量，它的值越小，表明划分粒的平均长度越短，论域中划分粒的个数就越多，即该知识能区分开的对象就越多，因此分类能力也就越强，不确定性越小。

关于知识粒度，文献[97]给出了公理化定义，许多学者也提出了不同的方法对其进行度量[98,99]。刘财辉等在文献[100]中对几种知识不确定性度量方法进行了比较研究，详细分析了它们之间的联系与区别。

1.3.3　粒的关系

粗糙集模型中，从不同角度、不同层次看待对象集、属性集、属性值集，能形成不同的粒结构、粒层及粒子，不同层的粒子之间存在粗细关系。

1. 属性集变化与粒度的关系

定义 1-13　设 P、Q 是论域 U 上的两个等价关系，且 $U/P=\{X_1,X_2,\cdots,X_n\}$，

$U/Q=\{Y_1,Y_2,\cdots,Y_m\}$，如果对任意 $X_i \in P$，存在 $Y_j \in Q$，使得 $X_i \subseteq Y_j$，称 U/P 是比 U/Q 更细的划分，记为 $P \leqslant Q$。

若 $P \leqslant Q$，则有 $\mathrm{GD}(P) \leqslant \mathrm{GD}(Q)$，$\mathrm{Dis}(P) \geqslant \mathrm{Dis}(Q)$，$H(P) \geqslant H(Q)$，$E(P) \leqslant E(Q)$ 成立，即知识的划分越粗，粒子越粗，知识粒度越大，分辨度越小，知识熵越小，知识的划分粒度越大，不确定程度越大。

此外，通过改变属性集中属性的个数也会引起粒度的变化，若属性集 P、Q 满足 $P \subseteq Q$，即在属性集 P 上增加属性得到属性集 Q，则由知识 Q 形成的划分更细，划分空间中的粒子个数增加，粒子变细，知识粒度变小，即 $\mathrm{GD}(P) \geqslant \mathrm{GD}(Q)$ 成立。

2. 属性值变化与粒度的关系

层次粗糙集模型[95]中，属性在不同概念层具有不同的值域，属性值域的变化也会引起粒度的变化。

定义 1-14　设决策表 $\mathrm{DT}=(U,C \cup D,V,f)$，对任意条件属性 $C_t \in C$，V_t^i、V_t^j 分别为其第 i 层、第 j 层的值域，若对任意 $a \in V_t^i$，总存在 $b \in V_t^j$，使得 a 是 b 的子概念，称 V_t^i 比 V_t^j 细，或者 V_t^j 比 V_t^i 粗，记为 $V_t^i \leqslant V_t^j$。

定义 1-15　设决策表 $\mathrm{DT}=(U,C \cup D,V,f)$，其中 $C=\{C_1,C_2,\cdots,C_m\}$ 是条件属性集，$V^{k_1k_2\cdots k_m}$ 表示条件属性集 C 在第 $(k_1,k_2,\cdots,k_m)$ 个决策表的值域，如果对任意 $k \in \{1,2,\cdots,m\}$，有 $V_k^{i_k} \leqslant V_k^{j_k}$，称 C 在第 $(i_1,i_2,\cdots,i_m)$ 个决策表的值域 $V^{i_1i_2\cdots i_m}$ 比在第 $(j_1,j_2,\cdots,j_m)$ 个决策表的值域 $V^{j_1j_2\cdots j_m}$ 细，或者 $V^{j_1j_2\cdots j_m}$ 比 $V^{i_1i_2\cdots i_m}$ 粗，记为 $V^{i_1i_2\cdots i_m} \leqslant V^{j_1j_2\cdots j_m}$。

无论对单个属性，还是对整个属性集而言，其值域越细，概念层次越低，该概念层对应的等价关系划分能力越强，粒子越细，知识粒度越小，不确定性越小。

不同粒层的粒子之间存在粗细关系，通过组合下层的细粒子，可以得到上层的粗粒子，通过分解上层的粗粒子，可以得到下层的细粒子。粒的组合、分解、转换是粒计算的一个重要研究方向。

1.3.4　知识约简与规则提取

粗糙集理论的一个重要任务是在决策表中获取知识，而这种知识通常是用规则形式表示的，决策表的每一行即确定一条决策规则，而利用决策表信息提取规则并进行智能处理之前，需要利用某一标准对信息系统进行知识约简[101]。

知识约简是指删除条件属性集中冗余的属性或属性值后，能保持原始决策表条件属性与决策属性之间的依赖关系，即约简后的属性子集是对论域的划分空间保持不变的前提下的最粗划分。约简算法可以通过删除冗余属性或添加重要属性进行，其中添加属性的方式是从信息系统的核开始，按照一定的启发信息获取属性约简。

从粒计算的角度看，条件属性的增加或删除会改变粒空间的知识粒度，删除属性时知识粒度会增大，而添加属性时知识粒度会减小，如图 1-5 所示。属性约简的过程本质上是根据知识的变化不断改变粒层和粒子结构的过程，直至得到决策划分空间 U/D 的最大近似划分。知识划分能力的度量可以使用分类质量、知识熵、粒度等不确定性度量方式。

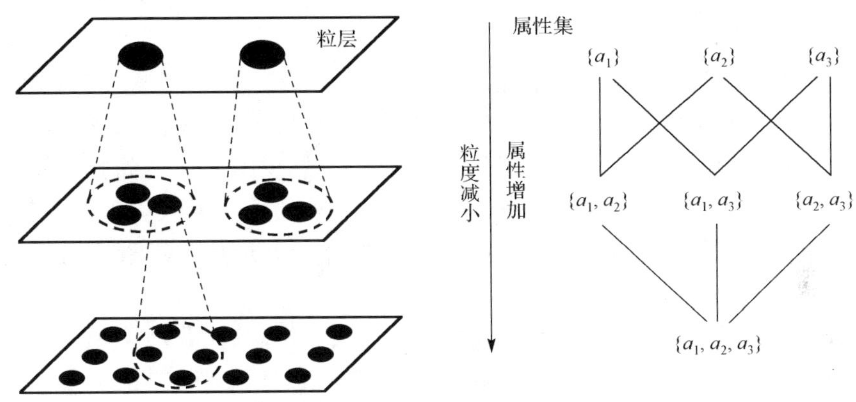

图 1-5　粒层与属性集变化关系

决策表中，可以从不同粒层上提取规则，粒度的不确定性会引起决策规则的不确定。决策规则不确定性即反映所表达知识的真实性，其度量方式有确定性因子、覆盖因子[102]。

定义 1-16　设决策表 $\mathrm{DT}=(U,C\cup D,V,f)$，其中 $C=\{c_1,c_2,\cdots,c_n\}$，$D=\{d_1,d_2,\cdots,d_m\}$，对 $\forall x\in U$，其对应的规则 $c_1(x),c_2(x),\cdots,c_n(x)\to d_1(x),d_2(x),\cdots,d_m(x)$ 记为 $C\to_x D$，则该规则的规则强度定义为

$$\sigma(C\to_x D)=\frac{|[x]_C\cap[x]_D|}{|U|}$$

规则强度反映了系统中匹配该条规则的对象在论域中所占的比例。

定义 1-17　设决策表 $\mathrm{DT}=(U,C\cup D,V,f)$，对 $\forall x\in U$，其对应的规则 $C\to_x D$ 的确定性因子定义为

$$\mathrm{Cer}(C\to_x D)=\frac{|[x]_C\cap[x]_D|}{|[x]_C|}$$

显然，$0<\mathrm{Cer}(C\to_x D)\leqslant 1$，当 $\mathrm{Cer}(C\to_x D)=1$ 时，表明该条规则是确定的。确定性因子反映了系统中匹配该条规则的对象数与符合规则前件的对象数之比。

定义 1-18　设决策表 $\mathrm{DT}=(U,C\cup D,V,f)$，对 $\forall x\in U$，其对应的规则 $C\to_x D$ 的覆盖因子定义为

$$\mathrm{Cov}(C \rightarrow_x D) = \frac{\left|[x]_C \cap [x]_D\right|}{\left|[x]_D\right|}$$

覆盖因子反映了系统中匹配该条规则的对象数与符合规则后件的对象数之比。

1.4　本 章 小 结

不确定性是一种普遍存在的现象，广泛存在于自然科学和社会科学领域。自古以来，不同学科、不同领域的学者对不确定性问题展开了不懈的探索与研究。粒计算是一种新的计算范式，是研究基于多层次粒结构的思维方式、问题求解方法、信息处理模式及其相关理论、技术和工具的学科，由于其反映了人类处理具有多层次、多视角问题时体现的全局观和近似求解能力，粒计算逐渐成为不确定性问题求解的重要理论。

本章从粒计算的角度来认识不确定性，介绍了四种粒计算理论模型，包括模糊集、粗糙集、商空间、云模型，并从表示、度量、推理三方面概括了各模型的不确定性研究内容。本章还结合我们的工作，在粗糙集理论背景下，重点从粒的表示、粒的度量、粒的关系、知识约简与规则提取等方面讨论分析了不确定性。

虽然粒计算针对不确定性问题在理论模型、应用方面取得了大量研究成果，但还存在以下问题有待深入研究。

(1)不确定性包括随机性、模糊性、不完整性、不一致性等，模糊集、粗糙集、商空间、云模型不能同时解决这些问题，而只在某些方面具有优势，能否或者如何整合现有模型的优点，构建统一的粒计算模型？

(2)针对具体的复杂问题如何粒化？即针对问题空间，如何构建合理的粒结构、粒层、粒子？如何对粒度进行有效的度量，并在问题求解时，在多粒度空间下选取最合适的粒度？

(3)不同粒层的粒子转换算子如何构造？粒转换过程中的不确定性又如何度量？转换过程中的单调性如何？

参 考 文 献

[1] 罗素. 西方哲学史[M]. 何兆武，李约瑟，译. 北京：商务印书馆，2011.

[2] 欧庭高, 陈多闻. 现实世界不确定性的哲学意蕴[J]. 山西师范大学学报(社会科学版), 2004, 31(3):12-17.

[3] 李德毅, 杜鹢. 不确定性人工智能[M]. 北京：国防工业出版社, 2014.

[4] Pearl J. Bayesian networks: A model of self-activated memory for evidential reasoning[C].

Proceedings of the 7th Conference of the Cognitive Science Society. Irvine: University of California, 1985:329-334.

[5] Shafer G. A Mathematical Theory of Evidence[M]. Princeton: Princeton University Press, 1976.

[6] Zadeh L A. Fuzzy sets[J]. Information & Control, 1965, 8(3):338-353.

[7] Pawlak Z. Rough sets[J]. International Journal of Computer & Information Sciences, 1982, 11(5):341-356.

[8] Zadeh L A. Toward a theory of fuzzy information granulation and its centrality in human reasoning and fuzzy logic[J]. Fuzzy Sets & Systems, 1997, 90(2):111-127.

[9] 苗夺谦, 张清华, 钱宇华, 等. 从人类智能到机器实现模型——粒计算理论与方法[J]. 智能系统学报, 2016, 11(6):743-757.

[10] Zadeh L A. Fuzzy logic—Computing with words[J]. IEEE Transactions on Fuzzy Systems, 1996, 4(2):103-111.

[11] 张铃, 张钹. 问题求解理论及应用[M]. 北京: 清华大学出版社, 1990.

[12] Yao Y Y. Three-way decisions with probabilistic rough sets[J]. Information Sciences, 2010, 180(3):341-353.

[13] Yao Y Y. The superiority of three-way decisions in probabilistic rough set models[J]. Information Sciences, 2011, 181(6):1080-1096.

[14] 姚一豫. 三支决策: 复杂问题求解方法与实践[M]. 北京: 科学出版社, 2015.

[15] Zadeh L A. Outline of a new approach to the analysis of complex systems and decision processes[J]. IEEE Transactions on Systems, Man, and Cybernetics, 1973, 3:28-44.

[16] Zadeh L A. Fuzzy Set and Information Granularity[M]// Advance in Fuzzy Set Theory & Application. Amsterdam: North Holland Publishing, 1979:3-18.

[17] Hobbs J R. Granularity[C]. International Joint Conference on Artificial Intelligence, Los Angeles, 1985:432-435.

[18] Lin T Y. Granular computing on binary relations I: Data mining and neighborhood systems[J]. Rough Sets in Knowledge Discovery, 1998, (2):165-166.

[19] Lin T Y. Data mining: Granular computing approach[J]. Lecture Notes in Computer Science, 1999, 1574:24-33.

[20] Thiele H. On semantic models for investigating computing with words[C]. Proceedings of the Second International Conference on Knowledge Based Intelligent Electronic Systems, Adelaide, 1998: 32-98.

[21] Zadeh L A. Toward a theory of fuzzy information granulation and its centrality in human reasoning and fuzzy logic[J]. Fuzzy Sets & Systems, 1997, 90(2): 111-127.

[22] Zadeh L A. From computing with numbers to computing with words—From manipulation of measurements to manipulation of perceptions[J]. AIP Conference Proceedings, 2001, 46(1):221-252.

[23] Yao Y Y. Rough sets, neighborhood systems, and granular computing[J]. Proceedings of the 1999 IEEE Canadian Conference on Electrical and Computer Engineering, 1999, 3:1553-1558.

[24] Yao Y Y. Granular Computing Using Neighborhood Systems[M]. London: Springer, 1999: 539-553.

[25] Yao Y Y. Information granulation and rough set approximation[J]. International Journal of Intelligent Systems, 2001, 16(1):87-104.

[26] Yao Y Y. A Partition Model of Granular Computing[M]. Berlin: Springer, 2004:232-253.

[27] Zadeh L A. Some Reflections on Information Granulation and its Centrality in Granular Computing, Computing with Words, the Computational Theory of Perceptions and Precisiated Natural Language[M]. Heidelberg: Physica-Verlag, 2002:3-20.

[28] 刘清. Rough 集及 Rough 推理[M]. 北京: 科学出版社, 2001.

[29] Liu Q, Jiang F, Deng D. Design and implement for diagnosis systems of hemorheology on blood viscosity syndrome based on GrC[C]. International Conference on Rough Sets, Fuzzy Sets, Data Mining, and Granular Computing. Berlin: Springer, 2003:413-420.

[30] 苗夺谦, 范世栋. 知识的粒度计算及其应用[J]. 系统工程理论与实践, 2002, 22(1):48-56.

[31] 苗夺谦, 王国胤, 刘清, 等. 粒计算:过去、现在与展望[M]. 北京: 科学出版社, 2007.

[32] 苗夺谦, 李德毅, 姚一豫, 等. 不确定性与粒计算[M]. 北京: 科学出版社, 2011.

[33] 王国胤, 张清华, 马希骜, 等. 知识不确定性问题的粒计算模型[J]. 软件学报, 2011, 22(4):676-694.

[34] 梁吉业, 钱宇华. 信息系统中的信息粒与熵理论[J]. 中国科学:技术科学, 2008, 38(12):2048-2065.

[35] Wu W Z, Leung Y, Mi J S. Granular computing and knowledge reduction in formal contexts[J]. IEEE Transactions on Knowledge & Data Engineering, 2009, 21(10):1461-1474.

[36] 张燕平, 张铃, 赵姝,等. 基于子模函数构建优化商空间链[J]. 南京大学学报(自然科学版), 2016, 52(6):1084-1089.

[37] Qian Y H, Liang J Y, Yao Y Y, et al. MGRS: A multi-granulation rough set[J]. Information Sciences, 2010, 180(6):949-970.

[38] Jing Y G, Li T R, Huang J F, et al. An incremental attribute reduction approach based on knowledge granularity under the attribute generalization[J]. International Journal of Approximate Reasoning, 2016, 76:80-95.

[39] Yang X B, Xu S P, Dou H L, et al. Multigranulation rough set: A multiset based strategy[J]. International Journal of Computational Intelligence Systems, 2017, 10(1):277.

[40] Zhang X Y, Miao D Q. Two basic double-quantitative rough set models of precision and grade and their investigation using granular computing[J]. International Journal of Approximate Reasoning, 2013, 54(8):1130-1148.

[41] 陈玉明, 朱清新, 曾志强,等. 基于邻域粗糙集与鱼群智能的基因选择方法[J]. 电子科技大学学报, 2018, 47(1):99-104.

[42] Lang G M, Miao D Q, Yang T, et al. Knowledge reduction of dynamic covering decision information systems when varying covering cardinalities[J]. Information Sciences, 2016, 346(C):236-260.

[43] Zhang H Y, Pedrycz W, Miao D Q, et al. From principal curves to granular principal curves[J]. IEEE Transactions on Cybernetics, 2017, 44(6):748-760.

[44] Liu C H, Zhao C R, Miao D Q, et al. Granular mean shift pedestrian tracking algorithm[J]. CAAI Transactions on Intelligent Systems, 2016, 11(4):433-441.

[45] 张清华, 王国胤, 胡军. 多粒度知识获取与不确定性度量[M]. 北京: 科学出版社, 2013.

[46] Gorzalczany M B. Approximate inference with interval-valued fuzzy sets—An outline[C]. Proceedings Polish Symposium on Interval and Fuzzy Mathematics, Poznan, 1983:89-95.

[47] Atanassov K T, Rangasamy P. Intuitionistic fuzzy sets[J]. Fuzzy Sets & Systems, 1986, 20(1):87-96.

[48] Mendel J M, John R I B. Type-2 fuzzy sets made simple[J]. IEEE Transactions on Fuzzy Systems, 2002, 10(2):117-127.

[49] Gau W L, Buehrer D J. Vague sets[J]. IEEE Transactions on Systems Man & Cybernetics, 1993, 23(2):610-614.

[50] Yager R R. Pythagorean fuzzy subsets[C]. IFSA World Congress and NAFIPS Meeting, Edmonton, 2013:57-61.

[51] Pawlak Z. Rough Sets: Theoretical Aspects of Reasoning about Data[M]. Boston: Kluwer Academic Publishers, 1991.

[52] Wong S K M, Wang L S, Yao Y Y. Interval structure: A framework for representing uncertain information[J]. Uncertainty in Artificial Intelligence, 1992:336-343.

[53] Yao Y Y, Wong S K M, Wang L S. A non-numeric approach to uncertain reasoning[J]. International Journal of General Systems, 1995, 23(4):343-359.

[54] Żakowski W. Approximations in the space (U,Π)[J]. Demonstratio Mathematica, 1983, 16(3):761-769.

[55] Lin T Y. Neighborhood systems and relational databases[C]. ACM 16th Conference on Computer Science. Atlanta: ACM, 1988:725.

[56] Lin T Y. Neighborhood systems and approximation in relational databases and knowledge bases[J]. Proceedings of International Symposium on Methodologies of Intelligent Systems, 1988:132-155.

[57] Skowron A. Generalized approximation spaces[C]. The International Workshop on Rough Sets and Soft Computing, San Jose, 1994: 156-163.

[58] Kryszkiewicz M. Rough set approach to incomplete information systems[J]. Information Sciences, 1998, 112(1/2/3/4):39-49.

[59] Greco S, Matarazzo B, Slowinski R. The Use of Rough Sets and Fuzzy Sets in MCDM[M]. Boston: Kluwer Academic Publishers, 1999:1-59.

[60] Slowinski R, Vanderpooten D. A Generalized definition of rough approximations based on similarity[J]. IEEE Transactions on Knowledge & Data Engineering, 2000, 12(2):331-336.

[61] Yao Y Y. Relational interpretations of neighborhood operators and rough set approximation operators[J]. Information Sciences, 1998, 111(1/2/3/4):239-259.

[62] Dubois D, Prade H. Rough fuzzy sets and fuzzy rough sets[J]. Journal General Systems, 1990, 17(2/3):191-209.

[63] 张文修. 信息系统与知识发现[M]. 北京：科学出版社, 2003.

[64] 张楠，苗夺谦，岳晓冬. 区间值信息系统的知识约简[J]. 计算机研究与发展，2010, 47(8):1362-1371.

[65] Kryszkiewicz M. Comparative study of alternative types of knowledge reduction in inconsistent systems[J]. International Journal of Intelligent Systems, 2001, 16(1):105-120.

[66] Feng Q, Miao D, Cheng Y. Hierarchical decision rules mining[J]. Expert Systems with Applications, 2010, 37(3):2081-2091.

[67] Wu W Z, Leung Y. Theory and applications of granular labelled partitions in multi-scale decision tables[J]. Information Sciences, 2011, 181(18):3878-3897.

[68] Pawlak Z, Wong S K M, Ziarko W. Rough sets: Probabilistic versus deterministic approach[J]. International Journal of Man-Machine Studies, 1988, 29(1):81-95.

[69] Yao Y Y, Wong S K M. A decision theoretic framework for approximating concepts[J]. International Journal of Man-Machine Studies, 1992, 37(6):793-809.

[70] Ziarko W. Variable precision rough set model[J]. Journal of Computer & System Science, 1993, 46(1):39-59.

[71] 张铃，张钹. 模糊商空间理论(模糊粒度计算方法)[J]. 软件学报, 2003, 14(4): 770-776.

[72] 张铃，张钹. 模糊相容商空间与模糊子集[J]. 中国科学：信息科学, 2011, 41(1): 1-11.

[73] Chen L, Wang J, Li L, et al. Quotient space model based on algebraic structure[J]. High Technology Letters, 2016, 22(2):160-169.

[74] 张铃，张钹. 动态商空间模型及其基本性质. 模式识别与人工智能, 2012, 25(2): 181-185.

[75] Beaubouef T, Petry F E, Arora G. Information-theoretic measures of uncertainty for rough sets and rough relational databases[J]. Information Sciences, 1998, 109(1/2/3/4):185-195.

[76] 苗夺谦. Rough Set 理论及其在机器学习中的应用研究[D]. 北京：中国科学院自动化研究所, 1997.

[77] 苗夺谦，王珏．粗糙集理论中知识粗糙性与信息熵关系的讨论[J]．模式识别与人工智能，1998,（1）:34-40.

[78] 苗夺谦，王珏．粗糙集理论中概念与运算的信息表示[J]．软件学报，1999, 10(2):113-116.

[79] Liang J, Shi Z. The information entropy, rough entropy and knowledge granulation in rough set theory[J]. International Journal of Uncertainty, Fuzziness and Knowledge-Based Systems, 2004, 12(1):37-46.

[80] Bianucci D, Cattaneo G, Ciucci D. Entropies and co-entropies of coverings with application to incomplete information systems[J]. Fundamenta Informaticae, 2007, 75(1/2/3/4):77-105.

[81] Chakrabarty K, Biswas R, Nanda S. Fuzziness in rough sets[J]. Fuzzy Sets & Systems, 2000, 110(2):247-251.

[82] Liang J, Chin K S, Dang C, et al. A new method for measuring uncertainty and fuzziness in rough set theory[J]. International Journal of General Systems, 2002, 31(4):331-342.

[83] Wang G Y, Zhang Q H. Uncertainty of rough sets in different knowledge granularities[J]. Chinese Journal of Computers, 2008, 31(9):1588-1598.

[84] Liu X. Entropy, distance measure and similarity measure of fuzzy sets and their relations[J]. Fuzzy Sets & Systems, 1992, 52(3):305-318.

[85] 张文修，梁怡．不确定性推理原理[M]．西安：西安交通大学出版社，1996.

[86] 张铃，张钹，张燕平．不确定性与粒计算[M]．北京：科学出版社，2011.

[87] 张清华．分层递阶粒计算理论及其应用研究[D]．成都：西南交通大学，2009.

[88] Qian J, Lv P, Yue X, et al. Hierarchical attribute reduction algorithms for big data using MapReduce[J]. Knowledge-Based Systems, 2015, 73(1):18-31.

[89] 张贤勇，苗夺谦．基于逻辑或的双量化粗糙集模型的计算分析与属性约简[J]．模式识别与人工智能，2014, 27(9):778-786.

[90] Zhang X, Miao D. Double-quantitative fusion of accuracy and importance: Systematic measure mining, benign integration construction, hierarchical attribute reduction[J]. Knowledge-Based Systems, 2016, 91:219-240.

[91] Lin G, Qian Y, Li J. NMGRS: Neighborhood-based multigranulation rough sets [J]. International Journal of Approximate Reasoning, 2012, 53(7):1080-1093.

[92] Liu C, Miao D, Qian J. On multi-granulation covering rough sets[J]. International Journal of Approximate Reasoning, 2014, 55(6):1404-1418.

[93] Liu C, Miao D. On covering multi-granulation fuzzy rough sets[J]. Information Technology Journal, 2013, 12(3): 506-509.

[94] Yang W. Interval-valued information systems rough set model based on multi-granulations[J]. Information Technology Journal, 2013, 12(3):548-550.

[95] 冯琴荣．基于多维数据模型的粒计算方法研究[D]．上海：同济大学，2009.

[96] 冯琴荣，苗夺谦，程昳. 基于知识划分粒度的信息系统约简算法[J]. 计算机工程与应用，2007, 43(34):19-21.

[97] Yao Y Y, Zhao L Q. A measurement theory view on the granularity of partitions[J]. Information Sciences, 2012, 213(23):1-13.

[98] Yao Y Y. Probabilistic approaches to rough sets[J]. Expert Systems, 2010, 20(5):287-297.

[99] Qian Y H, Liang J Y. Combination entropy and combination granulation in rough set theory[J]. International Journal of Uncertainty, Fuzziness and Knowledge-Based Systems, 2008, 16(2):179-193.

[100] 刘财辉，苗夺谦，岳晓冬,等. 知识不确定性度量及其关系研究[J]. 计算机科学，2014, 41(3):66-70.

[101] 苗夺谦，李道国. 粗糙集理论、算法与应用[M]. 北京：清华大学出版社, 2008.

[102] Pawlak Z. Some Issues on Rough Sets[M]. Berlin: Springer, 2004: 1-58.

第 2 章　基于三支决策的深度学习级联模型研究

在现实世界中，不确定性是日常生活事物中不可避免的基本特征。随着深度学习的发展，不确定性推理迎接了新的挑战，大量的研究工作致力于将不确定性推理应用于实际问题。粒计算是一种新兴的信息处理计算范式，支持以不同层次的尺度来识别和利用数据中存在的知识。它让知识的提取和表示以及信息的决策更具灵活性和适应性。三支决策是粒计算中不确定性推理的一个重要理论和进展。本章将三支决策应用于深度学习模型，提出了基于三支决策的深度学习级联模型，将不确定性引入深度学习模型预测中，进一步提升深度学习模型预测结果的可靠性和准确率，同时扩展了粒计算的不确定性推理在现实问题中的应用。

2.1　引　　言

粒计算(Granular Computing，GrC)是当前人工智能领域中一种新的概念和计算范式，是研究基于多层次粒结构的思维方式、问题求解方法、信息处理模式及其相关理论、技术和工具的学科，属于人类较高层次认知机理研究的范畴[1-3]。多层次多粒度结构是现实数据普遍存在的一个特点，无论图像、文字还是语音数据，从不同的粒度层次都能得到不同的特征表示。

近年来，深度学习在人工智能领域非常受欢迎，推动了许多领域的发展，在语音识别、计算机视觉等多类应用中都有突破性的进展。深度学习模拟人脑的层次结构，将数据从低层到高层进行处理，逐渐构成越来越多的语义概念。分层深度学习神经网络通常应用多尺度金字塔结构，是一种典型的多粒度结构。最近，也有研究者努力将粒计算与深度学习结合[4]，把深度学习中的卷积金字塔或分层卷积因子看作多粒度计算，在前景和背景分离任务中取得了有效的进步。

在新时代的潮流下，粒计算也要谋求新的发展，深度学习的流行对传统粒计算来说既是机遇，也是挑战。一方面，深度学习通过模拟人类大脑神经网络潜在地利用事物的底层特征到抽象特征的层次结构模型来认知事物的内在机制与原理，这是一种典型的多粒度结构[1]，这种结构对于粒计算谋求与深度学习结合是先天的优势；另一方面，因为传统粒计算模型多数停留在研究阶段，而深度学习无论在研究还是工程应用领域的发展都非常领先，在某些任务上深度学习的表现甚至超过了人类。如何在已经非常领先的深度学习基础上，利用粒计算进一步提升深度学习表现是一个挑战。

因为深度学习具有强大的特征表示能力，我们只需要将数据一次性全部丢进深度学习这个“黑箱子”，然后等着它训练出结果即可。但深度学习也有它的不足——虽然深度学习可以训练出扩展性较强的通用模型并取得很好的效果，如在某个数据集上训练的模型，可以迁移到其他数据集上[5]，但深度学习没有考虑到数据的不确定性和问题的复杂程度，仅仅依靠硬件发展提供的强大计算能力直接求解非常复杂的问题，这种方式是不可取的。粒计算理论是一种结构化求解模型，能够有效地处理大数据中的不确定性，显著降低问题求解的复杂程度，其模型的可构造性使得它在不同数据和领域背景下具有丰富的表达形式，与大数据研究高度契合，是一条极具发展潜力的新途径[1,6]。

三支决策(Three-Way Decision，3WD)是经典的粒计算模型，三支决策模拟人类解决问题的思维，首先确定接受域(即明确接受的部分)和拒绝域(即明确拒绝的部分)，然后重点研究不确定域的待确认部分[1,7,8]。大数据集存在数据量大、数据分布广等特点，这导致大数据的分析存在很大的不确定性。任何模型都无法保证在大数据集上对每个样本的分析判定结果都是绝对确定的，这些不精确对象的集合就是不确定域。通过收集更多粒度层面的信息，对不确定域进行重点研究，将不确定域内对象向确定域(接受域和拒绝域)转换，从而降低其不确定性。

本章在粒计算指导下，将大规模商品图像分类任务进行分解，从原始标签集中挖掘隐藏的标签关联，构造专家标签组，训练专家分类器，细化分类任务，从而降低分类任务的不确定性。同时，利用三支决策模型，将基础分类器与专家分类器串联，首先通过基础分类器的分类结果确定接受域和拒绝域，然后将不确定域用专家分类器进行重点研究，将不确定域的对象向确定域转换。

本章结构安排如下：2.2 节介绍本章的研究内容；2.3 节回顾三支决策和卷积神经网络模型的相关理论；2.4 节详细介绍基于三支决策的深度学习级联模型；2.5 节是实验和结果分析；2.6 节就三支决策如何降低深度学习模型的不确定性等进行讨论。

2.2 研究内容

本章研究内容包含三个方面，分别是知识的多粒度表示、多粒度评价指标和不确定域求解，并在这三个内容的基础上提出了基于三支决策的深度学习级联模型。

2.2.1 知识的多粒度表示

深度学习将数据从低层到高层进行处理，也就是将数据从细粒度到粗粒度的一个处理。卷积神经网络(Convolutional Neural Network，CNN)由多层小神经元集合(卷积核等)组成，每个集合只处理输入图像的一部分，这个部分称为感受野。感受野越大，表示的知识的粒度越粗。一般来说，越是底层，感受野越小，表示的知识粒度越精细。每一层提取的知识组合成新的知识图传入下一层，再由下一层的多层小神经元集合在输入的知识图上进行处理，得到新的感受野，这个感受野通常比上一层的感受野范围大，也就是知识的粒度表示更粗。CNN 每一层都重复这样的工作，最终获得原始图像的一个更好的表示。

在深度学习流行以前，图像处理采用传统的特征描述子，如 SIFT[9]、HOG[10]、LBP[11]和 Haar[12]等。传统的图像处理方法，将输入图像分块提取特征表示，如 HOG、LBP、Haar；或将输入图片用大量的特征点表示，如 SIFT。这些方法虽然把知识分成多个块(或点)来处理，但本质上是同一个粒度层的知识表示(原始数据粒度层，最细的粒度层)。只从单一角度求解问题会导致丢失多角度的信息。深度学习充分利用不同粒度之间的关系，融合多粒度信息。深度学习模型每一层都融合了上一层的信息，同时又作为下一层的输入信息继续融合。因此深度学习模型的高层特征表示很丰富，具有很强的表示能力。

本章将经典深度学习模型 CNN 作为实验的基础模型，对输入图像进行多粒度知识表示与融合，利用深度学习丰富的特征表示实现高效的分类效果，并在此基础上结合粒计算模型三支决策解决深度学习模型不确定域的求解问题，进一步提升 CNN 的分类效果。

2.2.2　多粒度评价指标

CNN 最后一层的分类器通常选择的是 Softmax，输出的是所有类别的概率，是一个一维向量。通常我们选取概率最大的类别认为是输入样本的类别，但这样丢失了其他类别的预测概率包含的信息。第一种情况是，分类器预测的前几名概率值相近的情况。例如，分类器预测的最大概率值为 0.5，而第二大概率值为 0.4，如果只选择最大概率值作为预测结果，就显得不太合理。第二种情况是，当类别很多时(尤其是现实世界中的大数据类别多)，往往不需要绝对的准确率，如果在分类器预测的前几名类别中包含了正确类别也足够人类决策者使用了。因此，从单一粒度评价分类器表现会丢失很多信息。

本章从多个粒度层评价分类器表现，采用 top-k 错误率作为分类器的评价指标。当 k 为 1 时，就是选取概率最大的类别作为预测结果。

除了采用 top-k 错误率评价分类器的表现，本章还从不同粒度层的分类器层面来评价数据集经过分类器训练后的测试结果。粗粒度层为评价基础分类器的分类表现，细粒度层为评价专家分类器的分类表现。

本章从单分类器的多粒度评价指标和多粒度分类器的多粒度评价指标两个方面对模型进行整理评价。

2.2.3　不确定域求解

深度学习模型参数多，特征表示能力强，但为了避免过拟合，提升模型的泛化能力，深度学习模型训练对有标签的数据量的要求很高。无论深度学习模型对训练数据学习得多好，也无法应对数据集中充满变化的数据样本，因此深度学习模型过拟合、泛化能力不足是一个常见的问题。当训练好的模型在新的样本上测试时，如果新的样本与训练集分布差很多，虽然模型依旧会给出预测结果，但无法对新样本进行准确的预测。这就是模型测试的不确定性。

为了对与训练集样本相差较大、模型无法给出准确预测的样本进行研究，首先需要找出不确定域范围，然后再对不确定域进行重点研究。

为了找出不确定域，首先分析数据集存在的问题，其次分析预测结果的不确定性产生的原因，最后根据不确定性产生的原因，针对性地定义不确定域。本章实验采用的数据集存在类间相似度较高的问题，所以导致基分类无法区分某些相似类别样本，导致了基础分类器预测结果的不确定性。根据以上原则，本章利用混淆矩阵找出标签关系，将相似类组合在一起成立“专家小组”。假设基础分类器预测输入样本的 top-k 类别里包含同一个“专家小组”的多个类，则认为基础分类器对输入样本的预测结果存在不确定性，将该样本归入不确定域，进一步重点研究。

确定不确定域后，对不确定域重点研究。本章采用多粒度联合计算[13,14]，将原问题的求解分配到多个粒度层次上成为子任务，通过协同各粒度层次上的子任务的求解，完成原问题的求解。在成立多个“专家小组”后，训练多个专家分类器。每个专家分类器有一个擅长的领域，在该领域，专家分类器的表现比基础分类器好。因此，用专家分类器对不确定域进行重点研究，降低整体分类结果的不确定性。

2.2.4　基于三支决策的深度学习级联模型

深度学习的发展已经证明已有的卷积神经网络模型在 ImageNet 数据集上的分类错误率低于人类的错误率[15]，但是我们仍然在摸索更准确、更有效的模型。除了设计具有较高学习能力的卷积神经网络，结合许多不同模型的预测结果也是降低错误率的一个非常有效的方法[16-18]。单个分类器的预测结果存在更大的不确定性，我们需要一种方法可以定义单个分类器的预测结果的不确定性，从而判断是否需要更多的分类器提供更多的信息，降低单个分类器的不确定性。

为此，将三支决策引入分类过程，用来解决单个分类器预测结果存在不确定性的问题。三支决策概念提出最初是用来解决解释概率粗糙集的三个区域的需求的[19-21]。在“接受”“拒绝”和“不做承诺”的概念的基础上构建了三方决策的理论，每当难以做出“接受”或“拒绝”的决定时，就做出第三个“不做承诺”的决定[22]。本章提出了一种通过“级联”来组合多个分类器的方法，该方法允许信息在分类器之间传递，上层分类器的输出信息被用作下一个分类器的附加信息。基于三支决策的级联模型包括三层，第一层是一个基础分类器，第二层是三支决策层，第三层是专家分类器层。专家分类器是指对类间相似度较高的一组类别有针对性分类效果的分类器。设计专家分类器的前提是找出类间相似较高的类别子集。因此，本章又提出一种基于混淆矩阵的标签关联挖掘算法，将在 2.4.2 节详细介绍。模型整体流程如图 2-1 所示。将输入图片传入基础分类器进行预测，预测结果传入三支决策层，三支决策判断基础分类器分类结果的不确定性，如果不确定性高，则将输入图片传入第三层专家分类器层进行纠正。

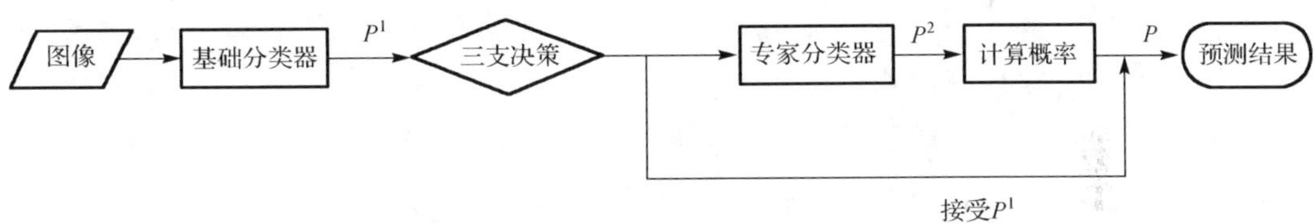

图 2-1　基于三支决策的级联模型流程图

本章基于知识的多粒度表示、多粒度评价指标和不确定域求解三个方面的研究内容，首先利用深度学习提取知识的多粒度表示，建立基础分类器。然后用多粒度评价指标评价分类器表现，从多粒度评价结果中分析基础分类器对样本的预测结果的不确定性。最后用三支决策过程联合基础分类器与专家分类器，建立深度学习级联模型，融合多粒度分类器的信息作出最终的预测。实验结果表明，本章提出的基础三支决策的深度学习级联模型有效利用了多个方面的多粒度信息，提升了分类表现，成功扩展了粒计算在深度学习领域的应用。

2.3　相 关 理 论

2.3.1　三支决策

三支决策思想是一种模拟人类认知方式的决策模式。人类在日常生活中，对于具有充分把握接受和拒绝的事物可以立刻做出判断，而对于不确定的事物，则需要进行研究和学习后再进行最终判断。不确定事物的不精确性是由于其粒度过粗，对该不确定事物的求解过程实际上就是将其属性进行粒度变换和多粒度运算，使得其粒度由粗糙逐步细化，从而对不确定的事物进行判断[1]。粗糙集是一种利用上、下近似集的方法描述事物的不确定性的数学方法，它将待求解问题通过 f 映射分解为三部分：L-域、M-域和 R-域，根据映射 f 的不同，可分为定性和定量的分解。在定量分解中，通过映射函数 f 和阈值 (α,β) 进行三个区域的计算。

接受域：

$$\mathrm{ACP}_{(\alpha,\beta)}(E,A)=\{x\in U\mid E(A)(x)\geqslant\alpha\}$$

拒绝域：

$$\mathrm{REJ}_{(\alpha,\beta)}(E,A)=\{x\in U\mid E(A)(x)\leqslant\beta\}$$

不确定域：

$$\mathrm{UNC}_{(\alpha,\beta)}(E,A)=\{x\in U\mid \alpha<E(A)(x)<\beta\}$$

其中，$E(A)$ 为论域 U 上关于集合 A 的映射函数。粗糙集理论方法赋予了三支决策思想一种数学表示，接受域和拒绝域对应三支决策思想中充分把握接受和拒绝的事物，不确定域是不精确对象的集合。三支决策思想也赋予了粗糙集和粒计算理论一种实际的应用语义背景[23]。在实际应用中，利用损失函数描述决策过程中的风险，通过各种算法最小化损失函数，求得阈值参数 (α,β) 。

三支决策在日常决策中起着关键作用，在许多领域和学科中得到了广泛的应用。如垃圾邮件过滤系统[24]通过添加一个可疑文件夹，让用户对可疑邮件进行进一步的检查，从而减少错误分类。三支决策也是医疗决策中常用的方法[25,26]。通过用一对“测试”阈值和“测试治疗”阈值与疾病概率做比较，医生做出以下三个决策之一：①没有治疗，且没有进一步的测试；②没有治疗，但进一步测试；③直接治疗，无须进一步测试[26]。

三支决策是粒计算中不确定性推理的一个理论，具有重要的研究意义。如何在新的时代背景下推进三支决策的发展是所有研究者努力的方向，也是本章的目标。

2.3.2 卷积神经网络模型

如何提高分类精度是图像分类任务的重点。深度学习的最新进展表明，卷积神经网络可以有效地在高维图像中发现错综复杂的结构[27-29]。近年来，已经有许多模型被证明在图像分类任务上有很好的表现，如 AlexNet[16]、VGGNet[30]、GoogLeNet[31]、ResNet[15]等。

传统的图像分类技术通过设计一个特征提取器，将原始数据(图像的像素值)转换成合适的内部表示或特征向量，分类器可根据该特征向量对输入图像进行分类[29]。传统的特征描述有 SIFT、HOG、LBP 和 Haar 等。但是，它们有不同的应用场景，难以推广到不同的任务。例如，HOG 特征结合 SVM 分类器[32-34]已被广泛应用于行人检测，而 Haar 特征在人脸检测任务中表现良好。另外，这些传统的特征表示只提取了单一粒度层的知识表示，丢失了多粒度层的信息。

与传统的图像分类技术不同，CNN 不需要设计特征提取器就可以用来识别不同的对象。CNN 可以自动发现原始数据的内部表示。CNN 通过组合简单但非线性的模块来获得多个粒度层的表示，每个模块都在一个粒度层上转换表示形式。

虽然传统的多层感知器(Multi-layer Perceptron，MLP)模型被成功用于图像识别，但节点之间的全连接导致的维度灾难使得 MLP 不能很好地扩展至更高分辨率的图像。例如，CIFAR-10 数据集中的图片大小为 32×32×3(宽 32，高 32，3 个颜色通道 RGB)，如果用简单的全连接将这张图片输入有 1 个神经元的层，需要 32×32×3 = 3072 个参数，那一张 200×200×3 的图片，就需要 200×200×3 = 120000 个参数。这样的网络体系结构不仅会导致维度灾难以及过拟合，而且它不考虑数据的空间结构，将距离很远的像素和距离很近的像素完全等同处理，也没有考虑到数据的多角度表示，只从一个粒度层表示原始数据，忽略了其他粒度层的信息。CNN 从多粒度角度出发，将数据从细粒度到粗粒度进行多粒度层表示，融合多粒度层的知识，最终获得原始图像的一个更好的表示。

为了减少参数的数量以及提高泛化能力，CNN 在输入图像的局部区域内进行卷积运算，提取细粒度知识。CNN 的一个主要优势在于卷积层上的权重共享，即卷积层的每张特征图使用同一个滤波器，这可以减少内存占用，同时提高性能。与其他图像分类算法相比，CNN 使用相对较少的预处理。这意味着传统算法中需要人工设计的滤波器，都由网络负责学习了。CNN 的另一个优势就是降低了对先验知识的依赖和设计特征提取器所耗费的人力。

CNN 有四个重要的特点。

(1) 三维神经元。CNN 的层神经元排列成三维：宽度、高度和深度。层内的神经元只与上一层的一个小区域(感受野)连接。CNN 包含不同类型的层，有局部连接的细粒度层，也有全连接的粗粒度层。

(2) 局部区域感知(局部连接)。受感受野的启发，CNN 将相邻层间的神经元局部连接。因此，学习到的滤波器可以与输入图片中的特定局部区域相关联。这就使得网络可以先将输入图片的小区域进行细粒度知识表示，然后将小区域组合成更大的区域进行粗粒度知识表示。简单来说，局部区域感知能够发现数据的局部细粒度特征，如图片上的一个角、一段弧，这些基本特征才是图像得以识别的关键。

(3) 权重共享。CNN 中的每一层由多个特征图组成，每个特征图由多个神经元组成，同一个特征图的所有神经元共用一个卷积核(即权重)。卷积核往往代表一个特征，如某个卷积核代表一段弧，那么把这个卷积核在图上滚一下，卷积值较大的区域很有可能就是一段弧。卷积核的大小决定了知识表示的粒度大小，为了获取更多的细粒度知识，卷积核不宜设置过大。权值共享策略减少了需要训练的参数，使得训练出来的模型的泛化能力更强。

(4) 池化。池化的目的是混淆特征的具体位置。而关注这个特征与其他特征之间的相对位置。例如，要识别数字“8”，当我们得到上面的一个“o”，我们不需要知道它在图中的具体位置，只需要知道它的下面又是一个“o”，我们就可以识别出“8”

了。池化使得 CNN 将输入图像从细粒度表示向粗粒度表示转化，关注的是较为全局的信息。这些特征使得 CNN 有更好的泛化能力。

CNN 包含卷积层、池化层、ReLU 激活函数、全连接层、损失层这几个基本模块。其中，卷积层、池化层的大小将影响知识表示的粒度粗细。

卷积层(Convolutional Layer，Conv)是 CNN 的核心组成部分。卷积层的参数包含一组可学习的滤波器(或内核)。在前向传播的过程中，每个滤波器对输入图片进行卷积，得出二维的特征图。最后，当网络学习的滤波器在空间位置中“看到”某些特定类型的特征时，就可以激活(提取)这些特征。对输入图像的每个深度(如 RGB 图像深度为 3，表示 RGB 三个颜色通道)都用滤波器提取特征图，就能得到卷积层的输出。滤波器越大，能“看到”的范围越广，提取的特征的粒度越粗。如果滤波器设置过大，会导致提取的特征的粒度过粗，而忽略了细粒度层的信息。因此，滤波器的选择通常比较小。通常来说，越是底层滤波器越小，随着网络加深，适当增加滤波器的大小，可以提取到更粗粒度的特征。

CNN 的另一个重要概念是池化(Pooling)，这是一个非线性下采样过程。将输入图像划分成一组非重叠的矩形，对于每一个这样的矩形区域，进行池化操作。常用的池化做法是对每个滤波器的输出求最大值(即最大池化，Max Pooling)。池化操作是基于这样的假设，一旦一个特征被发现，它的确切位置并不重要，重要的是它和其他特征的相对位置。池化的功能是逐渐减少特征表示的大小从而减少参数和计算，同时也控制过拟合。通过池化，将输入图像从细粒度表示向粗粒度表示转化，弱化特征之间的位置关系。池化还能提供平移和旋转不变性。若对某个区域进行池化，即使图像平移、旋转几个像素，得到的输出值也基本一样，因为每次池化运算得到的结果总是一样的。

矫正线性单元(Rectified Linear Units，ReLU)是非饱和激活函数，它增加了判决函数以及整个网络的非线性程度，ReLU 函数为

$$f(x)=\mathrm{Max}(0,x) \tag{2.1}$$

在 ReLU 之前，也用其他函数来增加非线性，如饱和双曲正切函数 tanh(式(2.2))和 S 形函数 Sigmoid(式(2.3))。相较于传统的激活函数 tanh 和 Sigmoid，ReLU 表现更好，因为它运算简单，非指数形式，可以加速随机梯度收敛，同时不会影响泛化精度[16]。

$$\tanh(x)=\frac{\mathrm{e}^{x}-\mathrm{e}^{-x}}{\mathrm{e}^{x}+\mathrm{e}^{-x}} \tag{2.2}$$

$$S(x)=\frac{1}{1+\mathrm{e}^{-x}} \tag{2.3}$$

经过几个卷积层和池化层，CNN 通过全连接层(Full Connection Layer，FC)得

到最后输出（如类别）。全连接层的神经元与上一层的所有神经元连接。全连接层可以看作卷积层的特例，即卷积核大小为输入图片的大小。全连接层可以看作将之前层的所有知识进行融合，得到最粗粒度的知识表示。

损失层（Loss Layer）指定网络训练中如何惩罚预测和期望之间的偏差，通常是网络的最后一层。针对不同的任务，可能有多种损失函数。例如，Softmax 损失函数（可以看成 Logistic 回归的扩展），用于预测互斥的 k 类数据。

最常见的 CNN 架构由多个 Conv-ReLU 层（卷积层后紧跟矫正线性单元）堆叠，后面是池化层。重复此模式，提取多粒度层的知识表示，直到输入图像被抽象到很小的尺寸。然后将抽象好的信息输入全连接层。最后由全连接层保存输出信息，如类分数。常见的 CNN 架构的统一模式为

$$\text{INPUT}\rightarrow[[\text{CONV}\rightarrow\text{ReLU}]*\text{N}\rightarrow\text{POOL?}]*\text{M}\rightarrow[\text{FC}\rightarrow\text{ReLU}]*\text{K} \tag{2.4}$$

其中，*代表重复；POOL？代表池化层可选；N≥0，一般情况下 N≤3，M≥0，K≥0，通常 K≤3。

虽然 CNN 近年来才真正开始流行，但早在 1990 年，CNN 就用于分辨手写体数字[27]，只是由于梯度扩散等问题，深度训练难以进行，所以 CNN 的发展进入过一段沉寂期。直到 2012 年，Krizhevsky 等在 ILSVRC-2012 比赛中训练了一个大型的深度的 CNN（命名为 AlexNet）[16]并取得比赛的第一名，CNN 再一次出现在大众的视野中。自此，CNN 成为图像分类任务研究者追捧的热点。Simonyan 和 Zisserman 创建了一个简单而深层的 VGG①网络，它强化了卷积神经网络必须具有深度的概念[30]。Szegedy 等设计了 Inception 模块并建立了 GoogLeNet，Inception 模块证明有创造性的层结构可以提高模型的性能和计算效率[31]。He 等提出了残差学习以减轻深度网络的训练，并建立了一个 152 层的 ResNet[15]。ResNet 以惊人的错误率（3.6%）（低于人类错误率，5%～10%）赢得了 ILSVRC-2015。Larsson 等进一步改进了 ResNet，并建立了 FractalNet，表明了显式残差学习不是构建超深度神经网络的必要条件[35]。

深度学习的飞速发展给粒计算的研究带来新的机遇，也带来了新的挑战。如何将传统的粒计算理论与深度学习结合是研究者在新的时代背景下的一个挑战。本章是粒计算中不确定性推理与深度学习结合的一次尝试，希望能为领域研究者提供一个新的研究思路。

2.4　基于三支决策的深度学习级联模型

前面提到，本章共研究了四个内容：知识的多粒度表示、多粒度评价指标、不确定域求解和基于三支决策的深度学习级联模型。其中，前三部分研究内容融合在

① 该网络由作者所在的团队名称而命名。

了第四部分研究内容中。具体表现为：知识的多粒度表示体现在深度学习模型卷积神经网络设计；多粒度评价指标体现在分类效果评价；不确定域求解体现在专家分类器构造与三支决策过程。

2.4.1 符号定义

在构造模型之前，先定义一些后文用到的符号，方便理解与说明。

用 Img 表示输入样本(图像)；用 $\mathrm{CAT}=\{c_1,c_2,\cdots,c_i,\cdots,c_C\}$ 表示有 C 个标签的标签集；用 $P=(p_{ij})_{N\times C}$ 表示模型在测试集上的分类结果，其中 p_{ij} 表示 c_i 类样本被预测为 c_j 类的概率；用 $\mathrm{Conf}=(n_{ij})_{C\times C}$ 表示模型在测试集上测试结果的混淆矩阵，其中 n_{ij} 是真实类别为 c_i 类但被错误预测为 c_j 类的样本量，n_{ij} 越大表示 c_i 类样本越容易被混淆为 c_j 类；用 c_{top} 表示模型认为是最可能的类，其概率是 p_{top}。

显然，如果 p_i 非常小，我们不需要考虑该样本属于 c_i 类。因此，我们定义阈值 Th 来区分模型对样本的预测结果中，哪些是需要考虑的类，哪些是不需要考虑的类。如果 p_i 不小于 Th，我们认为样本可能属于 c_i 类。我们规定 Th 不小于 $\dfrac{1}{C}$。

2.4.2 知识的多粒度表示

为了实现原始数据的多粒度知识表示，本章采用经典卷积神经网络 GoogLeNet 的简化版本作为基础分类器，实现多粒度特征提取融合与分类。

前面提到，CNN 滤波器的大小影响了提取的特征的粒度粗细。与之前的模型如 AlexNet、VGGNet 等相比，GoogLeNet 增加了多种核，包括 1×1、3×3、5×5，并用滤波器级联层(Filter Concatenation Layer)将 1×1、3×3、5×5 的卷积结果连接起来，这就是 GoogLeNet 提出的 Inception 模块。Inception 模块实现了多粒度的知识表示与融合。

GoogLeNet 提出的 Inception 模块，其灵感来自“网中网”(Network in Network，NIN)思想[36]。传统的 CNN 中的卷积层实际上是用线性滤波器对图像进行内积运算，在每个局部输出后面跟着一个非线性的激活函数，最终得到特征图，这种滤波器是一种广义线性模型，如图 2-2 所示。而 NIN 思想下的卷积层本身也是一种深度模型，包含一个小型网络。张敏灵等选择多层感知器作为小型网络，如图 2-3 所示。

简单的 Inception 模块如图 2-4 所示。Inception 模块包含了多种核，包括 1×1、3×3、5×5 的卷积层，以及 3×3 的最大池化层，可以实现多个粒度层的知识表示。但是如果简单地将这些核应用到特征图上，最终的特征图厚度将会很大，所以 Inception 模块用滤波器级联层将不同粒度层的特征融合在一起，防止因为层数增多带来的计算资源的爆炸性需求。简单 Inception 模块存在一个问题，即 5×5 的卷积核所需的计算量太大。因而，使用 NIN 方法，用 1×1 的核进行降维，设计如图 2-5 所示。这样的设计使网络的宽度和深度均可扩大，保证了网络的高质量。实验证明使用了带降维的 Inception 模块的结构可以有 2～3 倍的加速[31]。

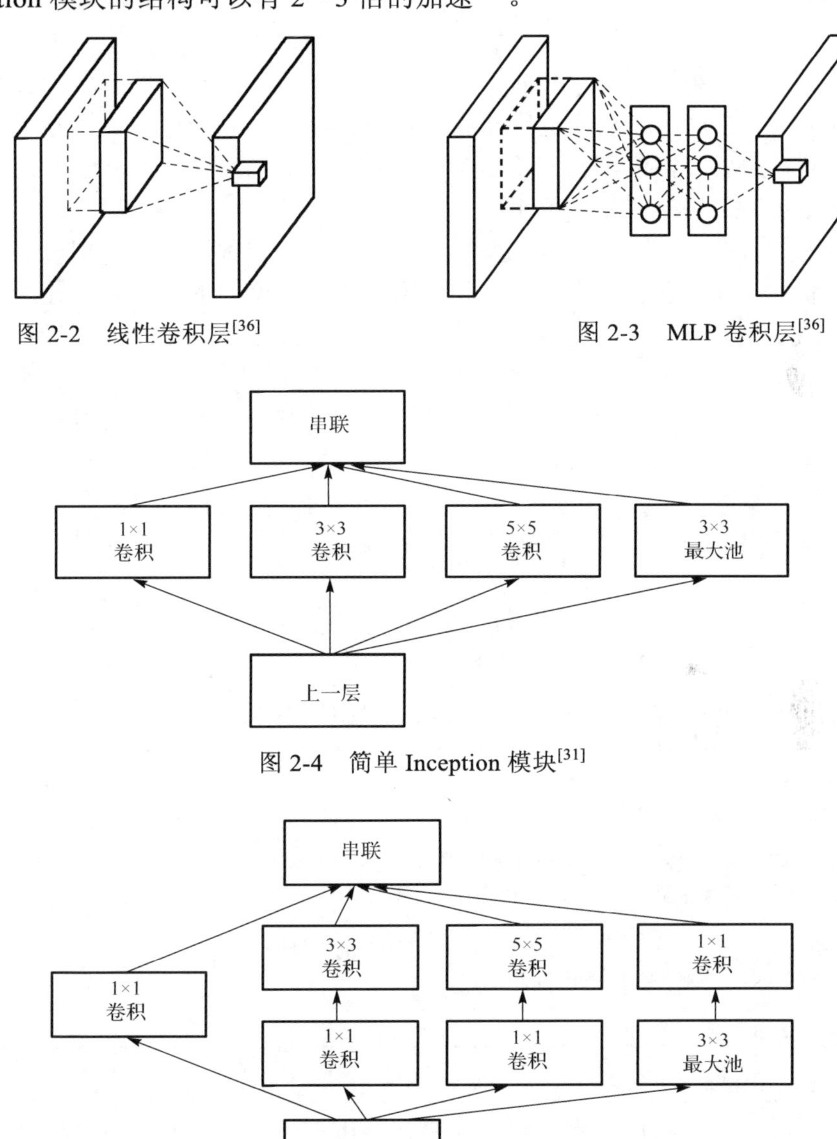

图 2-2　线性卷积层[36]

图 2-3　MLP 卷积层[36]

图 2-4　简单 Inception 模块[31]

图 2-5　带降维的 Inception 模块[31]

原始的 GoogLeNet 模型结构有 3 个 Softmax 层，为了简化实验运行时间，本章实验所用模型为简化版的 GoogLeNet，只采用了一个 Softmax 层。

2.4.3 多粒度标签组合算法

最原始的标签集合表示为 $\mathrm{CAT}=\{c_1,c_2,\cdots,c_i,\cdots,c_C\}$，这是最细的粒度层的标签集合表示，没有考虑到标签之间的关系。事实上，现实世界的标签关系很复杂，如包含关系、互斥关系等[37,38]。标签之间的关系，反映了带有这些标签的样本之间的关系。将标签从不同粒度层面进行组合，可以反映出不同的信息。本章从较粗粒度层面挖掘标签关系，将原有的 C 个标签组合成 K 个标签子集($C>K$)，同属于一个标签子集的标签之间存在相似关系。

本章提出基于混淆矩阵的多粒度标签组合算法，基本原理为利用模型在测试集上得到的混淆矩阵来表示标签之间的相似度，将相似度高的标签聚集在一起。聚类数目 K 反映了标签组合的不同粒度。K 值越大，粒度越细，反之，粒度越粗。

混淆矩阵也称为误差矩阵，常用于显示算法的性能[39]，从中可以看出分类器如何混淆一个类与另一个类。分类器在测试集上预测结果的混淆矩阵可以反映在当前分类器“视角”下的标签关联。直观来讲，两个标签之间的混淆越严重，则两个标签之间的关联越紧密。因此，用混淆量来表示标签之间的相似度。

定义 2-1 标签 c_i 和 c_j 的相似度：

$$s_{ij}=\frac{n_{ij}}{\sum_{t=1}^{C}n_{it}}\frac{n_{ji}}{\sum_{t=1}^{C}n_{jt}}$$

下面为标签组合(Label Grouping，LG)算法伪代码。

输入：标签集 CAT；专家数 K。
输出：K 个专家子集。
开始：将 CAT 中的每个标签作为一个独立的子集 clt； 计算所有子集的距离 $d_{mn}=\min(s_{ij}),\forall c_i\in \mathrm{clt}_m,\forall c_j\in \mathrm{clt}_n$。
重复：找到两个距离最近的子集，合并成一个新的子集 $\mathrm{clt}_{\mathrm{new}}$； 计算 $\mathrm{clt}_{\mathrm{new}}$ 与剩下所有子集的距离。
直到：只有 K 个子集。

运行 LG 算法后，标签集 CAT 被划分成 K 个子集 $\mathrm{cat}_1,\mathrm{cat}_2,\cdots,\mathrm{cat}_k,\cdots,\mathrm{cat}_K$，属于同一个子集的两个标签互称为相似标签(Similar Label)，相似标签的样本需要特殊的专家分类器来区分。因此，在此基础上训练 K 个深度学习专家分类器 ExpCNN_1, $\mathrm{ExpCNN}_2,\cdots,\mathrm{ExpCNN}_k,\cdots,\mathrm{ExpCNN}_K$，用于深度学习级联模型构造。

2.4.4 基于三支决策的深度学习级联模型

CNN 的最后一层通常是分类器 Softmax，其输出结果为所有类别的预测概率值

(总和为 1)。本章采用多粒度评价指标为 top-k 错误率，表示正确的标签不在分类器认为的最有可能的 k 个标签中的分数。这里有个前提，对于分类器的预测结果，我们是选择直接“接受”的，即分类器预测样本可能的 k 个标签，我们就认为样本是可能属于这 k 个类，概率越大，属于某类的可能性越大。但这就忽略了分类器预测结果的不确定性，一是 k 个标签的不确定性，二是 k 个标签概率大小排序的不确定性。因此，在接受分类器预测结果前，应该分析一下该结果的不确定性。例如，分类器总是会把类 c_i 和 c_j 混淆，那么当分类器预测结果的 top-k 中同时出现 c_i 和 c_j 时，就应该考虑分类器是否受到“迷惑”，此时应该“不做承诺”，待到收集更多的信息做出更加确定的决策。因此，三支决策分析分类器预测结果，做出如下两个决策之一。①如果满足两个条件：(i) $\exists c_a$，c_b，且 $p_a \geqslant \mathrm{Th}$，$p_b \geqslant \mathrm{Th}$；(ii) $c_a \in \mathrm{cat}_k$，且 $c_b \in \mathrm{cat}_k$，则判断分类结果不可靠。条件(i)保证样本属于类 c_a 和 c_b 的概率超过阈值 Th，条件(ii)保证 c_a 和 c_b 是相似标签。这样定义的前提是假设满足这两个条件的情况下，分类器产生了混淆，即分类器认为样本有可能是类 c_a，但也有一定可能是类 c_b；②否则，接受分类器的预测结果。需要注意的是，这里的三支决策，实际上只有两支，没有“拒绝”这个选项，因为多类分类问题不像二分类问题可以简单用两个选项来回答。

单个分类器的能力是有限的，因此，结合几种不同的模型是降低错误率的一种方法。级联[40]是集成学习的一个特例。级联的基本思想是多个分类器的连接，信息在层之间传递，上级分类器的输出信息被用作下级分类器的附加信息。

基于三支决策的深度学习级联模型(Three-way Decision Based Cascade Model，3WD-CM)共有三层，流程图见图 2-1。第一层是基础分类器(一个深度 CNN)，第二层是三支决策层，第三层是专家分类器层(同样是深度 CNN)。我们将样本输入模型第一层的基础分类器，输出基础分类器预测结果 $P^1 = \{p_{c_1}^1, p_{c_2}^1, \cdots, p_{c_C}^1\}$。将 P^1 输入三支决策层分析基础分类器预测结果的可靠性，做出以下决策之一：①接受 P^1 作为最后的预测结果 $P = \{p_{c_1}, p_{c_2}, \cdots, p_{c_C}\}$；②选择“不做承诺”，将样本输入第三层的专家分类器 ExpCNN_k，得到预测结果记为 $P^2 = \{p_{c_1}^2, p_{c_2}^2, \cdots, p_{c_C}^2\}$。最后，我们基于 P^1 和 P^2 来计算预测结果 P，计算公式如下：

$$p_{c_i} = \begin{cases} p_{c_i}^2, & c_i \in \mathrm{cat}_k \\ p_{c_i}^1, & c_i \notin \mathrm{cat}_k \end{cases} \tag{2.5}$$

3WD-CM 算法伪代码如下。

输入：Img。
输出：$P = \{p_{c_1}, p_{c_2}, \cdots, p_{c_C}\}$。
开始：将 Img 输入模型第一层(基础分类器)，预测结果为 $P^1 = \{p_{c_1}^1, p_{c_2}^1, \cdots, p_{c_C}^1\}$；
将 P^1 输入 3WD 层；

如果：$\exists c_a$，c_b，$p_a \geqslant \mathrm{Th}$，$p_b \geqslant \mathrm{Th}$ 且 $c_a \in \mathrm{cat}_k$，$c_b \in \mathrm{cat}_k$：
　　将 Img 输出专家分类器 ExpCNN$_k$；预测结果为 $P^2 = \{p_{c_1}^2, p_{c_2}^2, \cdots, p_{c_C}^2\}$；
　　用式(2.5)计算得到 $P = \{p_{c_1}, p_{c_2}, \cdots, p_{c_C}\}$；
　　输出 P。
否则：输出 $P=P^1$。

2.4.5 纠正可靠水平监督的三支决策级联模型

2.4.4 节已经说明，三支决策层决定什么时候基础分类器的预测结果是存在不确定性的，但又有谁来监督专家分类器层的预测结果是否可靠呢？事实上，专家分类器也有可能将一些基础分类器分类正确的样本分类错误。实验结果表明，专家分类器在不同的类别上的纠正能力不同。对于有些类别，大多数情况下，基础分类器的分类结果更准确，而专家分类器的分类结果不可信；对于有些类别则正相反，基础分类器的分类结果不可信，而专家分类器的分类结果更准确。显然，后者应该得到鼓励，前者应该受到抑制。

在此基础上，定义纠正可靠水平(Correcting Reliability Level，CRL)来描述专家分类器在不同类别上的可靠性。定义 TF_i 为基础分类器分类正确而专家分类器分类错误的 c_i 类样本数，FT_i 为基础分类器分类错误而专家分类器纠正的 c_i 类样本数。

定义 2-2　专家分类器对类 c_i 的纠正可靠水平：

$$\mathrm{CRL}_{c_i} = \begin{cases} \dfrac{N_{\mathrm{FT}_{c_i}} - N_{\mathrm{TF}_{c_i}}}{N_{\mathrm{FT}_{c_i}} + N_{\mathrm{TF}_{c_i}}}, & N_{\mathrm{FT}_{c_i}} > N_{\mathrm{TF}_{c_i}} \text{且} N_{\mathrm{FT}_{c_i}} > 0 \\ 0, & \text{其他} \end{cases}$$

TF_i 和 FT_i 均由 3WD-CM 在验证集上的测试结果统计而得。

进一步，我们用随机函数(2.6)来将概率值 CRL_{c_i} 转换成布尔值，用以辅助三支决策判断。

$$R(\mathrm{CRL}_{c_i}) = \mathrm{binomial}(1, \mathrm{CRL}_{c_i}) \tag{2.6}$$

纠正可靠水平监督的三支决策级联模型(CRL Supervised Cascade Model，CRL-CM)的流程图见图 2-6。将样本输入第一层(基础分类器)，输出 $P^1 = \{p_{c_1}^1, p_{c_2}^1, \cdots, p_{c_C}^1\}$；将 P^1 输入三支决策层分析基础分类器的可靠性，做出以下决策之一：①接受 P^1 作为最后的预测结果 $P=\{p_{c_1}, p_{c_2}, \cdots, p_{c_C}\}$；②选择“不做承诺”，查看 P^1 预测结果的 c_{top} 类对应的 CRL 值，将其代入式(2.6)，若返回真值，则将样本输入专家分类器 ExpCNN_k (分类结果为 $P^2 = \{p_{c_1}^2, p_{c_2}^2, \cdots, p_{c_C}^2\}$)，否则接受 P^1 作为最后的预测结果 P。最后，我们基于 P^1 和 P^2 来计算预测结果 P。

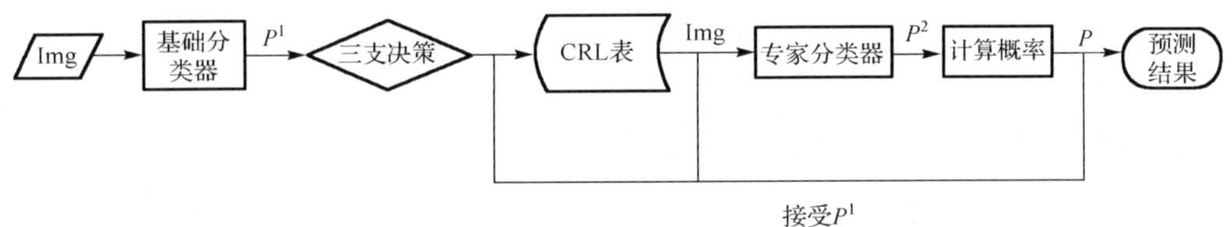

图 2-6　CRL-CM 流程图

CRL-CM 算法伪代码如下。

输入：Img。
输出：$P=\{p_{c_1},p_{c_2},\cdots,p_{c_C}\}$。
开始：将 Img 输入模型第一层基础分类器，预测结果为 $P^1=\{p^1_{c_1},p^1_{c_2},\cdots,p^1_{c_C}\}$；
　　将 P^1 输入 3WD 层；
　　如果：$\exists c_a$，c_b，$p_a \geqslant \mathrm{Th}$，$p_b \geqslant \mathrm{Th}$ 且 $c_a \in \mathrm{cat}_k$，$c_b \in \mathrm{cat}_k$：
　　　　如果：$R(\mathrm{CRL}_{c_{\mathrm{top}}})$ 返回真值：
　　　　　　将 Img 输出专家分类器 ExpCNN$_k$；预测结果为 $P^2=\{p^2_{c_1},p^2_{c_2},\cdots,p^2_{c_C}\}$；
　　　　　　用式(2.5)计算得到 $P=\{p_{c_1},p_{c_2},\cdots,p_{c_C}\}$；
　　　　　　输出 P。
　　　　否则：输出 $P=P^1$。
　　否则：输出 $P=P^1$。

2.5　实验和分析

本节将展示基于三支决策的深度学习级联模型实验细节。本章实验使用的数据是京东服装数据集。京东商城是中国著名的电子商务平台之一，拥有强大的市场份额，近年来积累了大量的商品图像数据，为研究人员提供了海量的资源。京东服装数据集有 40 多万个样本，包括 37 个类($\mathrm{CAT}=\{c_1,c_2,\cdots,c_{37}\}$)。数据集按照 8∶1∶1 的比例分为训练集、验证集和测试集。采用多粒度评价指标对模型进行评价，细粒度层的 top-1 错误率和粗粒度层的 top-5 错误率，分别表示正确标签不是分类器认为的最有可能的标签的分数和正确标签不在分类器认为的最有可能的 5 个标签里的分数。

2.5.1　基础分类器训练

卷积神经网络通常需要大量的训练数据以避免过度拟合。这一特性使得小数据集上的训练难以取得很好的效果。因此产生了微调(Fine-tuning)策略，即在相关领域的大数据集上训练网络，一旦网络参数训练好了，再在小数据集上微调网络权值。微调策略使得 CNN 可以成功地应用于小型训练集[16]。

通过观察网络训练出来的底层特征图可以发现，底层特征大多是边缘、角、颜色等基础特征，在大数据集上进行训练的目的是获得更为丰富且一般化的底层特征。底层特征十分重要，但底层特征很难训练，这是因为反向传播过程中，残差逐层传递，到达底层的时候残差很小，使得底层的参数无法得到很好的训练。

Yosinski 等指出：①CNN 的第一层特征并不会特化到任务类型上；②任务越不同，微调越难，但微调好过重新学习特征[5]。也就是说，不会因为数据集不同，训练出的底层特征就不同；将自己的数据集在其他数据集训练好的模型上微调，分类效果好于在自己的数据集上重新学习特征。

为此，我们用两种不同的策略训练基础分类器，分别为从头训练和微调。实验结果证实了 Yosinski 等提出的观点。需要说明的是，本章所有深度学习分类器的训练均在深度学习平台 Caffe 上进行。

我们用一个预先训练好的模型(GoogLeNet 在 ILSVRC-2014 上的训练结果)的参数初始化网络，然后训练了三天，其 top-1 位错误率为 44.59%，top-5 错误率为 9.40%(简称模型 2)，明显优于随机初始化的训练结果(top-1 错误率 57.11%，top-5 错误率 21.16%，简称模型 1)。比较模型在小类别上的分类率也可以得出同样的结论，微调训练的模型分类效果好于随机初始化训练的模型，见图 2-7。后面内容简称微调训练的模型 2 为基础模型(Base Model，BM)，后面的实验都将在 BM 基础上采用微调策略训练。

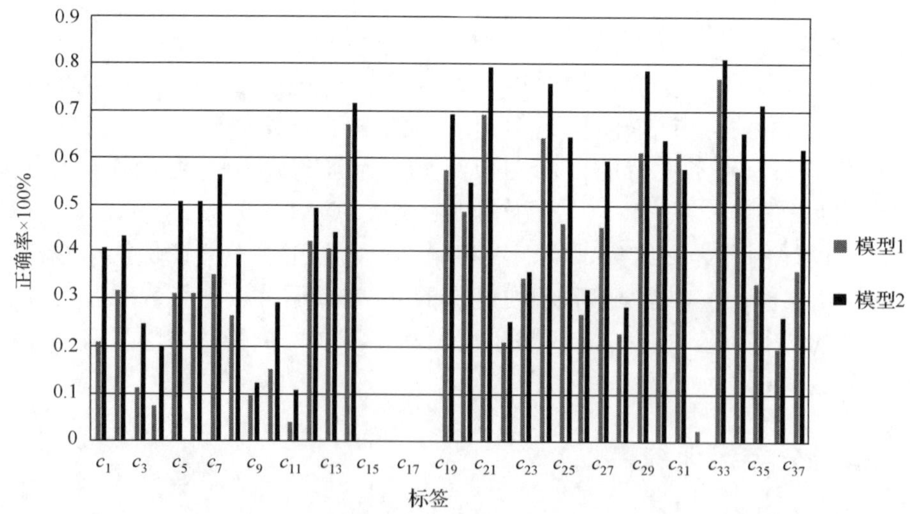

图 2-7　对比模型测试分类正确率柱形图

2.5.2　多粒度标签组合实验

用 BM 在测试集上测试得到混淆矩阵，计算两两标签之间的相似度，随后用标签组合算法进行聚类得到 K 个专家子集。本章分别在 K=5 和 K=7 这两个粒度层分析标签关系。表 2-1 是 K=5 时的标签组合结果和专家分类器训练结果，表 2-2 是 K=7 时的标签组合结果和专家分类器训练结果。

表 2-1　粗粒度层标签组合结果

子集名称	标签	专家分类器名称	Top-1 错误率/%
cat_1	$c_2,c_8,c_{15},c_{27},c_{33},c_{37}$	$ExpCNN_1$	9.16
cat_2	$c_1,c_5,c_{10},c_{14},c_{25},c_{35}$	$ExpCNN_2$	41.17
cat_3	$c_3,c_6,c_{17},c_{18},c_{21},c_{29},c_{30},c_{31},c_{32}$	$ExpCNN_3$	23.50
cat_4	c_4,c_{12},c_{13},c_{34}	$ExpCNN_4$	16.67
cat_5	$c_7,c_9,c_{11},c_{16},c_{19},c_{20},c_{22},c_{23},c_{24},c_{26},c_{28},c_{36}$	$ExpCNN_5$	33.48

表 2-2　细粒度层标签组合结果

子集名称	标签	专家分类器名称	Top-1 错误率/%
cat_1	$c_2,c_8,c_{15},c_{27},c_{33},c_{37}$	$ExpCNN_1$	9.16
cat_2	$c_1,c_5,c_{10},c_{14},c_{25},c_{35}$	$ExpCNN_2$	41.17
$cat_{3\text{-}1}$	$c_3,c_6,c_{29},c_{30},c_{31},c_{32}$	$ExpCNN_{3\text{-}1}$	11.33
cat_4	c_4,c_{12},c_{13},c_{34}	$ExpCNN_4$	16.67
$cat_{5\text{-}1}$	$c_9,c_{11},c_{16},c_{24},c_{26}$	$ExpCNN_{5\text{-}1}$	7.22
$cat_{3\text{-}2}$	c_{17},c_{18},c_{21}	$ExpCNN_{3\text{-}2}$	2.47
$cat_{5\text{-}2}$	$c_7,c_{19},c_{20},c_{22},c_{23},c_{28},c_{36}$	$ExpCNN_{5\text{-}2}$	14.61

比较表 2-1 和表 2-2 两个粒度层上的标签组合结果，我们发现，在细粒度层上的专家分类器分类错误率较粗粒度层上的专家分类器下降很明显，粗粒度层上的专家分类器 $ExpCNN_3$ 在细粒度层上分为 $ExpCNN_{3\text{-}1}$ 和 $ExpCNN_{3\text{-}2}$，其分类错误率由 23.50%降低到 11.33%和 2.47%；粗粒度层上的专家分类器 $ExpCNN_5$ 在细粒度层上分为 $ExpCNN_{5\text{-}1}$ 和 $ExpCNN_{5\text{-}2}$，其分类错误率由 33.48%降低到 7.22%和 14.61%。这种大幅度的错误率降低看似很成功，实际上是错误地将一些存在关联性的标签强行分开了。而极低的错误率实际上是由样本的分类不均而产生的，例如，$cat_{3\text{-}2}$ 包含了 c_{17}、c_{18} 和 c_{21} 三个标签，而 c_{17} 和 c_{18} 的样本量远小于 c_{21}。这样的专家分类器作用不大，实验结果也表明基于粗粒度层的专家分类器构造的 3WD-CM 分类表现更好。因此，我们采用粗粒度层上的标签组合结果来训练专家分类器。

2.5.3　基于三支决策的深度学习级联模型实验

在粗粒度层上标签组合的专家子集基础上训练 5 个专家分类器与基础分类器级

联构造 3WD-CM。统计 3WD-CM 在测试集上的测试结果的 FT 和 TF 值，以及净纠正量 NET(NET=FT-TF)。

从表 2-3 中可以看到，专家分类器确实在每个类别上的表现存在很大的差异。其中比较明显的是，专家分类器对类 c_1 的纠正效果很差，改错的样本数远大于改正的样本数；而专家分类器对类 c_{10} 的纠正效果就很乐观，净纠正了 452 个样本。总计有 1273 个样本基础分类分错而被专家分类器纠正，有 1195 个样本基础分类器分类正确而专家分类器分错，所以综合来看，整个 3WD-CM 只纠正了 78 个样本，这对于正确率的提升非常小。实验结果证明，盲目遵从三支决策的判断是不可取的，这就是提出用 CRL 辅助三支决策过程的原因。

表 2-3　3WD-CN 测试结果统计

标签	FT	TF	NET	标签	FT	TF	NET	标签	FT	TF	NET
c_1	135	478	−343	c_{14}	73	29	44	c_{27}	6	20	−14
c_2	4	7	−3	c_{15}	0	0	0	c_{28}	9	1	8
c_3	11	3	8	c_{16}	0	0	0	c_{29}	21	26	−5
c_4	1	1	0	c_{17}	0	0	0	c_{30}	30	55	−25
c_5	33	18	15	c_{18}	0	0	0	c_{31}	64	52	12
c_6	16	13	3	c_{19}	60	58	2	c_{32}	1	1	0
c_7	5	2	3	c_{20}	58	54	4	c_{33}	15	42	−27
c_8	5	2	3	c_{21}	0	22	−22	c_{34}	0	2	−2
c_9	3	2	1	c_{22}	3	8	−5	c_{35}	17	43	−26
c_{10}	602	150	452	c_{23}	22	10	12	c_{36}	12	10	2
c_{11}	1	2	−1	c_{24}	37	32	5	c_{37}	3	3	0
c_{12}	9	9	0	c_{25}	3	8	−5	总计	1273	1195	78
c_{13}	3	13	−10	c_{26}	11	19	−8				

2.5.4　纠正可靠水平监督的深度学习级联模型

为了辅助三支决策过程更好地做出有益于提升分类正确率的判断，需要进一步用 CRL 监督三支决策过程。表 2-4 是用式(2.6)在表 2-3 的基础上计算得到的 CRL 表格。从表中可以看到，类 c_1 的 CRL 值为 0，意味着当三支决策判断类 c_1 的样本传入专家分类器时，系统会拒绝这个请求，而直接接受基础分类器的分类结果；当三支决策判断类 c_{10} 的样本传入专家分类器时，系统以 60.1%的概率接受三支决策的决定。

表 2-5 是 CRL-CM 在不同 Th 下的平均测试错误率。当 Th 为 0.1 时，CRL-CM 的错误率可以在 BM(单个 GoogLeNet)的基础上降低 1.09%。随着 Th 的增大，错误率的降低减少，这是因为大 Th 意味着更少的样本可以接受专家分类器的纠正。

表 2-4　CRL 表格

标签	CRL	标签	CRL	标签	CRL
c_1	0	c_{14}	0.431	c_{26}	0
c_2	0	c_{15}	0	c_{27}	0
c_3	0.571	c_{16}	0	c_{28}	0.8
c_4	0	c_{17}	0	c_{29}	0
c_5	0.294	c_{18}	0	c_{30}	0
c_6	0.103	c_{19}	0.017	c_{31}	0.103
c_7	0.429	c_{20}	0.036	c_{32}	0
c_8	0.429	c_{21}	0	c_{33}	0
c_9	0.2	c_{22}	0	c_{34}	0
c_{10}	0.601	c_{23}	0.375	c_{35}	0
c_{11}	0	c_{24}	0.072	c_{36}	0.091
c_{12}	0	c_{25}	0	c_{37}	0
c_{13}	0	—	—	—	—

表 2-5　CRL-CM 在不同 Th 值下的平均测试错误率

Th	Top-1 错误率/%	Top-5 错误率/%
0.1	43.50 (1.09)	9.386 (0.017)
0.2	43.62 (0.97)	9.398 (0.005)
0.3	43.68 (0.91)	9.415 (–0.013)
0.4	43.77 (0.82)	9.413 (–0.011)

注：括号内的数字表示与 BM 相比降低的错误率百分比。

实验结果表明，CRL-CM 可以有效地降低分类错误率，这归功于：①CNN 模型可以从多粒度层面提取数据特征；②基于标签关联训练的专家分类器重点解决了不确定域求解问题；③多粒度评价指标保留了标签之间的关联性，为三支决策的判断提供了依据；④基于三支决策的深度学习级联模型联合基础分类器与专家分类器，融合了多粒度层分类器的预测结果。

2.6　本 章 小 结

为了解决单分类器预测结果存在不确定性的问题，本章将目前分类效果最好的深度卷积神经网络与粒计算经典模型三支决策相结合，独创性地提出了基于三支决策的深度学习级联模型。本章主要从三个层面结合粒计算思想和卷积神经网络。第一，利用卷积神经网络提取多粒度知识表示；第二，采用多粒度评价指标来评价模型测试结果，并从中挖掘标签隐藏关系，从而为三支决策判断基础分类器预测结果的不确定性提供了依据；第三，多粒度标签组合算法将标签进行聚类，并为每一个类簇的标签子集训练专家分类器，专家分类器解决了基础分类器的不确定域求解问题。实验结果表明，本章提出的 CRL-CM 可以有效降低分类错误率。将来，我们将继续在粒计算与深度学习的结合方面做出努力，为粒计算的发展提供新的思路。

参考文献

[1] 苗夺谦，张清华，钱宇华，等. 从人类智能到机器实现模型——粒计算理论与方法[J]. 智能系统学报, 2016, 11(6)：743-757.

[2] 苗夺谦, 王国胤, 刘清. 粒计算:过去、现在与展望[M]. 北京: 科学出版社, 2007.

[3] 苗夺谦. 粒计算[M]. 北京: 科学出版社, 2007.

[4] Hu H, Pang L, Shi Z. Image matting in the perception granular deep learning[J]. Knowledge-Based Systems, 2016, 102:51-63.

[5] Yosinski J, Clune J, Bengio Y, et al. How transferable are features in deep neural networks?[J]. Advances in Neural Information Processing Systems, 2014.

[6] 苗夺谦, 李德毅, 姚一豫, 等. 不确定性与粒计算[M]. 北京: 科学出版社, 2011.

[7] 刘盾. 三支决策与粒计算[M]. 北京: 科学出版社, 2013.

[8] 贾修一, 商琳, 周献中,等. 三支决策理论与应用[M]. 南京: 南京大学出版社, 2012.

[9] Lowe D G. Distinctive image features from scale-invariant keypoints[J]. International Journal of Computer Vision, 2004, 60(2): 91-110.

[10] Dalal N, Triggs B. Histograms of oriented gradients for human detection[C]. IEEE Computer Society Conference on Computer Vision and Pattern Recognition, Sandiego, 2005: 886-893.

[11] Ojala T, Pietikainen M, Harwood D. Performance evaluation of texture measures with classification based on Kullback discrimination of distributions[C]. IAPR International Conference on Pattern Recognition, 2002, 1: 582-585.

[12] Papageorgiou C P, Oren M, Poggio T. A general framework for object detection[C]. International Conference on Computer Vision, Bombay, 1998: 555-562.

[13] Xu W, Yu J. A novel approach to information fusion in multi-source datasets: A granular computing viewpoint[J]. Information Sciences, 2017, 378:410-423.

[14] Lin G, Liang J, Qian Y, et al. A fuzzy multigranulation decision-theoretic approach to multi-source fuzzy information systems[J]. Knowledge-Based Systems, 2016, 91(C):102-113.

[15] He K, Zhang X, Ren S, et al. Deep residual learning for image recognition[C]. IEEE Conference

on Computer Vision and Pattern Recognition, Las Vegas, 2016: 770-778.

[16] Krizhevsky A, Sutskever I, Hinton G E. Imagenet classification with deep convolutional neural networks[C]. International Conference on Neural Information Processing Systems, Lake Tahoe, 2012: 1097-1105.

[17] Bell R M, Koren Y. Lessons from the Netflix prize challenge[J]. ACM Sigkdd Explorations Newsletter, 2007, 9 (2): 75-79.

[18] Breiman L. Random forest[J]. Machine Learning, 2001, 45: 5-32.

[19] Yao Y Y. Three-way decision: An interpretation of rules in rough set theory[C]. International Conference on Rough Sets and Knowledge Technology, Gold Coast, 2009: 642-649.

[20] Yao Y Y. The superiority of three-way decisions in probabilistic rough set models[J]. Information Sciences, 2011, 181 (6):1080-1096.

[21] Yao Y Y. Rough Sets and Three-Way Decisions[M]. Berlin: Springer, 2015.

[22] Yao Y Y. An Outline of a Theory of Three-Way Decisions[M]. Berlin: Springer, 2012.

[23] 李文涛. 基于粒计算的决策模型与方法研究[D]. 重庆: 重庆理工大学, 2015.

[24] Zhou B, Yao Y Y, Luo J. A three-way decision approach to email spam filtering[C]. Advances in Artificial Intelligence, Canadian Conference on Artificial Intelligence, Ottawa, 2010.

[25] Lurie J D, Sox H C. Principles of medical decision making[J]. Spine, 1999, 24(5): 493.

[26] Pauker S G, Kassirer J P. The threshold approach to clinical decision making[J]. New England Journal of Medicine, 1980, 302(20): 1109.

[27] Lecun Y, Boser B, Denker J S, et al. Handwritten digit recognition with a back-propagation net-work[J]. Advances in Neural Information Processing Systems, 1990: 396-404.

[28] Lecun Y, Bottou L, Bengio Y, et al. Gradient-based learning applied to document recognition[J]. Proceedings of the IEEE, 1998, 86 (11): 2278-2324.

[29] Lecun Y, Bengio Y, Hinton G. Deep learning[J]. Nature, 2015, 521 (7553): 436-444.

[30] Simonyan K, Zisserman A. Very deep convolutional networks for large-scale image recognition [J/OL]. 2015. arXiv: 1409. 1556v6.

[31] Szegedy C, Liu W, Jia Y, et al. Going deeper with convolutions[J]. IEEE Conference on Computer Vision and Pattern Recognition, 2015: 1-9.

[32] Vapnik V N. An overview of statistical learning theory[J]. IEEE Transactions on Neural Networks, 1999, 10(5): 988-999.

[33] Campbell C. Kernel methods: A survey of current techniques[J]. Neurocomputing, 2002, 48(1): 63-84.

[34] Sanchez V D. Advanced support vector machines and kernel methods[J]. Neurocomputing, 2003, 55 (1/2): 5-20.

[35] Larsson G, Maire M, Shakhnarovich G. Fractalnet: Ultra-deep neural networks without

residuals[J/OL]. 2016. arXiv: 1605. 07648.

[36] Lin M, Chen Q, Yan S. Network in network[J]. CoRR, abs/1312.4400,2013.

[37] Chen X, Yuan X T, Chen Q, et al. Multi-label visual classification with label exclusive context[C]. 2011 IEEE International Conference on Computer Vision, Barcelona, 2011: 834-841.

[38] Deng J. Large-scale object classification using label relation graphs[C]. Fleet D, Pajdla T, Schiele B, et al. The 13th European Conference on Computer Vision, 2014, 8689: 48-64.

[39] Stehman S V. Selecting and interpreting measures of thematic classification accuracy[J]. Remote Sensing of Environment, 1997, 62 (1): 77-89.

[40] Gama J, Brazdil P. Cascade generalization[J]. Machine Learning, 2010, 41 (3): 315-343.

第 3 章　深度学习中不确定性研究及其在监控视频智能分析中的应用①

近年来深度学习在计算机视觉、模式识别、监控视频智能分析、自然语言处理、语音识别等领域的发展十分迅速，而对深度学习模型中所存在的不确定性研究相对较少。本章将以一个典型的计算机视觉问题——监控视频智能分析中的行人再辨识为出发点，考虑深度学习模型中的不确定性，提出一种新的基于贝叶斯神经网络的 MC-Dropout 策略，用于量化深度学习的不确定性并对其进行优化。基于该策略，本章提出一种优化的深度学习模型，该模型无须修改现有的深度学习网络结构，即可简单高效地对模型置信度进行估计。基于该模型的方法可以应用于监控视频智能分析领域的重要任务之一——行人再辨识，实验表明，该模型可有效地提升行人再辨识的识别性能，并能准确度量行人再辨识结果的置信度。

3.1　引　　言

随着社会和经济的飞速发展，交通、安检、银行、军事等公共领域的安全防范问题日益严峻。而日趋成熟的视频监控技术为解决社会公共安全问题提供了良好的手段。在政府和企业对平安城市建设、智慧城市建设持续投入的背景下，一些重点城市已经实现了视频监控高覆盖率。以上海为例，遍布上海市的百万级治安视频监控探头监控着全市重点区域，对一些敏感部位、重点地区已经实现全天候、全方位监控，每分钟产生 TB 级的视频数据。视频监控的广泛应用一方面为实时掌握社会动态和保障公共安全提供了宝贵的视频资源；另一方面监控视频数量的爆炸式增长也为海量视频信息处理提出了挑战，这些大规模、多粒度的数据处理需要更加巧妙的计算方法[1-4]。目前的视频监控技术主要以“人工分析”为主，结合简单的智能化方法来处理分析视频数据，这导致了诸如“视频在、找不到”“找得到、找太久”“有服务、不可靠”等视频监控技术应用瓶颈。

行人再辨识[5]是智能视频分析突破海量监控视频技术应用瓶颈的关键一环，在最近几年引起了众多研究学者的关注。行人再辨识是指在不同时间以及不同摄像头

① 本章工作获得国家自然科学基金面上项目(61673299)资助。

下对同一个行人目标进行匹配，具体如图 3-1 所示，图的左边是由摄像机 A 拍摄的待匹配行人图像，图的右边是摄像机 B 拍摄的该行人的所有图像，行人再辨识的任务就是在右图由摄像机 B 拍摄的所有行人图像中，找出与左图行人匹配的同一人图像(在图 3-1 的第一行图像中，摄像机 B 拍摄的第一张行人图像是正确匹配的行人图像；在第二行图像中，摄像机 B 拍摄的第二张行人图像是正确匹配的行人图像；在第三行图像中，摄像机 B 拍摄的第三张行人图像是正确匹配的行人图像)。

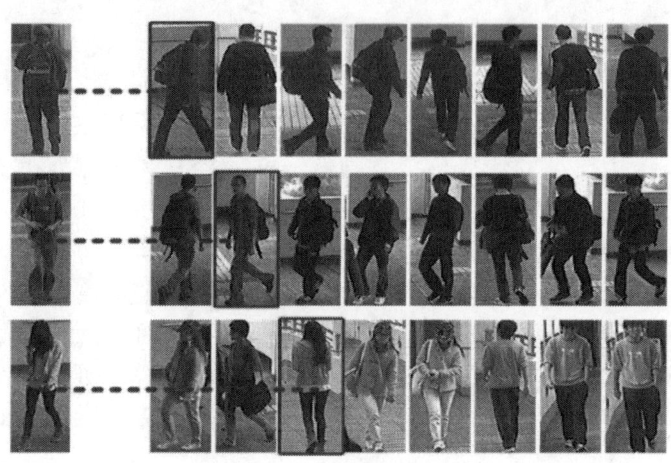

图 3-1　行人再辨识示意图

行人再辨识是一个非常具有挑战性的研究问题。实际生活中的大规模视频监控网络系统，环境、设备的复杂性和不可预计性会给行人再辨识的实现带来各种各样的不确定性。其一，不同摄像头由于硬件条件、参数等不同，所拍摄的视频图像质量也存在着差别。这种硬件设备自身的不确定性，要求行人再辨识技术具有非常强的鲁棒性，以适用于不同硬件设备所拍摄的不同质量的视频。其二，每台监控摄像头所面对的场景信息各异，所处位置、光照条件、天气条件等都存在不确定因素，这也给行人再辨识带来困难。如在白天光照条件良好的情况下，摄像头所拍摄的视频一般较为清晰、色彩分明，有利于行人视频图像的智能分析；而在夜晚光照条件不足的情况下，大部分监控摄像头所拍摄的行人视频图像都存在噪点多、色彩单一的问题，难以进行快速准确的智能分析和匹配。因此，场景的不确定性，也是在设计行人再辨识技术时需要考虑的问题。其三，行人自身也存在诸多不确定性，使得行人再辨识难度进一步加大。举例来说，行人的着装是行人再辨识中最重要的判断依据之一，但着装存在众多人为的不确定因素，包括脱去外套、挽起袖子等。同样，行人的步态、是否背包、是否下蹲等也都是影响行人检测准确率的不确定因素。这些实际生活中大规模视频监控网络系统存在的诸多不确定性，是影响行人再辨识准确率的主要因素，也是在行人再辨识技术中需要着重解决的问题。

目前，对于大规模视频监控网络中行人再辨识问题的研究方法主要包括以下几个方面。

(1) 基于行人特征表示的行人再辨识方法[6-8]：侧重点在于设计鲁棒可靠的行人图像特征表示模型来描述行人图像的颜色、纹理、形状以及空间信息等。

(2) 基于度量学习的行人再辨识方法[9-12]：通过机器学习的方法来训练、学习出一组新的距离空间，来优化行人特征相似性度量模型。

(3) 基于端到端的行人再辨识方法[13-18]：通过深度学习的方法搭建端到端训练和测试平台，利用适当的特征提取网络和损失优化函数，直接处理输入图片得到最终辨识结果，完成行人再辨识。

近年来，随着深度学习技术的迅速发展，行人再辨识的主流研究已从传统的特征表示和度量学习方法向基于深度学习的端到端行人再辨识方法转移，该类方法可对行人目标进行多层次的特征表达，从而更好地对行人图像进行描述。然而，在基于深度学习的行人再辨识方法中，仍存在许多不确定性的干扰因素，主要包括以下几个方面。

(1) 样本不确定性：样本往往会包含嘈杂数据，这种情况下通过观察给出的样本标签可能是不准确的。这些噪声数据和不准确的标签会影响网络参数的优化，从而导致最终的训练模型产生偏差，影响识别和分类的准确率。

(2) 结构不确定性：深度学习的网络结构有多种，以行人再辨识为例，主流的深度学习模型有以下三种：identification model、verification model 和 triplet model，它们各有优缺点，而在实际应用过程中，很难预先知道哪种模型更加适用于我们特定的任务。

(3) 模型参数不确定性：一个特定的深度网络结构模型往往存在大量的待定参数，我们需要在训练阶段确定这些参数值。而这些参数的计算和选择同样具有不确定性。

(4) 模型预测置信度的不确定性：应用于分类问题的深度学习模型往往会在网络最后一层加入 Softmax 层，将全连接层的输出向量转化成和为 1 概率向量，并以此作为模型分类的置信度。在训练过程中通过逻辑回归得到权重和偏差的估计，这些值在测试过程中是固定的。这种预测高度依赖于预训练模型的数据集，而忽略了实际应用中的不确定性。如图 3-2 所示，当我们预训练的模型难以区分行人 A 和 B 时，经过全连接层，代表 A 和 B 的神经元的输出值较为接近。Softmax 层会将特征向量转化为两个数值接近的概率，经过排序后只留下数值最高的概率，其他的都会被舍弃。这使得预测的结果也是固定的，这种单次的 Softmax 层通过直接将每个参数估计成固定值来处理参数的不确定性。显然，这样预测的置信度是不可靠的。

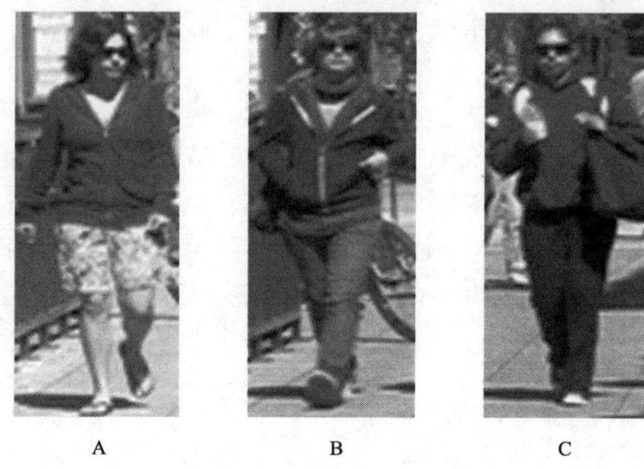

图 3-2　行人 A、B、C 样例

为了更好地解释以上的模型预测置信度的不确定性，我们将行人 A、B 和 C 的实例设置为输入，并将它们处理成灰度图来混淆卷积神经网络。从图 3-3 中可以看到，Softmax 的输入值为ϕ_1、ϕ_2和ϕ_3，输出值为 Y_1、Y_2和 Y_3。由于三张行人图片十分接近，Y_1、Y_2和 Y_3的值相对接近，经过排序后只有 Y_1被保留，这就是单次 Softmax 的弊端所在。

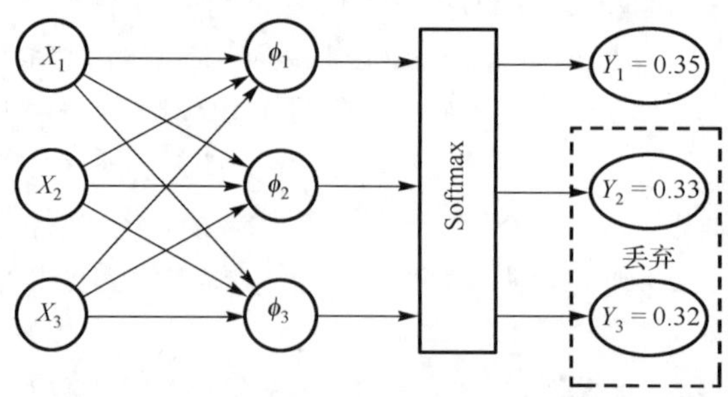

图 3-3　单次 Softmax 示意图

对于样本不确定性的问题，我们可以通过对原始数据进行预处理和对网络结构进行池化修正等方式来减少噪声数据对于深度学习方法的影响[19,20]。对于结构不确定性问题，我们可以通过应用先验知识，以及模型融合、跨域训练等方式来解决[21,22]。针对模型参数不确定性的问题，方法通常是初始化参数时，采用高斯随机数作为权重，采用 0-1 随机数作为偏差，优化时采用随机梯度下降(Stochastic Gradient Descent)，并在训练时使用阶梯性训练方式(Step-wise Training)对不同参数进行更好的模拟和监督[23]。而对于模型预测置信度的不确定性，目前尚无简单鲁棒的方法能准确衡量深度学习模型中的预测置信度。事实上，预测置信度不确定性可以被视为样本不确定性、结构不确定性和参数不确定性综合作用的结果。如果我们能找到一种处理预测的不确定程度的方法，那么不确定性对预测精度的影响可以显著降低。本章提出一个新的深度学习置信度计算方法，该方法无须修改现有的深度学习网络结构，即可简单高效地对模型置信度进行估计。本章将该网络模型应用于行人再辨识，实验表明，该模型可有效地提升行人再辨识的识别率，并能准确度量行人再辨识结果的置信度。

本章结构安排如下：3.2 节介绍本章的研究内容；3.3 节回顾深度学习卷积神经网络模型和贝叶斯神经网络的相关理论；3.4 节详细介绍基于不确定性分析的优化深度学习模型；3.5 节是实验和结果分析；3.6 节是本章的总结。

3.2 研 究 内 容

本章研究内容包含两个方面内容：基于深度学习的行人再辨识模型和基于贝叶斯神经网络的不确定性分析模型。在此基础上，我们提出基于不确定性分析的深度学习改进模型，并将其应用于行人再辨识预测结果的不确定分析。实验结果表明，该方法可有效地提高“预测结果置信度”度量的准确性，并能提升行人再辨识的识别率。

1. 基于深度学习的行人再辨识模型

深度学习的基本思想是通过有监督或者无监督的方式学习深层语义特征，对目标进行多层次的特征表达从而更好地加以描述。深度学习中的神经节点通过模拟人脑神经元的结构进行正向传播和反向修正，通过反馈模拟认知过程，实现对目标的检测和识别。主流深度学习网络架构可分为三类，分别是卷积神经网络[24]、循环神经网络[25]和对抗神经网络[26]。在这三个深度学习网络架构中，卷积神经网络因其无须手动提取特征、分类识别率高、可以高效处理高维数据等特性，广泛应用于图像、视频的深层次语义特征描述。主流的用于行人再辨识的深度学习模型，也大都是基于卷积神经网络设计的。根据深度学习网络框架预测类型的不同，主流行人再辨识深度学习模型又可分为辨识模型(Identification Model)和验证模型(Verification Model)。其中，辨识模型将一个行人看作一个类别，此时行人再辨识即为多分类任务。而验证模型简单地将行人再辨识看作二分类任务，即判断两张行人图像“属于”或“不属于”同一行人。这两种类别的行人再辨识深度学习模型有各自的优缺点，本章将两个模型相结合，提出了一个应用于行人再辨识的全新网络结构，该网络具有较高的辨识性能。

2. 基于贝叶斯神经网络的不确定性分析模型

数据驱动的深度学习方法可以自动地从数据中提取特征、进行抽象，挖掘其中的高阶相关性，但是这类模型的可解释性通常较差，且很难准确度量模型预测置信度。针对这一问题，有学者提出利用贝叶斯方法[27-32]来对深度学习神经网络的不确定性进行建模。

贝叶斯方法是一种计算后验概率的方法，其前提是假设已知先验概率，并在给定假设下观察到不同样本出现的概率，以及观察到的新样本自身。以接收邮件为例，假设我们收到垃圾邮件的概率为 20%(先验概率)，当我们收到一封包含“购物”的邮件时，这封邮件是垃圾邮件的概率(后验概率)有多高呢?这时便可以引入贝叶斯理论，根据贝叶斯公式及垃圾邮件中包含“购物”二字的概率，计算出该邮件属于垃圾邮件的后验概率，显然，“购物”信息会让该邮件属于垃圾邮件的概率明显增加。贝叶斯方法实质上是一种处理问题中不确定性的方法。

学者将贝叶斯方法应用于深度学习，提出贝叶斯神经网络[33,34]的概念及相关理论。贝叶斯神经网络通过对模型参数权重分布的推断，可以为深度学习模型提供概率解释。具体地，贝叶斯神经网络在传统神经网络的权重上放置一个先验分布。通常，我们会将权重矩阵 W 预设为标准高斯分布 $p(W)=N(0,1)$，然后通过样本训练，对权重矩阵 W 的分布做出后验估计。

下面将结合贝叶斯神经网络理论，首先分析深度学习中常见的正则化方法 Dropout[35]原理，然后利用 Dropout 建立深度学习的不确定性分析模型。

3. 基于不确定性分析的深度学习改进模型

本章基于前面提到的深度学习行人再辨识模型和贝叶斯神经网络不确定性分析模型的两个研究内容，提出了基于不确定性分析的深度学习改进模型，对当下的深度学习行人再辨识模型进行优化。该改进模型是在前面提及的深度学习行人再辨识模型基础上，利用基于 Dropout 的不确定性分析模型，加入一个全新的深度学习置信度计算方法，该方法无须修改现有的深度学习网络结构，即可简单高效地对模型置信度进行估计。具体方法会在 3.4 节中详细介绍。

本章将提出的基于不确定性分析的深度学习改进模型应用在四个公共的行人再辨识数据集上进行性能测试，实验结果表明，本章提出的基于不确定性分析的深度学习改进模型，不仅能准确度量行人再辨识结果的置信度，还可有效地提升行人再辨识的识别率。

3.3 相关理论

3.3.1 卷积神经网络

卷积网络(Convolutional Network)，也称为卷积神经网络，是一种专门用来处理具有类似网格结构的数据的神经网络，如时间序列数据（可以认为是在时间轴上有规律地采样形成的一维网格）和图像数据（可以看作二维的像素网格）。卷积网络是指那些至少在网络的一层中使用卷积运算来替代传统的矩阵乘法运算的神经网络。卷积神经网络的基础模块为卷积流，包括三种操作：卷积、非线性、池化。

卷积操作是一种特殊的线性运算。它是利用卷积核对输入图片进行处理，学习输入图像的特征标识（由几个特征图构成）。每个特征图由多个神经元组成，一个特征图的每个神经元与它前一层的邻近神经元相连。计算新的特征图时，输入的特征图首先和一个学习好的卷积核做卷积，然后将结果传递给一个非线性激活函数。

卷积运算通过三个重要的思想来帮助改进机器学习系统：稀疏交互、权值共享、等变表示。另外，卷积提供了一种处理大小可变的输入的方法。传统的神经网络使用矩阵乘法来建立输入与输出的连接关系。其中，参数矩阵的每一个独立的参数都描述了每一个输入单元与每一个输出单元间的交互。这意味着每一个输出单元与每一个输入单元都产生交互。然而，卷积神经网络具有稀疏交互（也称为稀疏连接或者稀疏权重）的特征。这通过使得卷积核的规模远小于输入的规模来实现。在卷积运算中，生成一个特征图的卷积核是相同的，这就实现了权值共享。卷积操作带来的权值共享可以明显减少参数量，从而避免过拟合现象的发生；对于卷积操作，参数共享的特殊形式使得神经网络层具有对平移等变的性质，因此学习到的图像特征标识也具有较高的鲁棒性。

卷积神经网络的另一重要操作是池化，池化函数使用某一位置的相邻输出的总体统计特征来代替网络在该位置的输出。例如，最大池化函数给出相邻矩形区域内的最大值。其他常用的池化函数包括相邻矩形区域内的平均值、L^2 范数以及距中心像素距离的加权平均函数。无论采用什么样的池化函数，当输入做出少量平移时，池化能使表示近似不变。平移不变性是指当我们把输入平移一微小量，大多数通过池化函数的输出值并不会发生改变。局部平移不变性是一个很重要的性质，尤其是当我们关心某个特征是否出现而不关心它出现的具体位置时。例如，当判定一张图像中是否包含人脸时，我们并不需要知道眼睛的具体像素位置，我们只需要知道有一只眼睛在脸的左边，有一只在右边就行了。但在一些其他领域，保存特征的具体位置却很重要。例如，当我们想要寻找一个由两条边相交而成的拐角时，我们就需要很好地保存边的位置来判定它们是否相交。

在很多任务中，池化对于处理不同大小的输入具有重要作用。当我们想对不同大小的图像进行分类时，分类层的输入必须是固定的大小，而这通常通过调整池化区域的偏置大小来实现，这样分类层总能接收到相同数量的统计特征而与最初的输入大小无关。例如，最终的池化层可能会输出四组综合统计特征，每组对应着图像的一个象限，而与图像的大小无关。

非线性操作通过激活函数实现，激活函数的核心是通过非线性映射的复合使得整个网络的非线性刻画能力得到提升，实现表征能力的提升。常用的激活函数包括矫正线性单元(Rectified Linear Units，ReLU)、双曲正切函数 tanh 和 Sigmoid 函数。

其中，ReLU 函数为 $g(x)=\max\{0,x\}$。它和线性单元非常类似，唯一区别在于矫正线性单元在其一半的定义域上输出为零。使用 ReLU 得到的梯度下降的收敛速度会比 Sigmoid/tanh 快很多，ReLU 能够加速收敛且蕴含稀疏性。

在卷积神经网络中，几个卷积层和池化层之后，通常有一个或多个全连接层。全连接层将前一层所有的神经元与当前层的每个神经元相连接。全连接层可以整合卷积层或者池化层中具有类别区分性的局部信息。为了提升卷积神经网络的性能，全连接层每个神经元的激励函数一般采用 ReLU 函数。最后一层全连接层的输出值被传递给输出层。

卷积神经网络已成为当前语音分析和图像识别等领域的研究热点，它能够通过多层非线性变换，从数据中自动学习特征，从而代替人工设计的特征，且深层的结构使它具有很强的表达能力和学习能力。

3.3.2　贝叶斯神经网络

1. 贝叶斯模型

在了解贝叶斯神经网络之前，需要先了解贝叶斯模型以及主要思想。给定训练输入 $X=\{x_1,x_2,\cdots,x_N\}$，以及对应的输出 $Y=\{y_1,y_2,\cdots,y_N\}$，在贝叶斯参数回归中，需要找到参数 ω，使函数 $y=f^{\omega}(x)$ 能够尽可能地接近理想的输出值。$p(\omega)$ 表示根据先验知识得到的参数 ω 的先验分布。在给定训练数据集后，我们需要通过学习得到新的、更优的关于参数 ω 的分布。

在贝叶斯理论中，定义似然分布 $p(y|x,\omega)$，通过后验分布 $p(\omega|X,Y)$ 可以得到给定观测数据集的最优参数 ω 的分布(式(3.1))。同时，可以预测给定输入 x^* 的输出 y^*，这一过程称为推理过程(式(3.2))。

$$p(\omega|X,Y)=\frac{p(Y|X,\omega)p(\omega)}{p(Y|X)} \tag{3.1}$$

$$p(y^*|x^*,X,Y)=\int p(y^*|x^*,\omega)p(\omega|X,Y)\mathrm{d}\omega \tag{3.2}$$

2. 变分推理

贝叶斯模型的关键在于求解后验分布。但实际中，后验分布通常是不可解的。因此，定义了一个近似变分分布 $q_\theta(\omega)$，希望此分布能够尽可能地接近后验分布 $p(\omega|X,Y)$，并代替后验分布。变分推理的基本思想是将原问题转化成求解近似分布 $q_\theta(\omega)$ 的优化问题。

在变分推理中，使用 KL 散度度量两个分布之间的相似性(式(3.3))。最小化 KL 散度，可以完成优化求解的过程。我们用 $q_\theta^*(\omega)$ 表示这个优化目标的最优解。因此，前面提到的推理过程也可以等价为式(3.4)的形式。

$$\mathrm{KL}(q_\theta(\omega) \| p(\omega \mid X,Y)) = \int q_\theta(\omega) \log \frac{q_\theta(\omega)}{p(\omega \mid X,Y)} \mathrm{d}\omega \tag{3.3}$$

$$p(y^* \mid x^*, X, Y) \approx \int p(y^* \mid x^*, \omega) q_\theta^*(\omega) \mathrm{d}\omega := q_\theta^*(y^* \mid x^*) \tag{3.4}$$

根据式(3.1)和式(3.3)，KL 散度也可以等价为式(3.5)的形式。因此，最小化 KL 散度等价于最大化 ELBO(Evidence Lower Bound)的过程(式(3.6))。

$$\mathrm{KL}(q_\theta(\omega) \| p(\omega \mid X,Y)) = \log P(Y \mid X) - \int q_\theta(\omega) \log P(Y \mid X, \omega) \mathrm{d}\omega + \mathrm{KL}(q_\theta(\omega) \| p(\omega)) \tag{3.5}$$

$$\mathcal{L}_{\mathrm{VI}}(\theta) := \int q_\theta(\omega) \log P(Y \mid X, \omega) \mathrm{d}\omega - \mathrm{KL}(q_\theta(\omega) \| p(\omega)) \leqslant \log P(Y \mid X) = \log \mathrm{evidence} \tag{3.6}$$

3. 贝叶斯神经网络的模型解释

贝叶斯神经网络(Bayesian Neural Network, BNN)最早在 20 世纪 90 年代提出，贝叶斯神经网络通过推断模型权重的概率分布来提供深度学习模型的概率解释。大量实验表明，贝叶斯神经网络在过拟合、不确定性估计方面有较好的鲁棒性。

在贝叶斯神经网络中，对于权重矩阵 W_i 和偏置矩阵 b_i，通常设 W_i 的先验分布为标准高斯分布，即 $p(W_i) = \mathcal{N}(0,1)$。似然分布可以按需选择 Softmax 似然分布或高斯似然分布。图 3-4 为传统神经网络与贝叶斯神经网络在处理数据过程中的对比图。

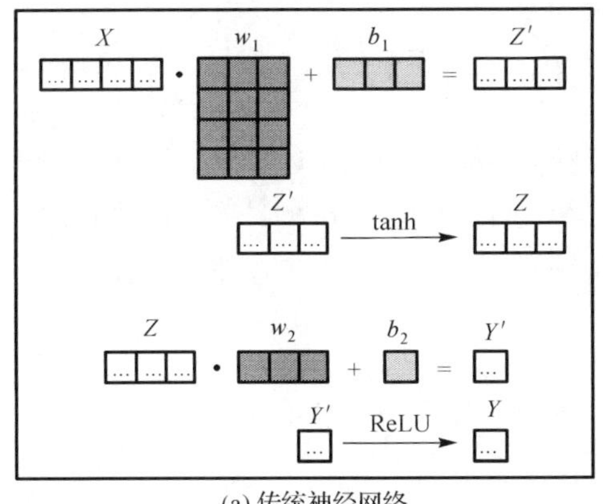

(a) 传统神经网络

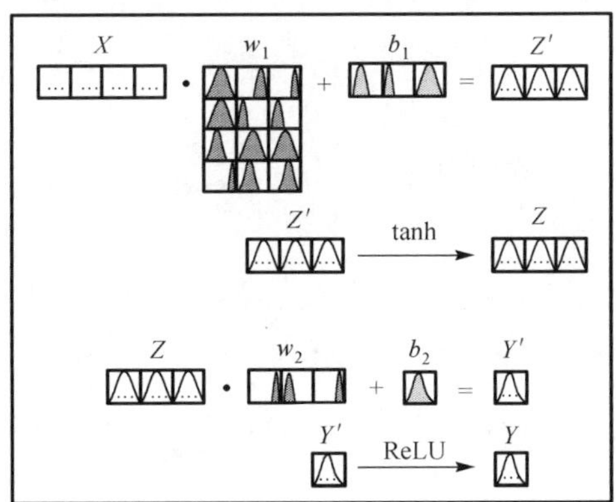

(b) 贝叶斯神经网络

图 3-4　传统神经网络与贝叶斯神经网络对比图

贝叶斯神经网络的现代研究往往依赖于不同类型的变分推理和基于采样的技术。文献[36]提出了数据子采样技术以及使用蒙特卡罗方法来近似估计预期对数似然，使得贝叶斯方法可以适应更复杂的神经网络模型，不受单层网络的限制。

4. 贝叶斯神经网络的模型的不确定度

模型的不确定度可以通过使用时空贝叶斯模型(Spatio-temporal Bayesian Model，SRT)(如 Dropout 的神经网络模型中)获得。通过时刻匹配，估算前两个时刻的可预测性分布数值。

第一个时刻的预测方法如下：

$$\tilde{E}[y^*] := \frac{1}{T}\sum_{t=1}^{T} f^{\widehat{\omega}_t}(X^*) \underset{T\to\infty}{\to} E_{q^*}(x^* \mid y^*)[y^*] \tag{3.7}$$

式中结果期望的无偏估计等于使用蒙特卡罗方法得到的估计值通过网络后取得的平均值。与传统的 Dropout 不同，我们将使用蒙特卡罗方法估计最终结果的 Dropout 命名为 MC-Dropout。在实践中，MC-Dropout 等于无穷多的对象 T 随机通过网络并取平均结果，这个结果可以当作模型模拟的平均值。对于该结果，我们可以使用一种新的数学推导方式获得不确定度的估计值，并且概括所有的 SRT。模型的平均值与每个网络单元相乘再去进行估计，这称为标准 Dropout(Standard Dropout)。在这样的神经网络中，每一层的平均值将传递给下一层。

为了得到模型的精确程度，在实际的深度学习中，我们经常基于权重衰减的方式进行网格搜索，来获得最小的有效误差。在这种情况下，我们给定一个权重衰减值 λ_i，可以得到模型的精确度：

$$\tau = \frac{(1-p)l_i^2}{2N\lambda_i} \tag{3.8}$$

其中我们假设模型的先验概率为 $p(\omega) = \prod_{i=1}^{L} p(W_i) = \prod_{i=1}^{L} N\left(0, \frac{I}{l_i^2}\right)$，$l_i^2$ 可以看作先验概率分布的范围长度。给定数据集 X, Y 以及新的数据 x^*，通过使用可预测性概率 $p(y^* \mid x^*, X, Y)$，我们可以计算出可能的输出值 y^* 的概率。可预测性概率值的对数可以用来描述该模型匹配数据的准确程度。准确地说，数值越大模型的匹配性越高。可预测性概率的对数可以用下面的方式计算：

$$\begin{aligned}\widetilde{\ln} p(y^* \mid x^*, X, Y) &:= \ln\left(\frac{1}{T}\sum_{t=1}^{T} p(y^* \mid x^*, \omega_t)\right) \underset{T\to\infty}{\to} \ln\int p(y^* \mid x^*, \omega) q_\theta^*(\omega)\mathrm{d}\omega \\ &= \ln\int p(y^* \mid x^*, \omega) q_\theta^*(\omega \mid X, Y)\mathrm{d}\omega \\ &= \ln p(y^* \mid x^*, X, Y)\end{aligned} \tag{3.9}$$

5. 不确定度的分类

在分类体系中，我们使用三种方法总结不确定度：变化率(Variation Ratio)、可预测熵(Predictive Entropy)、互信息(Mutual Information)。这三种方法可以用来衡量不同概念下的不确定度：模型的不确定度和可预测性的不确定度。

当使用变化率来描述不确定度时，在每一个随机正向传递结束时，从Softmax概率函数中，抽象出一个测试输入值 x。在集合 T 中，从多种相同输入的随机前向传递中，若给定 y_t，我们可以得到分散的模式和时间。

$$\text{Variation} - \text{ratio}\left[x\right] := 1 - \frac{f_x}{T(y_t)} \tag{3.10}$$

变化率用来描述离散程度。在二进制系统中，当两个对象的数量相等时，变化率的最大值为0.5；当只有一个对象时，可以得到最小值0。

可预测熵用来衡量可预测分布中平均信息量。

$$H\left[y \mid x, D_{\text{train}}\right] := -\sum_c p(y=c \mid x, D_{\text{train}}) \ln p(y=c \mid x, D_{\text{train}}) \tag{3.11}$$

给定测试点 x，当所有的集合元素有相同的概率时，可预测熵可以获得最大值，当集合中有一个元素的概率是1，其余所有的元素概率是0时，最小值为0。

由预测值 y 和模型的参数 ω 可以得到互信息，这也提供了一种测量不确定性的方法：

$$\begin{aligned} I\left[y, \omega \mid x, D_{\text{train}}\right] &:= H\left[y \mid x, D_{\text{train}}\right] - E_{p(\omega \mid D_{\text{train}})}\left[H\left[y \mid x, \omega\right]\right] \\ &= -\sum_c p(y=c \mid x, D_{\text{train}}) \ln p(y=c \mid x, D_{\text{train}}) \\ &\quad + E_{p(\omega \mid D_{\text{train}})}\left[\sum_c p(y=c \mid x, \omega) \ln p(y=c \mid x, \omega)\right] \end{aligned} \tag{3.12}$$

互信息量最大的测试点 x，使模型的平均不确定度最大，通过模型的参数可以得到较确定的可预测性。

3.4 基于深度学习不确定性的行人再识别模型

3.4.1 基于Identification和Verification融合的深度学习方法

Identification 模型和 Verification 模型是主流的用于行人再辨识的深度学习模型，它们有各自的优缺点。

Identification 模型直接把行人再辨识当作多分类问题，每个行人根据不同ID分类，对行人图像进行训练。该模型使用 Softmax 交叉熵优化。测试的时候使用欧氏距离比较相似度。有人直接使用 GoogLeNet、resnet 等分类网络在行人再辨识的数据集上进行训练。事实上 Identification 模型的训练效果并不好，因为把每个人作为一个类，这导致类别多，而样本不够用，网络收敛困难。现有的数据增强手段不足以弥补数据量的缺陷，还会造成过拟合。第二个问题是 Identification 模型没法扩展，一旦出现新的 ID 就无法识别，这不符合行人再辨识问题的要求。

Verification 模型将行人再辨识转化为二分类问题。这类方法首先将数据预处理成两两的图片对，标签为 1 表示两张图片属于同一行人，标签为 0 则属于不同行人，然后用这样的标签训练深度学习网络，同样是用 Softmax 交叉熵做优化。与 Identification 模型相比，这种方法是走向另一个极端，标签信息非常弱，训练样本很多，因为每两张图片都可以组成图片时，拓展性非常强，在一些行人再辨识数据集上取得了较好的实验结果。这个方法的局限性在于标签和行人的 ID 信息无法得到充分的利用，同时在测试时每个待测试图像都要和所有其他图像成对计算相似度，这显著增加了计算量和时间复杂度。

针对 Identification 模型和 Verification 模型的优缺点，我们将两个模型进行结合，设计了一个全新的深度学习网络，网络结构如图 3-5 所示。

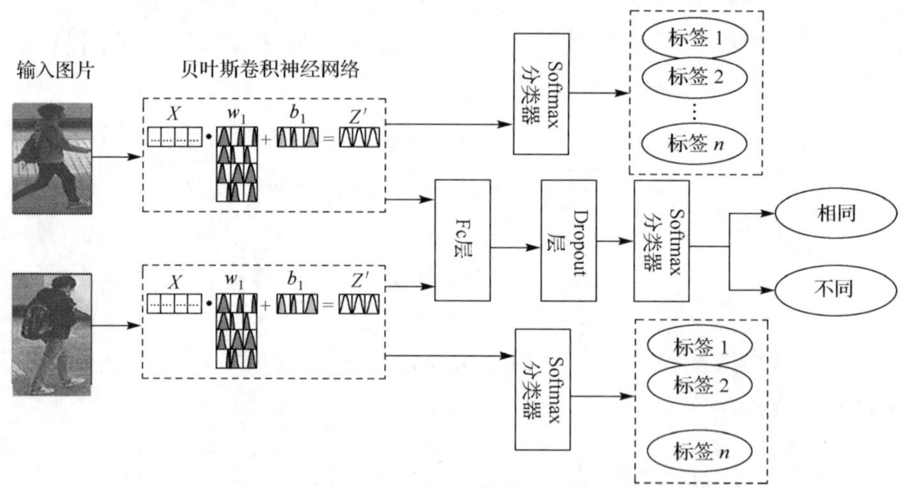

图 3-5　深度学习网络结构示意图

将行人图片组织成图片对送入两个共享权重的深度学习网络，采用迁移学习的方法，使用在 Imagenet 上预训练的 VGG16/Resnet-50 模型，该模型已经具有一定的图像分类能力，再通过行人再辨识数据集对网络参数进行微调，实验表明这种将知识迁移的方法可提高识别率，增加网络收敛速度。经过一个 Dropout 层用于泛化，然后再做二分类的同时根据 ID 进行多分类的优化，用类似权重的参数按比例对三个损失函数(一个二分类损失函数和两个多分类损失函数)进行相加，既可充分利用标签信息，又可以解决行人 ID 拓展的问题。损失函数的计算公式如下。

对于二分类模型：

$$p^s = \text{Softmax}_{\text{verification}}((\tilde{f}_i - \tilde{f}_j)^2 \circ \theta_{\text{verif}})$$

$$L_{\text{verification}}(\theta_{\text{verif}}, s) = \sum_{k=1}^{2} p_k^s \log\left(\frac{1}{p_k}\right) \tag{3.13}$$

其中，s 表示相同/不同的标签；p_k^s 表示相似度，神经网络模型中的超参数为 θ_{verif}，当两个图片属于同一行人时，$p_1 = 1, p_2 = 0$ 否则 $p_1 = 0, p_2 = 1$。

对于多分类模型：

$$q^r = \text{Softmax}_{\text{identification}}(\tilde{f}_i \circ \theta_{\text{identif}})$$

$$L_{\text{identification}}(\theta_{\text{identif}}, r) = \sum_{k=1}^{N} q_k^r \log\left(\frac{1}{q_k}\right) \tag{3.14}$$

其中，r 为分类标签；q_i^r 为预测类别为 r 的可能性，网络中的超参数为 θ_{identif}。只有当第 i 个图片成功完成分类时 $q_i = 1$，否则 $q_i = 0$。

混合模型：

$$L_{\text{fusion}}(\theta, r, s) = \lambda L_{\text{verification}} + L_{\text{identification}} \tag{3.15}$$

我们将二分类模型和多分类模型的损失函数进行按加权求和作为混合模型的损失函数，λ 是一个经验性的比例参数，在后续实验中我们发现当 λ=3 时，可以得到较好的实验效果。

Dropout 提供了正则化一大类模型的方法，计算方便但功能强大。第一种近似下，Dropout 可以被认为是集成许多大神经网络的实用 Bagging 方法。Dropout 提供了一种廉价的 Bagging 集成近似，能够训练和评估指数级的神经网络。

具体而言，Dropout 训练的集成包括所有从基本的基础网络除去非输出单元形成子网络，如图 3-6 所示。最先进的神经网络基于一系列仿射变换和非线性变换，我们可以将一些单元的输出乘零就能有效地删除一个单元。这个过程需要对模型进行一些修改，如径向基函数网络，单元的状态和参考值之间存在一定区别。为了简单起见，我们在这里提出乘零的简单 Dropout 算法，但是它被简单地修改后，可以与从网络中移除单元的其他操作一起工作。

Dropout 训练是对所有子网络组成的集成，其中子网络通过从基本网络中删除非输出单元构建。我们从具有两个可见单元和两个隐藏单元的基本网络开始，这 4 个单元有 16 个可能的子集。图 3-6 展示了从原始网络中丢弃不同的单元子集而形成的所有 16 个子网络。在这个小例子中，所得到的大部分网络没有输入单元或没有从输入连接到输出的路径。当层较宽时，丢弃所有从输入到输出的可能路径的概率变小，所以这个问题对于层较宽的网络不是很重要。

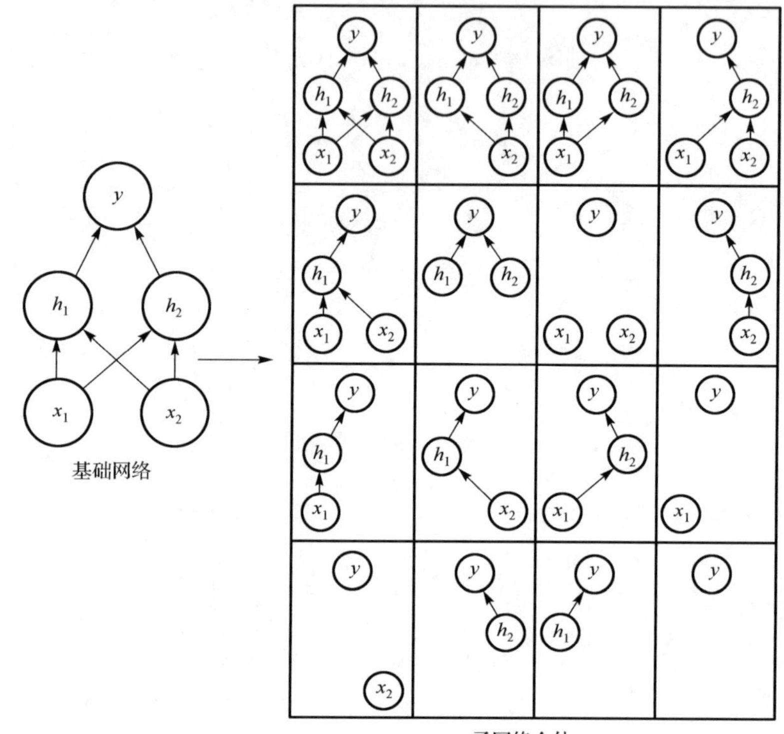

图 3-6　Dropout 原理

具体来说，为了在训练中使用 Dropout，我们使用基于 minibatch 的学习算法如梯度下降等，同时采用相对小的步长。我们每次在 minibatch 加载一个样本，然后随机抽样应用于网络中所有输入和隐藏单元的不同二值掩码。对于每个单元，掩码是独立采样的。掩码值为 1 的采样概率(导致包含一个单元)是训练开始前固定一个超参数。它不是模型当前参数值或输入样本的函数。通常一个输入单元包括的概率为 0.8，一个隐藏单元包括的概率为 0.5。然后，我们运行之前一样的前向传播、反向传播以及学习更新。图 3-7 说明了在 Dropout 下的前向传播。

更正式地说，假设一个掩码向量 μ 指定被包括的单元，$\mathcal{J}(\mu,\theta)$ 是由参数 θ 和掩码 μ 定义的模型代价。那么 Dropout 训练在于最小化 $\mathbb{E}_{\mu}\mathcal{J}(\mu,\theta)$。期望包含指数多的项，但我们可以通过抽样 μ 获得梯度的无偏估计。

图 3-7 中：(右)在此示例中，我们使用具有两个输入单元、两个隐藏单元的隐藏层以及一个输出单元的前馈网络。(左)为了执行具有 Dropout 的前向传播，我们随机地对向量 μ 进行采样，其中网络中的每个输入或隐藏单元对应一项。μ 中的每项都是二值

的且独立于其他项采样。每项为 1 的概率是超参数，对于隐藏层通常为 0.5，对于输入通常为 0.8。网络中的每个单元乘以相应的掩码，然后正常地继续通过网络的其余部分前向传播。这相当于从图 3-6 中随机选择一个子网络并通过它前向传播。

整个网络的训练和优化过程见算法 3-1。

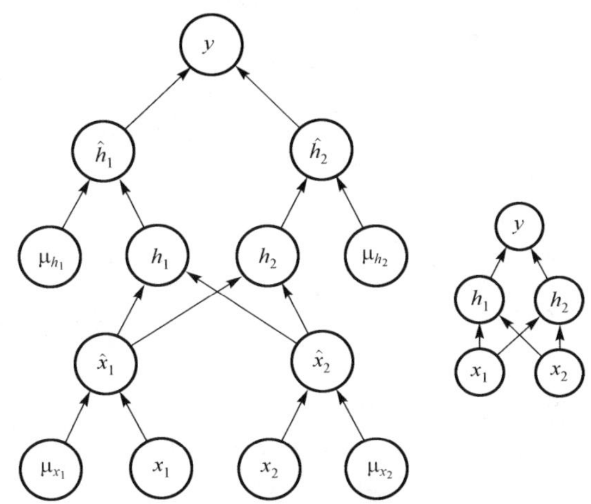

图 3-7　在使用 Dropout 的前馈网络中前向传播的示例

算法 3-1

Input

训练样本：$\{I_i, I_j\}$

Output

网络参数：θ

while　$t < T$ or not convergent do:

$t \leftarrow t+1$

$\frac{\partial L_{\text{fusion}}(\theta, I_i, I_j)}{\partial \theta} = 0$

for 所有输入图片对 I_i, I_j，do

通过正向传播计算图片特征向量空间 $\tilde{x}_i, \tilde{x}_j$；

通过反向传播计算 $\frac{\partial \tilde{x}_i}{\partial \theta}$，$\frac{\partial \tilde{x}_j}{\partial \theta}$；

计算梯度 $\frac{\partial d(\tilde{x}_i, \tilde{x}_j)}{\partial \theta}$；

计算 $\frac{\partial L_{\text{fusion}}(\theta, I_i, I_j)}{\partial \theta}$，其中二分类和多分类损失梯度下降的比例为 3∶1

end for

更新参数：

$\theta^t = \theta^{t-1} - \epsilon_t \frac{\partial L_{\text{fusion}}(\theta, I_i, I_j)}{\partial \theta}$

end while

3.4.2 基于不确定性分析的优化深度学习模型

我们在前面行人再辨识深度学习模型的基础上，引入不确定性分析，对其进行改进。我们将贝叶斯神经网络中的不确定性量化，通过深度学习优化不确定性模型。

1. 贝叶斯神经网络

3.3.2 节介绍了贝叶斯神经网络，可以简述为：使用一个先验的高斯分布来定义神经网络的权重。对于第 i 层，给定权重矩阵，我们使用标准的先验高斯分布矩阵来定义权重，$p(W_i)$：$W_i \sim N(0,1)$。

为了简化计算，我们假设偏差向量为点估计。给定输入 x 和随机权重向量 $(W_i)_{i=1}^L$，贝叶斯神经网络的输出可表示为 $f(x,(W_i)_{i=1}^L)$，具体在行人再辨识问题中，根据二分类和多分类的问题，当给定权重时，可以假设 Softmax 分类器对于各类的概率为

$$p(y \mid x,(W_i)_{i=1}^L)) = \text{Softmax}\left(\exp(\tilde{f}) / \sum_{k=1}^{N} \exp(\tilde{f}_k)\right) \tag{3.16}$$

其中，$f = f(x,(W_i)_{i=1}^L)$ 是可变的，尽管贝叶斯神经网络看起来并不复杂，计算模型的先验概率还是一个比较复杂的问题，对此我们将在下面内容中进行描述。

2. MC-Dropout

我们在 3.4.1 节中介绍了 Dropout 的简单原理和特点，在行人再辨识问题中，假设 y 是 L 层神经网络的输出，损失函数为 $E(\cdot,\cdot)$，W_i 为权重，b_i 为偏差，使用 L_2 正则化和权重衰减，参数为 λ，对于损失函数的优化可以表示为

$$L_{\text{Dropout}} := \frac{1}{N}\sum_{i=1}^{N} E(y_i, \hat{y}_i) + \lambda \sum_{i=1}^{L} (\|W_i\|_2^2 + \|b_i\|_2^2) \tag{3.17}$$

使用 Dropout 层之后，每一个输入节点和每一层的网络单元都带有一个二进制参数，参数为 1 的概率为 p_i，当二进制参数为 0 时该单元会被丢弃。在反向传播时使用同样的二进制变量值来传递导数并优化参数。

当我们使用变分推理和伯努利近似分布对神经网络进行变换得到贝叶斯神经网络之后，我们要用 MC-Dropout 代替原模型中的 Dropout 层，同样需要找到一个合适的函数来定义贝叶斯神经网络的参数 $\omega = (W_i)_{i=1}^L$。

对于贝叶斯神经网络，观测值 X, Y：$p(\omega \mid \boldsymbol{X}, \boldsymbol{Y})$ 的先验概率并不好处理，因此我们使用变分推理来估计它。

为了将贝叶斯神经网络中的变分推理和 Dropout 方法联系在一起，我们对于第

i 层的近似变分分布 $q(W_i)$ 定义为

$$W_i = M_i \cdot \mathrm{diag}([z_{i,j}]_{j=1}^{K_i})$$

$$z_{i,j} \sim \mathrm{Bernoulli}(p_i)\,, \quad i=1,\cdots,L;\ j=1,\cdots,K_{i-1} \tag{3.18}$$

其中，$z_{i,j}$ 是依概率 p_i 变化的伯努利随机分布；M_i 是待优化的可变参数；$(\cdot)$ 操作符将向量转化为对角线为向量元素的对角矩阵；K_i 表示卷积核的数量。

前面关于概率模型与变分推理中我们介绍了，在优化过程中减少交叉熵的最大值等同于增大 ln 值的最小值：

$$L_{\mathrm{VI}} := \int q(\boldsymbol{\omega}) p(F \mid X, \boldsymbol{\omega}) \ln p(Y \mid F) \mathrm{d}F \mathrm{d}\boldsymbol{\omega} - \mathrm{KL}(q(\boldsymbol{\omega}) \,\|\, p(\boldsymbol{\omega})) \tag{3.19}$$

由于式(3.19)中的积分很难处理，不能用解析的方法来得到近似分布，因此我们使用蒙特卡罗积分来近似估计这个积分，可以得到 L_{VI} 的一个无偏估计：

$$\hat{L}_{\mathrm{VI}} = \sum_{i=1}^{N} E(y_i, \hat{f}(x_i, \hat{\boldsymbol{\omega}}_i)) - \mathrm{KL}(q(\boldsymbol{\omega}) \,\|\, p(\boldsymbol{\omega})), \qquad \hat{\boldsymbol{\omega}}_i \sim q(\boldsymbol{\omega}) \tag{3.20}$$

其中，$E(\cdot,\cdot)$ 是前面提到的混合分类损失函数。我们对 $q(W_i)$ 进行采样的操作和对第 i 层的网络参数 $(M_i)_{i=1}^{L}$ 进行 Dropout 操作是相同的。二进制变量 $z_{i,j}=0$ 对应第 i–1 层的第 j 个单元在作为第 i 层的输入时被舍弃。式(3.3)可以根据式(3.4)进行估计。对于同一模型的参数，Dropout 和贝叶斯神经网络可以对数据结果进行更好的解释。

我们的模型中使用近似的先验概率 $q(\omega)$ 来代替先验概率 $p(\omega \mid \boldsymbol{X},\boldsymbol{Y})$，代入式(3.2)，使用蒙特卡罗积分来近似估计整个积分，得到

$$p(y^* \mid x^*, X, Y) \approx \int p(y^* \mid x^*, \boldsymbol{\omega}) q(\boldsymbol{\omega}) \mathrm{d}\boldsymbol{\omega} \approx \frac{1}{T} \sum_{t=1}^{T} p(y^* \mid x^*, \hat{\boldsymbol{\omega}}_t), \quad \hat{\boldsymbol{\omega}}_i \sim q(\boldsymbol{\omega}) \tag{3.21}$$

这个过程我们将其命名为 MC-Dropout。

3. 基于不确定性分析的优化深度学习模型

由前面的理论推导可知，贝叶斯神经网络中的伯努利近似变分推理可以通过在网络层中添加 Dropout 层实现。为了实现这一贝叶斯神经网络，在训练时对每一层后面进行近似分布的 Dropout 操作，在测试时使用式(3.21)预测后验概率。在贝叶斯神经网络中通常所有层的权重都是以分布的形式存在并根据后验分布通过近似积分来修正权重。没有近似分布的权重所在的层往往会出现过拟合。然而，在现有的行人再辨识方法中，卷积神经网络中所使用的 Dropout 层通常设置在全连接层之后，相当于单独进行近似积分。这里我们希望能够对卷积核也进行近似积分，因此在贝叶斯神经网络中对所有卷积层和全连接层都进行 Dropout 操作。

为了对卷积核进行积分，我们将卷积操作重写成线性变换。令 $k_k \in \mathbb{R}^{h \times w \times K_{i-1}}$，其

中 $k=1,\cdots,K_i$，是第 i 层的长宽为 h 和 w，通道数为 K_i 的卷积核。该层的输入是一个三维张量 $x\in\mathbb{R}^{H_{i-1}\times W_{i-1}\times K_{i-1}}$，$H_{i-1},W_{i-1},K_{i-1}$，分别表示上一层的长宽和通道数。卷积核以给定的步长 s 在输入张量的不同部分进行矩阵相乘操作，得到 $h\times w\times K_{i-1}$ 的块，将这些块向量化作为矩阵的行，得到一个新的输入 $\overline{x}\in\mathbb{R}^{n\times hwK_{i-1}}$，$n$ 表示块的数量，然后将卷积核向量化形成权重矩阵的列 $W_i\in\mathbb{R}^{hwK_{i-1}\times K_i}$，卷积操作就等同于做矩阵相乘 $\overline{x}W_i\in\mathbb{R}^{n\times K_{i-1}}$。输出可以被改组成三维的张量 $y\in\mathbb{R}^{H_i\times W_i\times K_i}$，其中 $n=H_i\times W_i$。卷积神经网络中的池化操作可以视为对矩阵 y 的非线性变换，通常应用在线性的 ReLU 或非线性的 tanh 等激活函数之后。

对于每个卷积核，我们给定一个先验分布并且对所有卷积核-块的组合使用伯努利近似变分推理进行近似积分。我们假设伯努利随机分布为 $z_{i,j,n}$，将块 n 与权重矩阵相乘得到 $W_i\cdot\text{diag}([z_{i,j,n}]_{j=1}^{K_i})$，这相当于对于每一个卷积核-块的组合，将一个明确的随机变量作为每个块的近似分布模型。对于不同的块，这种分布会依概率将卷积核设为 0。这等同于在池化之前对张量 y 进行 Dropout 操作。因此，当我们将贝叶斯神经网络应用在行人再辨识的卷积神经网络上时，可以通过在池化前对所有卷积层进行 Dropout 操作来实现。

通常在测试时，Dropout 操作会对结果造成负面影响。针对这个问题，我们在测试时通过式(3.21)近似估计预测分布，对随机正向传播后的结果取平均值。

4. *其他方法*

另外我们还从三个方面对上述方法降低不确定性。

数据增强：针对样本的不确定性，为了减少数据集中的噪声数据和标签的影响，减少行人图像在光照、视角、行人姿势等方面差异的影响，我们对每一张行人图片进行了预处理。首先从每一张原始图像中裁剪出五个 160×80 像素的图像，再通过镜像变换，将每一张图片扩充至两张。大部分行人再辨识数据集中每一个行人的图像最多只有十几张，经过数据增强，每个行人的训练图片可以达到 100 张以上，这对于网络的优化和消除样本不确定性都起到了非常明显的促进作用。

迁移学习：针对模型应用的不确定性，我们引入了迁移学习的方法。使用 VGG16/Resnet50[37]网络模型代替原有的卷积神经网络。在 Imagenet[38]上预训练的模型已经具有图像分类能力，再通过行人再辨识数据集对网络进行训练，对网络参数进行微调，实验表明这种知识迁移的方法可以极大地提高识别率，增加网络收敛速度。

跨域训练：针对结构和模型应用的不确定性，我们使用了跨域训练的技巧，在多个数据集上进行联合训练，将不同数据集中的数据整合起来，即可以完成数据增强从而减少样本的不确定性，又可以防止模型因为在特定数据集上进行训练而出现的过拟合问题。在经过跨域训练之后，我们的模型既可以在大型数据集中进行训练和测试，在一些相对较小的数据集中也得到了很好的应用。

3.5 节将会用在四个公共数据集上的实验来评估基于不确定性优化的行人再辨识分布模型。

3.5 实验分析

在四个不同规模的行人辨识数据集上进行了实验，我们将通过实验对比体现出基于不确定性优化的深度学习模型确实在行人识别率上有了很大的提升。

下面将介绍行人再辨识的主流数据集。

CUHK03[39]：CUHK03 数据集包含 1360 个行人的 13164 张图片。这些图片由 6 个摄像机采集而来，数据集中包含人工标记和机器检测两个集合。我们从中随机选择训练和测试集。对于测试的每一对图片，我们随机选取 probe 和 gallary。图 3-8 为 CUHK03 数据集中部分样本。

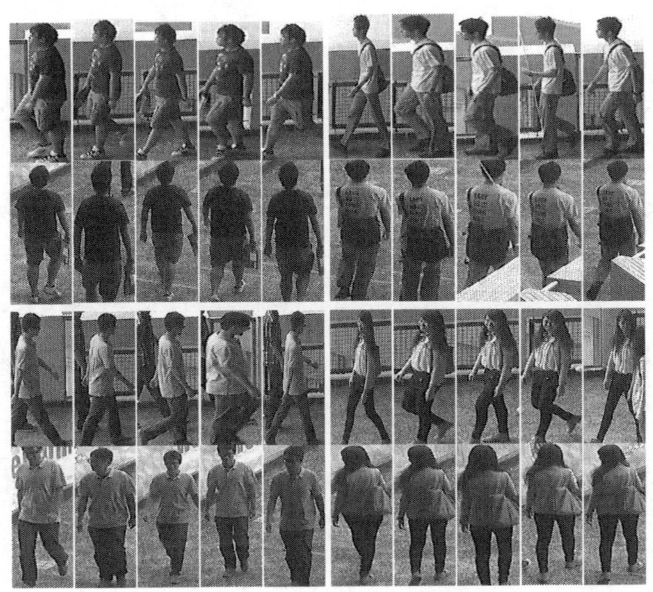

图 3-8　CUHK03 数据集图例

Market-1501[40]：Market-1501 包含 1501 个行人的 32668 张图像。图片由 6 个不同的摄像机采集，其中包括一个低像素摄像机。该数据集提供 12936 张行人图像用于训练，19732 张行人图像用于测试。图片是由机器随机裁剪得到的，因此其中也包含一些错误裁剪作为误差信息。训练集与测试集中分别包含 751 名和 750 名行人，因此平均每个类即行人包含 17.2 个样本数据。图 3-9 为 Market-1501 数据集中部分样本。

CUHK01：这个数据集包含两个摄像机视角的 971 个行人图像，每个行人图像都有两个不同视角的图像，设置了 100 和 486 两个测试集用于对比。和上述两个大规模数据集相比，CUHK01 数据集的规模相对较小。图 3-10 为 CUHK01 数据集中部分样本。

图 3-9　Market-1501 数据集图例

图 3-10　CUHK01 数据集图例

VIPeR[41]：这个数据集包含两个摄像机视角的 632 个行人图片。这两个摄像机的视角和光照都有区别，我们将 632 个行人平均分成两份用于训练和测试，即训练和测试集都有 316 名行人。VIPeR 的样本数量是四个数据集中最少的，属于小规模数据集。图 3-11 为 VIPeR 数据集中部分样本。

评价指标：在使用我们的模型进行测试时，我们计算了原行人图像和所有测试图像的相似性，并根据相似度排序。我们使用累计匹配特征（Cumulative Matching

Characteristic, CMC) 曲线和平均评价精度(mAP) 来估计在 n 个最相似匹配中找到正确匹配的期望。

我们使用 Caffe[42]框架搭建了不确定性优化的深度学习模型。实验结果如下，我们将经过不确定性改进的深度学习模型和现有的多个深度学习的方法与模型进行比较。

图 3-11　VIPeR 数据集图例

3.5.1　在 CUHK03 数据集上的结果

CUHK03 数据集是一个大型数据集，训练和测试集从 exp_set 文件夹中随机选取。图 3-12 和表 3-1 是在 CUHK03 数据集上和其他用于行人再辨识方法对比的 CMC 曲线和识别率。

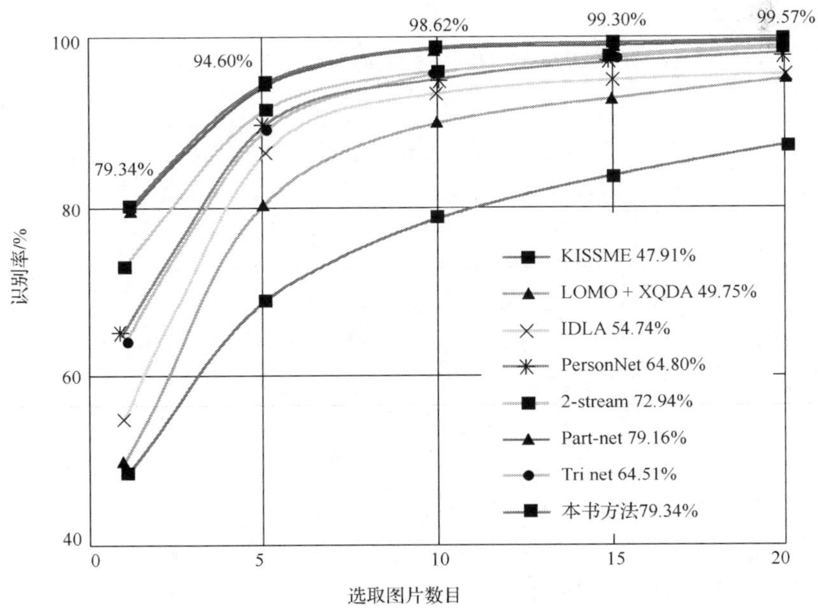

图 3-12　CUHK03 数据集的 CMC 曲线

表 3-1　CUHK03 数据集的识别率对比

方法	Rank-1	Rank-5	Rank-10	Rank-20
KISSME[9]	47.91%	68.75%	78.62%	87.05%
LOMO+XQDA[8]	49.75%	80.26%	89.61%	94.58%
IDLA[17]	54.74%	86.50%	93.17%	95.54%
PersonNet[16]	64.80%	89.40%	94.89%	98.12%
2-stream[15]	72.94%	91.26%	95.03%	98.69%
Part-net[20]	79.16%	94.39%	97.61%	99.41%
Pose[21]	78.22%	93.45%	96.32%	98.84%
Tri-net[22]	64.51%	88.92%	95.47%	97.98%
本书方法	**79.34%**	**94.60%**	**98.62%**	**99.57%**

在 CUHK03 大型数据集上，我们的方法得到了更加理想的实验结果，第一识别率接近 80%，Rank-10 识别率高达 98.62%，都超过了大多数现有的行人再辨识方法。这是由于深度学习方法对于样本规模的依赖相对较大，在使用不确定性对其进行优化之后，其对于样本规模的依赖会减少，从而在一定程度上避免在反向传播过程中出现局部最优解或者过拟合现象对整个模型的影响。

我们引入了卷积神经网络结构作为基准对比，这个网络和我们的方法区别仅仅在于特征提取网络。卷积神经网络使用的是 VGG，而我们使用了贝叶斯卷积神经网络。我们在两个案例中进行了实验。一个是使用完整的样本进行训练，另一个则使用 1/5 个样本进行训练。从表 3-2 中可以看出，在引入不确定性进行优化之后，识别率得到了大幅提升。

表 3-2　CUHK03 数据集的全样本和少样本实验对比

方法	Rank-1	Rank-5	Rank-10
VGG16(全样本)	71.56%	90.65%	94.70%
VGG16(1/5 样本)	58.43%	75.35%	84.95%
本书方法(全样本)	**79.34%**	**94.60%**	**98.62%**
本书方法(1/5 样本)	**72.94%**	**91.26%**	**95.03%**

从表 3-2 中可以看出，在引入不确定性优化之后，当我们样本充足时，识别率略有提高，而当训练样本不足时，卷积神经网络架构的模型识别率大幅降低，而不确定性优化的网络模型仍然保持了较高的识别率。这主要是因为深度神经网络在估计每个参数的值时高度依赖于训练数据。当数据量不足时，Dropout 操作会导致信息丢失，而对于我们的贝叶斯卷积神经网络，我们的参数估计是基于不确定性优化的。我们加入的 MC-Dropout 层可以防止卷积核的过拟合，可以看作用蒙特卡罗积分近似估计一个贝叶斯模型，因此具有更强的鲁棒性，在数据量大幅减少时也不会过拟合。值得注意的是，伯努利近似分布是一个相对较弱的近似估计，这也是一个折中的方法来避免额外的参数，这也解释了我们的方法在小数据下的鲁棒性。

3.5.2　在 Market-1501 数据集上的结果

Market-1501 是现有的最大规模行人再辨识数据集，对于该数据集，我们重点关注了模型对单个行人和多行人的第一识别率与 mAP，图 3-13 和表 3-3 的实验结果表明经过基于不确定性优化的深度学习模型在大规模行人辨识数据集上有很好的效果。

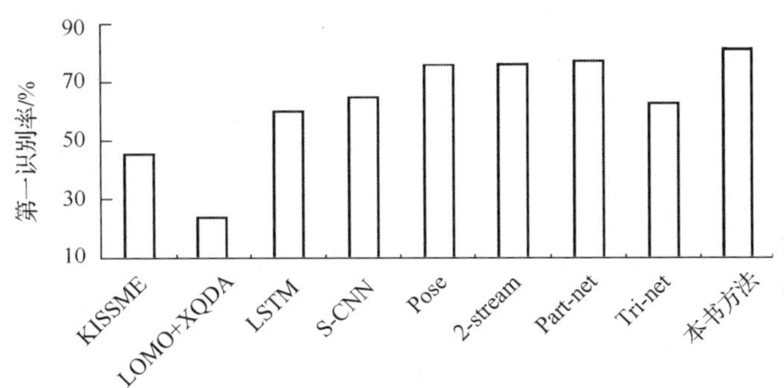

图 3-13　Market-1501 数据集的第一识别率各方面对比图

表 3-3　Market-1501 数据集的识别率对比

方法	Rank-1	Rank-5	Rank-10	Rank-20	mAP
KISSME[9]	46.72%	64.87%	73.18%	—	12.27
LOMO+XQDA[8]	26.12%	—	—	—	20.04
LSTM[12]	62.44%	—	—	—	39.21
S-CNN[13]	66.76%	—	—	—	40.77
Pose[21]	78.06%	90.76%	94.17%	96.02%	58.33
2-stream[15]	78.15%	89.84%	93.27%	95.33%	57.92
Part-net[20]	79.44%	90.96%	93.52%	95.70%	60.40
Tri-net[22]	65.02%	84.26%	88.21%	92.70%	50.71
本书方法	**82.97%**	**92.88%**	**94.90%**	**96.20%**	**64.32**

类似于 CUHK03，我们同样引入了基准网络，进行了全样本和少样本的实验对比，如表 3-4 所示。

表 3-4　Market-1501 数据集的全样本和少样本实验对比

方法	Rank-1	mAP
VGG16(全样本)	78.25%	57.62
VGG16(1/5 样本)	58.73%	46.43
本书方法(全样本)	**82.97%**	**64.32**
本书方法(1/5 样本)	**78.03%**	**58.34**

从表 3-4 中可以看出，与 CUHK03 数据集上的结果一样，我们的方法具有较高的精度，在样本数量不足时依然保持鲁棒性。

3.5.3 在 CUHK01 数据集上的结果

我们在一个相对较小的数据集 CUHK01 上也进行了实验，图 3-14 是测试行人数目为 100 时的实验结果。表 3-5 是测试行人数目分别为 100 和 486 时的实验结果。

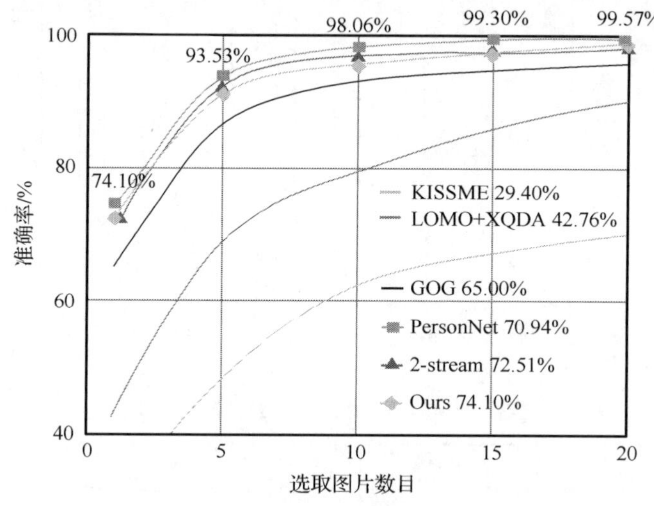

图 3-14 CUHK01 数据集的 CMC 曲线

表 3-5 CUHK01 数据集的识别率对比

方法	CUHK01（$p=486$）			CUHK01（$p=100$）		
	$r=1$	$r=5$	$r=10$	$r=1$	$r=5$	$r=10$
KISSME[9]	—	—	—	29.40%	57.67%	62.43%
LOMO+XQDA[8]	32.76%	59.01%	69.63%	42.76%	69.01%	79.63%
LSTM[12]	50.41%	75.93%	84.07%	—	—	—
S-CNN[13]	47.53%	71.50%	80.00%	—	—	—
GOG[6]	—	—	—	65.00%	89.50%	93.00%
2-stream[15]	67.12%	89.45%	91.68%	72.50%	91.00%	95.50%
PersonNet[16]	—	—	—	70.94%	92.30%	96.90%
Tri-net[22]	50.41%	75.93%	84.07%	—	—	—
本书方法	**70.32%**	**89.43%**	**94.24%**	**74.10%**	**93.53%**	**98.12%**

由于训练样本的数量很小，我们没有减少训练样本。从上述图表中可以看出与其他最新的方法相比，我们的方法具有更好的匹配精度。与一些深入的学习方法相比，我们的 Rank-1 精度可以略高于它们且不需要使用样本扩充等预处理方法。

3.5.4 在 VIPeR 数据集上的结果

VIPeR 是一个小型数据集，现有的深度学习行人再辨识的方法对于这类少样本的行人再辨识数据集很难有理想的识别率。我们的 MC-Dropout 策略针对这种高样本不确定度，高过拟合的数据集进行了基于不确定性的优化，结果如图 3-15 和表 3-6 所示。

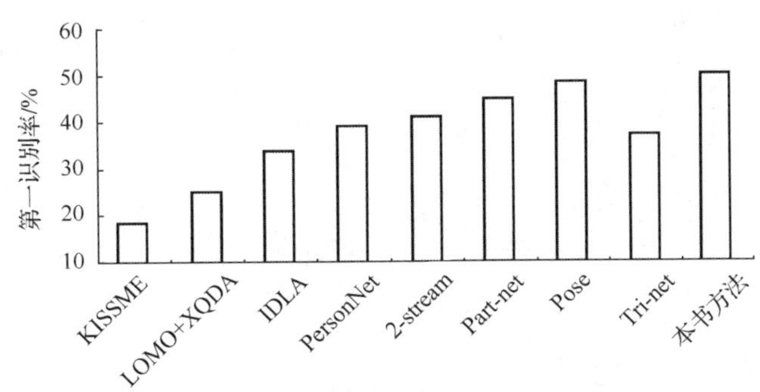

图 3-15　VIPeR 数据集的第一识别率各方法对比图

表 3-6　VIPeR 数据集的识别率对比

方法	Rank-1	Rank-5	Rank-10
KISSME[9]	19.60%	48.00%	62.20%
LOMO+XQDA[8]	26.31%	46.61%	58.86%
IDLA[17]	34.81%	63.32%	74.79%
PersonNet[16]	40.50%	60.80%	70.40%
2-stream[15]	42.28%	71.46%	82.94%
Part-net[20]	45.90%	77.50%	88.90%
Pose[21]	49.70%	79.70%	88.70%
Tri-net[22]	38.37%	69.22%	81.22%
本书方法	**51.30%**	**82.32%**	**90.24%**

可以看出，我们的方法在所有准确率的标准上都达到了最高水平。这是因为我们的贝叶斯卷积神经网络是基于不确定性优化的，对于高样本不确定性和过拟合的数据集具有很好的鲁棒性，这也使得深学习方法第一次在 VIPeR 数据集上获得了比较好的结果。

3.6 本 章 小 结

本章基于深度学习行人再辨识模型和贝叶斯神经网络不确定性分析模型，提出了基于不确定性分析的优化深度学习改进模型。该优化模型是在深度学习行人再辨识模型基础上，利用基于 Dropout 的不确定性分析模型，加入一个全新的深度学习置信度计算方法，该方法无须修改现有的深度学习网络结构，即可简单高效地对模型置信度进行估计。除此之外，该模型还能有效地提取行人图像的深度特征，从而提高行人再辨识的识别率。将提出的基于不确定性分析的深度学习改进模型应用在四个公共的行人再辨识数据集上进行性能测试，实验结果表明，本章提出的基于不确定性分析的优化深度学习模型，不仅能准确度量行人再辨识结果的置信度，还可有效地提升行人再辨识的识别率。

参考文献

[1] 苗夺谦, 李德毅, 姚一豫, 等. 不确定性与粒计算[M]. 北京: 科学出版社, 2011.

[2] 苗夺谦, 张清华, 钱宇华, 等. 从人类智能到机器实现模型——粒计算理论与方法[J]. 智能系统学报, 2016, 11(6)：743-757.

[3] 苗夺谦, 王国胤, 刘清. 粒计算:过去、现在与展望[M]. 北京: 科学出版社, 2007.

[4] 苗夺谦. 粒计算[M]. 北京: 科学出版社, 2007.

[5] Zheng L, Yang Y, Hauptmann A G. Person re-identification: Past, present and future[J]. arXiv Preprint arXiv:1610.02984, 2016.

[6] Matsukawa T, Okabe T, Suzuki E, et al. Hierarchical Gaussian descriptor for person re-identification[C]. Proceedings of the IEEE Conference on Computer Vision and Pattern Recognition, Las Vegas, 2016: 1363-1372.

[7] Wu L, Shen C, Hengel A. Personnet: Person re-identification with deep convolutional neural networks[J]. arXiv Preprint arXiv:1601.07255, 2016.

[8] Liao S, Hu Y, Zhu X, et al. Person re-identification by local maximal occurrence representation and metric learning[C]. Computer Vision and Pattern Recognition, Boston, 2015:2197-2206.

[9] Köstinger M, Hirzer M, Wohlhart P, et al. Large scale metric learning from equivalence constraints[C]. IEEE Conference on Computer Vision and Pattern Recognition, Rhode Island, 2012:2288-2295.

[10] Davis J V, Kulis B, Jain P, et al. Information-theoretic metric learning[C]. International Conference on Machine Learning. Augsburg: ACM, 2007:209-216.

[11] Xiong F, Gou M, Camps O, et al. Person Re-Identification Using Kernel-Based Metric Learning Methods[M]. Berlin: Springer, 2014:1-16.

[12] Varior R R, Shuai B, Lu J, et al. A siamese long short-term memory architecture for human re-identification[C]. European Conference on Computer Vision. Berlin: Springer, 2016: 135-153.

[13] Varior R R, Haloi M, Wang G. Gated siamese convolutional neural network architecture for

human re-identification[C]. European Conference on Computer Vision. Amsterdam: Springer, 2016:791-808.

[14] Chen S Z, Guo C C, Lai J H, et al. Deep ranking for person re-identification via joint representation learning[J]. IEEE Transactions on Image Processing, 2016, 25(5):2353-2367.

[15] Zheng Z, Zheng L, Yang Y. A discriminatively learned CNN embedding for person re-identification[J]. ACM Transactions on Multimedia Computing, Communications, and Applications (TOMM), 2017, 14(1): 13.

[16] Wu L, Shen C, Hengel A V D. Personnet: Person re-identification with deep convolutional neural networks[J]. arXiv preprint arXiv:1601.07255, 2016.

[17] Ahmed E, Jones M, Marks T K. An improved deep learning architecture for person re-identification[C]. Computer Vision and Pattern Recognition, Boston, 2015:3908-3916.

[18] Hermans A, Beyer L, Leibe B. In defense of the triplet loss for person re-identification[J]. arXiv preprint arXiv:1703.07737, 2017.

[19] Xu Y, Fang X, Li X, et al. Data uncertainty in face recognition[J]. IEEE Transactions on Cybernetics, 2014, 44(10):1950-1961.

[20] Zhao L, Li X, Wang J, et al. Deeply-learned part-aligned representations for person re-identification[J]. arXiv preprint arXiv:1707.07256, 2017.

[21] Zheng L, Huang Y, Lu H, et al. Pose invariant embedding for deep person re-identification[J]. arXiv preprint arXiv:1701.07732, 2017.

[22] Chen W, Chen X, Zhang J, et al. A multi-task deep network for person re-identification[C]. AAAI, 2017, 1(2): 3.

[23] Lin Y, Zheng L, Zheng Z, et al. Improving person re-identification by attribute and identity learning[J]. arXiv preprint arXiv:1703.07220, 2017.

[24] Simonyan K, Zisserman A. Very deep convolutional networks for large-scale image recognition[J]. arXiv preprint arXiv:1409.1556, 2014.

[25] Mikolov T, Karafiát M, Burget L, et al. Recurrent neural network based language model[C]. Eleventh Annual Conference of the International Speech Communication Association, Chiba, 2010: 1045-1048.

[26] Goodfellow I J, Pouget-Abadie J, Mirza M, et al. Generative adversarial networks[J]. Advances in Neural Information Processing Systems, 2014, 3:2672-2680.

[27] Gal Y, Ghahramani Z. Dropout as a Bayesian approximation: Representing model uncertainty in deep learning[C]. International Conference on Machine Learning, New York, 2016: 1050-1059.

[28] Barber D, Bishop C M. Ensemble learning in Bayesian neural networks[J]. Nato Asi Series for Computer and Systems Sciences, 1998, 3:215-237.

[29] Blundell C, Cornebise J, Kavukcuoglu K, et al. Weight uncertainty in neural networks[J]. arXiv

preprint arXiv:1505.05424, 2015.

[30] Bui T, Hernández-Lobato D, Hernandez-Lobato J, et al. Deep Gaussian processes for regression using approximate expectation propagation[C]. International Conference on Machine Learning, Amsterdam, 2016: 1472-1481.

[31] Cacoullos T. On upper and lower bounds for the variance of a function of a random variable[J]. Annals of Probability, 1982, 10(3):799-809.

[32] Denker J S, Lecun Y. Transforming neural-net output levels to probability distributions[C]. Advances in Neural Information Processing Systems, Colorado, 1991:853-859.

[33] Gal Y, Ghahramani Z. Bayesian convolutional neural networks with Bernoulli approximate variational inference[J]. arXiv preprint arXiv:1506.02158, 2015.

[34] Adams R P. Probabilistic backpropagation for scalable learning of Bayesian neural networks[C]. International Conference on International Conference on Machine Learning, Lille, 2015: 1861-1869.

[35] Ba L J, Frey B. Adaptive dropout for training deep neural networks[C]. International Conference on Neural Information Processing Systems, Lake Tahoe, 2013:3084-3092.

[36] Graves Y J, Jia X, Gu X, et al. GPU-based fast Monte Carlo simulation for radiotherapy dose calculation[J]. Physics in Medicine & Biology, 2011, 56(22):7017-7031.

[37] He K, Zhang X, Ren S, et al. Deep residual learning for image recognition[C]. Proceedings of the IEEE Conference on Computer Vision and Pattern Recognition, Las Vegas, 2016: 770-778.

[38] Deng J, Dong W, Socher R, et al. Imagenet: A large-scale hierarchical image database[C]. CVPR, Miami, 2009: 248-255.

[39] Li W, Zhao R, Xiao T, et al. DeepReID: Deep filter pairing neural network for person re-identification[C]. Computer Vision and Pattern Recognition, Columbus, 2014:152-159.

[40] Zheng L, Shen L, Tian L, et al. Scalable person re-identification: A benchmark[C]. IEEE International Conference on Computer Vision, Las Vegas, 2016:1116-1124.

[41] Gray D, Brennan S, Tao H. Evaluating appearance models for recognition, reacquisition, and tracking[C]. Proceedings of the IEEE International Workshop on Performance Evaluation for Tracking and Surveillance (PETS), Citeseer, 2007: 1-7.

[42] Jia Y, Shelhamer E, Donahue J, et al. Caffe: Convolutional architecture for fast feature embedding[C]. Proceedings of the 22nd ACM International Conference on Multimedia, Florida, 2014: 675-678.

第 4 章　邻域系统中的不确定性度量与鱼群智能①

目前，日益快速发展的互联网背后，积累了大量的多元化数据。世界信息化的同时，数据规模、数据种类正在以极快的速度增长，大数据时代已悄然降临。近年来，全球数据量出现爆炸式增长，数据成了当今社会增长最快的资源之一。根据国际数据公司(International Data Corporation, IDC)的监测统计[1]，即使在遭遇金融危机后的 2009 年，全球信息量也比前一年增长了 62%，达到 80 万 PB(1PB 约等于 100 万 GB)，2011 年全球数据总量已经达到 1.8ZB(1ZB 约等于 1 万亿 GB)，并且以每两年翻一番的速度飞速增长，预计到 2020 年全球数据量总量将达到 40ZB，10 年间增长 40 倍以上，到 2020 年，地球上人均数据预计将达 5247GB。

大数据有四个基本特征——大量化(Volume)、多样化(Variety)、快速化(Velocity)、价值密度低(Value)，即四 V 特性[2,3]。数据大量化主要表现在数据体量大、增量大和维数高。数据多样化体现了数据的不确定性特征：其一是指数据来源的不确定性，不再拘泥于系统的业务数据，可以是系统日志、用户行为，甚至是邮件、视频与通话信息等；其二是格式不确定性，包括结构化数据、半结构化数据与非结构化数据。数据快速化主要指要求高性能的输入/输出(I/O)，体现在数据快速产生、快速搜集、快速分析与快速呈现。数据价值密度低体现了数据的冗余性，指大数据中包括大量不相关的数据组成，从局部数据分析，无法体现其价值，但是全局分析却是有价值的结论。

面对量大、高维、冗余、不确定性的大数据，需要降低大数据的复杂性，建立起具备并行计算能力的数据分析理论与方法。粒计算具有良好的不确定性数据处理优势，人与生物的行为体现了分布式、并行性的特点。针对增长迅速、庞大繁杂以及不确定性的大数据资源，给传统的数据分析、处理技术带来了巨大的挑战。高维大数据已成为大数据知识发现研究的瓶颈，需要建立起面向大数据的不确定性度量方法与群智能计算的理论与方法。研究面向大数据的不确定性度量方法、群智能计算建模方法以及应用技术，对解决大数据知识发现需求意义重大，科学意义明显。

4.1　引　　言

粗糙集理论中的不确定性度量是评价系统分类能力及提高分类精度的重要工具，国内外众多学者对此进行了研究。Pawlak[4]采用上下近似的比值构造的精度来

① 本章工作获得国家自然科学基金项目(61573297)、福建省社会科学基金项目(FJ2017C012)的资助。

度量等价类集合的不确定性，进一步用近似精度来度量决策系统的不确定性。精度与近似精度是随属性的增加而递增的函数，Pawlak 同时提出了粗糙度与近似粗糙度两个单调性递减的度量工具。然而，Pawlak 的不确定性度量并不精细，存在精度或者粗糙度一样而等价类集合却不一样的情况。因此，很多学者从不同角度进行了改进，提出了信息质量[5]、近似质量[6]、知识粒度[7]、信息粒度[8]等度量。苗夺谦、梁吉业等将熵的概念引入粗糙集领域，提供了更加有效而精细的度量工具，主要包括信息熵[9]、条件熵[10]、互信息[9]与粗糙熵[11]等度量。

粗糙集理论中的这些度量工具与方法已经广泛应用于机器学习与数据挖掘的应用研究。经典粗糙集主要适用于具有离散型数据的决策系统，而对于广泛存在的连续型数据，需进行离散化预处理，但为此造成分类信息丢失，降低分类精度。姚一豫、胡清华等提出了邻域粗糙集模型[12,13]，能够处理具有连续型数据的知识分类系统，已经广泛用于属性约简[14]、特征选择与提取[15]、分类与聚类[16]、基因选择[17]、图像处理[18]等领域。然而，邻域关系并不是严格的等价关系，经典的不确定性度量工具与方法并不适用于邻域知识分类系统。

鱼群算法是李晓磊等于 2002 年提出的一种新的智能计算方法[19]。它从构造动物简单的底层行为出发，通过个体的局部寻优，最终在群体中找到全局最优解。算法的设计思想是：一片水域中，鱼类一般能找到富含营养物质的地方并聚集成群。在这个过程中，没有统一的协调者，而是通过每条鱼个体的自适应行为达到目的。鱼群算法采用了自下而上的设计思路，从最底层鱼的动作开始展开，整个算法没有集中控制，不需要关于问题的先验知识，目标函数也不需要连续、可导等条件，因此是一种适应能力很强的群智能算法。鱼群算法提出之后，在众多领域得到了发展与应用。2003 年，李晓磊和钱积新将分解协调概念引入鱼群算法[20]，结果表明此方法有较好收敛性、对初值与参数不敏感等优点；张梅凤等将变异算子和模拟退火的概念引入鱼群算法，显著地提高了算法的效率和求解质量[21]。在基本原型算法的连续优化之外，李晓磊等还将算法扩展至组合优化领域，以旅行商问题(Traveling Salesman Problem，TSP)为例对算法进行了仿真测试，结果表明它具有快速收敛的能力[22]。鱼群算法在国内得到了一些实际应用，包括 PID 参数整定[23]、系统辨识[24]、优化神经网络[25]、数字滤波器的设计[26]、码分多址无线通信中的多用户检测[27]等。

4.2　邻域系统中的不确定性度量理论

4.2.1　邻域粗糙集模型

Pawlak 粗糙集理论对离散型数据进行等价类划分，形成等价类集合。而对于现实世界广泛存在的连续型数据，需要进行离散化处理后构造合适的等价类，但是离散化过程容易造成分类信息的丢失。为此，针对 Pawlak 粗糙集理论的局限性，引入邻域粗糙集模型，给出邻域粗糙集的相关概念[13]，并讨论邻域粗糙集的精度度量与粗糙度度量。

定义 4-1[13]　设 $\mathrm{NS}=(U,A,V,f,\delta)$ 为一邻域信息系统，其中 U 是论域，表示样本对象的集合；A 是属性，表示特征的集合；$V=\bigcup\limits_{a\in A}V_a$，$V_a$ 表示单个特征 a 的值域，$\delta\in[0,1]$ 表示邻域参数，$f:U\times A\to V$ 为信息函数，即对于 $\forall x\in U,\forall a\in A$，有 $f(x,a)\in V_a$。

定义 4-2[13]　设邻域信息系统 $\mathrm{NS}=(U,A,V,f,\delta)$，对于任一对象 $x,y\in U$，特征子集 $B\subseteq A$，其中 $B=\{a_1,a_2,\cdots,a_n\}$，定义特征集 B 的距离函数为

$$D_B(x,y)=\left(\sum_{i=1}^{n}(|f(x,a_i)-f(y,a_i)|)^p\right)^{1/p}$$

其中，当 $p=1$ 时，为曼哈顿距离；当 $p=2$ 时，为欧氏距离。

性质 4-1[13]　距离函数 $D_B(x,y)$ 满足如下条件：

（1）$D_B(x,y)\geqslant 0$；

（2）$D_B(x,y)=0$，当且仅当 $x=y$；

（3）$D_B(x,y)=D_B(y,x)$；

（4）$D_B(x,y)+D_B(y,z)\geqslant D_B(x,z)$。

定义 4-3[13]　设邻域信息系统 $\mathrm{NS}=(U,A,V,f,\delta)$，对于任一对象 $x\in U$，特征子集 $B\subseteq A$，则 x 在 B 上的 δ 邻域类定义为

$$n_B^\delta(x)=\{y\mid x,y\in U,D_B(x,y)\leqslant\delta\}$$

根据邻域类的定义，x 的邻域类 $n_B^\delta(x)$ 满足以下性质：

（1）$n_B^\delta(x)\neq\varnothing$；

（2）$x\in n_B^\delta(x)$；

（3）$y\in n_B^\delta(x)\Leftrightarrow x\in n_B^\delta(y)$；

（4）$\bigcup\limits_{x\in U}n_B^\delta(x)=U$。

定义 4-4[13]　设邻域信息系统 $\mathrm{NS}=(U,A,V,f,\delta)$，任一特征子集 $B\subseteq A$ 决定了一个邻域关系，定义为

$$\mathrm{NR}_\delta(B)=\{(x,y)\in U\times U\mid D_B(x,y)\leqslant\delta\}$$

$U/\mathrm{NR}_\delta(B)$ 称为论域 U 的一个邻域覆盖，是由邻域关系所决定的，邻域覆盖是邻域类的集合。邻域关系是一种相似关系而不是等价关系，满足自反、对称性质。当邻域参数 δ 等于 0 时，邻域关系变为等价关系。所以等价关系是一种特殊的邻域

关系，基于邻域关系的粗糙集模型能够处理混合数据类型，而基于等价关系的粗糙集模型只能处理离散型的数据。

定理 4-1[22]　设邻域信息系统 $\mathrm{NS}=(U,A,V,f,\delta)$，对于任一对象 $x\in U$，特征子集 $P,Q\subseteq A$，得出以下结论：

(1) 若 $P\subseteq Q$，则 $n_P^{\delta}(x)\supseteq n_Q^{\delta}(x)$；

(2) 若 $0\leqslant\gamma\leqslant\delta\leqslant 1$，则 $n_P^{\gamma}(x)\subseteq n_P^{\delta}(x)$。

证明　(1) 因为 $P\subseteq Q$，则可设 $Q=P\cup R$。对于 $\forall x\in U$，根据邻域类的定义，则有 $n_P^{\delta}(x)=\{y\mid x,y\in U,D_P(x,y)\leqslant\delta\}$ 和 $n_{P\cup R}^{\delta}(x)=\{y\mid x,y\in U,D_{P\cup R}(x,y)\leqslant\delta\}$。根据距离函数的定义，易知 $D_P(x,y)\leqslant D_{P\cup R}(x,y)$ 成立。因此，$D_P(x,y)\leqslant D_Q(x,y)$ 成立。从而，$n_P^{\delta}(x)\supseteq n_Q^{\delta}(x)$ 成立。

(2) 对于 $\forall x\in U$，根据邻域类的定义，则有 $n_P^{\gamma}(x)=\{y\mid x,y\in U,D_P(x,y)\leqslant\gamma\}$ 和 $n_P^{\delta}(x)=\{y\mid x,y\in U,D_P(x,y)\leqslant\delta\}$。因为 $0\leqslant\gamma\leqslant\delta\leqslant 1$，易知 $n_P^{\gamma}(x)\subseteq n_P^{\delta}(x)$。

定义 4-5[13]　设邻域信息系统 $\mathrm{NS}=(U,A,V,f,\delta)$，对于 $\forall B\subseteq A$ 与 $\forall X\subseteq U$，定义 X 关于 B 的邻域下近似与邻域上近似集为

$$B_*(X)_\delta=\bigcup\{x\in U\mid n_B^{\delta}(x)\subseteq X\}$$

$$B^*(X)_\delta=\bigcup\{x\in U\mid n_B^{\delta}(x)\cap X\neq\varnothing\}$$

序偶〈$B_*(X)_\delta$, $B^*(X)_\delta$〉为一邻域粗糙集，用邻域下近似与邻域上近似来逼近任一 X 集合。

4.2.2　邻域系统的精度与粗糙度度量

定义 4-6　设邻域决策系统 $\mathrm{NS}=(U,A,V,f,\delta)$，其中 $A=C\cup d$，C 是条件特征集，其值是连续型的数据，d 是一个决策特征，其值是离散型的数据。设对象集 U 在决策特征 d 上等价划分为 $U/d=\{D_1,D_2,\cdots,D_m\}$。对于任一特征子集 $B\subseteq C$ 与决策特征 d，d 关于 B 的邻域近似精度与邻域近似粗糙度分别定义为

$$\alpha_B^{\delta}(d)=\frac{\sum_{i=1}^{m}|B_*(D_i)_\delta|}{\sum_{i=1}^{m}|B^*(D_i)_\delta|}$$

$$\rho_B^{\delta}(d)=1-\alpha_B^{\delta}(d)$$

邻域精度可度量邻域信息系统中对象子集的不确定性，具有随特征子集增大而单调递增的特性。邻域粗糙度也是邻域信息系统不确定性度量的工具之一，其特性是随特征子集增大而单调递减。然而，这些度量并不严格单调，存在特征子集递增

而邻域精度或邻域粗糙度却未变化的情况。

定理 4-2 设 $NS=(U,A,V,f,\delta)$ 为一个邻域决策系统，对于任一 $x_i \in U$，$P,Q \subseteq A$，若 $Q=P$，则 $\alpha_P^\delta(d)=\alpha_Q^\delta(d)$。

证明 因为 $P=Q$，即 $P\subseteq Q$ 且 $P\supseteq Q$，对于任一 $x_i\in U$，根据定理 4-1，得出 $n_P^\delta(x_i)\supseteq n_Q^\delta(x_i)$ 且 $n_P^\delta(x_i)\subseteq n_Q^\delta(x_i)$，即 $n_P^\delta(x_i)=n_Q^\delta(x_i)$。由邻域上下近似集的定义，可知 $\sum_{i=1}^{m}|P_*(D_i)_\delta|=\sum_{i=1}^{m}|Q_*(D_i)_\delta|$，$\sum_{i=1}^{m}|P^*(D_i)_\delta|=\sum_{i=1}^{m}|Q^*(D_i)_\delta|$ 成立。因此，$\alpha_P^\delta(d)$

$$=\frac{\sum_{i=1}^{m}|P_*(D_i)_\delta|}{\sum_{i=1}^{m}|P^*(D_i)_\delta|}=\frac{\sum_{i=1}^{m}|Q_*(D_i)_\delta|}{\sum_{i=1}^{m}|Q^*(D_i)_\delta|}=\alpha_Q^\delta(d)$$，命题得证。

定理 4-3 设 $NS=(U,A,V,f,\delta)$ 为一个邻域决策系统，若 $P\subseteq Q\subseteq A$，则 $0\leqslant\alpha_P^\delta(d)\leqslant\alpha_Q^\delta(d)\leqslant 1$。

证明 (1) 由于 $P\subseteq Q$，根据定理 4-1 可知 $\forall x_i\in U$，$n_P^\delta(x_i)\supseteq n_Q^\delta(x_i)$。由 $\forall x_i\in U$，$n_P^\delta(x_i)\subseteq X$，可知 $n_Q^\delta(x_i)\subseteq X$。因此，由 $\forall X\subseteq U$，$\forall x_i\subseteq P_*(X)_\delta$，可知 $x_i\subseteq Q_*(X)_\delta$。由此可见，$|\Phi|\leqslant|P_*(X)_\delta|\leqslant|Q_*(X)_\delta|\leqslant|U|$。因此，$\forall D_i\in U/d$，$0\leqslant|P_*(D_i)_\delta|\leqslant|Q_*(D_i)_\delta|\leqslant U$ 成立。

(2) 由 $\forall x_i\in U$，$n_P^\delta(x_i)\supseteq n_Q^\delta(x_i)$，可知 $\forall x_i\in U$，$n_Q^\delta(x_i)\cap X\neq\varnothing$，则 $n_P^\delta(x_i)\cap X\neq\varnothing$。因此，$\forall X\subseteq U$，$\forall x_i\in Q^*(X)_\delta$，则 $x_i\in P^*(X)_\delta$。由 $n_Q^\delta(x_i)\cap X\neq\varnothing$，可知 $Q^*(X)_\delta\neq\varnothing$。因此，$0<|Q^*(X)_\delta|\leqslant|P^*(X)_\delta|\leqslant|U|$ 成立。因此，$\forall D_i\in U/d$，$0<|Q^*(D_i)_\delta|\leqslant|P^*(D_i)_\delta|\leqslant|U|$ 成立。

由 (1) 和 (2) 可知 $0\leqslant\frac{\sum_{i=1}^{m}|P_*(D_i)_\delta|}{\sum_{i=1}^{m}|P^*(D_i)_\delta|}\leqslant\frac{\sum_{i=1}^{m}|Q_*(D_i)_\delta|}{\sum_{i=1}^{m}|Q^*(D_i)_\delta|}\leqslant 1$，所以 $0\leqslant\alpha_P^\delta(d)\leqslant\alpha_Q^\delta(d)\leqslant 1$ 成立。

4.2.3 邻域系统的公理化度量

信息熵是一种有效而精细的不确定性度量工具。经典粗糙集中基于信息熵的度量并不适用于邻域粗糙集模型，需要进行扩展与改进。因此，根据邻域粗糙集模型的特点，引入信息熵理论，定义邻域系统中邻域信息熵的概念，证明该概念是一种公理化度量，给出其最大最小值，并证明其满足单调性原理，进一步定义了基于邻域信息熵与邻域近似精度的加权度量，证明了相关性质。

定义 4-7 设邻域信息系统 $\mathrm{NS}=(U,A,V,f,\delta)$，设 $P,Q\subseteq A$，$\mathrm{NR}_\delta(P)$、$\mathrm{NR}_\delta(Q)$ 是论域 U 上 P、Q 分别决定的两个邻域关系。若 $\forall x\in U, n_P^\delta(x)\subseteq n_Q^\delta(x)$，则称邻域知识 $U/\mathrm{NR}_\delta(P)$ 较 $U/\mathrm{NR}_\delta(Q)$ 更细，记为 $U/\mathrm{NR}_\delta(P)\leqslant U/\mathrm{NR}_\delta(Q)$，简记为 $P\leqslant Q$；反之，则更粗。若 $\forall x\in U, n_P^\delta(x)=n_Q^\delta(x)$，则称邻域知识 $U/\mathrm{NR}_\delta(P)$ 与 $U/\mathrm{NR}_\delta(Q)$ 相等，记为 $U/\mathrm{NR}_\delta(P)=U/\mathrm{NR}_\delta(Q)$，简记为 $P=Q$。若 $\forall x\in U, n_P^\delta(x)\subset n_Q^\delta(x)$，则称邻域知识 $U/\mathrm{NR}_\delta(P)$ 较 $U/\mathrm{NR}_\delta(Q)$ 严格细，记为 $U/\mathrm{NR}_\delta(P)<U/\mathrm{NR}_\delta(Q)$，简记为 $P<Q$。

定理 4-4 设邻域信息系统 $\mathrm{NS}=(U,A,V,f,\delta)$，对于任一对象 $x\in U$，特征子集 $P,Q\subseteq A$。若 $P\subseteq Q$，则 $P\geqslant Q$。

证明 由于 $P\subseteq Q$，根据定理 4-1 可得 $n_P^\delta(x)\supseteq n_Q^\delta(x)$。由定义 4-7 可知 $U/\mathrm{NR}_\delta(P)\geqslant U/\mathrm{NR}_\delta(Q)$，即 $P\geqslant Q$。

定义 4-8 设邻域信息系统 $\mathrm{NS}=(U,A,V,f,\delta)$，$\forall P,Q\subseteq A$，$R$ 为实数。若存在映射函数 $M:f(P)\to R$，满足

(1) 非负性：$f(P)\geqslant 0$；

(2) 不变性：若 $P=Q$，则 $f(P)=f(Q)$；

(3) 单调性：若 $P\subseteq Q$，则 $f(P)\leqslant f(Q)$；

则称 M 为邻域系统的不确定性度量。其中，M 越小则不确定性越小，当 $M=0$ 时，不确定性最小。

根据定理 4-4 和定义 4-7、定义 4-8 可知，邻域系统中随着特征子集的增大，邻域知识变细，不确定性增大；随着特征子集的减少，邻域知识变粗，不确定性越小。根据定理 4-1 和定义 4-7、定义 4-8 可知，邻域系统中随着邻域参数的增大，邻域知识变粗，不确定性变小。

定理 4-5 邻域近似精度 $\alpha_B^\delta(d)$ 是一种不确定性度量。

证明 根据不确定性度量的定义及定理 4-2、定理 4-3 容易得证。

4.2.4 邻域系统的熵度量

定义 4-9 设 $\mathrm{NS}=(U,A,V,f,\delta)$ 为一个邻域信息系统，对于任一 $x_i\in U$，$B\subseteq A$，x_i 关于 B 的 δ 邻域为 $n_B^\delta(x_i)$，则 B 的邻域信息熵定义为

$$H_\delta(B)=1+\frac{1}{|U|}\sum_{i=1}^{|U|}\frac{|n_B^\delta(x_i)|}{|U|\lg|U|}\lg\frac{1}{|n_B^\delta(x_i)|}$$

定理 4-6 设 $\mathrm{NS}=(U,A,V,f,\delta)$ 为一个邻域信息系统，对于任一 $x_i\in U$，$P,Q\subseteq A$，若 $Q=P$，则 $H_\delta(P)=H_\delta(Q)$。

证明 因为 $P=Q$，即 $P\subseteq Q$ 且 $P\supseteq Q$，对于任一 $x_i\in U$，根据定理 4-1，得出 $n_P^\delta(x_i)\supseteq n_Q^\delta(x_i)$ 且 $n_P^\delta(x_i)\subseteq n_Q^\delta(x_i)$，即 $n_P^\delta(x_i)=n_Q^\delta(x_i)$。因此，$H_\delta(P)=1+$

$\frac{1}{|U|}\sum_{i=1}^{|U|}\frac{|n_P^\delta(x_i)|}{|U|\lg|U|}\lg\frac{1}{|n_P^\delta(x_i)|}=1+\frac{1}{|U|}\sum_{i=1}^{|U|}\frac{|n_Q^\delta(x_i)|}{|U|\lg|U|}\lg\frac{1}{|n_Q^\delta(x_i)|}=H_\delta(Q)$，命题得证。

定理 4-7　设 $\mathrm{NS}=(U,A,V,f,\delta)$ 为一个邻域信息系统，若 $P\subseteq Q\subseteq A$，则 $0\leqslant H_\delta(P)\leqslant H_\delta(Q)\leqslant 1$。

证明　对于 $\forall x_i\in U$，因为 $P\subseteq Q\subseteq A$，由定理 4-1 可知 $U\supseteq n_P^\delta(x_i)\supseteq n_Q^\delta(x_i)\supseteq\{x_i\}$。从而 $\frac{1}{|\lg|U|}\geqslant\frac{|n_P^\delta(x_i)|}{|U|\lg|U|}\geqslant\frac{|n_Q^\delta(x_i)|}{|U|\lg|U|}\geqslant\frac{1}{|U|\lg|U|}>0$（式 1）成立。

由 $U\supseteq n_P^\delta(x_i)\supseteq n_Q^\delta(x_i)\supseteq\{x_i\}$，可知 $\lg|U|\geqslant\lg|n_P^\delta(x_i)|\geqslant\lg|n_Q^\delta(x_i)|\geqslant 0$，$-\lg|U|\leqslant -\lg|n_P^\delta(x_i)|\leqslant-\lg|n_Q^\delta(x_i)|\leqslant 0$，$\lg\frac{1}{|U|}\leqslant\lg\frac{1}{|n_P^\delta(x_i)|}\leqslant\lg\frac{1}{|n_Q^\delta(x_i)|}\leqslant 0$，$-\lg\frac{1}{|U|}\geqslant -\lg\frac{1}{|n_P^\delta(x_i)|}\geqslant-\lg\frac{1}{|n_Q^\delta(x_i)|}\geqslant 0$，$\lg|U|\geqslant-\lg\frac{1}{|n_P^\delta(x_i)|}\geqslant-\lg\frac{1}{|n_Q^\delta(x_i)|}\geqslant 0$（式 2）成立。

由式 1 和式 2 可知，$1\geqslant-\frac{|n_P^\delta(x_i)|}{|U|\lg|U|}\lg\frac{1}{|n_P^\delta(x_i)|}\geqslant-\frac{|n_Q^\delta(x_i)|}{|U|\lg|U|}\lg\frac{1}{|n_Q^\delta(x_i)|}\geqslant 0$ 成立。

因此，$|U|\geqslant-\sum_{i}^{|U|}\frac{|n_P^\delta(x_i)|}{|U|\lg|U|}\lg\frac{1}{|n_P^\delta(x_i)|}\geqslant-\sum_{i}^{|U|}\frac{|n_Q^\delta(x_i)|}{|U|\lg|U|}\lg\frac{1}{|n_Q^\delta(x_i)|}\geqslant 0$ 成立。由此可知 $1\geqslant-\frac{1}{|U|}\sum_{i}^{|U|}\frac{|n_P^\delta(x_i)|}{|U|\lg|U|}\lg\frac{1}{|n_P^\delta(x_i)|}\geqslant-\frac{1}{|U|}\sum_{i}^{|U|}\frac{|n_Q^\delta(x_i)|}{|U|\lg|U|}\lg\frac{1}{|n_Q^\delta(x_i)|}\geqslant 0$ 成立。可知，$-1\leqslant\frac{1}{|U|}\sum_{i}^{|U|}\frac{|n_P^\delta(x_i)|}{|U|\lg|U|}\lg\frac{1}{|n_P^\delta(x_i)|}\leqslant\frac{1}{|U|}\sum_{i}^{|U|}\frac{|n_Q^\delta(x_i)|}{|U|\lg|U|}\lg\frac{1}{|n_Q^\delta(x_i)|}\leqslant 0$ 成立。由此可知 $0\leqslant 1+\frac{1}{|U|}\sum_{i}^{|U|}\frac{|n_P^\delta(x_i)|}{|U|\lg|U|}\lg\frac{1}{|n_P^\delta(x_i)|}\leqslant 1+\frac{1}{|U|}\sum_{i}^{|U|}\frac{|n_Q^\delta(x_i)|}{|U|\lg|U|}\lg\frac{1}{|n_Q^\delta(x_i)|}\leqslant 1$ 成立。因此，$0\leqslant H_\delta(P)\leqslant H_\delta(Q)\leqslant 1$ 成立。

定理 4-8　邻域信息熵 $H_\delta(B)$ 是一种不确定性度量。

证明　根据定理 4-6、定理 4-7 和定义 4-8 容易得证。

定理 4-7 表明邻域信息熵具有单调性，随着特征的增加而单调递增，不确定性增加。其最大最小值分别为 1 和 0。定理 4-8 表明邻域信息熵是一种单调性度量，能够度量特征子集的不确定性。

定义 4-10　设邻域决策系统 $\mathrm{NS}=(U,A,V,f,\delta)$，其中 $A=C\cup d$，C 是条件特征集，其值是连续型的数据，d 是一个决策特征，其值是离散型的数据。设对象集 U 在决策特征 d 上等价划分为 $U/d=\{D_1,D_2,\cdots,D_m\}$。对于任一 $x\in U$，$B\subseteq A$，x 关于 B 的 δ 邻域为 $n_B^\delta(x)$，定义该邻域系统的加权邻域信息熵度量为

$$\alpha H(d,B)=\alpha_B^{\delta}(d)\times H_{\delta}(B)$$

定理 4-9　邻域系统中加权邻域信息熵度量$\alpha H(d,B)$是一种不确定性度量。

证明　因为$H_{\delta}(B)$和$\alpha_B^{\delta}(d)$都是单调递增函数，且都是不确定性度量，可知$\alpha_B^{\delta}(d)\times H_{\delta}(B)$必定也是一种不确定性度量。由于$\alpha H(d,B)=\alpha_B^{\delta}(d)\times H_{\delta}(B)$，因此，$\alpha H(d,B)$是一种不确定性度量。

4.2.5　实例分析

为表明邻域系统中基于信息熵不确定性度量的有效性，下面举实例进行阐述与分析。

例 4-1　设一医疗专家决策系统$\mathrm{NS}=(U,A,V,f,\delta)$，其中对象集$U=\{x_1,x_2,x_3,x_4\}$表示 4 个样本病历，条件特征集$C=\{a,b,c\}$表示三种症状{发烧，流鼻涕，咳嗽}，其值表示症状的程度，决策特征d表示是否流感，Y表示是流感，N表示不是流感。如表 4-1 所示。

表 4-1　医疗决策系统之一

U	a	b	c	d
x_1	0.12	0.47	0.61	Y
x_2	0.20	0.43	0.14	N
x_3	0.31	0.21	0.26	Y
x_4	0.51	0.18	0.23	Y

设邻域参数$\delta=0.3$，距离函数采用欧氏距离。下面以特征子集依次从$\{a\}$，$\{a,b\}$，$\{a,b,c\}$递增的顺序分别计算邻域近似精度、邻域信息熵和加权邻域信息熵度量。

(1) 计算特征$\{a\}$上的样本之间的欧氏距离如下：

$$f(x_1,x_2)=0.08,\quad f(x_1,x_3)=0.19,\quad f(x_1,x_4)=0.39$$

$$f(x_2,x_3)=0.11,\quad f(x_2,x_4)=0.31,\quad f(x_3,x_4)=0.2$$

因此，邻域类分别为$n_{\{a\}}^{0.3}(x_1)=\{x_1,x_2,x_3\}$，$n_{\{a\}}^{0.3}(x_2)=\{x_1,x_2,x_3\}$，$n_{\{a\}}^{0.3}(x_3)=\{x_1,x_2,x_3,x_4\}$，$n_{\{a\}}^{0.3}(x_4)=\{x_3,x_4\}$。论域$U$在决策特征上的等价划分为$U/d=\{\{x_1,x_3,x_4\}\{x_2\}\}$，即$D_1=\{x_1,x_3,x_4\},D_2=\{x_2\}$。

根据邻域近似精度定义，计算如下：

$$\alpha_{\{a\}}^{0.3}(d)=\frac{\sum_{i=1}^{2}|\{a\}_*(D_i)_{0.3}|}{\sum_{i=1}^{2}|\{a\}^*(D_i)_{0.3}|}=\frac{|\{x_4\}|+|\varPhi|}{|\{x_1,x_2,x_3,x_4\}|+|\{x_1,x_2,x_3\}|}=\frac{1}{7}=0.1429$$

根据邻域信息熵的定义，计算如下：

$$H_{0.3}(\{a\}) = 1 + \frac{1}{|U|}\sum_{i=1}^{|U|}\frac{|n_{\{a\}}^{0.3}(x_i)|}{|U|\lg|U|}\lg\frac{1}{|n_{\{a\}}^{0.3}(x_i)|}$$

$$= 1 + \frac{1}{4}\left(\frac{3}{4\lg 4}\lg\frac{1}{3} + \frac{3}{4\lg 4}\lg\frac{1}{3} + \frac{4}{4\lg 4}\lg\frac{1}{4} + \frac{2}{4\lg 4}\lg\frac{1}{2}\right)$$

$$= 0.3903$$

邻域信息熵与近似精度的加权度量为

$$\alpha H(d,a) = \alpha_{\{a\}}^{0.3}(d) \times H_{0.3}(\{a\}) = 0.1429 \times 0.3903 = 0.0558$$

(2) 计算特征子集 $\{a,b\}$ 上的样本之间的欧氏距离如下：

$$f(x_1,x_2) = 0.0825,\quad f(x_1,x_3) = 0.322,\quad f(x_1,x_4) = 0.486$$

$$f(x_2,x_3) = 0.246,\quad f(x_2,x_4) = 0.3982,\quad f(x_3,x_4) = 0.2022$$

因此，邻域类分别为

$$n_{\{a,b\}}^{0.3}(x_1) = \{x_1,x_2\},\quad n_{\{a,b\}}^{0.3}(x_2) = \{x_1,x_2,x_3\}$$

$$n_{\{a,b\}}^{0.3}(x_3) = \{x_2,x_3,x_4\},\quad n_{\{a,b\}}^{0.3}(x_4) = \{x_3,x_4\}$$

根据邻域近似精度定义，可计算如下：

$$\alpha_{\{a,b\}}^{0.3}(d) = \frac{\sum_{i=1}^{2}|\{a,b\}_*(D_i)_{0.3}|}{\sum_{i=1}^{2}|\{a,b\}^*(D_i)_{0.3}|} = \frac{|\{x_4\}| + |\Phi|}{|\{x_1,x_2,x_3,x_4\}| + |\{x_1,x_2,x_3\}|} = \frac{1}{7} = 0.1429$$

根据邻域信息熵的定义，计算如下：

$$H_{0.3}(\{a,b\}) = 1 + \frac{1}{|U|}\sum_{i=1}^{|U|}\frac{|n_{\{a,b\}}^{0.3}(x_i)|}{|U|\lg|U|}\lg\frac{1}{|n_{\{a,b\}}^{0.3}(x_i)|}$$

$$= 1 + \frac{1}{4}\left(\frac{2}{4\lg 4}\lg\frac{1}{2} + \frac{3}{4\lg 4}\lg\frac{1}{3} + \frac{3}{4\lg 4}\lg\frac{1}{3} + \frac{2}{4\lg 4}\lg\frac{1}{2}\right)$$

$$= 0.5778$$

加权邻域信息熵度量为

$$\alpha H(d,\{a,b\}) = \alpha_{\{a,b\}}^{\delta}(d) \times H_{0.3}(\{a,b\}) = 0.1429 \times 0.5778 = 0.0826$$

(3) 类似地，可得到条件特征子集 $\{a,b,c\}$ 的邻域类为 $n_{\{a,b,c\}}^{0.3}(x_1) = \{x_1\}$，$n_{\{a,b,c\}}^{0.3}(x_2) = \{x_2,x_3\}$，$n_{\{a,b,c\}}^{0.3}(x_3) = \{x_2,x_3,x_4\}$，$n_{\{a,b,c\}}^{0.3}(x_4) = \{x_3,x_4\}$。从而可以得出邻域近似精度、邻域信息熵与加权邻域信息熵度量分别为 $\alpha_{\{a,b,c\}}^{0.3}(d) = 0.3333$，$H_{0.3}(\{a,b,c\}) = 0.7264$，$\alpha H(d,\{a,b,c\}) = 0.2421$。

从例 4-1 可知，邻域近似精度、邻域信息熵与加权邻域信息熵度量都是随特征子集的增加而递增的，不确定性增加，能够度量邻域系统的不确定性。然而，邻域近似精度度量不够精细。特征子集从$\{a\}$增加到$\{a,b\}$，不确定性发生变化，邻域近似精度的值却没有变化，邻域信息熵和加权邻域信息熵度量的值都增大，说明这两个度量优于邻域近似精度度量。

4.2.6 实验分析

为验证邻域信息熵度量的有效性，分别采用表 4-1 和表 4-2 中的数据进行不确定性度量实验。度量方法分别采用精度度量、邻域信息熵度量、加权邻域信息熵度量。实验中邻域粒化采用欧氏距离，表 4-1 中的邻域参数为 0.3，表 4-2 中的邻域参数为 0.45。实验结果如图 4-1 和图 4-2 所示。

表 4-2　医疗决策系统之二

U	a	b	c	d	e
x_1	0	1	0	0	Y
x_2	0.95	0.69	0.71	0.52	N
x_3	0.66	0.69	0.67	0.56	N
x_4	0.23	0	0.56	0.47	N
x_5	0.71	0.38	0.69	0.56	N
x_6	0.61	0.76	1	1	S
x_7	0.38	0.30	0.80	0.73	S
x_8	1	0.53	0.97	0.82	S
x_9	0.71	0.53	0.95	0.86	S

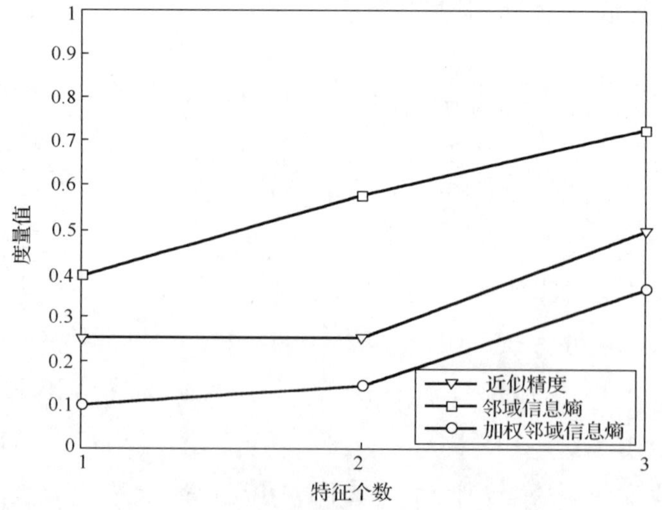

图 4-1　表 4-1 数据的度量结果

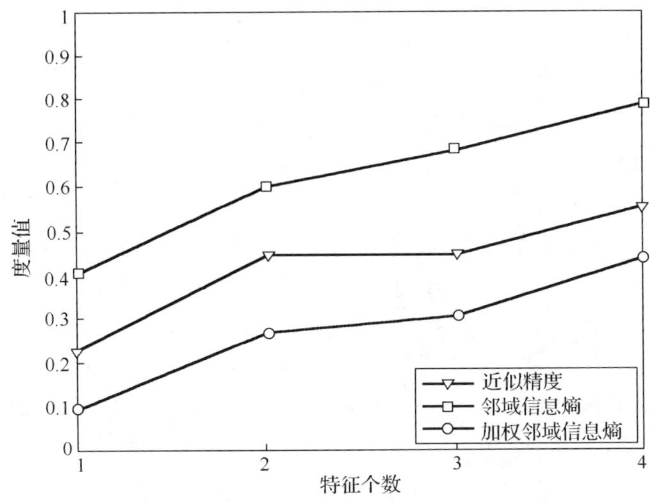

图 4-2　表 4-2 数据的度量结果

由图 4-1 与图 4-2 可知，近似精度、邻域信息熵、加权邻域信息熵的值随特征个数的增加而单调递增，不确定性增加，能够度量数据的不确定性。进一步分析可知，在图 4-1 中，特征个数从 1 增加到 2，近似精度没有变化，而邻域信息熵和加权邻域信息熵递增；在图 4-2 中，特征个数从 2 增加到 3，近似精度没有变化，而邻域信息熵和加权邻域信息熵递增；这些结果表明近似精度度量不够精细，有时并不能反映不确定性的变化，而邻域信息熵与加权邻域信息熵则具有更好的不确定性度量性能。

4.3　基于邻域粒化与鱼群智能的基因选择方法

随着微阵列技术的快速发展，积累了大量的基因表达数据。基因表达数据具有高维、小样本及不确定性的特点。用传统的统计分析方法与机器学习方法选择最佳基因时，往往陷入维数灾难的困境。因此，针对高维及不确定性的基因表达数据，传统的基因选择与降维算法已无法满足日益复杂的数据处理需求，而具有模糊可容忍性的粒化技术与具有并行运算特点的群智能算法的融合是一种有效的解决途径。粒计算是智能信息处理的一种新方法，涵盖粗糙集理论[4]、邻域粗糙集[12,13]、模糊集理论[28]、商空间理论[29]、覆盖粗糙集[30-34]等，能够处理不同粒度层次上的不精确、不完整与不确定。邻域粗糙集以 δ 邻域构造上下近似精确集来度量一个不确定性的集合。鱼群算法是国内学者李晓磊等于 2002 年提出的一种新的智能计算方法[19,20]。鱼群算法具有并行性、跟踪性、随机性、简单性的特点，是一种解决全局优化问题的有效计算工具。这种方法模仿自然界鱼群觅食行为，采用了自下而上的寻优模式，通过鱼群中各个体的局部寻优，使得全局最优值在群体中突现出来。

面对高维、冗余、不确定性的基因表达数据，需要降低基因数据的复杂性，建立具备并行计算能力的基因选择理论与方法。为此，针对基因数据分析系统存在的维数灾难与不确定性问题，提出了基于邻域粗糙集与鱼群智能的基因选择方法。采用邻域关系粒化连续型的基因表达数据，利用鱼群智能算法提高基因选择的并行处理能力与寻优能力，设计基于邻域粒化与鱼群智能的基因选择算法。在两个高维基因数据集上进行基因选择，并对选择的基因进行了分类实验。

4.3.1　邻域粗糙集粒化与基因选择

对于广泛存在的连续型基因数据分析系统，引入邻域粗糙集模型[12,13]粒化连续型的基因数据，用于基因选择领域。

定义 4-11　设五元组 $\mathrm{IS}=(U,A,V,f,\delta)$ 为邻域基因表达数据系统，其中 U 为基因样本集，A 表示有限个基因，$V=\bigcup_{a\in A}V_a$，V_a 表示基因 a 的表达水平值域，$f:U\times A\to V$ 是一个信息映射函数，即对 $\forall x\in U,\forall a\in A$，有 $f(x,a)\in V_a$，$\delta\in[0,1]$ 为邻域粒化参数。

定义 4-12　设五元组 $\mathrm{IS}=(U,A,V,f,\delta)$ 为邻域基因表达数据系统，对于任一基因样本 $x,y\in U$，基因子集 $B\subseteq A$，其中 $B=\{a_1,a_2,\cdots,a_n\}$，定义 B 上的距离函数 $D_B(x,y)$ 满足如下条件：

(1) $D_B(x,y)\geqslant 0$，非负；

(2) $D_B(x,y)=0$，当且仅当 $x=y$；

(3) $D_B(x,y)=D_B(y,x)$，对称；

(4) $D_B(x,y)+D_B(y,z)\geqslant D_B(x,z)$，三角不等式。

其中，$D_B(x,y)=(\sum_{i=1}^{n}(|f(x,a_i)-f(y,a_i)|)^p)^{1/p}$，当 $p=1$ 时，称为曼哈顿距离；当 $p=2$ 时，称为欧氏距离。

定义 4-13　设五元组 $\mathrm{IS}=(U,A,V,f,\delta)$ 为邻域基因表达数据系统，对于任一基因样本 $x\in U$，基因子集 $B\subseteq A$，定义 x 在 B 上的 δ 邻域 $n_B^\delta(x)$ 为

$$n_B^\delta(x)=\{y\mid x,y\in U,D_B(x,y)\leqslant\delta\}$$

根据距离函数的定义，邻域 $n_B^\delta(x)$ 满足以下性质：

(1) $n_B^\delta(x)\neq\varnothing$；

(2) $x\in n_B^\delta(x)$；

(3) $y\in n_B^\delta(x)\Leftrightarrow x\in n_B^\delta(y)$；

(4) $\bigcup_{x\in U}n_B^\delta(x)=U$。

定义 4-14　设五元组 $\mathrm{IS}=(U,A,V,f,\delta)$ 为邻域基因表达数据系统，任一基因子集 $B\subseteq A$ 决定了一个邻域参数 δ 上的邻域关系 $\mathrm{NR}_\delta(B)$： $\mathrm{NR}_\delta(B)=\{(x,y)\in U\times U\mid D_B(x,y)\leqslant\delta\}$。$U/\mathrm{NR}_\delta(B)$ 构成了 U 的一个邻域划分，称其为 U 上的一簇邻域知识，其中邻域划分的子集称为一个邻域类或者邻域知识。上述邻域 $n_B^\delta(x)$ 为一个邻域类。

定义 4-15　设 $\mathrm{DT}=(U,C\cup D,V,f,\delta)$ 为邻域基因表达数据决策表，其中 C 为基因集合，其值为连续型的数据，邻域参数为 δ，其邻域划分为 $U/\mathrm{NR}_\delta(C)=\{X_1,X_2,\cdots,X_m\}$，$D$ 为决策分类信息，为离散型的数据，以等价关系划分为 $U/D=\{Y_1,Y_2,\cdots,Y_n\}$。

定义 4-16　设 $\mathrm{DT}=(U,C\cup D,V,f,\delta)$ 为邻域基因表达数据决策表，$\forall B\subseteq C$，$X\subseteq U$，记 $U/\mathrm{NR}_\delta(B)=\{B_1,B_2,\cdots,B_i\}$，则称 $B_*(X)_\delta=\bigcup\{B_i\mid B_i\in U/\mathrm{NR}_\delta(B),B_i\subseteq X\}$ 为 X 关于 B 的邻域下近似集，称 $B^*(X)_\delta=\bigcup\{B_i\mid B_i\in U/\mathrm{NR}_\delta(B),B_i\cap X\neq\varnothing\}$ 为 X 关于 B 的邻域上近似集。

定义 4-17　设 $\mathrm{DT}=(U,C\cup D,V,f,\delta)$ 为邻域基因表达数据决策表。定义 D 对 C 的邻域分类精度为 $\gamma_C(D)_\delta=|C_*(D)_\delta|/|U|$，其中 $|U|$ 表示集合 U 的基数。

定义 4-18　设 $\mathrm{DT}=(U,C\cup D,V,f,\delta)$ 为邻域基因表达数据决策表，对 $\forall b\in B\subseteq C$，若 $\gamma_B(D)_\delta\neq\gamma_{B-\{b\}}(D)_\delta$，则称 b 为 B 中相对于 D 是必要的；否则称 b 为 B 中相对于 D 是不必要的。对 $\forall B\subseteq C$，若 B 中任一元素相对于 D 都是必要的，则称 B 相对于 D 是独立的。

定义 4-19　设 $\mathrm{DT}=(U,C\cup D,V,f,\delta)$ 为邻域基因表达数据决策表，若 $\forall B\subseteq C$，$\gamma_B(D)_\delta=\gamma_C(D)_\delta$ 且 B 相对于 D 是独立的，则称 B 是选取的关键基因组，这一过程称为邻域基因选择。

性质 4-2　设 $\mathrm{DT}=(U,C\cup D,V,f,\delta)$ 为邻域基因表达数据决策表，若 $B_1\subseteq B_2\subseteq\cdots\subseteq C$，则 $0\leqslant\gamma_{B_1}(D)_\delta\leqslant\gamma_{B_2}(D)_\delta\leqslant\cdots\leqslant\gamma_C(D)_\delta\leqslant 1$。

根据定义 4-19 可知，基因选择过程是保持邻域分类精度不变的基因冗余降低过程，性质 4-2 说明邻域分类精度具有单调性的特点。关键基因组可能有多个，其中基数最小的为最优关键基因组，其冗余度最小。最优关键基因组的计算与搜索过程是一个典型的优化问题，可采用启发式搜索方式求解，但容易陷入局部最优。因此，下面引入鱼群智能优化原理，用于最优关键基因组的搜索过程。

4.3.2　鱼群智能优化原理

基因表达数据集具有高维的特点，设基因表达数据集有 n 个基因，则基因的组合就达到 2^n 种方式，搜索空间达到指数级别。采用穷举法搜索出最优的关键基因组，显然是不可行的。而启发式贪婪搜索方法却很容易陷入局部解。鱼群算法具有较好的全局寻优能力与优越的并行计算的特点[18]，因此，有必要采用鱼群算法搜索出最佳的关键特征组。

鱼群算法是一种模拟鱼群觅食行为的群智能算法，主要涉及鱼群的三种行为：觅食行为、聚集行为与追尾行为[19]。

1. 觅食行为

鱼觅食时总是在自己可视的邻域范围内往食物浓度高的地方游动。觅食行为数学上表示如下：

$$X_{\text{next}} = X_i + R(S)\frac{X_j - X_i}{\| X_j - X_i \|},\quad \text{FS}_j > \text{FS}_i$$

$$X_{\text{next}} = X_i + R(S)$$

其中，X_i表示一条鱼所处的i位置，代表目前的解；X_{next}表示鱼要选择的下一个位置，表示下一个更优的解；$R(S)$表示随机移动步长；FS_i表示i位置食物浓度。如果满足$\text{FS}_j > \text{FS}_i$，则鱼向食物浓度高的$j$位置的方向上游动一步，否则，向随机方向游动一步。

2. 聚集行为

鱼聚集时总是在自己可视的邻域范围内往鱼群的中心位置游动，条件是中心位置食物浓度高且并不拥挤。聚集行为数学上表示如下：

$$X_{\text{next}} = X_i + R(S)\frac{X_c - X_i}{\| X_c - X_i \|},\quad \text{FS}_c > \text{FS}_i$$

$$n_s / n < \eta$$

其中，X_c表示鱼群的中心位置；FS_c表示中心位置的食物浓度；η表示拥挤因子；$n_s / n < \eta$表示中心位置并不拥挤。

3. 追尾行为

鱼追尾时总是在自己可视的邻域范围内往最大食物浓度的鱼群追尾游去。追尾行为数学上表示如下：

$$X_{\text{next}} = X_i + R(S)\frac{X_{\max} - X_i}{\| X_{\max} - X_i \|},\quad \text{FS}_{\max} > \text{FS}_i$$

$$n_s / n < \eta$$

根据以上描述的三种鱼群行为，每条人工鱼探索它当前所处的环境状况和伙伴的状况，从而选择一种最佳行为，人工鱼集结在几个局部极值的周围，最终，全局极值解突显出来。

4.3.3　鱼群优化基因选择

将鱼群算法引入基因选择领域时，需要解决如何度量两个基因组集合之间的距离。为此，将基因组集合转化为二进制数，并引入汉明距离度量两个二进制数的距离，从而可以度量两个集合的距离。

1．鱼群位置表示

基因表达数据分析系统有 n 个基因，则有 2^n 种组合方式，每种组合用一个二进制数来表示，代表一条人工鱼的位置。因此，每条人工鱼的位置是一个 n 位的二进制数，当第 i 个基因被选中为关键基因时，则该二进制数第 i 位为 1，否则为 0。

2．人工鱼之间的距离度量

每条人工鱼所处的位置用一个二进制数表示，则两个二进制数的汉明距离为人工鱼之间的距离。设 X 、Y 为两个 n 位二进制数，代表两条人工鱼的位置，$x_i \in X$ 表示 X 的第 i 位，$y_i \in Y$ 表示 Y 的第 i 位，$\oplus$ 表示异或运算，则人工鱼之间的汉明距离定义如下：

$$h(X,Y)=\sum_{i=1}^{n} x_i \oplus y_i$$

设 $X=(X_1,X_2,\cdots,X_m)$ 表示 m 条人工鱼组成的鱼群，则该鱼群的中心位置定义如下：

$$X_c=\{c_i \mid \text{if } \frac{1}{m}\sum_{j}^{m} x_i^j > 0.5, \text{then } c_i=1, \text{else } c_i=0\}$$

3．评价函数

基于鱼群优化的基因选择算法当中，每条人工鱼分头并行去寻找最优基因子集。基因子集的评价采用邻域分类精度与基因子集长度的加权值作为评价函数，定义如下：

$$\text{fitness}(X)=\lambda\gamma_R(D)_\delta+(1-\lambda)\left|\frac{|C|-|R|}{|C|}\right|$$

其中，$|C|$ 表示所有的基因个数；$|R|$ 表示选择的基因个数；$\lambda \in [0,1]$ 表示权重参数。

4．搜索停止过程

最佳关键基因组的搜索过程是一个不断迭代的过程，每次迭代随机生成 k 条人工鱼，分头去寻找局部最优解，迭代一次完成后获得暂时的全局最优解，当迭代次数达到最大值或全局最优解连续三次迭代都不再进化时，搜索关键基因组过程停止，输出全局最优解。

4.3.4 基于邻域粒化与鱼群智能的基因选择算法

根据邻域粗糙集理论和鱼群智能搜索原理，提出基于邻域粗糙集与鱼群智能的基因选择算法，具体描述如下：

算法 4-1 NFSAGS (Neighborhood and FSA based Gene Selection)

输入：基因表达数据集 $\mathrm{DS}=(U,C\cup D,V,f,\delta)$，最大迭代次数 maxcycle 。

输出：最优关键基因组 $R_{\min}$ 及基因个数 $L_{\min}$ 。

步骤 1：初始化 $R_{\min}=C$， $L_{\min}=|C|$；

步骤 2：对基因表达数据进行邻域粒化，形成邻域类，并计算邻域正域 $\mathrm{POS}_C(D)_\delta$；

步骤 3：计算邻域分类精度 $\gamma_C(D)_\delta=|\mathrm{POS}_C(D)_\delta|/|U|$；

步骤 4：若迭代次数 t 小于 maxcycle 或者未达到满意解，则循环执行如下操作：

步骤 4.1：产生 k 条人工鱼， $R_k=\varnothing$；

步骤 4.2：每条人工鱼分别随机选择一个基因 a_k， $R_k=R_k\cup a_k$；

步骤 4.3：每条人工鱼并行循环搜索下一个最佳基因：

步骤 4.3.1：每条人工鱼分别执行觅食行为 $R_s=\mathrm{Search}(R_k)$、聚集行为 $R_w=\mathrm{Swarm}(R_k)$ 和追尾行为 $R_f=\mathrm{Follow}(R_k)$；选择评价函数最大值 $R_k=\max(\mathrm{fitness}(R_s),\ \mathrm{fitness}(R_w),\mathrm{fitness}(R_f))$，并计算其邻域分类精度 $\gamma_{R_k}(D)_\delta$；

步骤 4.3.2：若 $\gamma_{R_k}(D)_\delta=\gamma_C(D)_\delta$ 或者 $|R_k|\geqslant L_{\min}$，则第 k 条人工鱼结束其搜索过程；

步骤 4.4：若 $\gamma_{R_k}(D)_\delta=\gamma_C(D)_\delta$ 并且 $|R_k|<L_{\min}$，则更新全局解 $R_{\min}=R_k$， $L_{\min}=|R_k|$；

步骤 4.5：迭代数 $t=t+1$；

步骤 5：输出最佳基因组 $R_{\min}$ 和基因个数 $L_{\min}$ 。

在 NFSAGS 算法中，主要涉及评价函数与邻域分类精度的计算，而这些计算与邻域类相关。本章采用文献[14]中 Hash 排序的方法计算邻域类，邻域类计算时间降为线性。除了邻域类的计算，外层循环还有迭代次数和人工鱼条数。因而，最坏情况下，NFSAGS 算法的时间复杂度为 $O(k\times t\times m\times n)$，其中，$k$ 为人工鱼的条数，t 为迭代的次数， m 为基因的个数， n 为样本的个数。步骤 4.3 过程可并行计算，因此，时间复杂度可降为 $O(t\times m\times n)$ 。

4.3.5 实验结果与分析

为验证算法的有效性，实验分别采用文献[17]中的基于邻域粗糙集的基因选择算法(SGSA)和本章算法(NFSAGS)进行基因选择，并比较选择后基因的冗余度与分类效果。算法性能评估采用如下方法：①冗余度的比较，评估算法的基因选择能力；②分类精度的比较，评估选择基因的分类能力。基因数据集采用两个公开的基因表达数据集 Colon 和 SRBCT。

(1) 结肠癌数据集(Colon)。该数据集共包含 62 例样本，其中 40 例为结肠癌组织样本、22 例为正常组织样本，每例样本由 2000 个基因表达数据组成。

(2) 小圆蓝细胞肿瘤数据集(SRBCT)。该数据集共包含 63 例样本，4 种类别，其中 EWS 类 23 例，RMS 类 20 例，NB 类 12 例和 BL 类 8 例，每例样本由 2308 个基因组成。

1. 冗余度分析

为了分析选择基因的冗余程度，定义冗余度来表示选择基因的精简程度，表示如下：

$$\text{redundancy}=\frac{|R|}{|C|}\times 100\%$$

其中，$|C|$表示基因数据集的基因个数；$|R|$表示基因选择后的基因个数。冗余度越小，精简的效果越好。实验中，邻域粒化采用欧氏距离，邻域粒化参数δ从 0.05 变化到 0.95，每次变化的间隔是 0.05。NFSAGS 算法中人工鱼的个数为 20，每条人工鱼向周围试探游动的次数为 20，迭代次数为 20。实验结果如图 4-3 和图 4-4 所示。

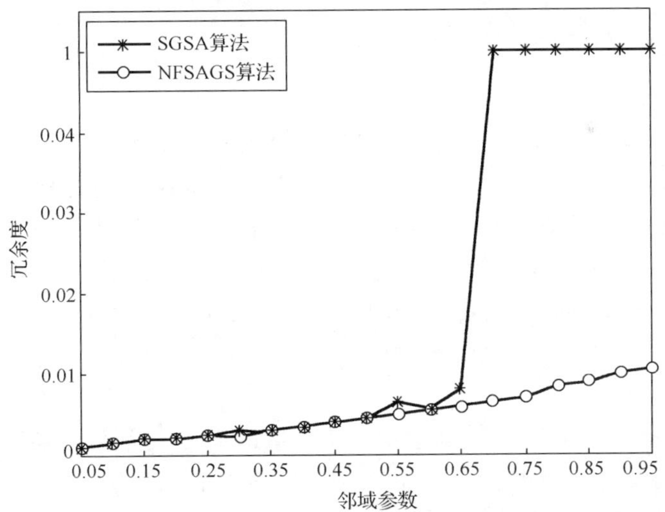

图 4-3　Colon 数据集中被选基因的冗余度随邻域参数变化曲线

由图 4-3 可知，在 Colon 基因表达数据集中，NFSAGS 算法和 SGSA 算法都随邻域参数的增大，其选择基因组的冗余度逐步增大。NFSAGS 算法在邻域参数δ从 0.05 变化到 0.95 区间，冗余度增加缓慢，而 SGSA 算法在邻域参数δ=0.7 时，冗余度增大为 1。由图 4-4 可知，在 SRBCT 基因表达数据集中，冗余度的变化也呈现类似图 4-3 的特点，NFSAGS 算法选择的基因组冗余度增加缓慢，而 SGSA 算法在邻

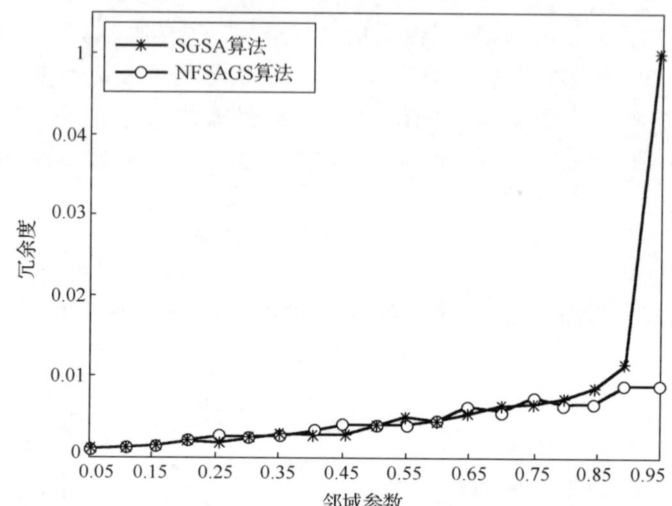

图 4-4　SRBCT 数据集中被选基因的冗余度随邻域参数变化曲线

域参数 δ=0.95 时，冗余度增大为 1。冗余度越小，选择的基因个数越少，当冗余度为 1 时，全部基因是选择的基因。因此，实验表明基于鱼群智能的基因选择算法具有较好的基因精简效果和寻优能力。

2. 分类精度分析

为了比较 NFSAGS 算法与 SGSA 算法中被选择基因的分类精度，采用支持向量机(Support Vector Machine, SVM)分类器进行测试。基因数据具有样本少的特点，因此分类精度的计算采用留一交叉验证法。每次提取一个样本作为测试样本，将剩余的 n–1 个样本作为训练集，训练 SVM 分类器并用于测试提取的样本。然后，再轮流提取另一个样本，直到所有样本都测试一遍，最终的分类精度由分类正确的样本数与样本总数之比得到。实验结果如图 4-5 和图 4-6 所示，表示分类精度随邻域参数变化的曲线。

由图 4-5 可知，在 Colon 数据集中，NFSAGS 算法在邻域参数 δ 为 0.5 和 0.8 时分类精度达到最大值，为 93.55%；而 SGSA 算法在邻域参数 δ 为 0.35 和 0.4 时分类精度达到最大值，为 91.93%。在整个邻域参数变化期间，NFSAGS 算法选择基因的分类精度有 11 次高于 SGSA 算法，8 次低于 SGSA 算法。因此，在数据集 Colon 中，NFSAGS 算法比 SGSA 算法能够获得更好的分类性能。

由图 4-6 可知，在 SRBCT 数据集中，NFSAGS 算法在邻域参数 δ 为 0.4 时分类精度达到最大值，为 100%，这时选择出 7 个基因，这和文献[35]中的结果相同；SGSA 算法在邻域参数 δ 为 0.35 时分类精度达到最大值，也为 100%，这时选择出 6 个基因，略好于文献[35]中的结果。而在整个邻域参数变化期间，NFSAGS 算法选择基因的分类精度有 8 次高于 SGSA 算法，5 次低于 SGSA 算法，6 次相同分类精度。

由以上分析可知，NFSAGS 算法与 SGSA 算法都具有较好的精简效果和分类性能，在整个邻域参数变化期间，NFSAGS 算法的分类性能略好于 SGSA 算法。

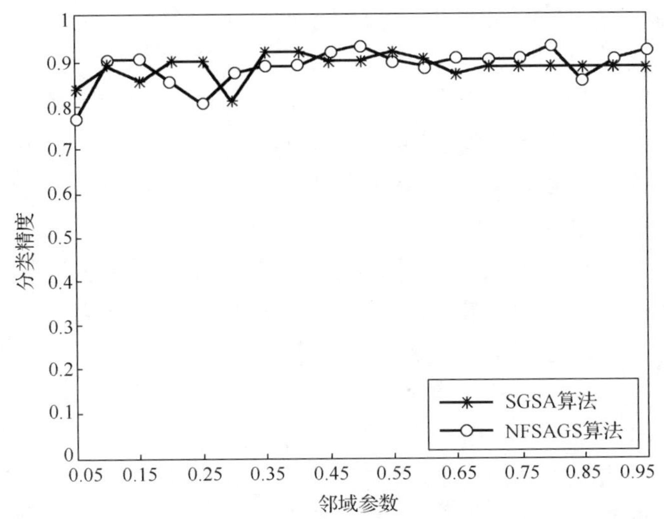

图 4-5　Colon 数据集中被选基因的分类精度随邻域参数变化曲线

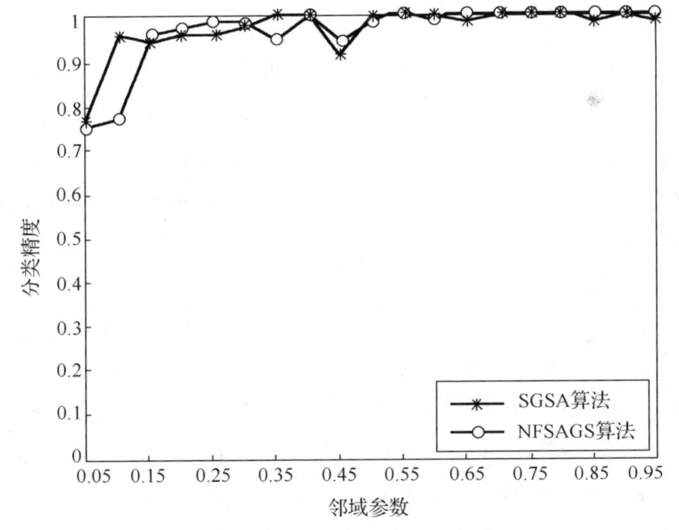

图 4-6　SRBCT 数据集中被选基因的分类精度随邻域参数变化曲线

4.4　本 章 小 结

传统 Pawlak 粗糙集模型主要处理离散型数据集，对于连续型数据集则需要离散化预处理过程。然而，离散化算法不可避免地会造成重要信息的损失，甚至降低机器学习算法的分类精度。为此，针对连续型的数据集的特点，在决策系统中引入邻域关系、信息熵理论，定义邻域近似精度、邻域信息熵与加权邻域信息熵等概念度量连续型数据的不确定性，并证明了邻域近似精度、邻域信息熵与加权邻域信息熵的单调性，为机器学习相关分类算法的研究提供了理论基础。

邻域系统中的近似精度、邻域信息熵等能够度量数据的不确定性，不仅适用于连续型数据集，而且适用于离散型数据集。因此，这些度量能够应用于现实世界大量存在的同时具备以上两种类型的复杂数据集，进一步可以基于不确定性度量构造特征重要度，应用于属性约简、特征选择等领域。

本章将人工鱼群智能算法引入基因选择领域，并采用邻域粗糙集模型进行邻域粒化，在粒计算理论的框架中提出基于邻域粗糙集与鱼群智能的基因选择方法，并给出了适用于基因表达数据的基因选择算法。该算法充分利用邻域粗糙集模型粒化连续型数据的优势，发挥鱼群智能算法全局寻优及并行计算的特点，引入汉明距离度量人工鱼群之间的距离，给出了鱼群中心点的计算方法，并应用于基因选择研究。目前，采用鱼群算法的方法进行基因选择的研究还很少见，本章的研究拓展了粗糙集与软计算理论研究的应用范围，为基因选择研究提供了一条新的途径。理论分析及实验结果表明基于邻域粒化与鱼群智能的基因选择算法是有效可行的。

参 考 文 献

[1] Weiss R, Zgorski L J. Obama administration unveils big data initative: Announces $200 million in new R&D investments[R]. Office of Science and Technology Policy Executive Office of the President, 2012: 5.

[2] Grobelnik M. Big-data computing: Greating revolutionary breakthroughs in commerce, science, and society [EB/OL].http://videolectures.net/eswc2012_grobelnik_big_data/ [2012-10-02].

[3] Barwick H. The 'four Vs' of big data.[EB/OL]. http://www.computerworld.com.au/article/396198/iiis_four_vs_big_data/[2012-10-02].

[4] Pawlak Z. Rough Sets[M]. Dordrecht: Kluwer Academic Publishers, 1991: 45-64.

[5] Liang J Y, Li R, Qian Y H. Distance: A more comprehensible perspective for measures in rough set theory[J]. Knowledge-Based Systems, 2012, 27(11): 126-136.

[6] Dai J H, Xu Q. Approximations and uncertainty measures in incomplete information systems[J]. Information Sciences, 2012, 198(9): 62-80.

[7] 苗夺谦，范世栋. 知识的粒度计算及其应用[J]. 系统工程理论与实践, 2002, 22(1): 48-56.

[8] Zhang W, Wu W, Liang J, et al. Rough Set Theory and Methods[M]. Beijing: Science Press, 2001.

[9] 苗夺谦，王珏. 粗糙集理论中概念与运算的信息表示[J]. 软件学报, 1999, 10 (2): 113-116.

[10] 王国胤，于洪，杨大春. 基于条件信息熵的决策表约简[J]. 计算机学报, 2002, 25(7): 759-766.

[11] Liang J Y, Shi Z Z. Information entropy, rough entropy and knowledge granulation in incomplete information systems[J]. International Journal of General System, 2006, 35(6): 641-654.

[12] Yao Y Y. Relational interpretations of neighborhood operators and rough set approximation operators[J]. Information Sciences, 1998, 111(1/2/3/4): 239-259.

[13] Hu Q H, Yu D R, Xie Z X. Neighborhood classifiers[J]. Expert Systems with Applications, 2008, 34: 866-876.

[14] Liu Y, Huang W L, Jiang Y L, et al. Quick attribute reduct algorithm for neighborhood rough set model[J]. Information Sciences, 2014, 271(7): 65-81.

[15] Xie J Y, Li N, Qiao Z R, et al. Feature subset selection algorithms for incomplete decision systems based on neighborhood rough sets[J]. Journal of Nanjing University(Natural Sciences), 2011, 47(4): 383-390.

[16] Yao P, Lu Y H. Neighborhood rough set and SVM based hybrid credit scoring classifier[J]. Expert Systems with Applications, 2011, 38(9): 11300-11304.

[17] Meng J, Zhang J, Luan Y S. Gene selection integrated with biological knowledge for plant stress response using neighborhood system and rough set theory[J]. IEEE/ACM Transactions on Computational Biology and Bioinformatics, 2015, 12(2): 433-444.

[18] Yu Y, Pedrycz W, Miao D Q. Neighborhood rough sets based multi-label classification for automatic image annotation[J]. International Journal of Approximate Reasoning, 2013, 54(9): 1373-1387.

[19] 李晓磊, 邵之江, 钱积新. 一种基于动物自治体的寻优模式: 鱼群算法[J]. 系统工程理论与实践, 2002, 22(11): 32-38.

[20] 李晓磊, 钱积新. 基于分解协调的人工鱼群优化算法研究[J]. 电路与系统学报, 2003, 8(1): 1-6.

[21] 张梅凤, 邵诚, 甘勇, 等. 基于变异算子与模拟退火混合的人工鱼群优化算法[J]. 电子学报, 2006, 34(8): 1381-1385.

[22] 李晓磊, 路飞, 田国会, 等. 组合优化问题的人工鱼群算法应用[J]. 山东大学学报(工学版), 2004, 34(5): 64-67.

[23] 李晓磊, 冯少辉, 钱积新, 等. 基于人工鱼群算法的鲁棒 PID 控制器参数整定方法研究[J]. 信息与控制, 2004, 33(1): 112-115.

[24] 李晓磊, 薛云灿, 路飞, 等. 基于人工鱼群算法的参数估计方法[J]. 山东大学学报(工学版), 2004, 34(3): 84-87.

[25] 马建伟, 张国立, 谢宏, 等. 利用人工鱼群算法优化前向神经网络[J]. 计算机应用, 2004, 24(10): 21-23.

[26] 殷志锋, 田亚菲. 基于人工鱼群算法的 IIR 数字滤波器设计[J]. 信息技术, 2006,(4): 78-81.

[27] 俞洋, 殷志锋, 田亚菲. 基于自适应人工鱼群算法的多用户检测器[J]. 电子与信息学报,

2007, 29(1): 121-124.

[28] Zadeh L A. Fuzzy sets[J]. Information and Control, 1965, 8: 338-353.

[29] Zhang L, Zhang B. Fuzzy reasoning model under quotient space structure[J]. Information Sciences, 2005, 173(4): 353-364.

[30] Zhu W. Topological approaches to covering rough sets[J]. Information Sciences, 2007, 177 (6): 1499-1508.

[31] Zhu W. Relationship among basic concepts in covering-based rough sets[J]. Information Sciences, 2009, 179: 2478-2486.

[32] 汤建国, 汪江桦, 佘堃, 等. 不同覆盖产生相同覆盖近似集的条件研究[J]. 南京大学学报(自然科学版), 2014, 50(1):72-78.

[33] Zhu W, Wang F Y. On three types of covering-based rough sets[J]. IEEE Transactions on Knowledge & Data Engineering, 2007, 19(8):1131-1144.

[34] Zhu W. The fourth type of covering-based rough sets[J]. Information Sciences, 2012, 201(19): 80-92.

[35] Pal N R, Aguan K, Sharma A, et al. Discovering biomarkers from gene expression data for predicting cancer subgroups using neural networks and relational fuzzy clustering[J]. BMC Bioinformatics, 2007, 8(1):1-18.

第 5 章　基于三层粒度结构的三支信息度量①

粗糙集理论是关于不确定性信息处理的一种重要粒计算模型，而信息理论为其不确定性表示提供了一种有效途径。其中，粗糙集属性约简关联于决策表数据背景，相关的信息度量构建能够深入表征粒计算中的不确定性。对此，本章主要依托决策表来介绍基于三层粒度结构的三支信息度量。首先，采用粒计算，构建决策表的三层粒度结构——知识粒与概念的微观底层、知识与概念的中观中层、知识与分类的宏观高层。其次，利用贝叶斯公式与信息集成，在微观底层定义三支概率、在中观中层构造三支权熵、在宏观高层集成三支权熵，得到相关的粒化单调性与演化系统性。再次，基于三层粒度结构分析三支信息度量，获得相关的层次发展、层次优势、层次算法。最后，提供一个决策表实例，有效说明相关的结构构建与信息结果。本章采用粒计算与贝叶斯推断的新视角，依托决策表层次结构来揭示信息度量的构建机理与系统关系，丰富了粒计算应用与三支决策理论，为不确定性度量表示与属性约简知识发现奠定了基础。

5.1　引　　言

不确定性在现实世界中是一种基本特征，相关的不确定性推理广泛地应用于实际问题。粒计算是信息处理的一种基本计算模式，主要借助于数据在各种尺度及各种层次上的知识表示来有效获取知识灵活性与信息适用性。进而，粒计算中的不确定性成为一个重要课题，其在粗糙集理论框架下已经具有相关的研究进展[1-6]。事实上，粗糙集理论是关于不确定性信息处理的一种重要粒计算模型[7]，而信息论为其不确定性表示提供了一种有效途径。由此，本章主要依托粗糙集理论与信息理论的结合背景，基于粒计算来聚焦决策表数据结构的不确定性表示与度量。下面，首先介绍粗糙集理论框架下的属性约简、决策表、信息度量，再阐述本章研究的基本思路与具体内容。

属性约简是粗糙集理论的核心主题，主要依托决策表数据背景来进行知识简化与近似推理[8-14]。决策表包含四种基本元素——决策分类、决策类、条件分类、条件类，因此决策表具有粒度层次结构，但是罕见专门的文献报道。由此，决策表的

① 本章工作获得国家自然科学基金项目(61673285、61673301、61203285)、四川省青年科技基金项目(2017JQ0046)、四川省教育厅科研基金项目(18ZA0410、17ZB0356)资助。

属性约简具有三种层次类型。其中，经典而盛行的类型[7]依赖于决策分类与条件分类，因此称为决策分类约简，其主要采用模型区域、差别矩阵、决策规则、信息度量等路线来开展研究与应用。决策分类约简实施整体优化，平均地照顾所有决策类，但其折中性不一定必然适合于决策类的特定优化。因此，文献[15]利用决策类与条件分类来建立了一种新型属性约简——特定类约简，有效地解决了决策分类约简的几个盲点。此外，基于决策类与条件类的属性约简与范畴约简[16]具有联系。对于决策表，上述三种属性约简分别位于不同层次，相关的层次构建与信息演化具有重要研究意义。在此，粒化单调性在关于条件分类的属性约简中起着重要作用[17-19]，从而成为评估信息度量优劣的主要标准。值得注意的是，三支决策是一个重要的认知方法论并得到了广泛应用[20-28]。特别地，Yao 给出了“三分而治”的泛化框架，指出三层分析属于三支决策的基本范畴[29]；由此，三层属性约简及相关的三层度量构建成为三支决策的一个典型情形与贴切实例。

信息论对不确定性处理提供了一种有效途径，相关的信息度量被引入粗糙集理论来实现不确定性表示与测量[30-35]。由此，属性约简(主要是传统的决策表分类约简)借助于信息度量获得了信息刻画与信息表示。苗夺谦等利用熵和互信息提出了知识约简的信息表示与决策约简[36,37]；Wang 和 Ma 等利用条件熵度量开发了启发约简算法，并用代数观点与信息观点对属性约简进行了比较研究[38-40]；Slezak 利用(条件)熵定义了近似约简[41]；Jiang 等提出相对决策熵从而给出了一种特征选择算法[42]。综上所述，熵、条件熵、互信息成为刻画属性约简的基本信息度量。但是，它们主要来源于信息论的观点并位于宏观高层，故仅适用于通常的决策分类约简。对于这些信息度量，它们的构建机制与系统关系值得从基于决策表与属性约简的粗糙集本身进行深入澄清。

图 5-1 描述了上述背景，目前研究主要停留在“信息论→经典信息度量→决策分类约简”(图中用实线箭头标示)并只涉及一个高层。我们的长远目标是从层次与信息的观点来诱导综合的决策表属性约简，其中决策表的层次结构与信息度量成为研究基础。作为一个起点，本章主要介绍决策表的三层粒度结构与三支信息度量[43]，具体揭示粗糙集框架下基于粒计算的特定不确定性。相关的研究思路已经反映于图 5-1，主要涉及其中的“虚箭头”与“问号”。其中，粒计算与贝叶斯定理提供了基本的研究方法。

(1)粒计算具有三元框架，是一种有效处理层次信息的结构方法[44]。粒计算主要研究信息粒并广泛运用于粗糙集理论[45-49]。这里，决策表及其信息度量涉及决策分类、决策类、条件分类、条件类来关联粒计算；因此，可以充分利用粒计算的多粒度、多层次、多视角来实施结构构建与信息演化，其中需要关注粒化单调性[17-19]来为进一步的属性约简奠定基础。

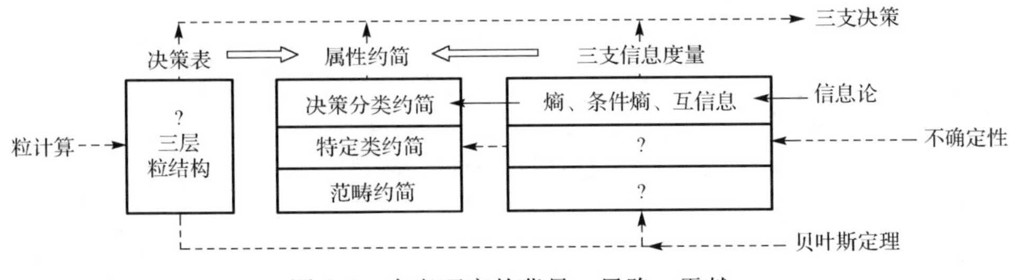

图 5-1　本章研究的背景、思路、贡献

(2) 文献[50]描述了贝叶斯定理：

$$p(W/D_t)=\frac{p(W)\times p(D_t/W)}{p(D_t)} \tag{5.1}$$

其中，W 与 D_t 分别表示模型参数与观测数据。由此，后验概率成比例于先验概率与似然函数的乘积，贝叶斯推断强调后验部分[50]。进而，粗糙集理论引入贝叶斯定理与贝叶斯推断到粗糙集理论中得到了许多具体结果[51-54]。对于决策表，贝叶斯定理能够诱导信息度量的层次发展与系统关系，从而成为中心。

本章的具体研究内容如下。

(1) 决策表利用其形式结构与系统粒度来层次构建三层粒度结构(即宏观-高层、中观-中层、微观-底层)。

(2) 三层粒度结构通过贝叶斯定理与集成融合来实施“底层-中层-高层”的层次演化，得到三支信息度量及其粒化单调性与系统方程。这里，熵 $\sum p(\cdot)\log p(\cdot)$ 不再适用，我们将采用权熵 $\sum wp(\cdot)\log p(\cdot)$，后者已经具有基本应用[55,56]。

(3) 基于三层粒度结构，探讨三支信息度量的层次演化、层次优势、层次算法。

(4) 采用一个决策表实例来说明相关的结构化与信息化结果。对贡献来讲，本章建立决策表层次结构来揭示信息度量的结构机制与系统关系，具体分析了粒计算中的不确定性，深化与解释了现有的信息论度量，成为决策表的层次约简、系统约简、信息约简的坚实基础。特别地，三层粒度结构与三支信息度量具体研究涉及“三横三纵”的网络体系，从而从泛化观点[57]丰富了三支决策理论。这些贡献也反映于图 5-1，其中本章研究涵盖了整个三层及相关不确定性。

本章余下的内容组织如下。5.2 节回顾决策表及其基于分类的信息论度量。5.3 节分析决策表的三层粒度结构。5.4 节分层构建决策表的三支信息度量，包括微观-底层的三支概率、中观-中层与宏观-高层的三支权熵。5.5 节利用三层粒度结构来进行三支信息度量的层次分析，包括层次演化、层次优势、层次算法。5.6 节利用一个决策表实例进行相关说明。5.7 节对本章进行总结，并强调对于信息度量与属性约简的研究贡献。

5.2 决策表及其关于分类的信息度量

本节主要复习决策表及其关于分类的信息度量。

5.2.1 决策表

本小节通过文献[7]来复习决策表。

粗糙集理论的基本数据背景主要是信息表：

$$(U, \mathrm{AT}, \{V_a : a \in \mathrm{AT}\}, \{I_a : a \in \mathrm{AT}\})$$

其中，U 是一个非空有限论域；AT 是有限属性集；V_a 是 $a \in \mathrm{AT}$ 的值域；$I_a : U \to V_a$ 是一个信息函数，每个对象 x 在属性 a 下有属性值 $I_a(x)$。决策表是一种特殊类型的信息表，其中 $\mathrm{AT} = C \cup D$ 且 $C \cap D = \varnothing$，这里 C 与 D 分别代表条件属性集与决策属性集。

为方便讨论，决策表简记为 $(U, C \cup D)$。条件属性子集 $A \subseteq C$ 能够确定等价关系：

$$\mathrm{IND}(A) = \{(x, y) \in U \times U : \forall a \in A, I_a(x) = I_a(y)\}$$

其诱导着作为基本粒的条件类 $[x]_A$。知识结构 $U / \mathrm{IND}(A) = \{[x]_A : x \in U\}$ 对应着条件分类，其中 $U / \mathrm{IND}(\varnothing) = \{U\}$。假设 $U / \mathrm{IND}(A) = \{[x]_A{}^i : i = 1, 2, \cdots, n\}$，则 $|U / \mathrm{IND}(A)| = n$。类似地，$D$ 可以导出等价关系 $\mathrm{IND}(D)$ 及决策分类 $U / \mathrm{IND}(D) = \{X_j : j = 1, \cdots, m\}$，后者由 m 个决策类组成。表 5-1 总结了决策表具有的四个基本概念。

表 5-1 条件与决策的分类及类

描述项	条件分类	条件类	决策分类	决策类
数学符号	$U / \mathrm{IND}(A)$	$[x]_A{}^i, i = 1, 2, \cdots, n$	$U / \mathrm{IND}(D)$	$X_j, j = 1, \cdots, m$
粒的本质	条件粒集	条件粒	决策粒集	决策粒

粗糙集理论(特别是其属性约简)涉及的不确定性主要关注知识粒化(即条件分类粒化)。设 $B \subseteq A \subseteq C$，则 $U / \mathrm{IND}(A)$ 与 $U / \mathrm{IND}(B)$ 分别对应着较细与较粗的粒度结构，两者确定一种偏序转化，相关的粒度粗化表示为

$$U / \mathrm{IND}(A) \xrightarrow{\leqslant} U / \mathrm{IND}(B) \tag{5.2}$$

对应有

$$\forall [x]_B \in U / \mathrm{IND}(B), \quad \exists k \in \mathbb{N}$$

$$\text{s.t.} \bigcup_{t=1}^{k} [x]_A^t = [x]_B$$

根据文献[2]、[17]，知识粗化 $U / \mathrm{IND}(A) \xrightarrow{\leqslant} U / \mathrm{IND}(B)$ 蕴含着一些粒合并的组，一个代表组表示为

$$\bigcup_{t=1}^{k}[x]_A^t \xrightarrow{=} [x]_B \tag{5.3}$$

在粗糙集理论及其属性约简中，知识粒化提供了表象不确定性的粒计算机制，而粒化单调性则成为评估不确定性度量的基本准则[17-19]。基于联合集成，一种不确定性度量必然具有粒化单调性，如果其在每一组粒合并中都具有单调性[2,17]。因此，观察粒合并代表组的单调性能够有效地探测知识粗化的粒化单调性。

5.2.2　关于分类的信息度量

基于决策表，本小节利用文献[36]回顾关于分类的信息度量。

首先在σ-代数2^U上定义一个映射：

$$p: 2^U \to Q, \quad p(T)=\frac{|T|}{|U|}, \quad \forall T \subseteq U \tag{5.4}$$

其中，$|\cdot|$表示集合基数。因此，$(U,2^U,p)$组建了一个概率空间，其中$p(T/T_0)=\frac{|T|}{|T_0|}$（设$T_0 \subseteq U$、$|T_0| \neq 0$）表示条件概率。这个数学空间建立了粗糙集理论的一般概率框架，由此可以通过参考信息论来直接构造关于分类的信息度量。

定义 5-1[36]　关于条件分类$U/\mathrm{IND}(A)$的熵为

$$H(A)=-\sum_{i=1}^{n} p([x]_A^i)\log p([x]_A^i) \tag{5.5}$$

其中，log 函数的底数为 2（本章余同）；类似地，可以得到

$$H(D)=-\sum_{j=1}^{m} p(X_j)\log p(X_j) \tag{5.6}$$

决策分类$U/\mathrm{IND}(D)$在给定分类$U/\mathrm{IND}(A)$条件下的条件熵为

$$H(D/A)=-\sum_{i=1}^{n}\left[p([x]_A^i)\sum_{j=1}^{m} p(X_j/[x]_A^i)\log p(X_j/[x]_A^i)\right] \tag{5.7}$$

同样可以得到

$$H(D/A)=-\sum_{j=1}^{m}\left[p(X_j)\sum_{i=1}^{n} p([x]_A^i/X_j)\log p([x]_A^i/X_j)\right] \tag{5.8}$$

进而，信息熵与条件熵的差为互信息：

$$I(A;D)=H(D)-H(D/A)=H(A)-H(A/D)=I(D;A) \tag{5.9}$$

在粗糙集理论中确定了上述信息论度量，它们具有基本的语义与功能。具有多粒度的分类可以被视为一种信息源，它的熵反映了其不确定性的平均信息含量。条

件分类与决策分类充当了两种信息源，它们的条件熵刻画了具有分类前提的主要分类的平均信息量与平均不确定性；它们的互信息则测量了从一个分类到另一个分类的信息量，从而表征了当知道一个分类时的另一个分类的减少不确定性。简言之，信息论度量为粗糙集理论的不确定性表示奠定了基础。

定理 5-1[36]　熵、条件熵、互信息具有粒化单调性，即

$$
\begin{aligned}
&U/\mathrm{IND}(A)\xrightarrow{\leqslant}U/\mathrm{IND}(B)\\
&\Rightarrow H(B)\leqslant H(A)\wedge H(D/B)\geqslant H(D/A)\wedge I(B;D)\leqslant I(A;D)
\end{aligned}
\tag{5.10}
$$

对于知识粗化，信息论度量具有粒化单调性，由此它们可以通过“信息保持原则”来构建如下的信息约简。

定义 5-2[36,38]　条件属性子集 B 称为 C 的一个基于熵的约简，如果其满足如下两个条件：

（1）$H(B)=H(C)$；

（2）$H(B-\{b\})<H(B),\forall b\in B$。

B 称为 C 的一个基于互信息的约简，如果其满足如下两个条件：

（1）$I(B;D)=I(C;D)$；

（2）$I(B-\{b\};D)<I(B;D),\forall b\in B$。

这里确定了两种类型的信息约简，它们对应于信息观点[36,38]。前者应用于信息表 (U,C) 并关联于基于知识的约简，而后者则应用于决策表 $(U,C\cup D)$ 并可以由条件熵等价表示。

5.3　决策表的三层粒度结构

针对决策表 $(U,C\cup D)$，本节利用粒计算技术建立相关的三层粒度结构，以为后续信息构建奠定基础。

根据表 5-1 所示的四种粒形态，决策表包括两种分类来包含着多种粒。条件分类 $U/\mathrm{IND}(A)$ 具有关于 $[x]_A^i$ 的 n 个条件类，而决策分类 $U/\mathrm{IND}(D)$ 具有关于 X_j 的 m 个决策类。相关的分类与类导致了表 5-2 所示的三层粒度结构。

表 5-2　决策表的三层粒度结构的基本描述

结构	组成单元	粒尺度	粒层次	简单称谓	相关约简
Ⅰ	$U/\mathrm{IND}(A),U/\mathrm{IND}(D)$	宏观	高层	宏观–高层	分类属性约简
Ⅱ	$U/\mathrm{IND}(A),X_j$	中观	中层	中观–中层	特定类属性约简
Ⅲ	$[x]_A^i,X_j$	微观	底层	微观–底层	范畴约简（或变形属性约简）

注：结构Ⅳ包含 $[x]_A^i$ 与 $U/\mathrm{IND}(D)$，涉及粒的中观尺度与中部层次，但不涉及约简。

根据表 5-2，决策表具有三层粒度结构，具体蕴含四种结构模式。宏观尺度与顶部层次组成结构Ⅰ，其为决策分类属性约简的基础[7]。特别地，中观尺度与中部层次产生了两种对称结构：结构Ⅱ与结构Ⅳ；前者是特定类属性约简的基础[15]，而后者对(属性)约简没有意义。微观尺度与底部层次产生结构Ⅲ，其关联于范畴约简或其转化[7,16]。因此，主要的结构Ⅰ、Ⅱ、Ⅲ构建了三层粒度结构，它们分别记为“宏观-高层”“中观-中层”“微观-底层”，而结构Ⅳ则实施一些补充描述。

图 5-2 阐述了三层粒度结构及其层次/粒度的关系。这里清晰地设置了两个组成元素，其实它们同时存在于论域 U 中；其中的箭头标示了分类与类之间的变化过程。从粒计算的观点来看，“宏观-高层→中观-中层→微观-底层”蕴含着“自顶向下”方向上的决策类具化，而相反方向则意味着“至底向上”的决策类族泛化。

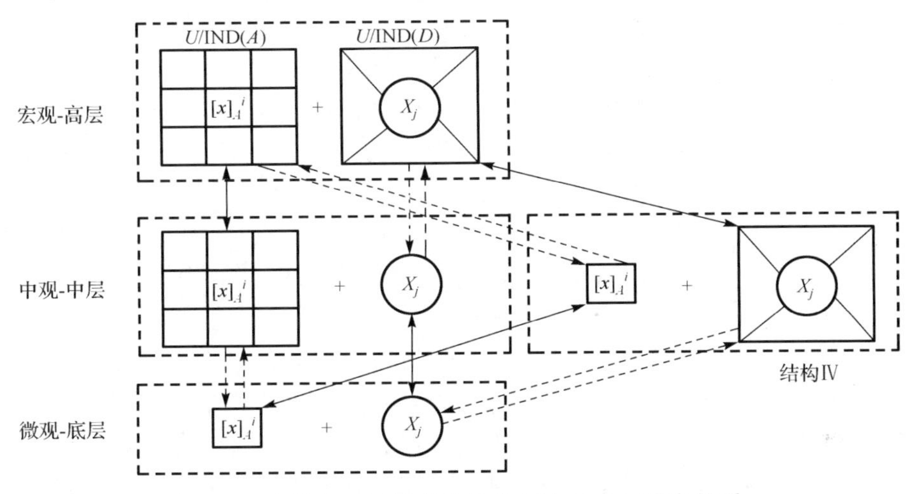

图 5-2 决策表三层粒度结构的层次关系与粒度关系

接下来，从一个系统观点来分析三层粒度结构，并提供相关的数目结果与分解/合并关系。宏观-高层、中观-中层、结构Ⅳ分别具有 1、m、n 种并行模式，而微观-底层具有 $m\times n$ 种并行模式。因此，给定的 A 与常量 D 确定了唯一的宏观-高层，m 个决策类意味着对于给定条件分类 $U/\mathrm{IND}(A)$ 的 m 个平行中观-中层，而 n 个条件类意味着对于给定决策分类 $U/\mathrm{IND}(D)$ 的结构Ⅳ的 n 种平行模式。

下面的结论描述了“从高层到底层”的系统分解，相关结果与图 5-2 中的向下箭头方向一致。

(1) 一个宏观-高层可以分解为 m 个中观-中层，而一个中观-中层可以分解成 n 个微观-底层；

(2) 一个宏观-高层可以分解为 n 个结构Ⅳ模式，而一个结构Ⅳ模式可以分解为 m 个微观-底层；

(3) 一个宏观-高层可以分解为 $m\times n$ 个微观-底层，这种“自顶向下”的分解具有两种等价方法，它们分别通过两种中间结构——中观-中层与结构Ⅳ。

对比地，下面的结论描述了“从底层到高层”的系统合并，相关结果与图 5-2 中的向上箭头方向一致。

(1) 相关的 n 个微观-底层可以合并成一个中观-中层，而相关的 m 个中观-中层可以合并成一个宏观-高层；

(2) 相关的 m 个微观-底层可以合并成一个结构Ⅳ模式，而 n 个相关结构Ⅳ模式可以合并成一个宏观-高层；

(3) 所有 $m \times n$ 个微观-底层可以合并成一个宏观-高层，这种“自底向上”的合并也具有串接于中观-中层与结构Ⅳ的两种等价线路。

特别地，在“微观-底层→中观-中层→宏观-高层”方向上的相关合并为层次构建与信息融合提供了一种强有力的粒计算机制。

至此，我们已阐述了决策表的三层粒度结构及其层次关系与系统关系。相关构建与研究结果主要得益于具有“多粒度、多层次、多视角”的粒计算技术，并且它们只由决策表的形式结构所实际决定。作为结果，它们对决策表的度量构建与属性约简具有重要的泛化意义。

5.4　决策表的三支信息度量

基于上述的决策表三层粒度结构，本节将讨论三支信息度量及其层次性与系统性。这里，主要采用“底层-中层-高层”的合并方向来实现信息度量的层次演化与集成融合。5.4.1 节分析微观-底层的三支概率，它们在 5.4.2 节中被层次集成到中观-中层的三支权熵，后者进而在 5.4.3 节中演化到宏观-高层。特别地，微观-底层的“贝叶斯定理”成为信息演化的一个基本点，该定理及其发展给出了三种层次上的信息系统性。此外，本节将揭示粒化单调性，特别是在具有条件分类的中观-中层与宏观-高层上。

5.4.1　微观-底层的三支概率

在微观-底层，条件类 $[x]_A^i$ 与决策类 X_j 被涉及，它们存在于近似空间 (U,A) 并能产生一些包括概率在内的基础度量。本小节主要通过中观-中层及其推理机制来分析三支概率，而三支概率成为更高层次信息构建的奠基度量。

在关联于式 (5.4) 的概率框架中，可以得到如下的乘积公式：

$$p(X_j) \times p([x]_A^i / X_j) = p([x]_A^i \cap X_j) = p([x]_A^i) \times p(X_j / [x]_A^i) \tag{5.11}$$

基于数学转换，这个概率公式能够诱导出两类贝叶斯定理，它们分别关联于两种不同的中部结构。为了阐明相关机制，图 5-3 给出了中观-中层与结构Ⅳ的对比。

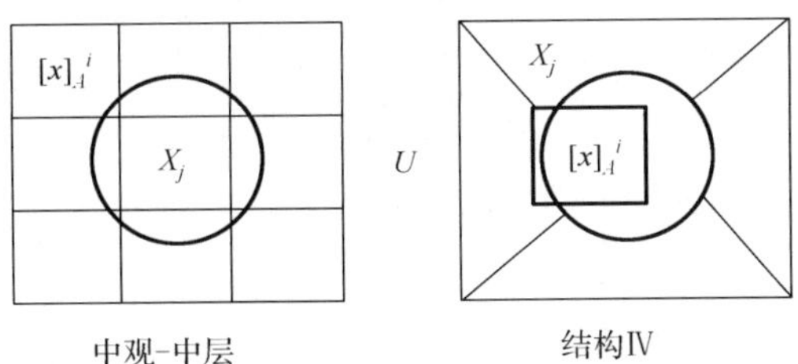

图 5-3　中观-中层与结构Ⅳ对应的贝叶斯定理机制

图 5-3 抽取了图 5-2 的中部结构，但在论域 U 背景中同时表现了条件与决策两部分。图 5-3 提供了两种结构机制与两类相关系统。

(1) 关于中观-中层，条件类 $[x]_A^i$ $(i=1,2,\cdots,n)$ 是 U 的划分。关于决策类 X_j 的全概率公式如下：

$$p(X_j)=\sum_{i=1}^{n}p([x]_A^i)p(X_j/[x]_A^i)$$

贝叶斯公式变为

$$p([x]_A^i/X_j)=\frac{p([x]_A^i)\times p(X_j/[x]_A^i)}{\sum_{i=1}^{n}p([x]_A^i)p(X_j/[x]_A^i)} \tag{5.12}$$

由此，微观-底层诱导出的贝叶斯定理为

$$p([x]_A^i/X_j)=\frac{p([x]_A^i)\times p(X_j/[x]_A^i)}{p(X_j)} \tag{5.13}$$

这里出现了四个概率，$p(X_j)$ 在中观-中层中可以视为一个常量，剩余的三个概率值得讨论，它们在文献[58]中分别被命名为似然概率、先验概率、后验概率。

(2) 对比地，关于 X_j $(j=1,2,\cdots,n)$ 的结构Ⅳ及其剖分能够诱导出在微观-底层的贝叶斯定理：

$$p(X_j/[x]_A^i)=\frac{p(X_j)\times p([x]_A^i/X_j)}{p([x]_A^i)} \tag{5.14}$$

其中，$p(X_j)$ 和 $p(X_j/[x]_A^i)$ 在文献[54]中分别称为先验概率与后验概率。

两种贝叶斯定理(式(5.13)、式(5.14))对应着概率乘积公式(式(5.11))，它们在数学上是等价的与对称的，但它们具有不同侧重点。前者关联于中观-中层，为特定类属性约简奠定了基础[15]，因此对三层粒度结构及其层次约简都具有重要意义。后者关联于结构Ⅳ，更加遵循于实际确定机制(这里 X_j 与 $[x]_A^i$ 分别为内部原因与外部表现)，但它不利于关联于特定决策类的层次结构与层次约简。相应地，文献[58]

中基于式(5.13)的概率命名来源于关于中观-中层的形式结构，而在文献[54]中基于式(5.14)的先验概率与后验概率更偏向于实践模式。为了更好地连接主要的中观-中层，这里主要采用第一种贝叶斯定理(式(5.13))，从而确立三支概率(它们的命名将被忽略)。

定义 5-3　在微观-底层，三支概率被定义为

$$p(X_j/[x]_A^i)=\frac{|[x]_A^i\cap X_j|}{|[x]_A^i|},\quad p([x]_A^i)=\frac{|[x]_A^i|}{|U|},\quad p([x]_A^i/X_j)=\frac{|[x]_A^i\cap X_j|}{|X_j|}\tag{5.15}$$

定理 5-2　三支概率具有关于贝叶斯定理(即式(5.13))的系统性。

鉴于中观-中层，三支概率出现并呈现系统性。根据图 5-3，它们可以由规则推理进行一些解释。这里，$[x]_A^i$ 和 X_j 分别成为决策规则 $[x]_A^i\Rightarrow X_j$ 的“前件”与“后继”[7]。此外，式(5.15)呈现的形式可以揭示三支概率的量化特征。

(1)条件概率 $p(X_j/[x]_A^i)$ 通过前件 $[x]_A^i$ 描述后继 X_j。在 $[x]_A^i$ 前提下，它相对地度量了 $[x]_A^i$ 与 X_j 之间的交互信息。它的定义呈现出相对性、集中性、局部性等信息特征。

(2)条件类概率 $p([x]_A^i)$ 仅度量了前件，并没有涉及后继及进一步的交互。它体现了关于 U 的绝对性、直接性、全局性。

(3)条件概率 $p([x]_A^i/X_j)$ 在后继条件下描述了前件。在后继前提下，它绝对地度量了粒交互信息，呈现出关于 X_j 的绝对性、直接性、全局性。

$p([x]_A^i)$ 没有涉及规则推理。$p(X_j/[x]_A^i)$ 和 $p([x]_A^i/X_j)$ 利用交互信息 $|[x]_A^i\cap X_j|$ 直接反映不确定性推理，但它们具有对于前件与后继的不同偏好前提，即分别涉及“前件-后继”与“后继-前件”方向。从双量化[17]角度来看，它们依赖于信息浓缩性与数据直接性来分别表达了相对与绝对推理概率类型。

定理 5-3　对于三支概率，$p([x]_A^i)$ 和 $p([x]_A^i/X_j)$ 具有粒化单调性：

$$U/\mathrm{IND}(A)\xrightarrow{\leqslant}U/\mathrm{IND}(B)\Rightarrow p([x]_B^i)\leqslant p([x]_A^i)\wedge p([x]_B^i/X_j)\leqslant p([x]_A^i/X_j)\tag{5.16}$$

但 $p(X_j/[x]_A^i)$ 并不一定具有粒化单调性。

三支概率具有粒化单调/非单调的基本结论，相应的粒根源为

$$U/\mathrm{IND}(A)\xrightarrow{\leqslant}U/\mathrm{IND}(B)\Rightarrow [x]_B^i\subseteq[x]_A^i\tag{5.17}$$

因此，只有 $p([x]_A^i)$ 和 $p([x]_A^i/X_j)$ 能够直接被利用于位于微观-底层的范畴约简(或其变形属性约简)。

三支概率获得了系统性与粒化单调性/非单调性，它们的推理内涵与量化特征成为进一步合并构建优质度量的基础。例如，文献[17]采用权积来融合 $p([x]_A^i)$ 与

$p(X_j/[x]_A^i)$，从而挖掘一种粒化单调的不确定性度量用于实施层次构建与属性约简。接下来，将采用信息函数 $p(\cdot)\log p(\cdot)$ 的权积来实施三支概率的信息融合；进而，关于条件类的“和集成”将产生中观-中层的三支权熵。

5.4.2　中观-中层的三支权熵

基于微观-底层的三支概率，本小节构建中观-中层的三支权熵，并揭示它们的粒化单调性与演化系统性。相关结果具有连接微观-底层与中观-中层的功能，并为后续宏观-高层的信息构造奠定基础。

当集成条件类到条件分类时，中观-中层的提升度量需要相关的概率融合。首先，熵具有基本性从而被考察。关于条件分类 $U/\mathrm{IND}(A)$，$p([x]_A^i)$ 与 $p([x]_A^i/X_j)$ 形成了概率分布，但是 $p(X_j/[x]_A^i)$ 不能形成(因为通常 $\sum_{i=1}^{n}p(X_j/[x]_A^i)\neq 1$)。通过使用信息函数 $\sum p(\cdot)\log p(\cdot)$，可以得到中观-中层的三支熵：

$$H(X_j/A)=-\sum_{i=1}^{n}p(X_j/[x]_A^i)\log p(X_j/[x]_A^i) \tag{5.18}$$

$$H^{X_j}(A)=-\sum_{i=1}^{n}p([x]_A^i)\log p([x]_A^i) \tag{5.19}$$

$$H(A/X_j)=-\sum_{i=1}^{n}p([x]_A^i/X_j)\log p([x]_A^i/X_j) \tag{5.20}$$

根据熵的特性，$H^{X_j}(A)$ 与 $H(A/X_j)$ 自然具有粒化单调性：

$$U/\mathrm{IND}(A)\xrightarrow{\leqslant}U/\mathrm{IND}(B)\Rightarrow H^{X_j}(B)\leqslant H^{X_j}(A)\wedge H^{X_j}(B/X_j)\leqslant H^{X_j}(A/X_j)$$

然而，$H(X_j/A)$ 不一定具有粒化单调性，附录 A 中提供了一个支撑实例予以佐证。

三支熵不满足粒化单调性，也缺乏明确系统性。因此，需要超越 $\sum p(\cdot)\log p(\cdot)$ 函数来挖掘具有单调性与系统性的优良度量。这一要求促进了如下的权熵演化。

贝叶斯定理提供了三支概率的系统性，因此成为研究起点。这里，将对贝叶斯定理进行一个关键变换。根据具有稳定 X_j 的式(5.13)：

$$p([x]_A^i/X_j)=\frac{p([x]_A^i)\times p(X_j/[x]_A^i)}{p(X_j)},\quad \forall i\in\{1,2,\cdots,n\}$$

下面构建信息项，可得

$$-p([x]_A^i/X_j)\log p([x]_A^i/X_j)$$
$$=-\frac{p([x]_A^i)\times p(X_j/[x]_A^i)}{p(X_j)}[\log p([x]_A^i)+\log p(X_j/[x]_A^i)-\log p(X_j)]$$

基于因子 $p(X_j)$ 乘积与进一步合并，有

$$-p(X_j)p([x]_A^i/X_j)\log p([x]_A^i/X_j)$$
$$=-p(X_j/[x]_A^i)p([x]_A^i)\log p([x]_A^i)-p([x]_A^i)p(X_j/[x]_A^i)\log p(X_j/[x]_A^i)$$
$$+p([x]_A^i)p(X_j/[x]_A^i)\log p(X_j)$$

根据基于 i 的累加，通过变形有

$$\begin{aligned}&-\sum_{i=1}^{n}p(X_j)p([x]_A^i/X_j)\log p([x]_A^i/X_j)\\&=-\sum_{i=1}^{n}p(X_j/[x]_A^i)p([x]_A^i)\log p([x]_A^i)-\sum_{i=1}^{n}p([x]_A^i)p(X_j/[x]_A^i)\log p(X_j/[x]_A^i)\\&\quad+\sum_{i=1}^{n}p([x]_A^i)p(X_j/[x]_A^i)\log p(X_j)\end{aligned}\tag{5.21}$$

式(5.21)的最后一项变为

$$\begin{aligned}&\sum_{i=1}^{n}p([x]_A^i)p(X_j/[x]_A^i)\log p(X_j)=\sum_{i=1}^{n}p([x]_A^i\cap X_j)\log p(X_j)\\&=\left[\sum_{i=1}^{n}p([x]_A^i\cap X_j)\right]\times\log p(X_j)=p(X_j)\log p(X_j)\end{aligned}\tag{5.22}$$

以上的逐步推导意味着贝叶斯定理的层次演化。微观-底层的贝叶斯定理及其三支概率向熵方向进行了发展，从而在微观-底层上出现了基于权的熵及其关系。具体地，式(5.22)给出了一个基于 X_j 的常量，因此系统式(5.21)涉及三个带权的信息项。下面，引入权熵进行刻画，其已经具有基本的信息应用[55,56]。设 (ξ,p_i) 表示一个概率分布且 $w_i\geqslant 0$ 表示权重，则权熵被定义为

$$H_W(\xi)=-\sum_{i=1}^{n}w_ip_i\log p_i$$

权熵引入权重到熵，这里的权重反映传递信息的重要程度或关注程度；权熵发展了熵，权熵在 $w_i=1$ 时则退化为熵。

根据概率分布，$p([x]_A^i)$ 与 $p([x]_A^i/X_j)$ 自然会产生权熵，同时宽泛地认为 $p(X_j/[x]_A^i)$ 也能诱导权熵。由此，式(5.21)产生了三支权熵及其系统性，下面权熵

采用符号 $H_W(\cdot)$ 来区分熵 $H(\cdot)$。

定义 5-4　在中观-中层，三支权熵定义为

$$H_W(X_j/A) = -\sum_{i=1}^{n} p([x]_A^i)p(X_j/[x]_A^i)\log p(X_j/[x]_A^i)$$

$$H_W^{X_j}(A) = -\sum_{i=1}^{n} p(X_j/[x]_A^i)p([x]_A^i)\log p([x]_A^i) \tag{5.23}$$

$$H_W(A/X_j) = -\sum_{i=1}^{n} p(X_j)p([x]_A^i/X_j)\log p([x]_A^i/X_j)$$

命题 5-1　权熵 $H_W(A/X_j)$ 是常量 $p(X_j)$ 与熵 $H(A/X_j)$ 的乘积，即

$$H_W(A/X_j) = p(X_j)\times\left[-\sum_{i=1}^{n} p([x]_A^i/X_j)\log p([x]_A^i/X_j)\right] = p(X_j)H(A/X_j)$$

三支权熵起源于三支熵并引入了特定概率的权重系数，因此它们通过双量化融合[17]来获取更好的信息特征。通过引入相对的 $p(X_j/[x]_A^i)$ 到权重，$H_W^{X_j}(A)$ 改进了绝对的 $H^{X_j}(A)$；同时，通过分别引入绝对的 $p(X_j)$ 与 $p([x]_A^i)$，$H_W(A/X_j)$ 与 $H_W(X_j/A)$ 分别改进了相对的 $H(A/X_j)$ 与 $H(X_j/A)$。根据命题 5-1，$H_W(A/X_j)$ 具有一个更简单的形式。换言之，三支权熵通过使用不同的概率权重来继承了三支熵的基本不确定性语义，故它们在不确定性度量上更具有鲁棒性。接下来，我们用单调性与系统性澄清它们的优势。

定理 5-4　在中观-中层，三支权熵具有粒化单调性：

$$U/\mathrm{IND}(A) \xrightarrow{\leqslant} U/\mathrm{IND}(B) \Rightarrow$$

$$H_W(X_j/B) \geqslant H_W(A) \wedge H_W^{X_j}(B) \leqslant H_W^{X_j}(A) \wedge H_W(B/X_j) \leqslant H_W(A/X_j) \tag{5.24}$$

定理 5-4 的证明见附录 B。虽然熵 $H(X_j/A)$ 最初是非单调的，但对应的权熵 $H_W(X_j/A)$ 变得单调。对于 $H_W(X_j/A)$ 的单调性，相关证明较难并且需要一定的数学技巧，需要利用函数 $-u\log u$ 的凹性特征(见附录 B)。

定理 5-5　三支权熵具有系统性：

$$H_W(A/X_j) = H_W^{X_j}(A) + H_W(X_j/A) + p(X_j)\log p(X_j) \tag{5.25}$$

换言之，$H_W(A/X_j)$ 是 $H_W^{X_j}(A)$ 与 $H_W(X_j/A)$ 的和的一个线性变换，这里 $p(X_j)\log p(X_j)$ 是中观-中层上的一个常量。

式(5.25)来自于式(5.21)～式(5.23)，它发展了微观-底层的贝叶斯定理，从而

建立了一个三支权熵的系统性等式。进一步，它能够转化为

$$H_W(A/X_j)=H_W^{X_j}(A)-[-p(X_j)\log p(X_j)-H_W(X_j/A)] \tag{5.26}$$

其中，$H_W(X_j/A)$ 具有一个线性变换项，它利用 $U/\mathrm{IND}(A)\overset{\leqslant}{\longrightarrow}U/\mathrm{IND}(\varnothing)$ 可以得到非负性，即

$$\begin{aligned}&-p(X_j)\log p(X_j)-H_W(X_j/A)\\ \geqslant&-p(X_j)\log p(X_j)-H_W(X_j/\varnothing)\\ =&-p(X_j)\log p(X_j)+p(U)p(X_j/U)\log p(X_j/U)\\ =&\,0\end{aligned}$$

根据式(5.25)和式(5.26)，消除变换距离可产生一个新度量来简化系统方程。

定义 5-5　在中观-中层，关于权熵 $H_W(X_j/A)$ 的线性权熵被定义为

$$H_W^{\mathrm{lin}}(X_j/A)=-p(X_j)\log p(X_j)-H_W(X_j/A) \tag{5.27}$$

推论 5-1　线性权熵 $H_W^{\mathrm{lin}}(X_j/A)$ 具有粒化单调性：

$$U/\mathrm{IND}(A)\overset{\leqslant}{\longrightarrow}U/\mathrm{IND}(B)\Rightarrow H_W(X_j/B)\leqslant H_W^{\mathrm{lin}}(X_j/A) \tag{5.28}$$

推论 5-2　三支权熵具有等价系统性：

$$H_W(A/X_j)=H_W^{X_j}(A)-H_W^{\mathrm{lin}}(X_j/A) \tag{5.29}$$

换言之，$H_W(A/X_j)$ 是 $H_W^{X_j}(A)$ 与 $H_W^{\mathrm{lin}}(X_j/A)$ 的差。

线性权熵 $H_W^{\mathrm{lin}}(X_j/A)$ 利用一个特定的线性变换来对应 $H_W(X_j/A)$。前者用上标 lin（即表示线性 linear）来区分后者，但两者被看作三支权熵的一项。对比于 $H_W(X_j/A)$，$H_W^{\mathrm{lin}}(X_j/A)$ 具有相反的粒化单调性，并且它简化了三支权熵的系统性。

总之，这一节位于中观-中层，基本连接了微观-底层与宏观-高层。贝叶斯定理(式(5.13))提供了三支概率系统性，并且它在权熵的信息演化中担当了基础角色。贝叶斯定理诱导了三支权熵的基本度量与系统公式。接下来，三支权熵将从中观-中层提升到宏观-高层。

5.4.3　宏观-高层的三支权熵

对于中观-中层的三支权熵，已经确立了它们的单调性与系统性。它们可以层次演化到宏观-高层，主要通过关于多个决策类的“和集成”。本小节构建宏观-高层的三支权熵，并提供它们的单调性与系统性，最后还将揭示它们与经典信息度量(5.2.2节)的等价关系。

定义 5-6　在宏观-高层，三支权熵被定义为

$$H_W(D/A)=\sum_{j=1}^{m}H_W(X_j/A)(\text{or }H_W^{\text{lin}}(D/A)=\sum_{j=1}^{m}H_W^{\text{lin}}(X_j/A))$$

$$H_W^D(A)=\sum_{j=1}^{m}H_W^{X_j}(A) \tag{5.30}$$

$$H_W(A/D)=\sum_{j=1}^{m}H_W(A/X_j)$$

推论 5-3　$H_W^{\text{lin}}(D/A)$ 是 $H_W(D/A)$ 的一个线性变换。根据式(5.27)、式(5.30)，有

$$H_W^{\text{lin}}(D/A)=-\sum_{j=1}^{m}p(X_j)\log p(X_j)-\sum_{j=1}^{m}H_W(X_j/A)=H(D)-H_W(D/A) \tag{5.31}$$

其中，$H(D)=-\sum_{j=1}^{m}p(X_j)\log p(X_j)$ 是一个常量。

相对于中观-中层，宏观-高层呈现了从决策类到决策分类的层次提升与系统集成。相应地，宏观-高层的三支权熵进行了中观-中层的权熵的集成融合，并呈现出一种“信息和”形式。$H_W^{\text{lin}}(D/A)$ 与 $H_W(D/A)$ 展现了一种线性变换，并视为一项。宏观-高层的三支权熵依托“和集成”来自然继承中观-中层的单调性与系统性，相关特征描述如下。

定理 5-6　在宏观-高层，三支权熵具有粒化单调性：

$$U/\text{IND}(A)\xrightarrow{\leqslant}U/\text{IND}(B)\Rightarrow H_W(D/B)\geqslant H_W(D/A)\quad(H_W^{\text{lin}}(D/B)\leqslant H_W^{\text{lin}}(D/A))$$

$$\wedge H_W^D(B)\leqslant H_W^D(A)\ \wedge H_W(B/D)\leqslant H_W(A/D) \tag{5.32}$$

定理 5-7　在宏观-高层，三支权熵具有系统性：

$$\begin{aligned}H_W(A/D)&=H_W^D(A)+H_W(D/A)-H(D)\\&=H_W^D(A)-[H(D)-H_W(D/A)]=H_W^D(A)-H_W^{\text{lin}}(D/A)\end{aligned} \tag{5.33}$$

换言之，$H_W(A/D)$ 是 $H_W^D(A)$ 与 $H_W(D/A)$ 的“和”的一个线性变换，或者说是 $H_W^D(A)$ 与 $H_W^{lin}(D/A)$ 的差。

在宏观-高层，经典信息系统已经存在，相关的信息度量呈现出熵、条件熵、互信息等[36](参见定义 5-1)。这里，三支权熵建立了一种新的信息系统。下面将分析两种信息系统之间的关系。

定理 5-8　权熵系统与经典信息系统是等价的。具体地，权熵 $H_W(D/A)$、$H_W^{\text{lin}}(D/A)$、$H_W^D(A)$、$H_W(A/D)$ 分别等价于条件熵 $H(D/A)$、互信息 $I(A;D)$、熵 $H(A)$、条件熵 $H(A/D)$，即

$$H_W(D/A)=H(D/A)\text{，}\quad H_W^{\text{lin}}(D/A)=I(A;D)$$

$$H_W^D(A)=H(A)\text{，}\quad H_W(A/D)=H(A/D) \tag{5.34}$$

证明

$$\begin{aligned}H_W(D/A)&=H_W(X_1/A)+\cdots+H_W(X_m/A)\\&=+[-p([x]_A^1)p(X_1/[x]_A^1)\log p(X_1/[x]_A^1)-\cdots\\&\quad-p([x]_A^n)p(X_1/[x]_A^n)\log p(X_1/[x]_A^n)]+\cdots\\&\quad+[-p([x]_A^1)p(X_m/[x]_A^1)\log p(X_m/[x]_A^1)-\cdots\\&\quad-p([x]_A^n)p(X_m/[x]_A^n)\log p(X_m/[x]_A^n)]\\&=-p([x]_A^1)[p(X_1/[x]_A^1)\log p(X_1/[x]_A^1)+\cdots\\&\quad+p(X_m/[x]_A^1)\log p(X_m/[x]_A^1)]-\cdots\\&\quad-p([x]_A^n)[p(X_1/[x]_A^1)\log p(X_1/[x]_A^n)+\cdots\\&\quad+p(X_m/[x]_A^n)\log p(X_m/[x]_A^1)]\\&=-\sum_{i=1}^{n}[p([x]_A^i)\sum_{i=1}^{m}p(X_j/[x]_A^i)\log p(X_j/[x]_A^i)]\\&=H(D/A)\end{aligned} \tag{5.35}$$

$$H_W^{\text{lin}}(D/A)=H(D)-H_W(D/A)=H(D)-H(D/A)=I(A;D) \tag{5.36}$$

$$\begin{aligned}H_W^D(A)&=\sum_{j=1}^{m}H_W^{X_j}(A)=-\sum_{j=1}^{m}[\sum_{i=1}^{n}p(X_j/[x]_A^i)p([x]_A^i)\log p([x]_A^i)]\\&=-\sum_{j=1}^{m}[p(X_j/[x]_A^1)p([x]_A^1)\log p([x]_A^1)+\cdots\\&\quad+p(X_j/[x]_A^n)p([x]_A^n)\log p([x]_A^n)]\\&=-[\sum_{j=1}^{m}p(X_j/[x]_A^1)]p([x]_A^1)\log p([x]_A^1)-\cdots\\&\quad-[\sum_{j=1}^{m}p(X_j/[x]_A^n)]p([x]_A^n)\log p([x]_A^n)\\&=-p([x]_A^1)\log p([x]_A^1)-\cdots-p([x]_A^n)\log p([x]_A^n)\\&=H(A)\end{aligned} \tag{5.37}$$

$$H_W(A/D)=\sum_{j=1}^{m}H_W(A/X_j)=\sum_{j=1}^{m}p(X_j)H(A/X_j)$$

$$
\begin{aligned}
&= -\sum_{j=1}^{m}[p(X_j)\sum_{i=1}^{n}([x]_A^i / X_j)\log p([x]_A^i / X_j)] \\
&= H(A/D)
\end{aligned}
\tag{5.38}
$$

推论 5-4　对于权熵系统与经典信息系统，对应的信息度量具有相同的粒化单调性。

推论 5-5　权熵系统与经典信息系统具有等价的系统等式，即

$$
\begin{aligned}
&H_W(A/D) = H_W^D(A) + H_W(D/A) - H(D) \Leftrightarrow H(A/D) = H(A) + H(D/A) - H(D) \\
&H_W(A/D) = H_W^D(A) - H_W^{\text{lin}}(D/A) \Leftrightarrow H(A/D) = H(A) - I(A;D)
\end{aligned}
\tag{5.39}
$$

定理 5-8 及其推论揭示了两种信息系统之间的等价性与对应性。相关的结果被描绘于下述关系图(图 5-4)，其中垂直的虚线箭头显示了信息度量及其系统的对应等价性。

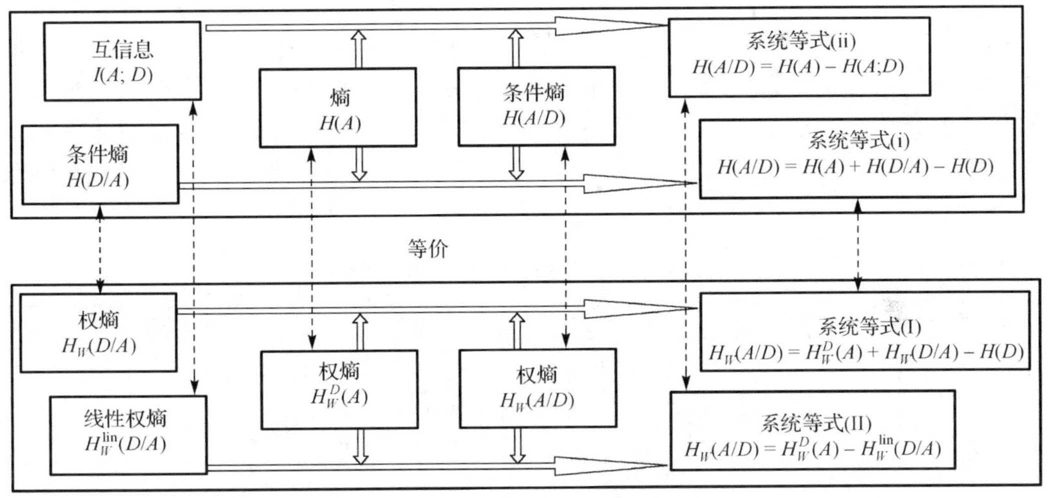

图 5-4　权熵系统与经典信息系统的等价性

两种系统系统等价的根本原因是什么呢？基于式(5.35)～式(5.38)的证明，权熵系统主要采用了“先条件类后决策类”的集成顺序，即由权熵函数首先融合 n 个条件类然后由“和算子”集成 m 个决策类。经典信息系统采用了相反顺序，即由熵函数首先融合 m 个决策类然后由“权和”集成 n 个条件类。以上结果与证明反映了运算可交换性，这种特性被充分反映于对于 i 与 j 的“求和”运算顺序。基于数学观点，这一交换性确保了最终的系统等价性。5.5 节将通过决策表的三层结构来比较两种信息系统，从而彰显三支信息度量的约简优越性。

5.5　基于三层粒度结构的三支信息度量的层次分析

至此，三支信息度量被层次地建立，它们最后的权熵系统等价于经典信息系统。本节利用三层粒度结构对三支信息度量进行层次分析，包括相关的演化总结、优势比较、算法调用。

5.5.1　三支信息度量的层次演化

基于三层粒度结构，本节总结三支信息度量的层次演化。

首先说明整体发展思路。根据系统的分类与类，决策表 $(U,C\cup D)$ 包含了三层粒度结构来实施信息度量的层次演化。在概率空间，微观-底层的三支概率由(关联于中观-中层的)贝叶斯定理所确定。在中观-中层，三支熵缺乏完备的单调性与清晰的系统性；因此，贝叶斯定理由权重信息函数 $wp(\cdot)\log p(\cdot)$ 与集成的“求和”算子 Σ 来进行演化，从而三支权熵被提出并获得了良好的单调性与完美的系统性。最后，所有决策类的三支权熵通过“求和”算子被集成融合，从而宏观-高层的三支权熵自然出现并且具有单调性与系统性。这里，三层粒度结构与三支信息度量被总结于表 5-3。

表 5-3　三层粒度结构与三支信息度量

层次结构	组成成分	三支信息度量	粒化单调性	系统公式
微观-底层	$X_j,[x]_A^i$	$p(X_j/[x]_A^i)$ $p([x]_A^i)$ $p([x]_A^i/X_j)$	部分具有	$p([x]_A^i/X_j)=$ $p([x]_A^i)\times p(X_j/[x]_A^i)\div p(X_j)$
中观-中层	$U/\mathrm{IND}(A)$, X_j	$H_W(X_j/A)$ (or $H_W^{\mathrm{lin}}(X_j/A)$) $H_W^{x_j}(X_j)$ $H_W(A/X_j)$	具有	$H_W(A/X_j)$ $=H_W^{x_j}(A)+H_W(X_j/A)$ $+p(X_j)\log p(X_j)$ $=H_W^{x_j}(A)-H_W^{\mathrm{lin}}(X_j/A)$
宏观-高层	$U/\mathrm{IND}(A)$, $U/\mathrm{IND}(D)$	$H_W(D/A)$ (or $H_W^{\mathrm{lin}}(D/A)$) $H_W^D(A)$, $H_W(A/D)$	具有	$H_W(A/D)$ $=H_W^D(A)+H_W(D/A)-H(D)$ $=H_W^D(A)-H_W^{\mathrm{lin}}(D/A)$

利用表 5-3 可以回顾一些基本结果。

(1) 微观-底层涉及条件类与决策类，并产生了三支概率。三支概率部分具有粒化单调性，并且遵循贝叶斯定理(这里 $p(X_j)$ 是一个常量)。

(2) 中观-中层涉及条件分类与决策类，并且构建了三支权熵。三支权熵具有粒化单调性与演化系统性，相关系统层次地发展了贝叶斯定理，并且通过常量 $-p(X_j)\log p(X_j)$ 可将 $H_W(X_j/A)$ 调整为 $H_W^{\text{lin}}(X_j/A)$。

(3) 宏观-高层包括了条件分类与决策分类，建立了更高的三支权熵。这里，三支权熵同样存在粒化单调性与演化系统性，而后者深入发展了贝叶斯定理，并且通过常量 $H(D)$ 可将 $H_W(D/A)$ 转换为 $H_W^{\text{lin}}(D/A)$。

基于以上回顾，下面将强调三支信息度量的层次演化。从粒计算的观点，相关发展过程主要依赖于决策表的三层粒度结构，图 5-5 将提供一些相关说明。

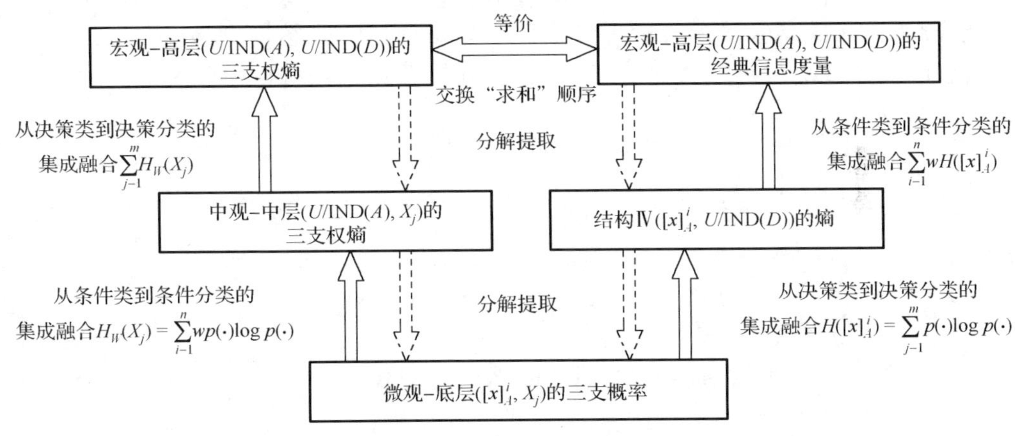

图 5-5　信息度量的层次演化

根据图 5-5 的左半部分，三支信息度量通过中观-中层展现了在三层结构中的两步集成提升。

(1) 通过集成条件类到条件分类，微观-底层演化到了中观-中层。相应地，三支概率通过权熵函数 $\sum_{i=1}^{n} wp(\cdot)\log p(\cdot)$ 来集成融合到三支权熵，并且相关的单调性与系统性由贝叶斯定理发展所确定。

(2) 通过集成决策类到决策分类，中观-中层演化到了宏观-高层。相应地，中观-中层的三支权熵利用“求和”算子 $\sum_{j=1}^{m}$ 来集成融合到宏观-高层的三支权熵，并且相关的单调性与系统性由内部集成所自然得到。

如上的层次演化采用了“底层-中层-高层”构建技术，这是一种基本的粒计算策略，由此实现了三支信息度量的集成融合。对比地，“高层-中层-底层”策略能够相反地实施分解提取，这一过程在图 5-5 表示为向下的虚线箭头。总的来说，三支信息度量的层次演化对应着一种双向信息构建。

5.5.2 三支信息度量的层次优势

根据图 5-5，信息度量依托三层粒度结构来呈现两种类型的层次演化。这两种类型通过了两种不同的中部结构(即中观-中层与结构Ⅳ)；根据它们的高层度量，它们分别被称为“权熵演化”与“经典信息演化”。本节对它们进行对比分析，以揭示关联于三支信息度量的权熵演化的层次优势。

根据图 5-5 的左半部分，上面已经分析了权熵演化。根据图 5-5 的右半部分，经典信息演化同样具有两个集成提升步骤，只是通过的是结构Ⅳ。

(1)通过集成决策类到决策分类，微观-底层演化到结构Ⅳ。相应地，概率利用熵函数 $H=\sum_{j=1}^{m}p(\cdot)\log p(\cdot)$ 来集成融合到熵，但没有涉及粒化单调性。

(2)通过集成条件类到条件分类，结构Ⅳ演化到宏观-高层。相应地，结构Ⅳ的熵利用“权和”算子 $\sum_{i=1}^{n}wH$ 来集成融合宏观-高层的三支权熵，并最终建立了后者的单调性与系统性。

以上分析主要依赖于定义 5-1 中的基本信息形式。实际上，定理 5-8 的证明已表明了一些转换，例如

$$H(D/A)=-\sum_{i=1}^{n}\left[p([x]_A^i)\sum_{j=1}^{m}p(X_j/[x]_A^i)\log p(X_j/[x]_A^i)\right]$$
$$=-\sum_{i=1}^{n}\left[\sum_{j=1}^{m}p([x]_A^i)p(X_j/[x]_A^i)\log p(X_j/[x]_A^i)\right]$$

因此，结构Ⅳ也可以定义一种变化权熵来改变上述计算顺序。除了“底层-中层-高层”集成融合，“高层-中层-底层”分解提取也可以补充实施双向信息构建。

接下来，从集成融合方向来比较权熵演化与经典信息演化。

(1)对于粒集成，前者首先采用“从条件类到条件分类”然后采用“从决策类到决策分类”，而后者则采用了相反的集成顺序。

(2)对于信息融合，前者首先使用权熵然后再使用求和，而后者首先使用熵然后再使用加权求和。

(3)对于粒化单调性，前者在中观-中层具有单调性并且进而简化宏观-高层的单调性，而后者在结构Ⅳ上不具备单调性，因此宏观-高层的单调性也就变得复杂。

(4)对于系统性，两者都具有贝叶斯定理，因此都能在三个粒度层次上建立系统公式。

(5) 对于宏观-高层的结果，两类演化派生出两种等价系统——权熵系统与经典信息系统，图 5-4 表明了它们等价的度量值与系统性。相关的等价转换主要取决于“求和”的换序。

由此，信息论度量可利用“和序”交换与分解提取来产生中观-中层的三支权熵。此外，三支熵可以从中观-中层到宏观-高层来计算，故它们获取了一个紧密的层次机制，而经典信息度量常常是直接进行复杂计算。

三支权熵演化与经典信息演化分别依赖于中观-中层与结构Ⅳ，因此两者具有对称性、平行性，但又具有不同的侧重点。对于前者，微观-底层的贝叶斯定理(式(5.13))侧重于规则推理，三支权熵在中观-中层与宏观-高层都具有粒化单调性。对于后者，微观-底层的贝叶斯定理(式(5.14))侧重于实际决定机制，它的粒化单调性仅适用于宏观-高层。两者具有相似的粒度机制与层次机制，但是前者更具有优势(特别是对属性约简)。只有权熵演化有益于特定类属性约简，该约简存在于中观-中层[15]。两种演化可以被等价地用于决策分类属性约简，该约简存在于宏观-高层，但前者使粒化单调性变得更加透彻与更简单。换言之，前者具有三支信息度量，成为决策表依托三层粒度结构进行层次属性约简的有效基础。

5.5.3　三支信息度量的层次算法

基于上述层次演化与层次优势，本节构建三支信息度量的层次算法。

算法 5-1　计算三支概率

输入：条件类 $[x]_A^i$、决策类 X_j、$|U|$。

输出：三支概率 $p(X_j/[x]_A^i)$、$p([x]_A^i)$、$p([x]_A^i/X_j)$。

(1) 计算 $|[x]_A^i|$、$|X_j|$、$|[x]_A^i \cap X_j|$。

(2) 根据式(5.15),计算

$$p(X_j/[x]_A^i)=\frac{|[x]_A^i \cap X_j|}{|[x]_A^i|},\quad p([x]_A^i)=\frac{|[x]_A^i|}{|U|},\quad p([x]_A^i/X_j)=\frac{|[x]_A^i \cap X_j|}{|X_j|}$$

(3) 返回 $p(X_j/[x]_A^i)$、$p([x]_A^i)$、$p([x]_A^i/X_j)$。

算法 5-2　基于概率来计算中观-中层的三支权熵

输入：条件分类 $U/\mathrm{IND}(A)=\{[x]_A^i:i=1,2,\cdots,n\}$、决策类 X_j、$|U|$。

输出：中观-中层的三支权熵：$H_W(X_j/A)$ 与 $H_W^{\mathrm{lin}}(X_j/A)$、$H_{W'}^{X_j}(A)$、$H_W(A/X_j)$。

(1) 计算 $|X_j|$、$p(X_j)$。

(2) $H_W(X_j/A)=0$，$H_{W'}^{X_j}(A)=0$，$H_W(A/X_j)=0$。

(3) for $i\in\{1,2,\cdots,n\}$ do

(4) 由算法 5-1 计算 $p(X_j / [x]_A^i)$、$p([x]_A^i)$、$p([x]_A^i / X_j)$。

(5) 根据式(5.23)，设置

$$H_W(X_j / A) \leftarrow H_W(X_j / A) - p([x]_A^i) p(X_j / [x]_A^i) \log p(X_j / [x]_A^i)$$

$$H_W^{X_j}(A) \leftarrow H_W^{X_j}(A) - p(X_j / [x]_A^i) p([x]_A^i) \log p([x]_A^i)$$

$$H_W(A / X_j) = H_W(A / X_j) - p(X_j) p([x]_A^i / X_j) \log p([x]_A^i / X_j)$$

(6) end for

(7) 根据式(5.27)，计算 $H_W^{\text{lin}}(X_j / A) = -p(X_j)\log p(X_j) - H_W(X_j / A)$。

(8) 返回 $H_W(X_j / A)$ 与 $H_W^{\text{lin}}(X_j / A)$、$H_W^{X_j}(A)$、$H_W(A / X_j)$。

算法 5-3　“从中观-中层到宏观-高层”计算三支权熵

输入：条件分类 $U / \text{IND}(A)$、决策分类 $U / \text{IND}(D) = \{X_j : j = 1, 2, \cdots, m\}$。

输出：宏观-高层的三支权熵：$H_W(D / A)$ 与 $H_W^{\text{lin}}(D / A)$、$H_W^D(A)$、$H_W(A / D)$。

(1) $H_W(D / A) = 0$ 与 $H_W^{\text{lin}}(D / A) = 0$、$H_W^D(A) = 0$、$H_W(A / D) = 0$。

(2) for　$j \in \{1, 2, \cdots, m\}$　do

(3) 由算法 5-2 计算 $H_W(X_j / A)$ 与 $H_W^{\text{lin}}(X_j / A)$、$H_W^{X_j}(A)$、$H_W(A / X_j)$。

(4) 根据式(5.30)，设置

$$H_W(D / A) \leftarrow H_W(D / A) + H_W(X_j / A)$$

$$H_W^{\text{lin}}(D / A) \leftarrow H_W^{\text{lin}}(D / A) + H_W^{\text{lin}}(X_j / A)$$

$$H_W^D(A) \leftarrow H_W^D(A) + H_W^{X_j}(A)$$

$$H_W(A / D) \leftarrow H_W(A / D) + H_W(A / X_j)$$

(5) end for

(6) 返回　$H_W(D / A)$ 与 $H_W^{\text{lin}}(D / A)$、$H_W^D(A)$、$H_W(A / D)$。

算法 5-1 利用定义 5-3 中的除运算来得到微观-底层的三支概率，其中基数的确定为基础。算法 5-2 利用定义 5-4 的权熵函数来给出中观-中层的三支权熵。这里，微观-底层的常概率 $p(X_j)$ 被直接计算。在关于条件类的“for”循环中，通过调用算法 5-1 来计算三支概率，进而三支熵实施了“求和”来达到加权信息项 $wp(\cdot)\log p(\cdot)$。最后，通过关于 $H_W(X_j / A)$ 的线性变换定义(定义 5-5)来获取 $H_W^{\text{lin}}(X_j / A)$。算法 5-3 利用定义 5-6 的“求和”运算来给出宏观-高层的三支权熵。在关于决策类的“for”循环中，中观-中层的三支熵通过调用算法 5-2 得到，它们进而被集成到宏观-高层的三支权熵。

算法 5-1～算法 5-3 紧密地遵循了三支信息度量的“底层-中层-高层”演化，从而具有较强的层次关系，并且低层算法是高层算法的基础。简而言之，这三种算法应用于三种不同的粒度层次，并且前面的算法通过调用成为后面的基础。最后，计算复杂性主要关联于微观-底层(其位于算法循环内)。算法 5-1 只涉及一种微观-底层，故其复杂度视为 $O(1)$。算法 5-2 涉及一个中观-中层或者 n 个微观-底层，故其复杂度为 $O(n)$。算法 5-3 涉及一个宏观-高层或 m 个中观-中层或 $m\times n$ 个微观-底层，故其复杂度为 $O(mn)$。

5.6　决策表实例说明

针对决策表，本节采用一个实例来说明三层粒度结构与三支信息度量。决策表 $(U,C\cup D)$ 的基本信息如表 5-4 所示，这里 $U=\{x_1,x_2,\cdots,x_{12}\}$，$C=\{a,b,c\}$，$D=\{d\}$；$U/\mathrm{IND}(D)=\{X_1,X_2,X_3\}$，$X_1=\{x_1,x_2,\cdots,x_4\}$，$X_2=\{x_5,x_6,\cdots,x_8\}$，$X_3=\{x_9,x_{10},\cdots,x_{12}\}$。

表 5-4　实例决策表

U	a	b	c	d
x_1	3	3	3	1
x_2	1	1	1	1
x_3	1	1	1	1
x_4	2	2	2	1
x_5	4	4	3	2
x_6	1	1	1	2
x_7	1	3	1	2
x_8	2	2	2	2
x_9	5	4	3	3
x_{10}	1	3	1	3
x_{11}	1	1	1	3
x_{12}	2	2	2	3

存在 8 个属性子集 $A\subseteq C$，它们只产生 6 种条件分类：

(1) $U/\mathrm{IND}(\{a,b,c\})=U/\mathrm{IND}(\{a,b\})$
$=\{\{x_2,x_3,x_6,x_{11}\},\{x_4,x_8,x_{12}\},\{x_1\},\{x_5\},\{x_7,x_{10}\},\{x_9\}\}$；

(2) $U/\mathrm{IND}(\{a,c\})=U/\mathrm{IND}(\{a\})$
$=\{\{x_2,x_3,x_6,x_7,x_{10},x_{11}\},\{x_4,x_8,x_{12}\},\{x_1\},\{x_5\},\{x_9\}\}$；

(3) $U/\mathrm{IND}(\{b,c\})=\{\{x_2,x_3,x_6,x_{11}\},\{x_4,x_8,x_{12}\},\{x_1\},\{x_5,x_9\},\{x_7,x_{10}\}\}$；

(4) $U/\mathrm{IND}(\{c\})=\{\{x_2,x_3,x_6,x_7,x_{10},x_{11}\},\{x_4,x_8,x_{12}\},\{x_1,x_5,x_9\}\}$；

(5) $U/\mathrm{IND}(\{b\})=\{\{x_2,x_3,x_6,x_{11}\},\{x_4,x_8,x_{12}\},\{x_1,x_7,x_{10}\},\{x_5,x_9\}\}$；

(6) $U/\mathrm{IND}(\varnothing)=\{U\}$。

相应的粒度层次描述于一个 Hasse 图（图 5-6），其中箭头标示了知识粗化 $U/\mathrm{IND}(\cdot)\xrightarrow{\leqslant}U/\mathrm{IND}(\cdot\cdot)$。

这里，条件分类 $U/\mathrm{IND}(C)$ 及其 6 种条件类被用来阐述三层结构与三支度量，其中 $n=6$、$m=3$，且 X_1 选为代表决策类。

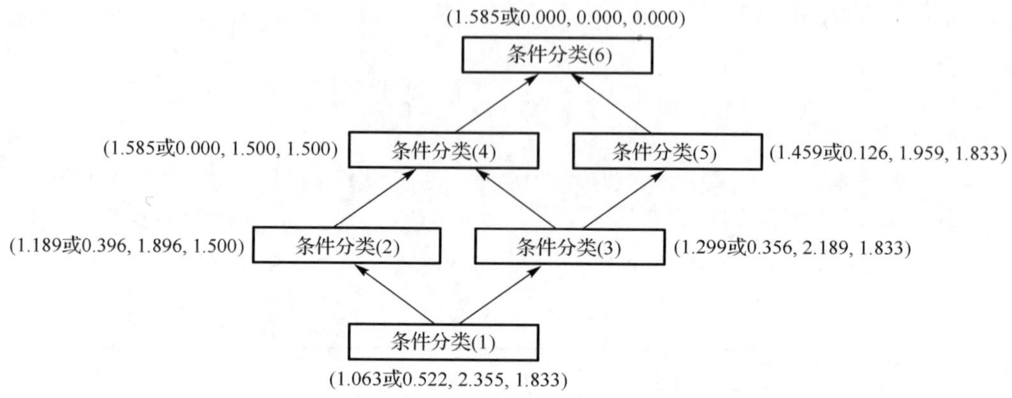

图 5-6 条件分类的粒度层次和三支权熵

(1) 有 $6\times3=18$ 个微观-底层，只考虑 $([x]_C^2=\{x_4,x_8,x_{12}\},X_1)$。三支概率为

$$p(X_1/[x]_C^2)=1/3\,,\quad p([x]_C^2)=3/12\,,\quad p([x]_C^2/X_1)=1/4$$

贝叶斯定理(式(5.13))为

$$p([x]_C^2/X_1)=\frac{p([x]_C^2)\times p(X_1/[x]_C^2)}{p(X_1)}=\frac{3/12\times1/3}{4/12}=1/4$$

其中，常量 $p(X_1)=4/12$。

(2) 有 $m=3$ 个中观-中层，只考虑 $(U/\mathrm{IND}(C),X_1)$。根据 $n=6$ 个条件类的概率集成，中观-中层的三支权熵为

$$H_W(X_1/C)=0.298\text{ 或 }H_W^{\mathrm{lin}}(X_1/C)=0.230$$

$$H_W^{\mathrm{lin}}(C)=0.730\,,\quad H_W(C/X_1)=0.500$$

这里常量 $-p(X_1)\log p(X_1)=0.528$ 被用来调整 $H_W(X_1/C)$ 得到 $H_W^{\mathrm{lin}}(X_1/C)$；相应的系统公式(式(5.29))为

$$H_W(C/X_1)=H_W^{X_1}(C)-H_w^{\mathrm{lin}}(X_1/C)=0.730-0.230=0.500$$

(3) 只有一个宏观-高层 $(U/\mathrm{IND}(C),U/\mathrm{IND}(D))$。根据 $m=3$ 个决策类的权熵集成，宏观-高层的三支权熵为

$$H_W(D/C)=1.063\text{ 或 }H_W^{\mathrm{lin}}(D/C)=0.522$$

$$H_W^D(C)=2.355\,,\quad H_W(C/D)=1.833$$

这里常量 $H(D)=1.585$ 被用来调整 $H_W(D/C)$ 得到 $H_W^{\text{lin}}(D/C)$；相应的系统公式(式(5.33))为

$$H_W(C/D)=H_W^D(C)-H_W^{\text{lin}}(D/C)=2.355-0.522=1.833$$

以上分析部分地说明了(如表 5-3 汇总的)三层粒度结构与三支信息度量(以及来源于贝叶斯定理的相关系统性)。特别地，三支信息度量的计算主要通过基本定义或相关算法 5-1～算法 5-3，其中图 5-5 的权熵演化起着重要作用。

对于 6 种类型的条件分类，表 5-5 利用三维向量给出了它们关于 X_1 与 $U/\text{IND}(D)$ 的三支权熵，图 5-6 也标记了最终宏观-高层的权熵。由此，容易利用表 5-5 与图 5-6 验证三支信息度量的粒化单调性。

表 5-5　层次条件分类的三支权熵

条件分类 $U/\text{IND}(A)$	基于 X_1 的三支权熵 $\begin{pmatrix} H_W(X_1/A) \text{ or } H_W^{\text{lin}}(X_1/A), \\ H_W^{X_1}(A), H_W(A/X_1) \end{pmatrix}$	基于 $U/\text{IND}(D)$ 的三支权熵 $\begin{pmatrix} H_W(D/A) \text{ or } H_W^{\text{lin}}(D/A), \\ H_W^D(A), H_W(A/D) \end{pmatrix}$
(1)	(0.298 or 0.230, 0.730, 0.500)	(1.063 or 0.522, 2.355, 1.833)
(2)	(0.396 or 0.132, 0.632, 0.500)	(1.189 or 0.396, 1.896, 1.500)
(3)	(0.298 or 0.230, 0.730, 0.500)	(1.229 or 0.356, 2.189, 1.833)
(4)	(0.528 or 0.000, 0.500, 0.500)	(1.585 or 0.000, 1.500, 1.500)
(5)	(0.431 or 0.097, 0.597, 0.500)	(1.459 or 0.126, 1.959, 1.833)
(6)	(0.528 or 0.000, 0.000, 0.000)	(1.585 or 0.000, 0.000, 0.000)

可以用图 5-6 与表 5-5 做进一步说明，如下主要是针对宏观-高层。对于三支权熵向量(图 5-6 或表 5-5 第三列)，第一个分量包含了 $H_W(D/A)$ 与 $H_W^{\text{lin}}(D/A)$，两者的和等于常量 $H(D)=1.585$ 。第三个分量 $H_W(A/D)$ 是第二个分量 $H_W^D(A)$ 与第一个分量 $H_W^{\text{lin}}(D/A)$ 之间的差，这一结果反映了式(5.33)的系统等式。图 5-6 中在箭头方向上的度量变化有效地验证了粒化单调性。对比于三支权熵，(呈现顺序交换的)定义 5-1 被用来计算熵、条件熵、互信息，而这些经典信息度量得到了相同的结果。由此，验证了权熵系统与经典信息系统的等价性(图 5-4)。但是，三支权熵的层次计算变得更加巧妙，而经典信息度量的计算显得复杂。

5.7　本 章 小 结

决策表是实施粗糙集不确定性推理(如属性约简)的基础。本章针对决策表及其属性约简，利用分类与类的系统粒度来建立了三层粒度结构(图 5-2)，这种系统结构是进行广泛层次应用(包括不确定性度量挖掘与属性约简构建)的基础。由此，本章进而构造了在三层粒度结构上的三支信息度量，包括微观-底层的三支概率、中观-

中层与宏观-高层的三支权熵。三支信息度量来源于贝叶斯定理(图 5-3)，并实施了深入的层次演化(图 5-5)来获取粒化单调性与关联系统性；特别地，它们具有层次调用算法(算法 5-1～算法 5-3)。

本章研究涉及粒计算的“多粒度、多层次、多视角”特征。相关工作对信息度量具有如下两个方面的贡献，其中后者特别关联于属性约简。

(1)采用决策表三层粒度结构这一新颖观点来构建信息度量，而后者关联于属性约简。基于中观-中层与结构Ⅳ(图 5-5)提供两种层次演化，它们深入建立了新型权熵系统与经典信息系统的结构机制与系统关系。这两种系统具有理论等价性(图 5-4)与实际侧重点(图 5-5)，所以本章所得的前者结果深化与解释了直接参考信息论的后者。特别地，基于中观-中层的单调演化能够简化最终宏观-高层的单调性，而这一特性先前主要依附于经典信息论度量(定理 5-1)。

(2)根据比较，三支信息度量更侧重于条件分类的单调性与决策类的特定性，因此具有层次演化优势性，尤其是对属性约简而言。

由此，本章研究强调每一个层次上的粒化单调性与系统等式，为进一步的属性约简(包括信息约简、系统约简、层次约简)奠定基础。例如，宏观-高层可以建立三支属性约简[59]，中观-中层可以(类似定义 5-2)建立三支信息属性约简[58]来连接特定类属性约简[15]，表 5-2 体现的三层属性约简值得通过引入范畴约简来深入研究。

总之，本章聚焦决策表、信息、约简来进行了三层粒度结构与三支信息度量的相关研究，呈现了粗糙集框架下基于粒计算中的特定不确定性，丰富了粗糙集理论、粒计算应用、三支决策理论。三层粒度结构与三支信息度量值得深入研究，包括不确定性度量的广泛构建与属性约简的综合推广等。此外，这里涉及的结构与度量主要针对具有等价关系的经典粗糙集，本章相关的工作值得被深入泛化到扩展粗糙集(如邻域粗糙集)。对此，我们的科研团队正致力于信息的、系统的、层次的、拓展的度量构建与属性约简等工作，部分研究成果参见文献[60]、[61]。

参考文献

[1] 苗夺谦, 李德毅, 姚一豫, 等. 不确定性与粒计算[M]. 北京: 科学出版社, 2011.

[2] Zhang X Y, Miao D Q. Quantitative/qualitative region-change uncertainty/certainty in attribute reduction: Comparative region-change analyses based on granular computing[J]. Information Sciences, 2016, (334/335): 174-204.

[3] Liang J Y, Wang J H, Qian Y H. A new measure of uncertainty based on knowledge granulation for rough sets[J]. Information Sciences, 2009, 179 (4): 458-470.

[4] Zhang Q H, Zhang Q, Wang G Y. The uncertainty of probabilistic rough sets in multi-granulation

spaces[J]. International Journal of Approximate Reasoning, 2016, 77: 38-54.

[5] Huang B, Guo C X, Li H X, et al. Hierarchical structures and uncertainty measures for intuitionistic fuzzy approximation space[J]. Information Sciences, 2016, 336: 92-114.

[6] Feng T, Fan H T, Mi J S. Uncertainty and reduction of variable precision multigranulation fuzzy rough sets based on three-way decisions[J]. International Journal of Approximate Reasoning, 2017, 85: 36-58.

[7] Pawlak Z. Rough Sets: Theoretical Aspects of Reasoning about Data[M]. Berlin: Springer, 2012.

[8] Miao D Q, Zhao Y, Yao Y Y, et al. Relative reducts in consistent and inconsistent decision tables of the Pawlak rough set model[J]. Information Sciences, 2009, 179（24）: 4140-4150.

[9] Wu W Z, Qian Y H, Li T J, et al. On rule acquisition in incomplete multi-scale decision tables[J]. Information Sciences, 2017, 378: 282-302.

[10] Liu G L, Hua Z, Zou J Y. Local attribute reductions for decision tables[J]. Information Sciences, 2018, 422: 204-217.

[11] Wei W, Wang J H, Liang J Y, et al. Compacted decision tables based attribute reduction[J]. Knowledge-Based Systems, 2015, 86: 261-277.

[12] Du W S, Hu B Q. Attribute reduction in ordered decision tables via evidence theory[J]. Information Sciences, 2016,（364/365）: 91-110.

[13] Zhang H Y, Yang S Y. Feature selection and approximate reasoning of large-scale set-valued decision tables based on α-dominance-based quantitative rough sets[J]. Information Sciences, 2017, 378: 328-347.

[14] Ge H, Li L S, Xu Y, et al. Quick general reduction algorithms for inconsistent decision tables[J]. International Journal of Approximate Reasoning, 2017, 82: 56-80.

[15] Yao Y Y, Zhang X Y. Class-specific attribute reducts in rough set theory[J]. Information Sciences, 2017,（418/419）: 601-618.

[16] Yao Y Y, Fu R. The concept of reducts in Pawlak three-step rough set analysis[J]. Lecture Notes in Computer Science, 2013, 7736: 53-72.

[17] Zhang X Y, Miao D Q. Double-quantitative fusion of accuracy and importance: Systematic measure mining, benign integration construction, hierarchical attribute reduction[J]. Knowledge-Based Systems, 2016, 91: 219-240.

[18] Wang G Y, Ma X A, Yu H. Monotonic uncertainty measures for attribute reduction in probabilistic rough set model[J]. International Journal of Approximate Reasoning, 2015, 59: 41-67.

[19] Jia X Y, Shang L, Zhou B, et al. Generalized attribute reduct in rough set theory[J]. Knowledge-Based Systems, 2016, 91: 204-218.

[20] Azam N, Zhang Y, Yao J T. Evaluation functions and decision conditions of three-way decisions

with game-theoretic rough sets[J]. European Journal of Operational Research, 2017, 261 (2): 704-714.

[21] Gao C, Yao Y Y. Actionable strategies in three-way decisions[J]. Knowledge-Based Systems, 2017, 133: 141-155.

[22] Hu B Q. Three-way decisions based on semi-three-way decision spaces[J]. Information Sciences, 2017, (382/383): 415-440.

[23] Liu D, Liang D C. Three-way decisions in ordered decision system[J]. Knowledge-Based Systems, 2017, 137: 182-195.

[24] Liang D C, Xu Z S, Liu D, et al. Method for three-way decisions using ideal TOPSIS solutions at Pythagorean fuzzy information[J]. Information Sciences, 2018, 435: 282-295.

[25] Li H X, Zhang L B, Zhou X Z, et al. Cost-sensitive sequential three-way decision modeling using a deep neural network[J]. International Journal of Approximate Reasoning, 2017, 85: 68-78.

[26] Lang G M, Miao D Q, Cai M J. Three-way decision approaches to conflict analysis using decision-theoretic rough set theory[J]. Information Sciences, 2017, (406/407): 185-207.

[27] Xu J F, Miao D Q, Zhang Y J, et al. A three-way decisions model with probabilistic rough sets for stream computing[J]. International Journal of Approximate Reasoning, 2017, 88: 1-22.

[28] Qian J, Dang C Y, Yue X D, et al. Attribute reduction for sequential three-way decisions under dynamic granulation[J]. International Journal of Approximate Reasoning, 2017, 85: 196-216.

[29] Yao Y Y. Three-way decisions and cognitive computing[J]. Cognitive Computation, 2016, 8 (4): 543-554.

[30] Liang J Y, Shi Z Z, Li D Y, et al. Information entropy, rough entropy and knowledge granularity in incomplete information systems[J]. International Journal of General Systems, 2006, 35 (6): 641-654.

[31] Wei W, Liang J Y, Qian Y H, et al. Can fuzzy entropies be effective measures for evaluating the roughness of a rough set?[J]. Information Sciences, 2013, 232: 143-166.

[32] Hu Q H, Yu D R, Xie Z X, et al. Fuzzy probabilistic approximation spaces and their information measures[J]. IEEE Transactions on Fuzzy Systems, 2006, 14 (2): 191-201.

[33] Dai J H, Tian H W. Entropy measures and granularity measures for set-valued information systems[J]. Information Sciences, 2013, 240: 72-82.

[34] Zhang X, Mei C L, Chen D G, et al. Feature selection in mixed data: A method using a novel fuzzy rough set-based information entropy[J]. Pattern Recognition, 2016, 56: 1-15.

[35] Chen Y M, Xue Y, Ma Y, et al. Measures of uncertainty for neighborhood rough sets[J]. Knowledge-Based Systems, 2017, 120: 226-235.

[36] 苗夺谦. Rough Set 理论及其在机器学习中的应用研究[D]. 北京: 中国科学院自动化研究所, 1997.

[37] 苗夺谦, 王珏. 粗糙集理论中概念与运算的信息表示[J]. 软件学报, 1999, 10 (2): 113-116.

[38] Wang G Y, Zhao J, An J J, et al. A comparative study of algebra viewpoint and information viewpoint in attribute reduction[J]. Fundamenta Informaticae, 2005, 68（3）: 289-301.

[39] 王国胤, 于洪, 杨大春. 基于条件信息熵的决策表约简[J]. 计算机学报, 2002, 25（7）: 759-766.

[40] Ma X A, Wang G Y, Yu H, et al. Decision region distribution preservation reduction in decision-theoretic rough set model[J]. Information Sciences, 2014, 278: 614-640.

[41] Slezak D. Approximate entropy reducts[J]. Fundamenta Informaticae, 2002, 53: 365-390.

[42] Jiang F, Sui Y F, Zhou L. A relative decision entropy-based feature selection approach[J]. Pattern Recognition, 2015, 48(7): 2151-2163.

[43] Zhang X Y, Miao D Q. Three-layer granular structures and three-way informational measures of a decision table[J]. Information Sciences, 2017,（412/413）: 67-86.

[44] Yao Y Y. A triarchic theory of granular computing[J]. Granular Computing, 2016, 1（2）: 145-157.

[45] Skowron A, Stepaniuk J, Swiniarski R. Modeling rough granular computing based on approximation spaces[J]. Information Sciences, 2012, 184（1）: 20-43.

[46] Chiaselotti G, Ciucci D, Gentile T. Simple graphs in granular computing[J]. Information Sciences, 2016, 340: 279-304.

[47] Zhang X H, Miao D Q, Liu C H, et al. Constructive methods of rough approximation operators and multigranulation rough sets[J]. Knowledge-Based Systems, 2016, 91: 114-125.

[48] Qian Y H, Zhang H, Sang Y L, et al. Multigranulation decision-theoretic rough sets[J]. International Journal of Approximate Reasoning, 2014, 55（1）: 225-237.

[49] Li J H, Huang C C, Qi J J, et al. Three-way cognitive concept learning via multi-granularity[J]. Information Sciences, 2017, 378: 244-263.

[50] Bishop C M. Pattern Recognition and Machine Learning[M]. Berlin: Springer, 2006.

[51] Pawlak Z. Rough sets, decision algorithms and Bayes' theorem[J]. European Journal of Operational Research, 2002, 136（1）: 181-189.

[52] Greco S, Pawlak Z, Slowinski R. Can Bayesian confirmation measures be useful for rough set decision rules?[J]. Engineering Applications of Artificial Intelligence, 2004, 17（4）: 345-361.

[53] Yao Y Y, Zhou B. Two Bayesian approaches to rough sets[J]. European Journal of Operational Research, 2016, 251（3）: 904-917.

[54] Slezak D, Ziarko W. The investigation of the Bayesian rough set model[J]. International Journal of Approximate Reasoning, 2005, 40（1/2）: 81-91.

[55] Parkash O, Sharma P K, Mahajan R. New measures of weighted fuzzy entropy and their applications for the study of maximum weighted fuzzy entropy principle[J]. Information Sciences, 2008, 178（11）: 2389-2395.

[56] Jin F F, Pei L D, Chen H Y, et al. Interval-valued intuitionistic fuzzy continuous weighted

entropy and its application to multi-criteria fuzzy group decision making[J]. Knowledge-Based Systems, 2014, 59: 132-141.

[57] 刘盾，梁德翠. 广义三支决策与狭义三支决策[J]. 计算机科学与探索, 2017, 11(3): 502-510.

[58] Zhang X Y, Yang J L, Tang L Y. Three-way class-specific attribute reducts from the information viewpoint[J]. Information Sciences, 2018, doi: 10. 1016/j.ins.2018.06.001.

[59] Zhang X Y, Miao D Q. Three-way attribute reducts[J]. International Journal of Approximate Reasoning, 2017, 88: 401-434.

[60] 周艳红. 基于三层粒结构的三支单调邻域熵及其相关属性约简[D]. 成都: 四川师范大学, 2018.

[61] 唐玲玉. 基于三层粒结构的三支加权互补熵[D]. 成都: 四川师范大学, 2018.

第 6 章　基于相容关系的最大分布保持属性约简①

分布约简可以保证属性约简前后决策系统中各规则置信度不变。在决策系统中，较高置信度的规则表示该规则具有较强的可信性，因此最大置信度的规则对于决策者具有重要意义。通过将 Pawlak 决策系统中的等价关系扩展到区间值决策系统中的相容关系，提出了区间值决策系统的最大分布约简目标，定义了最大分布保持不变的可辨识矩阵，给出了最大分布保持约简的判定定理，并构造了基于可辨识矩阵的最大分布约简算法。深入讨论了不协调区间值决策系统的最大分布约简算法与其他约简算法之间的关系。最后，通过 UCI 数据集(加利福尼亚大学欧文分校提出的用于机器学习的数据库)上的实验对提出的算法进行有效性验证。

6.1　引　　言

属性约简[1-5]是粗糙集理论[1-7]的核心研究内容之一，其研究成果广泛应用于数据挖掘、机器学习、决策分析、数据推理等研究领域。属性约简的目的是删除冗余属性，只保留使决策表某种分类特征不变的最小属性子集。差别矩阵方法是一种用于求取所有属性约简的有效方法，该方法由 Skowron 和 Rauszer[8]于 1992 年提出，将差别矩阵应用于正域约简中。许多学者在此基础上做了大量的、深入的研究工作。Kryszkiewicz[9]于 1998 年在不完备信息系统下引入广义决策保持约简的概念，并提出基于差别矩阵的广义决策保持约简方法；2007 年，邓大勇等[10]首先分析了不相容信息系统下几种约简目标之间的关系；2009 年，Miao 等[11]进一步分析了 3 种约简目标之间的关系，提出不可分辨关系保持约简以及相应的差别矩阵构造方法；Zhou 等[12]在 2011 年对现有的 13 种属性约简目标进行总结，并将所有约简目标分为 4 类，完善了现有约简目标之间的关系。

相容关系粗糙集模型在论域分类中具有较好的容错性，近几年得到了学者的广泛关注。1998 年，Kryszkiewicz[9]利用相容关系对论域进行分类，解决了等价关系上难以处理的不完备型数据；2003 年，Leung 等[13]提出了极大相容关系的概念，形成了满足自反性、对称性以及传递性的极大相容类；2006 年，Guan 和 Wang[14]在集值信息系统中提出最大相容类的概念，并提出 E-相对约简和 A-相对约简；2010 年，张楠等[15]针对对象的分类结果存在冗余度大、误分率高等问题，在区间值信息系统

① 本章工作获得国家自然科学基金项目(61403329、61572418、61502410、61572419)资助。

中引入α-极大相容类的概念，并提出广义决策保持属性约简；2009 年，刘鹏惠等[16]借助于属性区间值的相似程度在区间值信息系统上定义了一种具有变精度的相容关系，并得到了求决策属性约简与决策属性相对约简的具体操作方法；2013 年，Dai[17]在相容关系的基础上提出模糊相容关系的定义，并设计出基于条件熵的启发式约简方法；2017 年，张楠等[18,19]在不协调区间值决策系统中利用α-相容关系提出确定性规则保持约简和分布保持约简；2017 年，Dai 等[20]在不完备区间值决策系统中引入α-弱相似关系的概念，提出一种度量区间数之间相似关系的新方法。

上述研究工作中，未见对区间值决策系统最大分布约简的讨论。本章提出了区间值决策系统最大分布约简的概念，构造了相应的差别矩阵并给出了基于差别矩阵的最大分布保持属性约简算法。具体内容的组织结构如下：6.2 节回顾了不协调区间值决策系统的一些基本概念以及不协调区间值决策系统中的分布约简算法；6.3 节提出了不协调区间值决策系统的最大分布约简算法；6.4 节比较了最大分布约简与分布约简、正域约简算法的结果和效率；6.5 节对全章进行了总结。

6.2 基本知识

6.2.1 区间值决策系统的粗糙近似

首先，给出相容关系粗糙集模型的相关概念和性质。

给定区间值信息系统[15-19] $\mathrm{IS}=(U,\mathrm{AT},V,f)$。$U$ 是有限对象集合，$U=(x_1,x_2,\cdots,x_{|U|})$；AT 是有限属性集合，$\mathrm{AT}=(a_1,a_2,\cdots,a_{|\mathrm{AT}|})$；$V$ 是全体属性的值域，即 $V=\bigcup_{a_k\in \mathrm{AT}} V_{a_k}$，$V_{a_k}$ 是属性 $a_k\in\mathrm{AT}$ 的值域；$f:U\times\mathrm{AT}\to V$ 是一个信息函数，它指定论域 U 中每一个对象 x_i 在属性 a_k 上的区间属性值，即对任意的 $x_i\in U$，$a_k\in\mathrm{AT}$，有 $f(x_i,a_k)=a_k(x_i)=[l_i^k,u_i^k]$。

如果属性集 AT 由条件属性集 C 和决策属性集 D 组成，$C=(a_1,a_2,\cdots,a_{|C|})$，$D=\{d\}$，即 $C\cup D=\mathrm{AT}$；$V=V_C\cup V_D$，其中，V_C 为条件属性值集合，V_D 为决策属性值集合；$f:U\times D\to V_C$ 为区间值映射，$f:U\times D\to V_D$ 为单值映射，则称区间值信息系统为区间值决策系统 $\mathrm{DS}=(U,C\cup D,V,f)$。

定义 6-1 设 $\eta_1=[l_i^k,u_i^k]$ 和 $\eta_2=[l_j^k,u_j^k]$ 为任意两个区间值，则区间值的相关运算如下。

(1) 区间值交运算为

$$\eta_1\cap\eta_2=\begin{cases}0, & (u_i^k<l_j^k)\vee(u_j^k<l_i^k)\\ [\max(l_i^k,l_j^k),\min(u_i^k,u_j^k)], & \text{其他}\end{cases}$$

(2) 区间值并运算为

$$\eta_1 \cup \eta_2 = [\min(l_i^k, l_j^k), \max(u_i^k, u_j^k)]$$

目前，度量区间值相似度比较合理的主要方法有 Jaccard 相似率、悲观相似率和乐观相似率，本章统一采用 Jaccard 相似率来度量两个区间值的相似度。

定义 6-2　$DS = (U, C \cup D, V, f)$ 为区间值决策系统，对任意的 $x_i, x_j \in U$，$a_k \in AT$，区间值 $a_k(x_i) = [l_i^k, u_i^k]$ 和 $a_k(x_j) = [l_j^k, u_j^k]$ 的 Jaccard 相似率[16] a_{ij}^k 定义为

$$a_{ij}^k = \frac{|[l_i^k, u_i^k] \cap [l_j^k, u_j^k]|}{|[l_i^k, u_i^k] \cup [l_j^k, u_j^k]|}$$

Jaccard 相似率为两个区间数的交集与并集长度的比值，它适合度量长度相似的两个区间数。

例 6-1　区间值决策系统 $DS = (U, C \cup D, V, f)$，如表 6-1 所示，其中，$U = \{x_1, x_2, \cdots, x_6\}$ 为对象的集合，$C = \{a_1, a_2, a_3, a_4\}$ 为条件属性的集合，$D = \{d\}$ 为决策属性。

表 6-1　不协调区间值决策系统

U	a_1	a_2	a_3	a_4	d
x_1	[0.86,3.13]	[−0.20,2.23]	[−0.26,2.26]	[−0.19,2.20]	1
x_2	[−0.12,2.13]	[0.79,3.20]	[0.73,3.26]	[0.73,3.26]	2
x_3	[−0.13,2.20]	[0.86,2.95]	[−0.26,2.26]	[−0.24,2.12]	2
x_4	[−0.14,2.01]	[0.85,3.01]	[0.71,3.11]	[−0.24,2.11]	2
x_5	[−0.13,2.13]	[0.79,2.94]	[−0.26,2.23]	[−0.25,2.30]	1
x_6	[−0.13,2.13]	[0.82,3.10]	[−0.24,2.19]	[−0.24,2.11]	1

令 $\eta_1 = [l_1^1, u_1^1]$，$\eta_2 = [l_2^1, u_2^1]$，分别计算 η_1 和 η_2 的交、并：

$$\eta_1 \cap \eta_2 = [0.86, 3.13] \cap [-0.12, 2.13] = [0.86, 2.13]$$

$$\eta_1 \cup \eta_2 = [0.86, 3.13] \cap [-0.12, 2.13] = [-0.12, 3.13]$$

计算 η_1 和 η_2 的 Jaccard 相似率：

$$a_{12}^1 = \frac{|[l_1^1, u_1^1] \cap [l_2^1, u_2^1]|}{|[l_1^1, u_1^1] \cup [l_2^1, u_2^1]|} = 0.391$$

定义 6-3[16]　对于区间值决策系统 $DS = (U, C \cup D, V, f)$，$a_k \in C$，$\alpha \in [0,1]$，则关于条件属性 a_k 的 α-相容关系定义为

$$T_{(a_k)}^{\alpha} = \{(x_i, x_j) \mid (x_i, x_j) \in U \times U, \alpha_{ij}^k > \alpha\} \tag{6.1}$$

其中，α_{ij}^k 表示对象 x_i 和对象 x_j 关于属性 a_k 的 α-Jaccard 相似度，简称 α-相似度。

关于条件属性子集 $A \subseteq C$ 的 α-相容关系定义为

$$T_A^{\alpha} = \{(x_i, x_j) \mid (x_i, x_j) \in U \times U, \alpha_{ij}^k > \alpha, a_k \in A\} \tag{6.2}$$

性质 6-1[15]　对于区间值决策系统 $\mathrm{DS} = (U, C \cup D, V, f)$，$A \subseteq C$，$a_k \in A$，$\alpha \in [0,1]$，$T_{(a_k)}^{\alpha}$ 是属性 a_k 的 α-相容关系，则关于集合 A 的相容关系为

$$T_A^{\alpha} = \bigcap_{a_k \in A} T_{(a_k)}^{\alpha} \tag{6.3}$$

性质 6-2[15]　设区间值决策系统 $\mathrm{DS} = (U, C \cup D, V, f)$，$A \subseteq C$，则 T_A^{α} 具有以下性质。

(1) 自反性：任意 $x_i \in U$，则 $(x_i, x_j) \in T_A^{\alpha}$。

(2) 对称性：任意 $x_i, x_j \in U$，若 $(x_i, x_j) \in T_A^{\alpha}$，则 $(x_j, x_i) \in T_A^{\alpha}$。

(3) 非传递性：任意 $x_i, x_j, x_k \in U$，若满足 $(x_i, x_k) \in T_A^{\alpha}$ 和 $(x_k, x_j) \in T_A^{\alpha}$，则 $(x_i, x_j) \in T_A^{\alpha}$ 不一定成立。

定义 6-4[16]　设区间值决策系统 $\mathrm{DS} = (U, C \cup D, V, f)$，$A \subseteq C$，$\alpha \in [0,1]$，$T_A^{\alpha}$ 是属性集 A 的 α-相容关系，则关于对象 x_i 在属性集 A 下的 α-相容类定义为

$$S_A^{\alpha}(x_i) = \{x_j \mid x_j \in U, (x_i, x_j) \in T_A^{\alpha}\}$$

对任意 $x_i \in U$，区间值决策系统 DS 在阈值 α 下的相容类集合定义为

$$S_A^{\alpha}(U) = \{S_A^{\alpha}(x_1), S_A^{\alpha}(x_2), \cdots, S_A^{\alpha}(x_n)\}$$

其中，n 是论域的个数。

经典粗糙集中对象间的二元关系为等价关系，具有自反性、传递性、对称性，导出的等价类集合是对论域的划分，而定义 6-4 中的相容类是对论域的覆盖。

定义 6-5　给定区间值决策系统 $\mathrm{DS} = (U, C \cup D, V, f)$，$S_A^{\alpha}(x_i)$ 是在相容关系下包含 x_i 的相容类，则集合 X 关于 α-相容关系的上、下近似[18]定义分别为

$$\overline{\mathrm{apr}_A^{\alpha}}(X) = \{x_i \mid x_i \in U, S_A^{\alpha}(x_i) \cap X \neq \varnothing\} \tag{6.4}$$

$$\underline{\mathrm{apr}_A^{\alpha}}(X) = \{x_i \mid x_i \in U, S_A^{\alpha}(x_i) \subseteq X\} \tag{6.5}$$

集合 X 关于 α-相容关系的正域为

$$\mathrm{POS}_A^{\alpha}(X) = \underline{\mathrm{apr}_A^{\alpha}}(X) \tag{6.6}$$

下近似表示完全属于 X 的对象的集合，上近似表示可能属性 X 的对象的集合，根据上、下近似的概念，决策规则可以分为确定性规则和可能性规则。

定义 6-6[18]　给定区间值决策系统 $\mathrm{DS} = (U, C \cup D, V, f)$，$X \subseteq U$，$A \subseteq C$，则条件属性集 A 的近似分类精度定义为

$$\mu_A^{\alpha}(X)=\frac{|\underline{\mathrm{apr}}_A^{\alpha}(X)|}{|\overline{\mathrm{apr}}_A^{\alpha}(X)|} \tag{6.7}$$

近似分类精度表示确定性规则占可能性规则的比例，近似分类精度越大，区间值信息系统中确定性规则越多；反之，确定性规则越少。

定义 6-7[19] 对于区间值决策系统 $\mathrm{DS}=(U,C\bigcup D,V,f)$，$A\subseteq C$，决策属性 D 对的 U 划分为 $U/D=\{D_1,D_2,\cdots,D_{|U/D|}\}$，决策属性 D 关于 α-相容关系的上、下近似定义分别为

$$\overline{\mathrm{apr}}_A^{\alpha}(D)=\{x_i \mid x_i\in U, D_j\in U/D, S_A^{\alpha}(x_i)\bigcap D_j\neq\varnothing\} \tag{6.8}$$

$$\underline{\mathrm{apr}}_A^{\alpha}(D)=\{x_i \mid x_i\in U, D_j\in U/D, S_A^{\alpha}(x_i)\bigcap D_j\} \tag{6.9}$$

决策属性 D 关于 α-相容关系的正域定义为

$$\mathrm{POS}_A^{\alpha}(D)=\overline{\mathrm{apr}}_A^{\alpha}(D)$$

定义 6-8[19] 设区间值决策系统 $\mathrm{DS}=(U,C\bigcup D,V,f)$，$A\subseteq C$，决策属性 D 对的 U 划分为 $U/D=\{D_1,D_2,\cdots,D_{|U/D|}\}$，则在决策属性 D 下，关于条件属性集 A 的近似分类精度定义为

$$\mu_A^{\alpha}(D)=\frac{|\underline{\mathrm{apr}}_A^{\alpha}(D)|}{|\overline{\mathrm{apr}}_A^{\alpha}(D)|} \tag{6.10}$$

定义 6-5 和定义 6-6 是关于集合 X 的上、下近似和近似分类精度，而定义 6-7 和定义 6-8 是关于决策属性 D 的上、下近似和近似分类精度。

定义 6-9[19] 对于区间值决策系统 $\mathrm{DS}=(U,C\bigcup D,V,f)$，对任意 $x_i,x_j\in U$，且 $i\neq j$，若 x_i 和 x_j 具有 α-相容关系，且满足 $d(x_i)=d(x_j)$，则称 $x_i\in U$ 是关于属性集 $A\subseteq C$ 的 α-协调对象；否则称为 α-不协调对象。

若存在一个对象 $x_i\in U$ 是关于 $A\subseteq C$ 的 α-不协调对象，那么称 DS 为不协调区间值决策表，否则称为协调区间值决策表。

例 6-2 如表 6-1 所示的区间值决策系统，令 $\alpha=0.6$，则相容关系 $T_C^{0.6}$ 为

$$T_C^{0.6}=\begin{bmatrix}1&0&0&0&0&0\\0&1&0&0&0&0\\0&0&1&0&1&1\\0&0&0&1&0&0\\0&0&1&0&1&1\\0&0&1&0&1&1\end{bmatrix}$$

根据相似率布尔矩阵，计算阈值$\alpha=0.6$下的相容类集合：

$$S_C^{0.6}(U)=\{S_C^{0.6}(x_1),S_C^{0.6}(x_2),\cdots,S_C^{0.6}(x_6)\}$$

其中

$$S_C^{0.6}(x_1)=\{x_1\},\quad S_C^{0.6}(x_2)=(x_2)$$

$$S_C^{0.6}(x_3)=S_C^{0.6}(x_5)=S_C^{0.6}(x_6)=\{x_3,x_5,x_6\}$$

$$S_C^{0.6}(x_4)=\{x_4\}$$

$U/D=\{\{x_1,x_5,x_6\},\{x_2,x_3,x_4\}\}$为决策属性$D$对$U$的划分，计算决策属性$D$关于相容关系$T_C^{0.6}$的上、下近似：

$$\overline{\mathrm{apr}_C^{0.6}}(D)=U\text{，}\quad \underline{\mathrm{apr}_C^{0.6}}(D)=\{x_1,x_2,x_4\}$$

计算条件属性集C的近似分类精度：

$$\mu_C^{0.6}(D)=\frac{|\underline{\mathrm{apr}_C^{\alpha}}(D)|}{|\overline{\mathrm{apr}_C^{\alpha}}(D)|}=\frac{3}{6}=0.5$$

6.2.2 区间值决策系统的分布约简

文献[19]提出不协调区间决策系统的分布约简。

定义 6-10 设区间值决策系统$\mathrm{DS}=(U,C\cup D,V,f)$，$A\subseteq C$，$U/D=\{D_1,D_2,\cdots,D_{|U/D|}\}$，则$x_i\in U$对应的概率分布定义为

$$\mu_A^{\alpha}(x_i)=(D(D_1/S_A^{\alpha}(x_i)),D(D_2/S_A^{\alpha}(x_i)),\cdots,D(D_j/S_A^{\alpha}(x_i),\cdots,D(D_{|U|}/S_A^{\alpha}(x_i))) \tag{6.11}$$

其中

$$D(D_j/S_A^{\alpha}(x_i))=\frac{|D_j\cap S_A^{\alpha}(x_i)|}{|S_A^{\alpha}(x_i)|},\qquad j\leqslant|U/D| \tag{6.12}$$

定义 6-11 设区间值决策系统$\mathrm{DS}=(U,C\cup D,V,f)$，$U=\{x_1,x_2,\cdots,x_{|U|}\}$，则对任意$1\leqslant i$，$j\leqslant|U|$：

$$\mathrm{DM}_D^{\alpha}(i,j)=\begin{cases}\{a_k\mid a_k\in C\wedge\alpha_{ij}^k<\alpha\}, & \mu_A^{\alpha}(x_i)\neq\mu_A^{\alpha}(x_j)\\ \varnothing, & \mu_A^{\alpha}(x_i)=\mu_A^{\alpha}(x_j)\end{cases} \tag{6.13}$$

为基于α-相容类的分布约简可辨识矩阵DM_D^{α}第i行j列的元素，DM_D^{α}简称为分布可辨识矩阵，其中，$i,j=1,2,\cdots,|U|$。

定义 6-12 设区间值决策系统$\mathrm{DS}=(U,C\cup D,V,f)$，$C=\{a_1,a_2,\cdots,a_{|C|}\}$，$\mathrm{DM}_D^{\alpha}(i,j)$表示可辨识矩阵中第$i$行$j$列的元素，基于$\alpha$-相容类的分布可辨识函数定

义为与 $a_1,a_2,\cdots,a_{|C|}$ 相对应的 $|C|$ 个布尔变量 $\bar{a}_1,\bar{a}_2,\cdots,\bar{a}_{|C|}$ 的布尔函数：

$$f_D^{\alpha}(C)(\bar{a}_1,\bar{a}_2,\cdots,\bar{a}_{|C|}) = \wedge\{\vee \mathrm{DM}_D^{\alpha}(i,j) : \mathrm{DM}_D^{\alpha}(i,j) \neq \varnothing\} \tag{6.14}$$

为基于 α -相容类的分布约简可辨识函数，简称分布可辨识函数。这里的 $\vee \mathrm{DM}_D^{\alpha}(i,j)$ 表示满足 $a \in \mathrm{DM}_D^{\alpha}(i,j)$ 的全体布尔变量 $\bar{a}$ 的析取式。

利用分配率和吸收率将 $f_D^{\alpha}(C)$ 转化为 $h_D^{\alpha}(C)(\bar{a}_1,\bar{a}_2,\cdots,\bar{a}_m) = (\wedge\theta_1)\vee\cdots\vee(\theta_l)$，$\theta_k \subseteq C, k=1,\cdots,l$，$\theta_k$ 满足：其中每一个属性元素只出现一次。

定理 6-1　设区间值决策系统 $\mathrm{DS}=(U,C\cup D,V,f)$，$h_D^{\alpha}(C)$ 是分布可辨识函数 $f_D^{\alpha}(C)$ 的形式转化，若 $A \subseteq C$ 是分布约简，当且仅当 A 是 $h_D^{\alpha}(C)$ 的一个蕴含项。

基于可辨识矩阵的分布约简算法(Distribution Reduction Algorithm based on Discernibility Matrix，DRADM)描述如下。

算法 6-1　DRADM
输入：区间值决策系统 DS，阈值 α。
输出：区间值决策系统的所有分布保持约简结果。
(1) 计算区间值决策系统 DS 的在阈值 α 下的相容类集合 $S_C^{\alpha}(U)$。
(2) 根据每个对象对应的相容类，计算每个对象相对于每一个决策类的概率分布 $\mu_C^{\alpha}(x_i)$。
(3) 根据每个对象的可信度不同构造分布约简可辨识矩阵 DM_D^{α}。
(4) 由可辨识矩阵 DM_D^{α} 计算分布约简可辨识函数 $f_D^{\alpha}(C)$。
(5) 利用分配率和吸收率将 $f_D^{\alpha}(C)$ 转化为 $h_D^{\alpha}(C)$，$h_D^{\alpha}(C)$ 中每一个蕴含项为一个分布保持的约简。

例 6-3　如表 6-1 所示的区间值决策系统，令 $\alpha=0.6$，根据例 6-2 可知相似布尔矩阵以及相容类集合。

计算每个对象对应的概率分布：

$$\mu_C^{0.6}(x_1)=\{1,0\},\quad \mu_C^{0.6}(x_2)=\{0,1\}$$

$$\mu_C^{0.6}(x_3)=\{2/3,1/3\},\quad \mu_C^{0.6}(x_4)=\{0,1\}$$

$$\mu_C^{0.6}(x_5)=\{2/3,1/3\},\quad \mu_C^{0.6}(x_6)=\{2/3,1/3\}$$

计算分布保持约简可辨识矩阵：

$$\mathrm{DM}_D^{0.6}(6,6)=\begin{bmatrix} \varnothing & & & & & \\ a_1,a_2,a_3,a_4 & \varnothing & & & & \\ a_1,a_2 & a_3,a_4 & \varnothing & & & \\ a_1,a_2,a_3 & \varnothing & a_3 & \varnothing & & \\ a_1,a_2 & a_3,a_4 & \varnothing & a_3 & \varnothing & \\ a_1,a_2 & a_3,a_4 & \varnothing & a_3 & \varnothing & \varnothing \end{bmatrix}$$

计算分布约简可辨识函数：

$$f_D^{0.6}(C)(\overline{a}_1,\overline{a}_2,\overline{a}_3,\overline{a}_4)=a_3\wedge(a_2\vee a_1)$$

转化后的分布约简可辨识函数：

$$h_D^{0.6}(C)(\overline{a}_1,\overline{a}_2,\overline{a}_3,\overline{a}_4)=(a_1\wedge a_3)\vee(a_2\wedge a_3)$$

因此分布保持约简为 $\{a_1,a_3\}$ 和 $\{a_2,a_3\}$。

6.3 区间值决策系统的最大分布约简

本节在区间值决策系统中引入最大规则置信度的概念，提出了不协调区间值决策系统的最大分布约简算法。

定义 6-13 设区间值决策系统 $\mathrm{DS}=(U,C\bigcup D,V,f)$，$A\subseteq C$，$U/D=\{D_1, D_2,\cdots, D_{|U/D|}\}$，则 $x_i\in U$ 对应的最大概率分布定义为

$$m_A^\alpha(x_i)=\max_{j\leqslant q}D(D_j/S_A^\alpha(x_i))=D(D_{j_0}/S_A^\alpha(x_i)) \tag{6.15}$$

$x_i\in U$ 对应的最大分布为

$$\gamma_A^\alpha(x_i)=\{D_j\mid D(D_j/S_A^\alpha(x_i))=D(D_{j_0}/S_A^\alpha(x_i)\} \tag{6.16}$$

若对任意的 $x_i\in U$，有 $\gamma_A^\alpha(x_i)=\gamma_C^\alpha(x_i)$，称 A 是 DS 中基于 α-相容关系的最大分布协调集，简称最大分布协调集。若 A 是最大分布协调集，且 A 的任意真子集都不是最大分布协调集，那么称 A 是 DS 中基于 α-相容关系的最大分布相对约简，简称最大分布约简。

定义 6-14 设区间值决策系统 $\mathrm{DS}=(U,C\bigcup D,V,f)$，$A\subseteq C$，$x_i\in U$，若属性子集 A 满足以下条件：

(1) $\gamma_A^\alpha(x_i)=\gamma_C^\alpha(x_i)$；

(2) 不存在子集 $B\subset A$，满足 $\gamma_B^\alpha(x_i)=\gamma_C^\alpha(x_i)$。

那么称属性子集 A 为区间值决策系统基于相容关系的最大分布约简。DS 中所有约简的集合记为 α-Reduct，所有约简的交集称为 DS 的核，记为 α-Core。

定理 6-2 设区间值决策系统 $\mathrm{DS}=(U,C\bigcup D,V,f)$，$A\subseteq C$，则 A 是最大分布协调集当且仅当任意 $x_i,x_j\in U$，当 $\gamma_C^\alpha(x_i)=\gamma_C^\alpha(x_j)$ 时，有 $S_A^\alpha(x_i)\neq S_A^\alpha(x_j)$。

证明 记 $J(S_A^\alpha(x_i))=\{S_C^\alpha(x_j)\mid S_C^\alpha(x_j)\subseteq S_A^\alpha(x_i)\}$。

"$\Rightarrow$"：设 A 是最大分布协调集，对任意 $x_i,x_j\in U$，假设 $S_A^\alpha(x_i)\neq S_A^\alpha(x_j)$，有 $(x_i,x_j)\in T_A^\alpha$，即 $\gamma_A^\alpha(x_i)=\gamma_A^\alpha(x_j)$，又因为 $\gamma_A^\alpha(x_i)=\gamma_C^\alpha(x_i)$ 和 $\gamma_A^\alpha(x_j)=\gamma_C^\alpha(x_j)$ 成立，那么 $\gamma_C^\alpha(x_i)=\gamma_C^\alpha(x_j)$，这与 $\gamma_C^\alpha(x_i)\neq\gamma_C^\alpha(x_j)$ 矛盾，从而任意 $x_i,x_j\in U$，当 $\gamma_C^\alpha(x_i)=\gamma_C^\alpha(x_j)$ 时，有 $S_A^\alpha(x_i)\neq S_A^\alpha(x_j)$。

“$\Leftarrow$”：对任意 $x_i, x_j \in U$，当 $S_A^\alpha(x_i)=S_A^\alpha(x_j)$ 时，有 $\gamma_A^\alpha(x_i)=\gamma_A^\alpha(x_j)$，对于任意的 $D_{j_0}\in\gamma_C^\alpha(x_i)$，有 $D_{j_0}\in\gamma_C^\alpha(x_j)$。由于 $S_A^\alpha(x_i)=\bigcup\{S_C^\alpha(x_j)\mid S_C^\alpha(x_j)\in J(S_A^\alpha(x_i))\}$，对任意的 $k\leqslant q$，有

$$\begin{aligned}
&D(D_k / S_A^\alpha(x_i))\\
&=\frac{\sum\{|D_k\cap S_C^\alpha(x_j)|:S_C^\alpha(x_j)\in J(S_A^\alpha(x_i))\}}{|S_A^\alpha(x_i)|}\\
&=\sum\left\{\frac{|D_k\cap S_C^\alpha(x_j)|}{|S_C^\alpha(x_j)|}\times\frac{|S_C^\alpha(x_j)|}{|S_A^\alpha(x_i)|}:S_C^\alpha(x_j)\in J(S_A^\alpha(x_i))\right\}\\
&\leqslant\sum\left\{\frac{|D_{j_0}\cap S_C^\alpha(x_j)|}{|S_C^\alpha(x_i)|}\times\frac{|S_C^\alpha(x_j)|}{|S_A^\alpha(x_i)|}:S_C^\alpha(x_j)\in J(S_A^\alpha(x_i))\right\}\\
&=\frac{|D_{j_0}\cap S_A^\alpha(x_i)|}{|S_A^\alpha(x_i)|}\\
&=D(D_{j_0} / S_A^\alpha(x_i))
\end{aligned}$$

故 $D_{j_0}\in\gamma_C^\alpha(x_i)$，从而

$$\gamma_A^\alpha(x_i)\supseteq\gamma_C^\alpha(x_i)$$

另外，任意的 $D_{j_0}\in\gamma_A^\alpha(x_i)$，若 $D_{j_0}\neq\gamma_C^\alpha(x_i)$，则任意的 $S_C^\alpha(x_j)\in J(S_A^\alpha(x_i))$，由 $\gamma_C^\alpha(x_i)=\gamma_C^\alpha(x_j)$ 可得 $m_C^\alpha(x_j)>D(D_{j_0} / S_C^\alpha(x_j))$。取 $D_{j_0}\in\gamma_C^\alpha(x_j)$，则

$$\begin{aligned}
&D(D_{k_0} / S_A^\alpha(x_i))\\
&=\sum\left\{\frac{|D_{k_0}\cap S_C^\alpha(x_j)|}{|S_C^\alpha(x_j)|}\times\frac{|S_C^\alpha(x_j)|}{S_A^\alpha(x_i)}:S_C^\alpha(x_j)\in J(S_A^\alpha(x_i))\right\}\\
&=\sum\left\{m_C^\alpha(x_j)\times\frac{|S_C^\alpha(x_j)|}{|S_A^\alpha(x_i)|}:S_C^\alpha(x_j)\in J(S_A^\alpha(x_i))\right\}\\
&>\sum\left\{D(D_{j_0} / S_C^\alpha(x_j))\times\frac{|S_{AT}^\alpha(x_j)|}{|S_A^\alpha(x_i)|}:S_C^\alpha(x_j)\in J(S_A^\alpha(x_i))\right\}\\
&=\sum\left\{\frac{|D_{j_0}\cap S_C^\alpha(x_j)|}{|S_C^\alpha(x_j)|}\times\frac{|S_C^\alpha(x_j)|}{|S_A^\alpha(x_i)|}:S_C^\alpha(x_j)\in J(S_A^\alpha(x_i))\right\}\\
&=\frac{|D_{j_0}\cap S_A^\alpha(x_i)|}{|S_A^\alpha(x_i)|}\\
&=D(D_{j_0} / S_A^\alpha(x_i))
\end{aligned}$$

与 $D_{j_0}\in\gamma_A^\alpha(x_i)$ 矛盾，因此 $D_{j_0}\in\gamma_C^\alpha(x_i)$，于是有 $\gamma_A^\alpha(x_i)\subseteq\gamma_C^\alpha(x_i)$。

因此，证明了对任意 $x_i \in U$ ，$\gamma_A^\alpha(x_i)=\gamma_C^\alpha(x_i)$ ，即集合 A 是最大分布协调集。定理得证。

定义 6-15　设区间值决策系统 $\mathrm{DS}=(U,C\cup D,V,f)$ ，$U=\{x_1,x_2,\cdots,x_{|U|}\}$ ，则对任意 $1\leqslant i,j\leqslant|U|$：

$$\mathrm{DM}_{D\mathrm{Max}}^\alpha(i,j)=\begin{cases}\{a_k \mid a_k\in C\wedge \alpha_{ij}^k<\alpha\}, & \gamma_A^\alpha(x_i)\neq\gamma_A^\alpha(x_j)\\ \varnothing, & \gamma_A^\alpha(x_i)=\gamma_A^\alpha(x_j)\end{cases}\tag{6.17}$$

为基于 α -相容类的最大分布约简可辨识矩阵 $\mathrm{DM}_{D\mathrm{Max}}^\alpha$ 第 i 行 j 列的元素，$\mathrm{DM}_{D\mathrm{Max}}^\alpha$ 简称为最大分布可辨识矩阵，其中 $i,j=1,2,\cdots,|U|$。

基于 α -相容类的最大分布可辨识矩阵是一个相对于主对角线对称的矩阵，在进行运算时只需考虑其上三角或下三角部分即可。

定理 6-3　设区间值决策系统 $\mathrm{DS}=(U,C\cup D,V,f)$ ，$A\subseteq C$ ，则 A 是最大分布协调集当且仅当任意 $x_i,x_j\in U$ ，当 $\gamma_C^\alpha(x_i)=\gamma_C^\alpha(x_j)$ 时，有 $\mathrm{DM}_{D\mathrm{Max}}^\alpha(i,j)\cap A\neq\varnothing$ 。

证明

"$\Rightarrow$"：设 A 是最大分布协调集，对于任意的 $x_i,x_j\in U$ ，假设存在 $\mathrm{DM}_{D\mathrm{Max}}^\alpha(i,j)$ 使 $\mathrm{DM}_{D\mathrm{Max}}^\alpha(i,j)\cap A\neq\varnothing$ ，则存在 $S_C^\alpha(x_i)$ 和 $S_C^\alpha(x_j)$ ，有 $\gamma_C^\alpha(x_i)\neq\gamma_C^\alpha(x_j)$ ，由定理 6-2 得 $S_A^\alpha(x_i)\neq S_A^\alpha(x_j)$ ，从而存在 $a_k\in A$ ，满足 $a_{ij}^k<\alpha$ ，因此存在 $a_k\in\mathrm{DM}_{D\mathrm{Max}}^\alpha(i,j)$ ，即 $\mathrm{DM}_{D\mathrm{Max}}^\alpha(i,j)\cap A\neq\varnothing$ 。

"$\Leftarrow$"：假设存在 $x_i,x_j\in U$ ，满足 $\gamma_C^\alpha(x_i)\neq\gamma_C^\alpha(x_j)$ ，且 $\mathrm{DM}_{D\mathrm{Max}}^\alpha(i,j)\cap A\neq\varnothing$ ，则对任意 $a_k\in A$ ，有 $a_k\notin\mathrm{DM}_{D\mathrm{Max}}^\alpha(i,j)$ ，$\alpha_{ij}^k\geqslant\alpha$ ，因此 $x_i,x_j\in T_A^\alpha$ 。假设 x_i,x_j 对应的 α -相容类分别为 $S_A^\alpha(x_i)$ 和 $S_A^\alpha(x_j)$ ，则有 $S_A^\alpha(x_i)=S_A^\alpha(x_j)$ ，定理 6-2 得 A 不是最大分布协调集。定理得证。

定义 6-16　设区间值决策系统 $\mathrm{DS}=(U,C\cup D,V,f)$ ，$C=\{a_1,a_2,\cdots,a_{|C|}\}$ ，$\mathrm{DM}_{D\max}^\alpha(i,j)$ 表示最大分布可辨识矩阵中第 i 行 j 列的元素，基于 α -相容类的最大分布可辨识函数定义为与 $a_1,a_2,\cdots,a_m$ 相对应 $|C|$ 个布尔变量的布尔函数：

$$f_D^\alpha(C)_{\mathrm{Max}}(\overline{a}_1,\overline{a}_2,\cdots,\overline{a}_{|C|})=\wedge\{\vee\mathrm{DM}_{D\mathrm{Max}}^\alpha(i,j):\mathrm{DM}_{D\mathrm{Max}}^\alpha(i,j)\neq\varnothing\}\tag{6.18}$$

式(6.18)为基于 α -相容类的最大分布约简可辨识函数，简称最大分布可辨识函数。$\vee\mathrm{DM}_{D\mathrm{Max}}^\alpha(i,j)$ 表示满足 $\alpha\in\mathrm{DM}_{D\mathrm{Max}}^\alpha(i,j)$ 的全体布尔变量 $\overline{a}$ 的析取式。

利用分配率和吸收率将 $f_D^\alpha(C)_{\mathrm{Max}}$ 转化为 $h_D^\alpha(C)_{\mathrm{Max}}(\overline{a}_1,\overline{a}_2,\cdots,\overline{a}_{|C|})=(\wedge\theta_1)\vee\cdots\vee(\wedge\theta_l),\theta_k\subseteq C,k=1,2,\cdots,l,\theta_k$ 满足：其中每一个属性元素只出现一次。

定理 6-4　设区间值决策系统 $\mathrm{DS}=(U,C\cup D,V,f)$ ，$h_D^\alpha(C)$ 是可辨识函数 $f_D^\alpha(C)_{\mathrm{Max}}$ 的形式转化，若 A 是最大分布约简，当且仅当 A 是 $h_D^\alpha(C)_{\mathrm{Max}}$ 的一个蕴含项。

证明

“$\Rightarrow$”：假设θ是$h_D^{\alpha}(C)_{\text{Max}}$的一个蕴含项，则存在$\text{DM}_D^{\alpha}(i,j)_{\text{Max}}\cap\theta\neq\varnothing$，通过定理 6-2 得知$\theta$是其中一个最大分布约简。

“$\Leftarrow$”：根据定义 6-16 可得$h_D^{\alpha}(C)_{\text{Max}}(\overline{a}_1,\overline{a}_2,\cdots,\overline{a}_m)=(\wedge\theta_1)\vee\cdots\vee(\theta_l),\theta_k\subseteq C$，$k=1,\cdots,l$，若在$\theta$中去掉一个元素形成$\theta'$，则存在$S_C^{\alpha}(x_i)$和$S_C^{\alpha}(x_j)$满足$\gamma_C^{\alpha}(x_i)\neq\gamma_C^{\alpha}(x_j)$，使得$\text{DM}_{D\text{Max}}^{\alpha}(i,j)\cap\theta'=\varnothing$，故$\theta'$不是最大分布约简，从而$\theta$是其中一个最大分布约简。定理得证。

基于差别矩阵的分布约简算法(Maximum Distribution Reduction Algorithm based on Discernibility Matrix，MDRADM)描述如下。

算法 6-2　MDRADM
输入：　区间值决策系统 DS，阈值α。 输出：　区间值决策系统的所有最大分布保持约简结果。 (1) 计算区间值决策系统 DS 的在阈值α下的相容类集合$S_C^{\alpha}(U)$。 (2) 根据每个对象对应的相容类，计算每个对象相对于每一个决策类的概率分布$\mu_C^{\alpha}(x_i)$。 (3) 根据每个对象的概率分布，计算所对应的最大分布$\gamma_C^{\alpha}(x_i)$。 (4) 根据每个对象的可信度不同构造最大分布约简可辨识矩阵$\text{DM}_{D\,\text{Max}}^{\alpha}$。 (5) 由可辨识矩阵$\text{DM}_{D\,\text{Max}}^{\alpha}$计算最大分布约简可辨识函数$f_D^{\alpha}(C)_{\text{Max}}$。 (6) 利用分配率和吸收率将$U$转化为$h_D^{\alpha}(C)_{\text{Max}}$，$h_D^{\alpha}(C)_{\text{Max}}$中每一个蕴含项为一个最大分布保持的约简。

算法 6-2 是通过可辨识矩阵求得区间值决策表的所有最大分布保持约简，因此算法 6-2 在最坏情况下的时间复杂度为$O(|C|^{|U|^2})$，其中，$|C|$为条件属性的个数，$|U|$为对象的个数。

例 6-4　如表 6-1 所示的区间值决策系统，令$\alpha=0.6$，根据例 6-2 可知相似布尔矩阵以及相容类。

计算决策属性D对U划分：

$$U/D=\{D_1,D_2\}=\{\{x_1,x_5,x_6\},\{x_2,x_3,x_4\}\}$$

计算每个对象对应的概率分布：

$$\mu_C^{0.6}(x_1)=\{1,0\},\quad \mu_C^{0.6}(x_2)=\{0,1\}$$

$$\mu_C^{0.6}(x_3)=\{2/3,1/3\},\quad \mu_C^{0.6}(x_4)=\{0,1\}$$

$$\mu_C^{0.6}(x_5)=\{2/3,1/3\},\quad \mu_C^{0.6}(x_6)=\{2/3,1/3\}$$

计算每个对象对应的最大分布：

$$\gamma_C^{0.6}(x_1)=\{D_1\},\quad \gamma_C^{0.6}(x_2)=\{D_2\}$$

$$\gamma_C^{0.6}(x_3)=\{D_1\},\quad \gamma_C^{0.6}(x_4)=\{D_2\}$$

$$\gamma_C^{0.6}(x_5)=\{D_1\},\quad \gamma_C^{0.6}(x_6)=\{D_1\}$$

计算最大分布约简可辨识矩阵：

$$\mathrm{DM}_{D\,\mathrm{Max}}^{0.6}(6,6)=\begin{bmatrix} \varnothing & & & & & \\ a_1,a_2,a_3,a_4 & \varnothing & & & & \\ \varnothing & a_3,a_4 & \varnothing & & & \\ a_1,a_2,a_3 & \varnothing & a_3 & \varnothing & & \\ \varnothing & a_3,a_4 & \varnothing & a_3 & \varnothing & \\ \varnothing & a_3,a_4 & \varnothing & a_3 & \varnothing & \varnothing \end{bmatrix}$$

计算最大分布约简可辨识函数：

$$f_D^{0.6}(C)_{\mathrm{Max}}(\overline{a}_1,\overline{a}_2,\overline{a}_3,\overline{a}_4)=a_3$$

因此，最大分布保持约简结果为 $\{a_3\}$。

例 6-5　如表 6-1 所示的区间值决策系统，令 α 分别 0.4,0.5,0.6,0.7，则计算分布保持约简结果：

$$h_D^{0.4}(C)(\overline{a}_1,\overline{a}_2,\overline{a}_3,\overline{a}_4)=a_1\vee a_4$$

$$h_D^{0.5}(C)(\overline{a}_1,\overline{a}_2,\overline{a}_3,\overline{a}_4)=(a_1\wedge a_3)\vee(a_2\wedge a_3)$$

$$h_D^{0.6}(C)(\overline{a}_1,\overline{a}_2,\overline{a}_3,\overline{a}_4)=(a_1\wedge a_3)\vee(a_2\wedge a_3)$$

$$h_D^{0.7}(C)(\overline{a}_1,\overline{a}_2,\overline{a}_3,\overline{a}_4)=(a_1\wedge a_3)\vee(a_2\wedge a_3)$$

计算最大分布保持约简结果：

$$h_D^{0.4}(C)_{\mathrm{Max}}(\overline{a}_1,\overline{a}_2,\overline{a}_3,\overline{a}_4)=a_1\vee a_4$$

$$h_D^{0.5}(C)_{\mathrm{Max}}(\overline{a}_1,\overline{a}_2,\overline{a}_3,\overline{a}_4)=a_3$$

$$h_D^{0.6}(C)_{\mathrm{Max}}(\overline{a}_1,\overline{a}_2,\overline{a}_3,\overline{a}_4)=a_3$$

$$h_D^{0.7}(C)_{\mathrm{Max}}(\overline{a}_1,\overline{a}_2,\overline{a}_3,\overline{a}_4)=a_3$$

性质 6-3　设区间值决策系统 $\mathrm{DS}=(U,C\cup D,V,f)$，$H=h_1\vee h_2\vee\cdots\vee h_m$ 和 $K=k_1\vee k_2\vee\cdots\vee k_n$ 分别是分布约简和最大分布约简结果，则在阈值 α 下，对于 K 中任意一个蕴含项 k_j，H 中存在一个蕴含项 h_i 满足 $h_i\supseteq k_j$。

6.4　实验验证与分析

本节对本章提出的最大分布约简算法进行实验验证，实验包括两部分：第一部分：比较最大分布约简方法和其他约简方法的约简结果，验证了性质 6-3 的正确性；第二部分：算法 PRADM、DRADM 和 MDRADM 的效率对比。采用 UCI 标准测试集进行实验。实验环境：PC；操作系统：Windows 7 旗舰版 64 位；内存：4GB DDR3；CPU：Intel i5-3470。

实验选取 8 组标准 UCI 数据集，对缺失数据通过对应属性下占多数属性值进行替换，对名词性数据采用{0,1}替换，对连续型数据采用等频分割[21]的方法，所有数据预处理均在 WEKA3.6 进行，数据集信息如表 6-2 所示，其中，$|U|$表示对象数，$|C|$表示条件属性数，$|D|$表示决策属性对对象分类个数。

表 6-2　UCI 数据集信息

数据集	$\|U\|$	$\|C\|$	$\|D\|$
BLOGGER	100	4	2
Fertility	100	9	2
Teaching Assistant Evaluation	151	4	3
Qualitative Bankruptcy	250	6	2
User Knowledge Modeling	258	4	4
Liver disorders	345	6	2
Auto MPG	398	6	3
Mammographic Mass	961	4	2

采用的 UCI 数据集都是单值数据，因此需将单值数据转换为区间值数据，单值数据转换为区间值数据的方法在文献[21]中已经描述，先将该方法进行改进，引进阈值 λ，该值可调节振幅，即区间值的长度。

设区间值决策系统 $\mathrm{DS}=(U,C\cup D,V,f)$，对任意的 $x_i\in U$，$a_i(x_i)$ 为 x_i 在属性 t 上的取值 $U/D=\{D_1,D_2,\cdots,D_{|U/D|}\}$，$D_k\in U/D$，则单值性数据转换为区间值数据的振幅为

$$\sigma_t^k=\sqrt{\frac{1}{|D_k|-1}\sum_{x_i\in D_k}(a_t(x_j)-\overline{a}_t^k)^2}$$

其中

$$\overline{a}_t^k=\frac{\sum_{x_i\in D_k}a_t(x_j)}{|D_k|}$$

区间值的左右区间分别为

$$l_i^t = a_t(x_i) - \lambda \overline{a}_t^k$$

$$u_i^t = a_t(x_i) + \lambda \overline{a}_t^k$$

其中，λ 为调节区间值长度的值。

6.4.1 约简结果的对比

在本节中，讨论了最大分布约简与其他约简方法之间的关系，选取 PRADM[18] 和 DRADM。下面将 λ 分别取 2.4 和 3.5，α 分别取 0.4,0.5,0.6,0.7，共进行了 8 组实验，实验结果如表 6-3～表 6-10 所示，其中：

集合 1=集合 7=集合 17=集合 19=集合 22=集合 28={{1},{2},{3},{4},{5},{6}}；集合 2=集合 14=集合 16=集合 18=集合 21=集合 23={{1},{2},{3},{4},{5}}}；集合 3=集合 20=集合 24={{1},{2},{3},{4},{5},{6}，{7}}；集合 4=集合 6={1,3,4,5,6,7,8,9}；集合 5=集合 8=集合 9=集合 10=集合 26=集 27={1,2,3,4,5,6,7,8,9}；集合 11=集合 12=集合 13={{1,3,5},{2,3,5},{3,4,5},{1,2,3,4,6},{1,5,6},{2,5,6},{3,5,6},{4,5,6}}；集合 15={{1},{2},{3},{4},{5},{6},{7},{8},{9}}；集合 25={1,2,3,4,5,7,8,9}。

表 6-3 约简结果对比（$\lambda = 2.4, \alpha = 0.4$）

数据集	PRADM	DRADM	MDRADM
BLOGGER	{1,2,4,5}	{1,2,3,4,5}	{1,2,3,4,5}
Fertility	{1,3,7,8,9}	{1,2,3,6,7,8,9}	{1,3,7,9}
Teaching Assistant Evaluation	{4,5}	{1,2,3,4,5}	{1,2,3,4,5}
Qualitative Bankruptcy	集合 1	{1,2,3,4,5,6}	{1,2,6}
User Knowledge Modeling	集合 2	{1,2,4,5}	{1,2,4,5}
Liver disorders	{5,6}	{1,2,3,4,5,6}	{1,2,3,4,5,6}
Auto MPG	集合 3	{1,2,3,4,5,6,7}	{1,2,3,4,5,6,7}
Mammographic Mass	{1}	{1,2,3,4,5}	{1,2,3,4,5}

表 6-4 约简结果对比（$\lambda = 2.4, \alpha = 0.5$）

数据集	PRADM	DRADM	MDRADM
BLOGGER	{1,2,4,5}	{1,2,3,4,5}	{1,2,3,4,5}
Fertility	集合 4	集合 5	集合 6
Teaching Assistant Evaluation	{1,2,3,4,5}	{1,2,3,4,5}	{1,2,3,4,5}
Qualitative Bankruptcy	集合 7	{1,2,3,4,5,6}	{1,2,6}
User Knowledge Modeling	{1,2,3,4,5}	{1,2,3,4,5}	{1,2,4,5}
Liver disorders	{1,2,3,5,6}	{1,2,3,4,5,6}	{1,2,3,4,5,6}
Auto MPG	{1,3,7}	{1,3,4,5,6,7}	{1,3,4,5,6,7}
Mammographic Mass	{12,3,4,5}	{1,2,3,4,5}	{1,2,3,4,5}

表 6-5　约简结果对比（λ=2.4,α=0.6）

数据集	PRADM	DRADM	MDRADM
BLOGGER	{1,2,3,4,5}	{1,2,3,4,5}	{1,2,3,4,5}
Fertility	集合 8	全集 9	集合 10
Teaching Assistant Evaluation	{1,2,3,4,5}	{1,2,3,4,5}	{1,2,3,4,5}
Qualitative Bankruptcy	{1,5,6}	{1,2,3,4,5,6}	{1,2,3,4,5,6}
User Knowledge Modeling	{1,2,3,4,5}	{1,2,3,4,5}	{1,2,3,4,5}
Liver disorders	{1,2,3,4,5,6}	{1,2,3,4,5,6}	{1,2,3,4,5,6}
Auto MPG	{1,2,3,4,5,6,7}	{1,2,3,4,5,6,7}	{1,2,3,4,5,6,7}
Mammographic Mass	{1,2,3,4,5}	{1,2,3,4,5}	{1,2,3,4,5}

表 6-6　约简结果对比（$\lambda = 2.4, \alpha = 0.7$）

数据集	PRADM	DRADM	MDRADM
BLOGGER	{1,2,3,4,5}	{1,2,3,4,5}	{1,2,3,4,5}
Fertility	{3}	{3}	{3}
Teaching Assistant Evaluation	{1,2,3,4,5}	{1,2,3,4,5}	{1,2,3,4,5}
Qualitative Bankruptcy	集合 11	集合 12	集合 13
User Knowledge Modeling	{1,2,3,4,5}	{1,2,3,4,5}	{1,2,3,4,5}
Liver disorders	{1,2,3,4,5,6}	{1,2,3,4,5,6}	{1,2,3,4,5,6}
Auto MPG	{1,2,3,4,5,6,7}	{1,2,3,4,5,6,7}	{1,2,3,4,5,6,7}
Mammographic Mass	{1,2,3,4,5}	{1,2,3,4,5}	{1,2,3,4,5}

表 6-7　约简结果对比（λ=3.5,α=0.4）

数据集	PRADM	DRADM	MDRADM
BLOGGER	集合 14	{1,3,4}	{4}
Fertility	集合 15	{2,6,7,9}	{2,6,7,9}
Teaching Assistant Evaluation	集合 16	{2,3,5}	{2,3,5}
Qualitative Bankruptcy	集合 17	{2,6}	{2,6}
User Knowledge Modeling	集合 18	{5}	{5}
Liver disorders	集合 19	{1,2,3,4,5,6}	{6}
Auto MPG	集合 20	{1,2,3,4,5}	{1,2,3,4,5}
Mammographic Mass	{1}	{1,2,4,5}	{1,2,4,5}

表 6-8　约简结果对比（$\lambda = 3.5, \alpha = 0.5$）

数据集	PRADM	DRADM	MDRADM
BLOGGER	集合 21	{1,3,4,5}	{1,3,4,5}
Fertility	{1,7,8,9}	{1,2,3,6,7,8,9}	{1,3,6,8,9}
Teaching Assistant Evaluation	{4,5}	{1,2,3,4,5}	{1,2,3,4,5}
Qualitative Bankruptcy	集合 22	{2,6}	{2,6}
User Knowledge Modeling	集合 23	{2,5}	{2,5}
Liver disorders	{6}	{1,2,3,4,5,6}	{1,2,3,4,5,6}
Auto MPG	集合 24	{1,2,3,4,5,6,7}	{1,2,3,4,5,6,7}
Mammographic Mass	{1}	{1,2,3,4,5}	{1,2,3,4,5}

表 6-9 约简结果对比（$\lambda=3.5,\alpha=0.6$）

数据集	PRADM	DRADM	MDRADM
BLOGGER	{1,2,4,5}	{1,2,3,4,5}	{1,2,3,4,5}
Fertility	集合 25	集合 26	集合 27
Teaching Assistant Evaluation	{1,2,3,4,5}	{1,2,3,4,5}	{1,2,3,4,5}
Qualitative Bankruptcy	集合 28	{1,2,3,4,5,6}	{1,2,6}
User Knowledge Modeling	{1,2,3,4,5}	{1,2,3,4,5}	{1,2,3,4,5}
Liver disorders	{1,2,3,5,6}	{1,2,3,4,5,6}	{1,2,3,4,5,6}
Auto MPG	{1,2,3,4,5,6,7}	{1,2,3,4,5,6,7}	{1,2,3,4,5,6,7}
Mammographic Mass	{1,2,3,5}	{1,2,3,4,5}	{1,2,3,4,5}

表 6-10 约简结果对比（$\lambda=3.5,\alpha=0.7$）

数据集	PRADM	DRADM	MDRADM
BLOGGER	{1,2,3,4,5}	{1,2,3,4,5}	{1,2,3,4,5}
Fertility	{3}	{3}	{3}
Teaching Assistant Evaluation	{1,2,3,4,5}	{1,2,3,4,5}	{1,2,3,4,5}
Qualitative Bankruptcy	{1,5,6}	{1,2,3,4,5,6}	{1,2,3,4,5,6}
User Knowledge Modeling	{1,2,3,4,5}	{1,2,3,4,5}	{1,2,3,4,5}
Liver disorders	{1,2,3,4,5,6}	{1,2,3,4,5,6}	{1,2,3,4,5,6}
Auto MPG	{1,2,3,4,5,6,7}	{1,2,3,4,5,6,7}	{1,2,3,4,5,6,7}
Mammographic Mass	{1,2,3,4,5}	{1,2,3,4,5}	{1,2,3,4,5}

表 6-3～表 6-6 为λ取 2.4，α分别取 0.4,0.5,0.6,0.7 时，PRADM、DRADM 和 MDRADM 的约简结果。表 6-7～表 6-10 为λ取 3.5，α分别取 0.4,0.5,0.6,0.7 时，PRADM、DRADM 和 MDRADM 的约简结果。实验结果表明，MDRADM 约简结果为 DRADM 约简结果的子集，即验证了性质 6-3 的正确性，而 PRADM 约简结果和 MDRADM 约简结果没有明显关系。这是因为当正域为空时，正域约简结果为条件属性中任意一个属性，故 PRADM 的约简结果和 MDRADM 的约简结果不存在包含关系。当$\lambda=3.5,\alpha=0.4$时，对大部分数据集，DRADM 约简结果最短，Fertility 数据集则在$\lambda=2.4,\alpha=0.7$时最短，但 Liver disorders 数据集在任何阈值下均没有冗余属性。

6.4.2 约简效率的对比

本节选取 Mammographic Mass 数据集，对比三个算法随对象数量的增加耗时变化情况。图 6-1～图 6-5 为λ取 2.4，α分别取 0.4,0.5,0.6,0.7,0.8 时，三个算法的时间耗费情况；图 6-6～图 6-10 为λ取 3.5，α分别取 0.4,0.5,0.6,0.7,0.8 时，三个算法的时间耗费情况，其中，横坐标表示 Mammographic Mass 数据集的对象数量，纵坐标表示约简耗时，单位为 s。

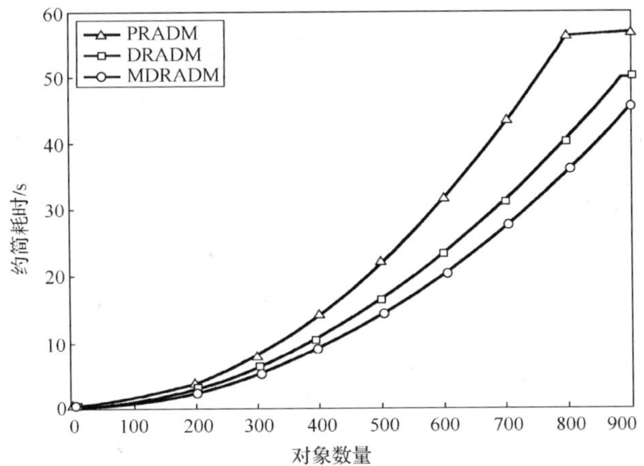

图 6-1　约简效率对比（$\lambda=2.4, \alpha=0.4$）

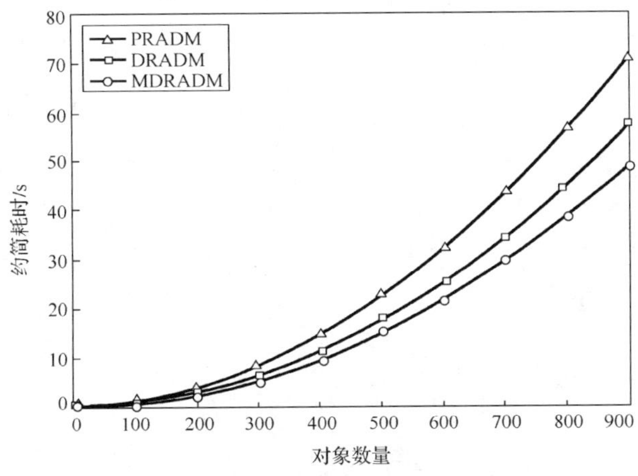

图 6-2　约简效率对比（$\lambda=2.4, \alpha=0.5$）

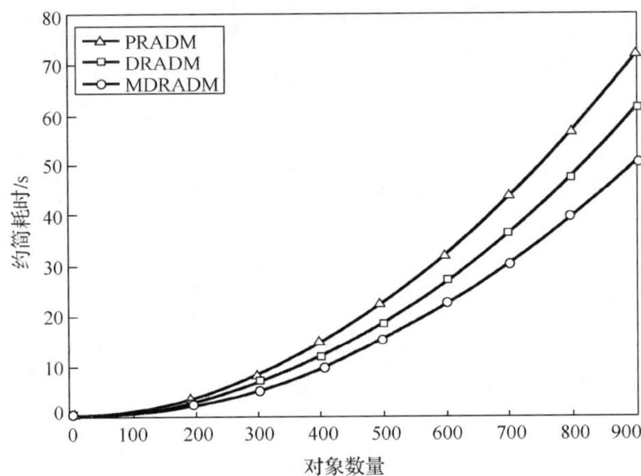

图 6-3　约简效率对比（$\lambda=2.4, \alpha=0.6$）

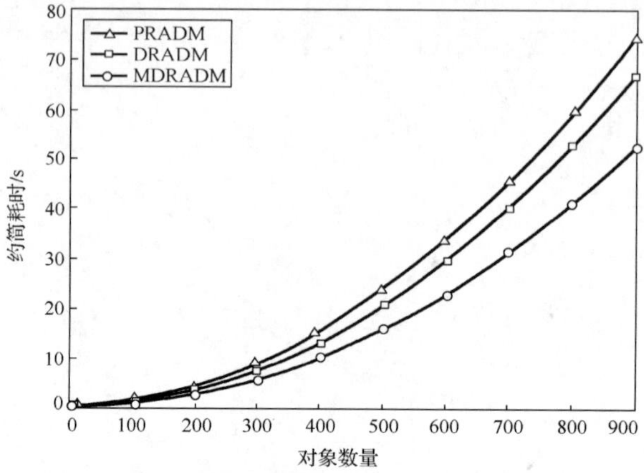

图 6-4　约简效率对比（$\lambda=2.4,\alpha=0.7$）

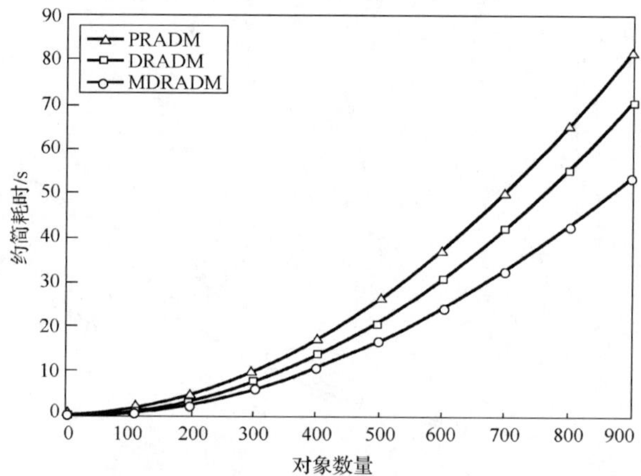

图 6-5　约简效率对比（$\lambda=2.4,\alpha=0.8$）

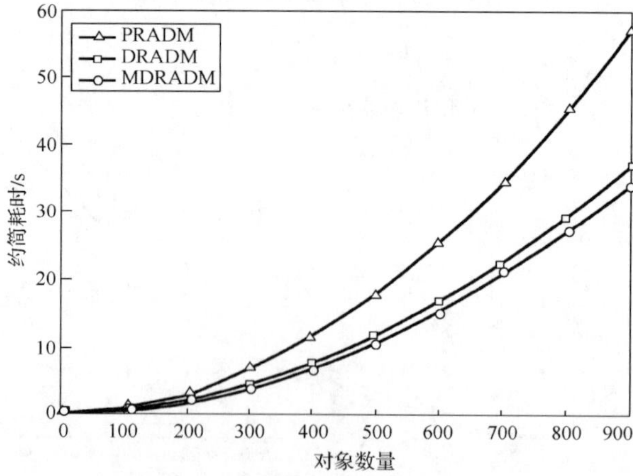

图 6-6　约简效率对比（$\lambda=3.5,\alpha=0.4$）

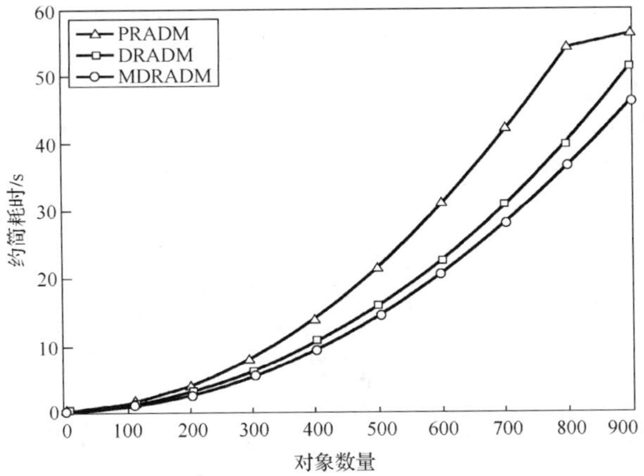

图 6-7　约简效率对比（$\lambda=3.5,\alpha=0.5$）

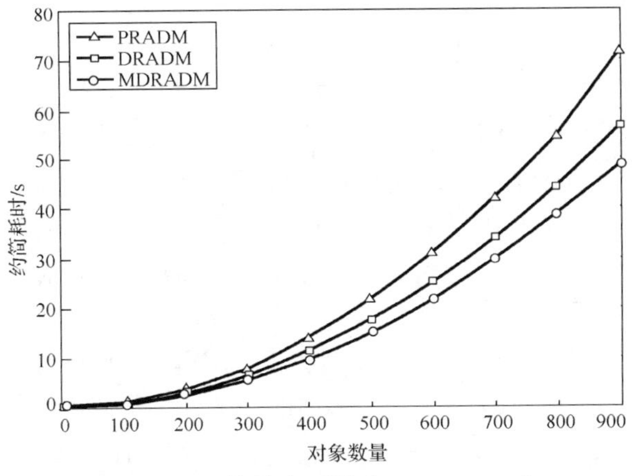

图 6-8　约简效率对比（$\lambda=3.5,\alpha=0.6$）

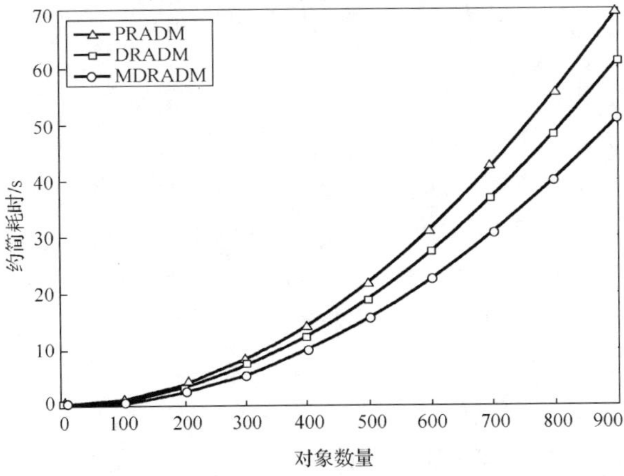

图 6-9　约简效率对比（$\lambda=3.5,\alpha=0.7$）

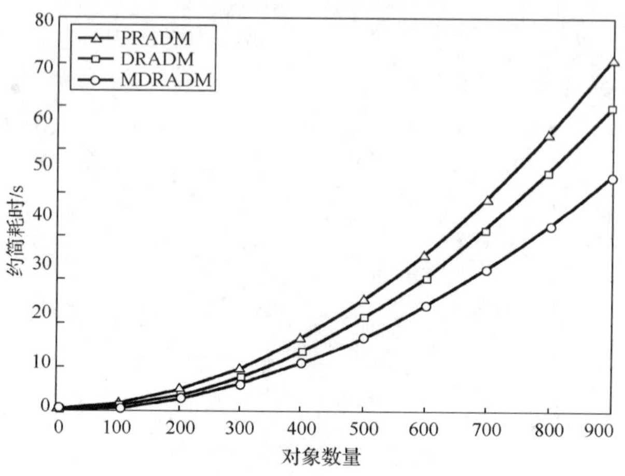

图 6-10　约简效率对比（$\lambda=3.5,\alpha=0.8$）

实验结果表明，当λ取 2.4 时，在对象数较少情况下，由于差别矩阵较简单，PRADM、DRADM 和 MDRADM 的约简耗时几乎没有差别，但随着对象数量的增加，三种算法的约简耗时差异越来越明显；由于 MDRADM 差别元素是 DRADM 差别元素的一个子集，PRADM 的差别矩阵为非对称矩阵，故 MDRADM 的约简耗时小于 PRADM 和 DRADM 的约简耗时。当α分别取 0.4,0.5,0.6,0.7,0.8 时，Mammographic Mass 数据集随着对象的增加，三个算法的耗时差距越来越大，这是由随着对象的增加差别矩阵越来越复杂，计算量越来越大造成的；当$\alpha=0.4$时，也呈现这样的趋势，但当对象数达到 900 时，利用吸收率和结合率运算的差别矩阵较简单，造成约简耗时增长率减小。当λ取 3.5，α分别取 0.4,0.5,0.6,0.7,0.8 时，三个算法的约简耗时跟λ取 2.4 时的情况大致相同，所以不作详细描述。

6.5　本 章 小 结

属性约简是粗糙集理论研究的热点问题之一。在实际应用中有如下两点重要意义：第一，可以从决策系统中提取更加泛化的规则；第二，针对实际应用中的海量数据，能够有效地压缩数据集规模，降低数据的空间存储开销。最大分布式约简保持了约简前后决策系统中可信程度最大的规则不变，因此具有较强的应用价值。本章在相关研究成果的基础上，在不协调区间值决策系统中提出最大分布约简的概念，构造了基于可辨识矩阵的最大分布约简算法，它保持了在知识约简前后各个规则的最大置信度不变。实验选取 8 组 UCI 数据集将本章算法与已有的两种约简算法的约简结果和效率进行对比。实验结果表明，最大分布约简算法比其他两种算法具有更高的效率。由于本章提出的算法是在可辨识矩阵基础上的，其时间和空间复杂度较高，不利于在实际应用中推广，故提出高效率的约简算法是未来研究方向之一。

参考文献

[1] Pawlak Z. Rough sets[J]. International Journal of Computer & Information Sciences, 1982, 11(5): 341-356.

[2] Pawlak Z. Rough Sets: Theoretical Aspects of Reasoning about Data[M]. Boston: Kluwer Academic Publishers, 1992.

[3] 王国胤，姚一豫，于洪. 粗糙集理论与应用研究综述[J]. 计算机学报，2009，32(7): 1229-1246.

[4] Qian Y H, Liang J Y, Pedrycz W, et al. Positive approximation: An accelerator for attribute reduction in rough set theory[J]. Artificial Intelligence, 2010, 174(9): 597-618.

[5] Wang F, Liang J Y, Qian Y H. Attribute reduction: A dimension incremental strategy[J]. Knowledge-Based Systems, 2013, 39(2): 95-108.

[6] Chen H M, Li T R, Ruan D, et al. A rough-set based incremental approach for updating approximations under dynamic maintenance environments[J]. IEEE Transactions on Knowledge and Data Engineering, 2013, 25(2): 274-284.

[7] Hu Q H, Yu D R, Xie Z X. Information-preserving hybrid data reduction based on fuzzy-rough techniques[J]. Pattern Recognition Letters, 2006, 27(5): 414-423.

[8] Skowron A, Rauszer C. The discernibility matrices and functions in information systems[J]. Theory & Decision Library, 1992, 11: 331-362.

[9] Kryszkiewicz M. Rough set approach to incomplete information systems[J]. Information Sciences, 1998, 112 (1/2/3/4): 39-49.

[10] 邓大勇，黄厚宽，李向军. 不一致决策系统中约简之间的比较[J]. 电子学报，2007，35(2): 252-255.

[11] Miao D Q, Zhao Y, Yao Y Y, et al. Relative reducts in consistent and inconsistent decision tables of the Pawlak rough set model[J]. Information Sciences, 2009, 179(24): 4140-4150.

[12] Zhou J, Miao D Q, Pedrycz W, et al. Analysis of alternative objective functions for attribute reduction in complete decision tables[J]. Soft Computing, 2011, 15(8): 1601-1616.

[13] Leung Y, Li D Y. Maximal consistent block technique for rule acquisition in incomplete information systems[J]. Information Sciences, 2003, 153(1): 85-106.

[14] Guan Y Y, Wang H K. Set-valued information systems[J]. Information Sciences, 2006, 176(17):2507-2525.

[15] 张楠，苗夺谦，岳晓冬. 区间值信息系统的知识约简[J]. 计算机研究与发展，2010，47(8): 1362-1371.

[16] 刘鹏惠, 陈子春, 秦克云. 区间值信息系统的决策属性约简[J]. 计算机工程应用, 2009, 45(28): 148-150.

[17] Dai J H. Rough set approach to incomplete numerical data[J]. Information Sciences, 2013, 241(12):43-57.

[18] 张楠, 许鑫, 童向荣, 等. 不协调区间值决策系统的知识约简[J]. 小型微型计算机系统, 2017, 38(7):1585-1589.

[19] 张楠, 许鑫, 童向荣, 等. 不协调区间值决策系统的分布约简[J]. 计算机科学, 2017, 44(9): 86-91.

[20] Dai J H, Wei B, Zhang X H, et al. Uncertainty measurement for incomplete interval-valued information systems based on α-weak similarity[J]. Knowledge-Based Systems, 2017, 136(11): 159-171.

[21] Zhang X, Mei C L, Chen D G, et al. Multi-confidence rule acquisition and confidence-preserved attribute reduction in interval-valued decision systems[J]. International Journal of Approximate Reasoning, 2014, 55(8): 1787-1804.

第 7 章　大数据下层次决策规则不确定性分析与并行挖掘①

7.1　引　　言

粗糙集理论[1-4]是一种处理不精确或不完全信息的分类问题的新型数学方法，不需要预先提供与问题相关数据集合之外的任何先验知识，通过知识约简计算一个属性子集，并根据属性子集导出的上、下近似，直接提取出简洁、易懂而且有效的决策规则。下近似直接生成确定性规则，而上近似则导出可能性规则。Guan 等[5]设计了连续值信息系统的属性约简方法，并挖掘出优化的决策规则。Li 等[6]提出了不完备信息系统下区间集规则学习模型。Zhang 等[7]为获取多置信度规则提出了覆盖决策系统的属性约简方法。Yao 等[8]使用粒计算导出分类规则。Li 和 Wu[9]通过构建条件粒和决策粒，多层次挖掘决策规则。Hong 等[10]利用概念层次树来表示属性值域，从而构建了一种获取不同层次的确定性和可能性规则的学习算法。Feng 等[11]将多维数据模型和粗糙集技术相结合，提出了挖掘不同层次决策规则的方法。Wu 和 Leung[12]引入多尺度信息表，在不同粒度下挖掘层次决策规则。She 等[13]提出了多尺度下决策规则挖掘的局部搜索策略。Chen 等[14]设计了在属性值粗化细化下动态决策规则挖掘方法。Liu 等[15]从多粒度结构角度通过粒度选择和粒选择设计规则提取框架。Ye 等[16]将单粒层下条件熵扩展成多粒层下层次条件熵，研究了属性值粗化细化下的属性泛化约简。王加阳和王国仁等[17]提出了规则集合的决策度量思想。Qian 等[18] 设计了规则集的整体决策性能评价指标。尽管上述这些方法能够在多粒度下进行规则挖掘和不确定性度量，却无法从大规模数据集中有效挖掘决策规则。为此，设计了大数据下层次决策规则不确定性度量和并行挖掘方法。

7.2　基 本 概 念

为了有效地从大数据中并行挖掘决策规则，下面简单给出一些信息粒和决策规则基本概念[1,19,20]。

定义 7-1　设决策表 $S=(U, \mathrm{AT}=C\cup D, \{V_a \mid a\in \mathrm{AT}\}, \{I_a \mid a\in \mathrm{AT}\})$，其中 $U=\{x_1, x_2, \cdots, x_n\}$ 表示对象的非空有限集合，称为论域；AT 为全体属性集，C 为条

① 本章工作获得国家自然科学基金项目(61741309、61573235、61663002)资助。

件属性集，D 为决策属性集；V_a 是属性 $a \in \mathrm{AT}$ 的值域；I_a：$U \to V_a$ 是一个信息函数。每一个属性子集 $A \subseteq \mathrm{AT}$ 决定了一个二元不可区分关系 $\mathrm{IND}(A)$：$\mathrm{IND}(A) = \{(x,y) \in U \times U \mid \forall a \in A, I_a(x) = I_a(y)\}$。

关系 $\mathrm{IND}(A)$ 构成了 U 的一个划分，用 $U/\mathrm{IND}(A)$ 表示，简记为 U/A 或 π_A。条件属性集 C 导出的 U 上划分为 $\pi_C=\{C_1, C_2, \cdots, C_p\}$，决策属性 D 导出的 U 上划分记为 $\pi_D=\{D_1, D_2, \cdots, D_k\}$。

定义 7-2　给定决策表 S，$X_i \in \pi_C$，$Y_j \in \pi_D$，则有

$$P(X_i) = |X_i|/|U|, \quad 0 \leqslant P(X_i) \leqslant 1, \quad i=1,\cdots,p$$

$$P(Y_j) = |Y_j|/|U|, \quad 0 \leqslant P(Y_j) \leqslant 1, \quad j=1,\cdots,k$$

条件类的平均粒度为

$$\pi(C) = \sum_{i=1}^{p} P(x_i)\pi(x_i) = \sum_{i=1}^{p}\left(\frac{|X_i|}{|U|}\frac{|X_i|}{|U|}\right) = \sum_{i=1}^{p}\frac{|X_i|^2}{|U|^2}$$

决策类的平均粒度为

$$\pi(D) = \sum_{j=1}^{k} P(x_j)\pi(x_j) = \sum_{j=1}^{k}\left(\frac{|X_j|}{|U|}\frac{|X_j|}{|U|}\right) = \sum_{i=1}^{p}\frac{|X_i|^2}{|U|^2}$$

当所有的条件(或决策)类分得过细时，单个元素就是一个等价类，平均粒度最小，为 $\dfrac{1}{|U|}$；当整个论域构成一个等价类时，平均粒度最大为 1。

定义 7-3　给定一个决策表 S，一个属性子集 $A \subseteq C \cup D$，$x \in U$，属性子集 A 的粒结构 GS_A 和粒结构 GS_A 中包含 x 的粒 $g_A(x)$ 定义为

$$\mathrm{GS}_A = U / \mathrm{IND}(A) = \{[x]_A \mid x \in U\}$$

$$g_A(x) = [x]_A, \quad x \in U$$

最小的粒仅包含单个属性，称这些粒为基本粒。更大的粒将由一些粒通过逻辑操作 $\wedge$ 生成。

为了描述不同粒之间的关联性，可以将条件属性和/或决策属性划分为不同子范畴。例如，假设 $A \subseteq C \cup D$，$B \subseteq C \cup D$，$A \cap B = \varnothing$，则有 $g = \mathrm{ag}_i \wedge \mathrm{bg}_j$，其中 $\mathrm{ag}_i \in U / A$ 和 $\mathrm{bg}_j \in U / B$。$\mathrm{ag}_i \to \mathrm{bg}_j$ 称为关联规则，粒 ag_i 为规则前件，粒 bg_j 为规则后件。由于本章主要讨论决策规则，则条件粒 cg（$\mathrm{cg} \in U / C$ 或 $\mathrm{cg} \in U_C$）和决策粒 dg（$\mathrm{dg} \in U / D$ 或 $\mathrm{dg} \in U_D$）将形成一个决策规则 $\mathrm{cg} \to \mathrm{dg}$。

定义 7-4　给定的决策表 $S = (U, \mathrm{AT} = C \cup D, \{V_a \mid a \in \mathrm{AT}\}, \{I_a \mid a \in \mathrm{AT}\})$，$C=\{c_1, c_2, \cdots, c_m\}$ 为条件属性集，则 $S_{k_1k_2\cdots k_mk_d} = (U_{k_1k_2\cdots k_mk_d}, \mathrm{AT} = C \cup D, V^{k_1k_2\cdots k_mk_d}, I^{k_1k_2\cdots k_mk_d})$ 称为第 $(k_1,k_2,\cdots,k_m,k_d)$ 个决策表，其中，$U_{k_1k_2\cdots k_mk_d}$ 表示第 $(k_1,k_2,\cdots,k_m,k_d)$ 个决策表的值域，即属性 c_1 取其概念层次树的第 k_1 层值域，c_2 取其概念层次树的第 k_2 层值域，$\cdots$，

c_m 取其概念层次树的第 k_m 层值域，决策属性 D 取其概念层次树的第 k_d 层值域。$V^{k_1k_2\cdots k_mk_d}$ 表示第 $(k_1,k_2,\cdots,k_m,k_d)$ 个决策表的值域，$I^{k_1k_2\cdots k_mk_d}$ 表示第 $(k_1,k_2,\cdots,k_m,k_d)$ 个决策表的信息函数。

定义 7-5　给定第 $(i_1i_2\cdots i_mi_d)$ 决策表和第 $(j_1j_2\cdots j_mj_d)$ 决策表，两个决策表的条件属性集 C 的值域分别表示为 $V^{i_1i_2\cdots i_mi_d}$ 和 $V^{j_1j_2\cdots j_mj_d}$，则对于任意 $t\in\{1,2,\cdots,m\}$ 和决策属性 d，$V^{i_1i_2\cdots i_mi_d}$ 比 $V^{j_1j_2\cdots j_mj_d}$ 更粗化当且仅当总存在 $V^{i_t}\succeq V^{j_t}$ 和 $V^{i_d}\succeq V^{j_d}$，记为 $V^{i_1i_2\cdots i_mi_d}\succeq V^{j_1j_2\cdots j_mj_d}$.

定义 7-6　给定第 $(i_1i_2\cdots i_mi_d)$ 决策表和第 $(j_1j_2\cdots j_mj_d)$ 决策表，对于任意 $t\in\{1,2,\cdots,m\}$ 满足 $V^{i_t}\succeq V^{j_t}$，则 cg^{i_t} 比 cg^{j_t} 更粗，或者 cg^{j_t} 比 cg^{i_t} 更细，记为 $\mathrm{cg}^{i_t}\succeq\mathrm{cg}^{j_t}$。相应地，如果 $V^{i_1i_2\cdots i_m}\succeq V^{j_1j_2\cdots j_m}$，则 $\mathrm{cg}^{i_1i_2\cdots i_m}$ 比 $\mathrm{cg}^{j_1j_2\cdots j_m}$ 更粗，或者 $\mathrm{cg}^{j_1j_2\cdots j_m}$ 比 $\mathrm{cg}^{i_1i_2\cdots i_m}$ 更细，记为 $\mathrm{cg}^{i_1i_2\cdots i_m}\succeq\mathrm{cg}^{j_1j_2\cdots j_m}$。

7.3　层次决策规则不确定性分析

粗糙集理论的一个重要应用方向就是规则提取。决策表的每一行都描述了一条决策规则。由于决策规则是从决策表中得到的，决策表中包含的不确定性必然会引起决策规则的不确定性。度量规则的不确定性主要有规则的支持度、置信度和覆盖度三种。许多学者对单个规则和规则集的不确定性度量进行了研究，下面给出决策规则最基本的度量定义和并行计算方法。

7.3.1　单个决策规则不确定性度量

定义 7-7　给定一个决策表 S，决策规则 $\mathrm{cg}\to\mathrm{dg}$ 的支持度、置信度和覆盖度定义为

$$\mathrm{Sup}(\mathrm{cg}\to\mathrm{dg})=\frac{|\mathrm{cg}\wedge\mathrm{dg}|}{|U|}$$

$$\mathrm{Conf}(\mathrm{cg}\to\mathrm{dg})=\frac{|\mathrm{cg}\wedge\mathrm{dg}|}{|\mathrm{cg}|}$$

$$\mathrm{Cov}(\mathrm{cg}\to\mathrm{dg})=\frac{|\mathrm{cg}\wedge\mathrm{dg}|}{|\mathrm{dg}|}$$

其中，$|\bullet|$表示集合的基。

规则支持度反映了决策表中匹配这条规则的对象在论域中所占的比例。决策规则的支持度越高表示这条规则的随机性越小。规则置信度反映了决策表中符合这条规则的对象数与符合规则前件的对象数之比，体现了匹配这条规则前件的对象能与此规则后件相匹配的比例。规则的覆盖度反映了决策表中匹配这条规则的对象数与

所有匹配这条规则的前件的对象数之比。根据支持度、置信度和覆盖度的定义，可以很容易得到三者之间的关系：

$$\mathrm{Sup}(\mathrm{cg}\to\mathrm{dg})=\frac{|\mathrm{cg}\wedge\mathrm{dg}|}{|U|}=\mathrm{Conf}(\mathrm{cg}\to\mathrm{dg})\frac{|\mathrm{cg}|}{|U|}=\mathrm{Cov}(\mathrm{cg}\to\mathrm{dg})\frac{|\mathrm{dg}|}{|U|}$$

由于决策表中条件粒和决策粒可以并行计算，则大数据下决策规则的不确定性也就很容易并行实现。下面，给出单条决策规则不确定性并行计算方法。

定理 7-1　给定一个决策表 S，$\mathrm{cg}\in U_C$ 和 $\mathrm{dg}\in U_D$，则 $\sum_{\mathrm{dg}\in U_D}\mathrm{Conf}(\mathrm{cg}\to\mathrm{dg})=1$。

证明

$$\sum_{\mathrm{dg}\in U_D}\mathrm{Conf}(\mathrm{cg}\to\mathrm{dg})=\sum_{\mathrm{dg}\in U_D}\frac{|\mathrm{cg}\wedge\mathrm{dg}|}{|\mathrm{cg}|}=\frac{\left|\mathrm{cg}\wedge\sum_{\mathrm{dg}\in U_D}\mathrm{dg}\right|}{|\mathrm{cg}|}=\frac{|\mathrm{cg}\wedge U|}{|\mathrm{cg}|}=1$$

定理 7-2　给定一个决策表 S，$\mathrm{cg}\in U_C$ 和 $\mathrm{dg}\in U_D$，则 $\sum_{\mathrm{cg}\in U_C}\mathrm{Cov}(\mathrm{cg}\to\mathrm{dg})=1$。

证明

$$\sum_{\mathrm{cg}\in U_C}\mathrm{Cov}(\mathrm{cg}\to\mathrm{dg})=\sum_{\mathrm{cg}\in U_C}\frac{|\mathrm{cg}\wedge\mathrm{dg}|}{|\mathrm{dg}|}=\frac{\left|\sum_{\mathrm{cg}\in U_C}\mathrm{cg}\wedge\mathrm{dg}\right|}{|\mathrm{dg}|}=\frac{|U\wedge\mathrm{dg}|}{|\mathrm{dg}|}=1$$

定理 7-1 和定理 7-2 给出了计算决策规则的置信度和覆盖度的方法。显然，计算 $\mathrm{cg}_i\to\mathrm{dg}_{j_1}$ 和计算 $\mathrm{cg}_i\to\mathrm{dg}_{j_2}$ 两条决策规则是相互独立的。同样，计算 $\mathrm{cg}_{i_1}\to\mathrm{dg}_j$ 和计算 $\mathrm{cg}_{i_2}\to\mathrm{dg}_j$ 两条决策规则也是相互独立的。因此，根据定理 7-1 和定理 7-2，可以并行计算所有的决策规则的不确定性。

7.3.2　决策规则集不确定性度量

从规则的一致性角度来看，平均粒度对规则的不确定性程度有很大影响。条件类 $U/\mathrm{IND}(C)$ 粒度过大，对论域的划分过粗，容易产生很多不确定性规则，精度也较低；粒度过小，对论域的划分过细，精确度可能很高，但使得每条规则支持的平均对象数较少，已知数据对规则的支持度不够，使规则的随机性增大，预测可靠性下降。下面探讨规则集的不确定性度量。

定义 7-8　给定一个决策表 S，$X_i\in\pi_C$，$Y_j\in\pi_D$，决策规则集 $U_C\to U_D$ 的支持度 $D\mathrm{Sup}(U_C\to U_D)$、置信度 $D\mathrm{Conf}(U_C\to U_D)$ 和覆盖度 $D\mathrm{Cov}(U_C\to U_D)$ 定义为

$$D\mathrm{Sup}(U_C\to U_D)=\sum_{i=1}^{p}\sum_{j=1}^{k}\left(\frac{|X_i\cap Y_j|}{|U|}\frac{|X_i\cap Y_j|}{|U|}\right)=\sum_{i=1}^{p}\sum_{j=1}^{k}\frac{|X_i\cap Y_j|^2}{|U|^2}$$

$$D\mathrm{Conf}(U_C\to U_D)=\sum_{i=1}^{p}\sum_{j=1}^{k}\left(\frac{|X_i\cap Y_j|}{|U|}\frac{|X_i\cap Y_j|}{|X_i|}\right)=\sum_{i=1}^{p}\sum_{j=1}^{k}\frac{|X_i\cap Y_j|^2}{|U||X_i|}$$

$$DCov(U_C \to U_D) = \sum_{i=1}^{p}\sum_{j=1}^{k}\left(\frac{|X_i \cap Y_j|}{|U|}\frac{|X_i \cap Y_j|}{|Y_j|}\right) = \sum_{i=1}^{p}\sum_{j=1}^{k}\frac{|X_i \cap Y_j|^2}{|U||Y_j|}$$

从定义 7-8 可以看出，$DSup(U_C \to U_D)$ 描述了规则集的整体强度，应该是各个规则出现的概率与各规则支持度的乘积之和，而各规则出现的概率就是其对象数占整个论域的比例，也恰好与支持度从形式和大小上是一样的。$DConf(U_C \to U_D)$ 则由所有规则的规则支持度与置信度共同决定，体现了规则集合决策充分性判断的整体程度，而 $DCov(U_C \to U_D)$ 则由所有规则的规则支持度与覆盖度共同决定，体现了规则集合决策必要性判断的整体程度。根据规则集的支持度、置信度和覆盖度的定义，可以很容易得到其他形式。

$$DSup(U_C \to U_D) = \sum_{i=1}^{p}\sum_{j=1}^{k}(\mathrm{Sup}(X_i \to Y_j)\,\mathrm{Sup}(X_i \to Y_j))$$

$$DConf(U_C \to U_D) = \sum_{i=1}^{p}\sum_{j=1}^{k}(\mathrm{Sup}(X_i \to Y_j)\,\mathrm{Conf}(X_i \to Y_j))$$

$$DCov(U_C \to U_D) = \sum_{i=1}^{p}\sum_{j=1}^{k}(\mathrm{Sup}(X_i \to Y_j)\mathrm{Cov}(X_i \to Y_j))$$

有了单条决策规则的支持度、置信度和覆盖度，就可以很容易计算出规则集的支持度、置信度和覆盖度。

7.3.3　条件粒粗化的层次决策规则不确定性分析

一般地，数据挖掘系统以低层次形式信息产生数据库的概要，高层次决策规则可认为是低层次规则的概括。在不同层次上泛化属性值，可以挖掘出更有意义的结果，揭示更一般的概念。下面，首先给出层次决策规则的支持度、置信度和覆盖度，然后探讨条件属性粒层提升时和决策属性粒层提升时所产生的决策规则的不确定性。

定义 7-9　给定第 $(i_1 i_2 \ldots i_m i_d)$ 决策表，层次决策规则 $\mathrm{cg}_i^{i_1 i_2 \cdots i_m} \to \mathrm{dg}_j^{i_d}$ 的支持度、置信度和覆盖度定义为

$$\mathrm{Sup}(\mathrm{cg}_i^{i_1 i_2 \cdots i_m} \to \mathrm{dg}_j^{i_d}) = \frac{|\mathrm{cg}_i^{i_1 i_2 \cdots i_m} \wedge \mathrm{dg}_j^{i_d}|}{|U|}$$

$$\mathrm{Conf}(\mathrm{cg}_i^{i_1 i_2 \cdots i_m} \to \mathrm{dg}_j^{i_d}) = \frac{|\mathrm{cg}_i^{i_1 i_2 \cdots i_m} \wedge \mathrm{dg}_j^{i_d}|}{|\mathrm{cg}_i^{i_1 i_2 \cdots i_m}|}$$

$$\mathrm{Cov}(\mathrm{cg}_i^{i_1 i_2 \cdots i_m} \to \mathrm{dg}_j^{i_d}) = \frac{|\mathrm{cg}_i^{i_1 i_2 \cdots i_m} \wedge \mathrm{dg}_j^{i_d}|}{|\mathrm{dg}_j^{i_d}|}$$

定理 7-3　给定第$(i_1i_2\cdots i_mi_d)$决策表和第$(j_1j_2\cdots j_mj_d)$决策表，如果$i_t\leqslant j_t$ $(t=1,2,\cdots,m)$和$i_d=j_d$，则$g^{i_1i_2\cdots i_mi_d}\succeq g^{j_1j_2\cdots j_mj_d}$。

证明：由于$i_t\leqslant j_t$ $(t=1,2,\cdots,m)$，可以得到$\mathrm{cg}^{i_1i_2\cdots i_m}\succeq \mathrm{cg}^{j_1j_2\cdots j_m}$。又因为$i_d=j_d$，$\mathrm{dg}^{i_d}=\mathrm{dg}^{j_d}$，则有$g^{i_1i_2\cdots i_mi_d}=\mathrm{cg}^{i_1i_2\cdots i_m}\wedge \mathrm{dg}^{i_d}\succeq \mathrm{cg}^{j_1j_2\cdots j_m}\wedge \mathrm{dg}^{j_d}=g^{j_1j_2\cdots j_mj_d}$。

引理 7-1　如果$\{\underbrace{11\cdots 1}_{m}i_d,\cdots,i_1i_2\cdots i_mi_d,\cdots,l(c_1)\,l(c_2)\cdots l(c_m)\,i_d\}$是一个全序关系，则有$g^{\overbrace{11\cdots 1}^{m}i_d}\succeq\cdots\succeq g^{i_1i_2\cdots i_mi_d}\succeq\cdots\succeq g^{l(c_1)l(c_2)\cdots l(c_m)i_d}$。

定理 7-4　给定第$(i_1i_2\cdots i_mi_d)$决策表和第$(j_1j_2\cdots j_mi_d)$决策表，$i_t\leqslant j_t$ $(t=1,2,\cdots,m)$，$\mathrm{cg}_i^{i_1i_2\cdots i_m}\in U_C^{i_1i_2\cdots i_m}$，$\mathrm{cg}_j^{j_1j_2\cdots j_m}\in U_C^{j_1j_2\cdots j_m}$，$\mathrm{dg}_l^{i_d}\in U_D^{i_d}$，如果$\mathrm{cg}_i^{i_1i_2\cdots i_m}\succeq \mathrm{cg}_j^{j_1j_2\cdots j_m}$，则有

(1) $\mathrm{Sup}(\mathrm{cg}_i^{i_1i_2\cdots i_m}\to \mathrm{dg}_l^{i_d})=\sum\limits_{\mathrm{cg}_i^{i_1i_2\cdots i_m}\succeq \mathrm{cg}_j^{j_1j_2\cdots j_m}}\mathrm{Sup}(\mathrm{cg}_j^{j_1j_2\cdots j_m}\to \mathrm{dg}_l^{i_d})$；

(2) $\mathrm{Conf}(\mathrm{cg}_i^{i_1i_2\cdots i_m}\to \mathrm{dg}_l^{i_d})=\dfrac{\sum\limits_{\mathrm{cg}_i^{i_1i_2\cdots i_m}\succeq \mathrm{cg}_j^{j_1j_2\cdots j_m}}\mathrm{Sup}(\mathrm{cg}_j^{j_1j_2\cdots j_m}\to \mathrm{dg}_l^{i_d})}{\mathrm{Sup}(\mathrm{cg}_i^{i_1i_2\cdots i_m})}$；

(3) $\mathrm{Cov}(\mathrm{cg}_i^{i_1i_2\cdots i_m}\to \mathrm{dg}_l^{i_d})=\sum\limits_{\mathrm{cg}_i^{i_1i_2\cdots i_m}\succeq \mathrm{cg}_j^{j_1j_2\cdots j_m}}\mathrm{Cov}(\mathrm{cg}_j^{j_1j_2\cdots j_m}\to \mathrm{dg}_l^{i_d})$。

证明　由于$i_t\leqslant j_t$ $(t=1,2,\cdots,m)$，则$U_C^{i_1i_2\cdots i_m}\succeq U_C^{j_1j_2\cdots j_m}$。又因为$\mathrm{cg}_i^{i_1i_2\cdots i_m}\in U_C^{i_1i_2\cdots i_m}$，$\mathrm{cg}_j^{j_1j_2\cdots j_m}\in \mathrm{GS}_C^{j_1j_2\cdots j_m}$和$\mathrm{cg}_i^{i_1i_2\cdots i_m}\succeq \mathrm{cg}_j^{j_1j_2\cdots j_m}$，一定存在$E_i=\{1,2,\cdots,|U_C^{j_1j_2\cdots j_m}|\}$满足$\mathrm{cg}_i^{i_1i_2\cdots i_m}=\bigcup_{j\in E_i}\mathrm{cg}_j^{j_1j_2\cdots j_m}$。

(1) 对每个决策粒$\mathrm{dg}_l^{i_d}$，则有$\dfrac{|\mathrm{cg}_i^{i_1i_2\cdots i_m}\wedge \mathrm{dg}_l^{i_d}|}{|U|}=\dfrac{|\{\bigcup_{j\in E_i}\mathrm{cg}_j^{j_1j_2\cdots j_m}\}\wedge \mathrm{dg}_l^{i_d}|}{|U|}=\sum_{j\in E_i}\dfrac{|\mathrm{cg}_j^{j_1j_2\cdots j_m}\bigcap \mathrm{dg}_l^{i_d}|}{|U|}$。因此，$\mathrm{Sup}(\mathrm{cg}_i^{i_1i_2\cdots i_m}\to \mathrm{dg}_l^{i_d})=\sum\limits_{\mathrm{cg}_i^{i_1i_2\cdots i_m}\succeq \mathrm{cg}_j^{j_1j_2\cdots j_m}}\mathrm{Sup}(\mathrm{cg}_j^{j_1j_2\cdots j_m}\to \mathrm{dg}_l^{i_d})$。

(2) 对于每个决策粒$\mathrm{dg}_l^{i_d}$，则有

$$\begin{aligned}\mathrm{Conf}(\mathrm{cg}_i^{i_1i_2\cdots i_m}\to \mathrm{dg}_l^{i_d})&=\frac{|\mathrm{Sup}(\mathrm{cg}_i^{i_1i_2\cdots i_m}\to \mathrm{dg}_l^{i_d})|U|}{|\mathrm{cg}_i^{i_1i_2\cdots i_m}|}\\&=\frac{\sum\limits_{\mathrm{cg}_i^{i_1i_2\cdots i_m}\succeq \mathrm{cg}_j^{j_1j_2\cdots j_m}}\mathrm{Sup}(\mathrm{cg}_j^{j_1j_2\cdots j_m}\to \mathrm{dg}_l^{i_d})|U|}{|\mathrm{cg}_i^{i_1i_2\cdots i_m}|}\\&=\frac{\dfrac{\sum\limits_{\mathrm{cg}_i^{i_1i_2\cdots i_m}\succeq \mathrm{cg}_j^{j_1j_2\cdots j_m}}\mathrm{Sup}(\mathrm{cg}_j^{j_1j_2\cdots j_m}\to \mathrm{dg}_l^{i_d})*|U|}{|U|}}{\dfrac{|\mathrm{cg}_i^{i_1i_2\cdots i_m}|}{|U|}}\end{aligned}$$

$$= \frac{\sum_{cg_i^{i_1 i_2 \cdots i_m} \succeq cg_j^{j_1 j_2 \cdots j_m}} \mathrm{Sup}(cg_j^{j_1 j_2 \cdots j_m} \to dg_l^{i_d})}{\sup(cg_i^{i_1 i_2 \cdots i_m})}$$

(3) 对于每个决策粒 $dg_l^{i_d}$，则有 $\frac{|cg_i^{i_1 i_2 \cdots i_m} \wedge dg_l^{i_d}|}{|dg_l^{i_d}|} = \frac{|\{\bigcup_{j \in E_i} cg_j^{j_1 j_2 \cdots j_m}\} \wedge dg_l^{i_d}|}{|dg_l^{i_d}|} = \sum_{j \in E_i} \frac{|cg_j^{j_1 j_2 \cdots j_m} \wedge dg_l^{i_d}|}{|dg_l^{i_d}|}$。因此，$\mathrm{Cov}(cg_i^{i_1 i_2 \cdots i_m} \to dg_l^{i_d}) = \sum_{cg_i^{i_1 i_2 \cdots i_m} \succeq cg_j^{j_1 j_2 \cdots j_m}} \mathrm{Cov}(cg_j^{j_1 j_2 \cdots j_m} \to dg_l^{i_d})$。

定理 7-5　给定第（$i_1 i_2 \cdots i_m i_d$）决策表和第（$j_1 j_2 \cdots j_m i_d$）决策表，$i_t \leqslant j_t \ (t = 1,2,\cdots,m)$，则有

(1) $D\mathrm{Sup}(U_C^{i_1 i_2 \cdots i_m} \to U_D^{i_d}) \geqslant D\mathrm{Sup}(U_C^{j_1 j_2 \cdots j_m} \to U_D^{i_d})$；

(2) $D\mathrm{Conf}(U_C^{i_1 i_2 \cdots i_m} \to U_D^{i_d}) \leqslant D\mathrm{Conf}(U_C^{j_1 j_2 \cdots j_m} \to U_D^{i_d})$；

(3) $D\mathrm{Cov}(U_C^{i_1 i_2 \cdots i_m} \to U_D^{i_d}) \geqslant D\mathrm{Cov}(U_C^{j_1 j_2 \cdots j_m} \to U_D^{i_d})$。

证明　根据定义 7-8 容易证得。

定理 7-5 表明层次决策规则集的平均支持度随着条件粒变粗而变大，平均置信度随着条件粒变粗而变小，平均覆盖度随着条件粒变粗而变大。

7.3.4　决策粒粗化的层次决策规则不确定性分析

下面主要探讨决策属性粒层提升时单条层次决策规则和规则集的不确定性。

定理 7-6　给定第（$i_1 i_2 \cdots i_m i_d$）决策表和第（$j_1 j_2 \cdots j_m j_d$）决策表，如果 $i_t = j_t$ (t=1,2,⋯,m) 和 $i_d \leqslant j_d$，则 $g^{i_1 i_2 \cdots i_m i_d} \succeq g^{j_1 j_2 \cdots j_m j_d}$。

证明　由于 $i_t = j_t \ (t = 1,2,\cdots,m)$，有 $cg^{i_1 i_2 \cdots i_m} = cg^{j_1 j_2 \cdots j_m}$。又因为 $i_d \leqslant j_d$，$dg^{i_d} \succeq dg^{j_d}$，则 $cg^{i_1 i_2 \cdots i_m} \wedge dg^{i_d} \succeq cg^{j_1 j_2 \cdots j_m} \wedge dg^{j_d}$。因此，可以得到 $g^{i_1 i_2 \cdots i_m i_d} \succeq g^{j_1 j_2 \cdots j_m j_d}$。

引理 7-2　如果 $i_1 i_2 \cdots i_m l(d), \cdots, i_1 i_2 \cdots i_m i_d, \cdots, i_1 i_2 \cdots i_m 1$ 是一个全序关系，则有 $g^{i_1 i_2 \cdots i_m l(d)} \preceq \cdots \preceq g^{i_1 i_2 \cdots i_m i_d} \preceq \cdots \preceq g^{i_1 i_2 \cdots i_m 1}$。

定理 7-6 和引理 7-2 表明随着决策属性粒层提升，决策信息粒逐渐变粗。

定理 7-7　定第（$i_1 i_2 \cdots i_m i_d$）决策表和第（$j_1 j_2 \cdots j_m j_d$）决策表，$i_t = j_t$ (t=1,2,⋯,m)，$i_d \leqslant j_d$，$cg_i^{i_1 i_2 \cdots i_m} \in U_C^{i_1 i_2 \cdots i_m}$，$cg_j^{j_1 j_2 \cdots j_m} \in U_C^{j_1 j_2 \cdots j_m}$，$dg_i^{i_d} \in U_D^{i_d}$，$dg_j^{j_d} \in U_D^{j_d}$，如果$dg_i^{i_d} \succeq dg_j^{j_d}$，则

(1) $\mathrm{Sup}(cg_l^{i_1 i_2 \cdots i_m} \to dg_i^{i_d}) = \sum_{dg_i^{i_d} \succeq dg_j^{j_d}} \mathrm{Sup}(cg_l^{j_1 j_2 \cdots j_m} \to dg_j^{j_d})$；

(2) $\mathrm{Conf}(cg_l^{i_1 i_2 \cdots i_m} \to dg_i^{i_d}) = \sum_{dg_i^{i_d} \succeq dg_j^{j_d}} \mathrm{Conf}(cg_l^{j_1 j_2 \cdots j_m} \to dg_j^{j_d})$；

(3) $\mathrm{Cov}(cg_l^{i_1 i_2 \cdots i_m} \to dg_i^{i_d}) = \frac{\sum_{dg_i^{i_d} \succeq dg_j^{j_d}} \mathrm{Sup}(cg_l^{i_1 i_2 \cdots i_m} \to dg_j^{j_d})}{\sum_{dg^{i_d} \succeq dg^{j_d}} \mathrm{Sup}(dg_j^{j_d})}$。

证明　由于 $i_t = j_t$ $(t=1,2,\cdots,m)$，则 $U_C^{i_1 i_2 \cdots i_m} = U_C^{j_1 j_2 \cdots j_m}$ 。又因为 $\mathrm{cg}_i^{i_1 i_2 \cdots i_m} \in U_C^{i_1 i_2 \cdots i_m}$ 和 $\mathrm{cg}_j^{j_1 j_2 \cdots j_m} \in U_C^{j_1 j_2 \cdots j_m}$，$\mathrm{cg}_l^{i_1 i_2 \cdots i_m} = \mathrm{cg}_l^{j_1 j_2 \cdots j_m}$ 。由于 $i_d \leqslant j_d$，$U_D^{i_d} \succeq U_D^{j_d}$ 和 $\mathrm{dg}_i^{i_d} \succeq \mathrm{dg}_j^{j_d}$，则存在一个$\{1,2,\cdots,|U_D^{i_d}|\}$的子集合 E_i 满足 $\mathrm{dg}_i^{i_d} = \bigcup_{j \in E_i} \mathrm{dg}_j^{j_d}$ 。

(1) 对于每个条件粒 $\mathrm{cg}_l^{i_1 i_2 \cdots i_m}$，则有

$$
\begin{aligned}
\mathrm{Sup}(\mathrm{cg}_l^{i_1 i_2 \cdots i_m} \to \mathrm{dg}_i^{i_d}) &= \frac{|\mathrm{cg}_l^{i_1 i_2 \cdots i_m} \wedge \mathrm{dg}_i^{i_d}|}{|U|} \\
&= \frac{\left|\mathrm{cg}_l^{i_1 i_2 \cdots i_m} \wedge \sum\limits_{\mathrm{dg}_i^{i_d} \succeq \mathrm{dg}_j^{j_d}} \mathrm{dg}_j^{j_d}\right|}{|U|} \\
&= \sum_{\mathrm{dg}_i^{i_d} \succeq \mathrm{dg}_j^{j_d}} \frac{|\mathrm{cg}_l^{i_1 i_2 \cdots i_m} \wedge \mathrm{dg}_j^{j_d}|}{|U|} \\
&= \sum_{\mathrm{dg}_i^{i_d} \succeq \mathrm{dg}_j^{j_d}} \mathrm{Sup}(\mathrm{cg}_l^{j_1 j_2 \cdots j_m} \to \mathrm{dg}_j^{j_d})
\end{aligned}
$$

(2) 对于每个条件粒 $\mathrm{cg}_l^{i_1 i_2 \cdots i_m}$，则有

$$
\begin{aligned}
\mathrm{Conf}(\mathrm{cg}_l^{i_1 i_2 \cdots i_m} \to \mathrm{dg}_i^{i_d}) &= \frac{|\mathrm{cg}_l^{i_1 i_2 \cdots i_m} \wedge \mathrm{dg}_i^{i_d}|}{|\mathrm{cg}_l^{i_1 i_2 \cdots i_m}|} \\
&= \frac{\left|\mathrm{cg}_l^{i_1 i_2 \cdots i_m} \wedge \sum\limits_{\mathrm{dg}_i^{i_d} \succeq \mathrm{dg}_j^{j_d}} \mathrm{dg}_j^{j_d}\right|}{|\mathrm{cg}_l^{i_1 i_2 \cdots i_m}|} \\
&= \sum_{\mathrm{dg}_i^{i_d} \succeq \mathrm{dg}_j^{j_d}} \frac{|\mathrm{cg}_l^{i_1 i_2 \cdots i_m} \wedge \mathrm{dg}_j^{j_d}|}{|\mathrm{cg}_l^{i_1 i_2 \cdots i_m}|} \\
&= \sum_{\mathrm{dg}_i^{i_d} \succeq \mathrm{dg}_j^{j_d}} \mathrm{Conf}(\mathrm{cg}_l^{j_1 j_2 \cdots j_m} \to \mathrm{dg}_j^{j_d})
\end{aligned}
$$

(3) 对于每个条件粒 $\mathrm{cg}_l^{i_1 i_2 \cdots i_m}$，则有

$$
\begin{aligned}
\mathrm{Cov}(\mathrm{cg}_l^{i_1 i_2 \cdots i_m} \to \mathrm{dg}_i^{i_d}) &= \frac{|\mathrm{cg}_l^{i_1 i_2 \cdots i_m} \wedge \mathrm{dg}_i^{i_d}|}{|\mathrm{dg}_i^{i_d}|} \\
&= \frac{\left|\mathrm{cg}_l^{i_1 i_2 \cdots i_m} \wedge \sum\limits_{\mathrm{dg}_i^{i_d} \succeq \mathrm{dg}_j^{j_d}} \mathrm{dg}_j^{j_d}\right|}{\left|\sum\limits_{\mathrm{dg}_i^{i_d} \succeq \mathrm{dg}_j^{j_d}} \mathrm{dg}_j^{j_d}\right|} \\
&= \sum_{\mathrm{dg}_i^{i_d} \succeq \mathrm{dg}_j^{j_d}} \frac{|\mathrm{cg}_l^{i_1 i_2 \cdots i_m} \wedge \mathrm{dg}_j^{j_d}|}{\left|\sum\limits_{\mathrm{dg}_i^{i_d} \succeq \mathrm{dg}_j^{j_d}} \mathrm{dg}_j^{j_d}\right|}
\end{aligned}
$$

$$= \frac{\sum_{\mathrm{dg}_i^{i_d} \succeq \mathrm{dg}_j^{j_d}} \frac{|\mathrm{cg}_l^{i_1 i_2 \cdots i_m} \cap \mathrm{dg}_j^{j_d}|}{|U|}}{\frac{\left|\sum_{\mathrm{dg}_i^{i_d} \succeq \mathrm{dg}_j^{j_d}} \mathrm{dg}_j^{j_d}\right|}{|U|}}$$

$$= \frac{\sum_{\mathrm{dg}_i^{i_d} \succeq \mathrm{dg}_j^{j_d}} \mathrm{Sup}(\mathrm{cg}_l^{i_1 i_2 \cdots i_m} \to \mathrm{dg}_j^{j_d})}{\sum_{\mathrm{dg}_i^{i_d} \succeq \mathrm{dg}_j^{j_d}} \mathrm{Sup}(\mathrm{dg}_j^{j_d})}$$

定理 7-8　给定第（$i_1 i_2 \cdots i_m i_d$）决策表和第（$j_1 j_2 \cdots j_m j_d$）决策表，$i_t = j_t$ （t=1, 2,…,m），$i_d \leqslant j_d$，则有

（1）$D\mathrm{Sup}(U_C^{i_1 i_2 \cdots i_m} \to U_D^{i_d}) \geqslant D\mathrm{Sup}(U_C^{j_1 j_2 \cdots j_m} \to U_D^{j_d})$；

（2）$D\mathrm{Conf}(U_C^{i_1 i_2 \cdots i_m} \to U_D^{i_d}) \geqslant D\mathrm{Conf}(U_C^{j_1 j_2 \cdots j_m} \to U_D^{j_d})$；

（3）$D\mathrm{Cov}(U_C^{i_1 i_2 \cdots i_m} \to U_D^{i_d}) \leqslant D\mathrm{Cov}(U_C^{j_1 j_2 \cdots j_m} \to U_D^{j_d})$。

证明　根据定义 7-8 容易证得。

定理 7-8 表明层次决策规则集的平均支持度随着决策粒变粗而变大，平均置信度随着决策粒变粗变大，平均覆盖度随着决策粒变粗而变小

例 7-1　表 7-1 给出了一个决策表，Doctoral Student、Postgraduate Student、Undergraduate、State-owned Enterprise、Civil Servant 和 Private Enterprise 分别缩写为 DS、PS、UG、SE、CS 和 PE。给定所有属性 Age(A)，Education Level (EL)、Occupation (O)、Salary(Sa)，利用概念层次树(图 7-1)，可以将表 7-1 变成不同层次决策表。表 7-2 仅列出了层次决策表 S^{2222}，其中 A^2、EL^2、O^2 和 Sa^2 分别表示条件属性和决策属性的概念层次。表 7-3 和表 7-4 列出了不同粒度层次下条件信息粒和决策信息粒。

例 7-2　针对表 7-1，随着条件属性和/或决策属性粒度层次提升，可以挖掘出不同粒度层次下决策规则，如表 7-5 所示。对于决策表 S^{2222}，可以挖掘出 8 条决策规则，而对于决策表 S^{1102}，仅挖出 7 条决策规则。随着决策粒层提升，可以从 S^{1101} 挖掘出更多的一致性决策规则。层次决策规则集的平均支持度、平均置信度和平均覆盖度如表 7-6 所示。

下面，简要分析不同粒度层次下决策规则不确定性情况。

(1)如果提升条件属性粒度层次，许多原本一致性的决策规则将变为不一致性决策规则。例如，对于 S^{2222} 和 S^{1022}，S^{2222} 中两条一致性决策规则“cg ={11,12,11} → dg={22}”和“cg={12,21,11} → dg={31}”将变成 S^{1022} 中不一致性决策规则“cg={1,*,11} → dg={22}”和“cg={1,*,11} → dg={31}”。这样，在提升条件属性粒度层次时，需要考虑分类能力。

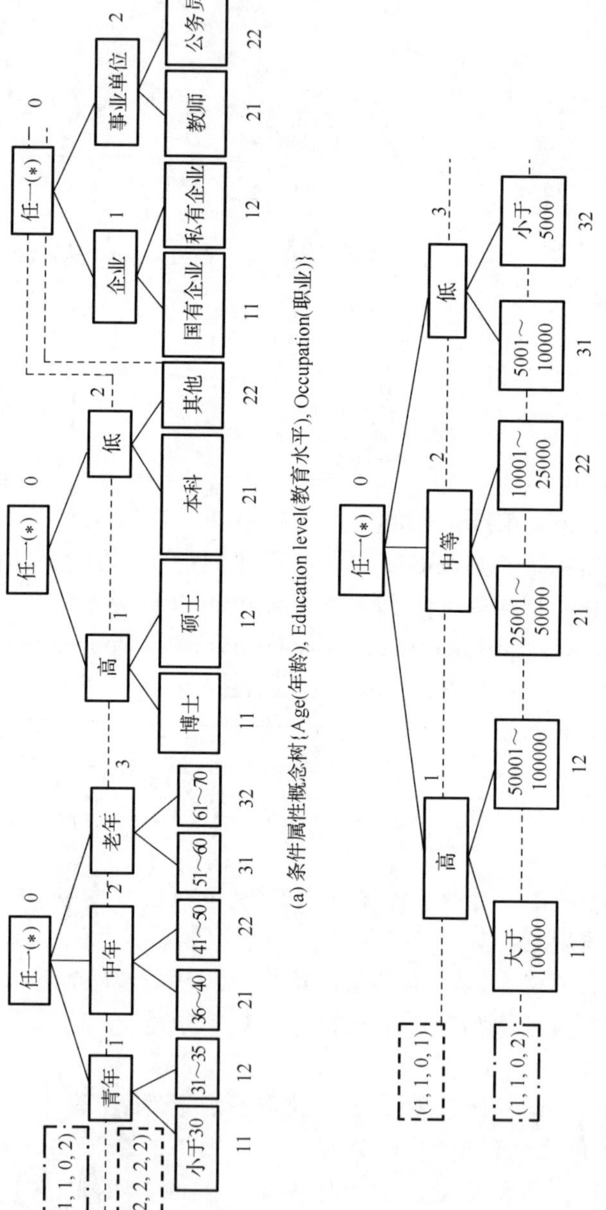

(a) 条件属性概念树{Age(年龄), Education level(教育水平), Occupation(职业)}

(b) 决策属性Salary概念树

图 7-1　各属性的概念层次树

表 7-1　原始数据集

U	A	EL	O	Sa
1	小于 30	PS	SE	10,001～25,000
2	小于 30	DS	CS	10,001～25,000
3	31～35	UG	SE	5,001～10,000
4	36～40	PS	PE	50,001～100,000
5	41～50	UG	Edu	25,001～50,000
6	51～60	Others	PE	<5000
7	41～50	UG	Edu	10,001～25,000
8	36～40	PS	PE	50,001～100,000
9	61～70	PS	SE	>100,000
10	41～50	UG	Edu	10,001～25,000

表 7-2　层次决策表

U	A^2	EL^2	O^2	Sa^2
1	11	12	11	22
2	11	11	22	22
3	12	21	11	31
4	21	12	12	12
5	22	21	21	21
6	31	22	12	32
7	22	21	21	22
8	21	12	12	12
9	32	12	11	11
10	22	21	21	22

表 7-3　S^{2222} 和 S^{1102} 条件信息粒

cg^{222}	$\{A^2, \mathrm{EL}^2, O^2\}$	Sup	cg^{110}	$\{A^1, \mathrm{EL}^1, O^0\}$	Sup
cg_1^{222}	{11,12,11}	1/10	cg_1^{110}	{1,1,*}	2/10
cg_2^{222}	{11,11,22}	1/10			
cg_3^{222}	{12,21,11}	1/10	cg_2^{110}	{1,2,*}	1/10
cg_4^{222}	{21,12,12}	2/10	cg_3^{110}	{2,1,*}	2/10
cg_5^{222}	{22,21,21}	3/10	cg_4^{110}	{2,2,*}	3/10
cg_6^{222}	{31,22,12}	1/10	cg_5^{110}	{3,2,*}	1/10
cg_7^{222}	{32,12,11}	1/10	cg_6^{110}	{3,1,*}	1/10

表 7-4　S^{1102} 和 S^{1101} 条件信息粒

dg^2	$\{Sa^2\}$	Sup	dg^1	$\{Sa^1\}$	Sup
dg_1^2	11	1/10	dg_1^1	1	3/10
dg_2^2	12	2/10			
dg_3^2	21	1/10	dg_2^1	2	5/10
dg_4^2	22	4/10			
dg_5^2	31	1/10	dg_3^1	3	2/10
dg_6^2	32	1/10			

表 7-5　S^{2222}、S^{1102} 和 S^{1101} 中层次决策规则不确定性

决策规则	Sup	Conf	Cov	决策规则	Sup	Conf	Cov	决策规则	Sup	Conf	Cov
$cg_1^{222} \to dg_4^2$	0.1	1	1/4	$cg_1^{110} \to dg_4^2$	0.2	1	1/2	$cg_3^{110} \to dg_1^1$	0.2	1	2/3
$cg_2^{222} \to dg_4^2$	0.1	1	1/4					$cg_6^{110} \to dg_1^1$	0.1	1	1/3
$cg_3^{222} \to dg_5^2$	0.1	1	1	$cg_2^{110} \to dg_5^2$	0.1	1	1	$cg_1^{110} \to dg_2^1$	0.2	1	2/5
$cg_4^{222} \to dg_2^2$	0.2	1	1	$cg_3^{110} \to dg_2^2$	0.2	1	1	$cg_4^{110} \to dg_2^1$	0.3	1	3/5
$cg_5^{222} \to dg_3^2$	0.1	1/3	1	$cg_4^{110} \to dg_3^2$	0.1	1/3	1	$cg_2^{110} \to dg_3^1$	0.1	1	1/2
$cg_5^{222} \to dg_4^2$	0.2	2/3	1/2	$cg_4^{110} \to dg_4^2$	0.2	2/3	1/2	$cg_5^{110} \to dg_3^1$	0.1	1	1/2
$cg_6^{222} \to dg_6^2$	0.1	1	1	$cg_5^{110} \to dg_6^2$	0.1	1	1				
$cg_7^{222} \to dg_1^2$	0.1	1	1	$cg_6^{110} \to dg_1^2$	0.1	1	1				

表 7-6　S^{2222}、S^{1102} 和 S^{1101} 中层次决策规则集不确定性

	*D*Sup	*D*Conf	*D*Cov
S^{2222}	0.14	0.867	0.75
S^{1102}	0.16	0.867	0.75
S^{1101}	0.20	1	0.527

(2) 如果提升决策属性粒度层次，一些不一致性决策规则将会变成一致性决策规则。例如，S^{1102} 中“$cg_4^{110} \to dg_3^2$”和“$cg_4^{110} \to dg_4^2$”将合并为 S^{1101} 中“$cg_4^{110} \to dg_2^1$”。显然，合并后的决策规则的支持度和置信度得到了提高。

7.4　大数据下层次决策规则并行挖掘方法

在知识获取中，通常知识以决策规则的形式进行表示。一条决策规则如果有比较长的前件则意味着计算代价较高，规则推广能力较差。为了从决策表中获取简洁的决策规则，就必须对决策表进行知识约简[21-32]。经过约简，决策规则集平均支持度将增大，决策规则集的整体置信度将呈现非单调递减趋势，实际也体现了不确定性的增大，而决策规则集覆盖度将呈现非单调递增趋势。因此，许多学者研究了大数据下知识约简方法[33-36]。这里仅阐述大规模决策表经过约简后层次决策规则获取方法[20,37]。

7.4.1 大数据下层次决策规则并行挖掘模型

为了方便进行大数据下层次决策规则挖掘，首先给出了条件粒和决策粒计算形式。

定义 7-10　给定一个决策表 S、U_C、U_D 和 $U_{C\cup D}$ 为条件粒集合、决策粒集合和基本粒集合。对于每个条件粒 $\mathrm{cg}\in U_C$，其基本关联映射定义为

$$\Gamma_{C\cup D}(\mathrm{cg})=\{<\mathrm{dg},|\mathrm{cg}\wedge\mathrm{dg}|>|(\mathrm{cg}\wedge\mathrm{dg})\in U_{C\cup D}\}$$

$\Gamma_{C\cup D}(\mathrm{cg})$ 包含了与条件粒 cg 相关联的所有决策粒。为方便起见，同样使用 $\Gamma_D(g)=\{<\mathrm{dg},|\mathrm{dg}|>|\mathrm{dg}\in U_D\}$ 表示带有频繁次数的所有决策粒。

下面，利用 MapReduce 技术[38,39]设计一种大数据下层次决策规则挖掘方法，如图 7-2 所示。该模型并行计算条件粒和决策粒以及对应决策规则的支持度、置信度和覆盖度。

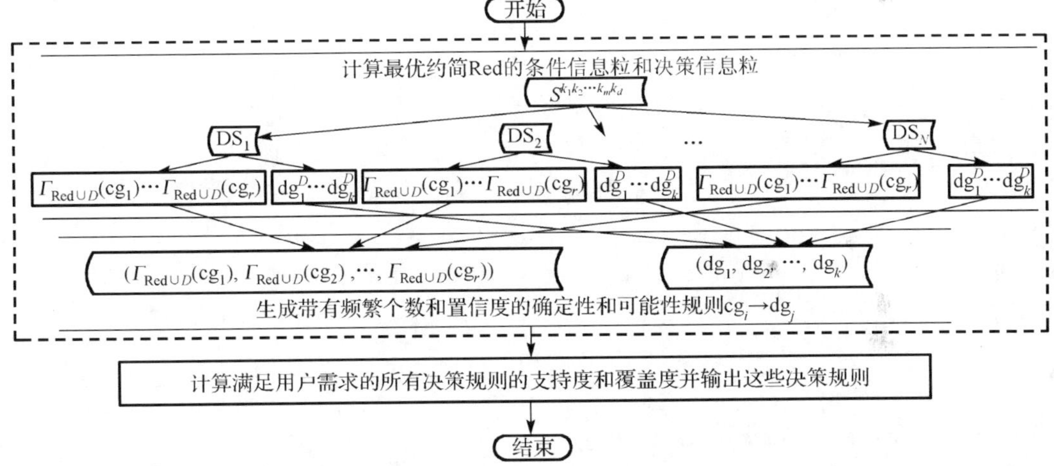

图 7-2　大数据下层次决策规则获取算法框架图

该模型分为三个算法，第一个算法(算法 7-1)中 Map 函数计算条件信息粒，而 Reduce 函数生成某个粒度下层次决策规则；第二个算法(算法 7-2)中 Map 函数计算决策信息粒，而 Reduce 函数计算决策信息粒的频繁支持数；第三个算法(算法 7-3)串行计算决策规则的支持度、置信度和覆盖度。

1. 条件信息粒并行计算算法

算法 7-1　条件信息粒并行计算算法(Parallel Computation Algorithm for Condition Granules, PCACG)主要用来并行计算条件信息粒，具体伪代码如下。
函数 PCACG-Map(key，value) 输入：一个层次编码决策表 $S^{k_1k_2\cdots k_mk_d}$ 的数据分片，ds；一个优化的约简，Red。

输出：$<\mathrm{cg},<\mathrm{dg},s>>$，其中 cg 为优化约简 Red 下的条件信息粒，dg 为决策信息粒，s 为 $\mathrm{cg}\wedge\mathrm{dg}$ 的支持数。

Step 1　$U_{\mathrm{Red}}=\varnothing$；
Step 2　for each object　$x\in\mathrm{ds}$　do
Step 3　{
Step 4　　　cg= $I_{\mathrm{Red}}(x)$，dg= $I_D(x)$；
Step 5　　　if　not（$\mathrm{cg}\in U_{\mathrm{Red}}$）then
Step 6　　　{
Step 7　　　　　$\Gamma_{\mathrm{Red}\cup D}(\mathrm{cg})=\{<\mathrm{dg},1>\}$；
Step 8　　　　　$U_{\mathrm{Red}}=U_{\mathrm{Red}}\cup\{\mathrm{cg}\}$；
Step 9　　　}
Step 10　　　else
Step 11　　　{
Step 12　　　　　match=false；
Step 13　　　　　for each　$<g,s>\in\Gamma_{\mathrm{Red}\cup D}(\mathrm{cg})$　do
Step 14　　　　　　　if　g=dg then
Step 15　　　　　　　{　s=s+1；match=true；return；}
Step 16　　　　　if match=false then
Step 17　　　　　　　$\Gamma_{\mathrm{Red}\cup D}(\mathrm{cg})=\Gamma_{\mathrm{Red}\cup D}(\mathrm{cg})\cup\{<\mathrm{dg},1>\}$；
Step 18　　　　}
Step 19　　}
Step 20　for each cg　$\in U_{\mathrm{Red}}$　do
Step 21　　　for each　$<\mathrm{dg},s>\in\Gamma_{\mathrm{Red}\cup D}(\mathrm{cg})$　do
Step 22　　EmitIntermediate $<\mathrm{cg},<\mathrm{dg},s>>$；

函数 PCACG-Reduce(key，valueList)

输入：条件信息粒 cg；决策值列表 $<\mathrm{dg},s>$

输出：$<\mathrm{cg}\rightarrow\mathrm{dg},<s,\mathrm{Conf}>>$

Step 1　$\Gamma_{\mathrm{Red}\cup D}(\mathrm{cg})=\varnothing$，$N_{\mathrm{cg}}=0$；
Step 2　for each pair　$<\mathrm{dg},s>\in$ valueList do
Step 3　{
Step 4　　　$N_{\mathrm{cg}}=N_{\mathrm{cg}}+s$；
Step 5　　　match=false；
Step 6　　　for each　$<g,s_1>\in\Gamma_{\mathrm{Red}\cup D}(\mathrm{cg})$　do

Step 7 if g=dg then
Step 8 { $s_1=s+s_1$； match=true； return； }
Step 9 if match=false then
Step 10 $\Gamma_{\mathrm{Red}\cup D}(\mathrm{cg})=\Gamma_{\mathrm{Red}\cup D}(\mathrm{cg})\cup\{<\mathrm{dg},s>\}$;
Step 11 }
Step 12 for each $<\mathrm{dg},s>\in\Gamma_{\mathrm{Red}\cup D}(\mathrm{cg})$ do
Step 13 {
Step 14 Conf= $\frac{s}{N_{\mathrm{cg}}}$;
Step 15 Emit $<\mathrm{cg}\to\mathrm{dg},<s,\mathrm{Conf}>>$;
Step 16 }

2. 决策信息粒并行计算算法

算法 7-2 决策信息粒并行计算算法(Parallel Computation Algorithm for Decision Granules, PCADG)阐述了利用 MapReduce 技术并行计算决策信息粒过程，Map 函数计算决策信息粒，与算法 7-1 中 Map 函数类似，而 Reduce 函数计算决策信息粒 dg 的个数。具体伪代码如下。

函数 PCADG-Map(key，value)
输入：一个层次编码决策表 $S^{k_1k_2\cdots k_mk_d}$ 的数据分片，ds。
输出：$<\mathrm{dg},s>$，其中 dg 为一个决策信息粒，s 为该决策信息粒的支持数。
Step 1 $U_D=\varnothing$， $\Gamma_D(g)=\varnothing$;
Step 2 for each object $x\in\mathrm{ds}$ do
Step 3 {
Step 4 dg= $I_D(x)$;
Step 5 if not（$\mathrm{dg}\in U_D$）then
Step 6 {
Step 7 $U_D=U_D\cup\{\mathrm{dg}\}$;
Step 8 $\Gamma_D(g)=\Gamma_D(g)\cup\{<\mathrm{dg},0>\}$
Step 9 }
Step 10 else
Step 11 {
Step 12 match=false；
Step 13 for each $<g,s>\in\Gamma_D(g)$ do
Step 14 if g=dg then
Step 15 { $s=s+1$； match=true； return； }
Step 16 if match=false then
Step 17 $\Gamma_D(g)=\Gamma_D(g)\cup\{<\mathrm{dg},1>\}$;

Step 18 　　}
Step 19 　}
Step 20 　for each $<\mathrm{dg},s> \in \Gamma_D(g)$ do
Step 21 　　EmitIntermediate $<\mathrm{dg},s>$

函数 PCADG-Reduce (key,valueList)
输入：一个决策信息粒 dg；dg 的支持数列表，valueList
输出：$<\mathrm{dg},N_{\mathrm{dg}}>$，其中 N_{dg} 为 dg 的总的支持数
Step 1 　$N_{\mathrm{dg}}=0$;
Step 2 　for each $v \in$ valueList do
Step 3 　　$N_{\mathrm{dg}}=N_{\mathrm{dg}}+v$;
Step 4 　Emit $<\mathrm{dg},N_{\mathrm{dg}}>$;

3. 层次决策规则并行挖掘算法

计算完条件信息粒和决策信息粒，可以生成一些确定性或可能性决策规则。

算法 7-3 并行知识获取算法(Parallel Knowledge Acquisition Algorithm，PKAA)给出了利用 MapReduce 技术进行层次决策规则并行挖掘的伪代码，主要用来计算决策规则的支持度、置信度和覆盖度。具体伪代码如下。

输入：一个层次编码决策表 S；一个最优的约简，Red。
输出：$<\mathrm{cg}\to\mathrm{dg},<\mathrm{Sup},\mathrm{Conf},\mathrm{Cov}>>$。
Step 1 　$\Gamma_D(g)=\varnothing$，total =0;
Step 2 　for each $<\mathrm{dg},N_{\mathrm{dg}}>$ do
Step 3 　{
Step 4 　　$\Gamma_D(g)=\Gamma_D(g)\cup<\mathrm{dg},N_{\mathrm{dg}}>$;
Step 5 　　total=total + N_{dg};
Step 6 　}
Step 7 　for each decision rule $<\mathrm{cg}\to\mathrm{dg},<s,\mathrm{Conf}>>$ do
Step 8 　　for each pair $<g,N_{\mathrm{dg}}>\in\Gamma_D(g)$ do
Step 9 　　　if g=dg then
Step 10 　　　{
Step 11 　　　　$\mathrm{Sup}=\dfrac{s}{\mathrm{total}}$;
Step 12 　　　　$\mathrm{Cov}=\dfrac{s}{N_{\mathrm{dg}}}$;
Step 13 　　　　Output $<\mathrm{cg}\to\mathrm{dg},<\mathrm{Sup},\mathrm{Conf},\mathrm{Cov}>>$;
Step 14 　　　}

7.4.2 时间复杂度分析

为了展示所提出的层次决策规则并行挖掘算法的效率，将串行知识获取算法和并行知识获取算法的计算复杂性进行了分析比较，结果如表 7-7 所示。表中，|Red|表示最优约简中属性个数，n 表示所有对象的总个数，N 表示计算节点个数。为方便比较，每个数据分片的对象数为 $\frac{n}{N}$，$|U_{\text{Red}}|$ 表示条件信息粒个数，$|U_D|$ 表示决策信息粒个数，n' 表示最大等价类中对象个数。$\ln_{c_t}$（t=1,2,⋯,m）和 $\ln_d$ 分别表示条件属性的编码字符串和决策属性的编码字符串。从表 7-7 可以看出，并行知识获取算法的时间复杂度远低于串行知识获取算法。在并行策略下，计算条件信息粒和决策信息粒的任务分布到 N 节点上，其计算时间复杂度可以降低 N 倍。一般而言，从节点越多，并行知识获取算法越快。

表 7-7 并行知识获取算法时间复杂度分析

算法	串行	并行
算法 7-1	$\max\left(O\left(n\left(\sum_{t=1}^{\lvert\text{Red}\rvert}\ln_{c_t}+\ln_d\right)\right),O(n\lvert U_D\rvert)\right)$	$\max\left(O\left(\frac{n\left(\sum_{t=1}^{\lvert\text{Red}\rvert}\ln_{c_t}+\ln_d\right)}{N}\right),O\left(\frac{n\lvert U_D\rvert}{N}\right),O(\lvert U_D\rvert n')\right)$
算法 7-2	$\max(O(n\ln_d),O(n\lvert U_D\rvert))$	$\max\left(O\left(\frac{n(\ln_d)}{N}\right),O\left(\frac{n\lvert U_D\rvert}{N}\right)O(\lvert U_D\rvert n')\right)$
算法 7-3	$O(\lvert U_{\text{Red}}\rvert\lvert U_D\rvert^2)$	$O(\lvert U_{\text{Red}}\rvert\lvert U_D\rvert^2)$

7.4.3 实验分析

为了考察所提出的算法，选用三个人工数据集 DS1、DS2 和 DS3 来测试层次粗糙集模型知识获取算法性能，其中 DS1～DS3 各个属性概念层次树深度为 3，表 7-8 列出不同数据集的特性。利用开源云计算平台 Hadoop 0.20.2 和 Java 1.6.0_20 在 17 台普通计算机(Intel Pentium Dual-core 2.6GHz CPU，2GB 内存)构建的大数据中进行实验，其中 1 台为主节点，16 台为从节点。

表 7-8 层次粗糙集模型测试数据集特性

数据集	对象数	条件属性数	决策属性值个数	备注
DS1	40000000	50	4×4×4=64	3 层决策表
DS2	40000000	50	5×5×5=125	3 层决策表
DS3	50000000	30	3×3×3=27	3 层决策表

针对 DS1、DS2 和 DS3，分别从不同粒度下决策规则平均长度和决策规则个数进行了分析比较，如图 7-3～图 7-5 所示。

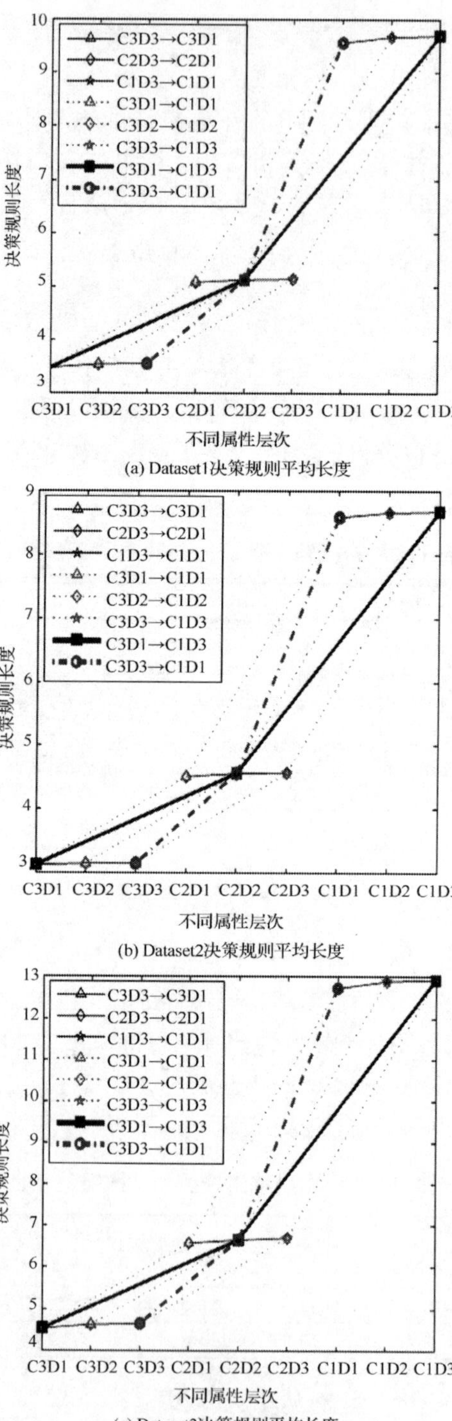

(a) Dataset1决策规则平均长度

(b) Dataset2决策规则平均长度

(c) Dataset3决策规则平均长度

图 7-3　不同粒层下决策规则平均长度比

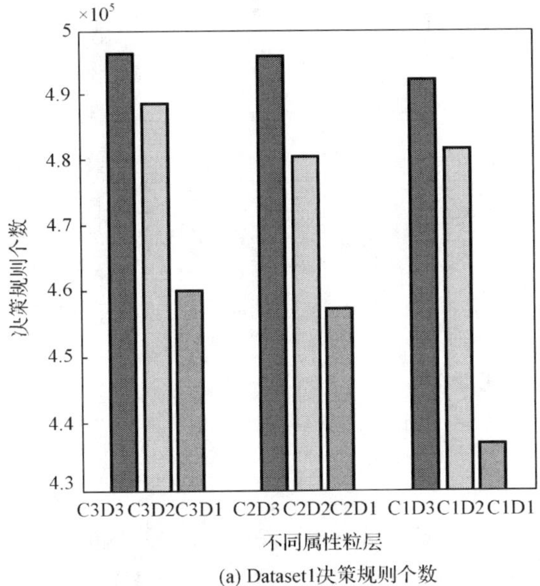

(a) Dataset1决策规则个数

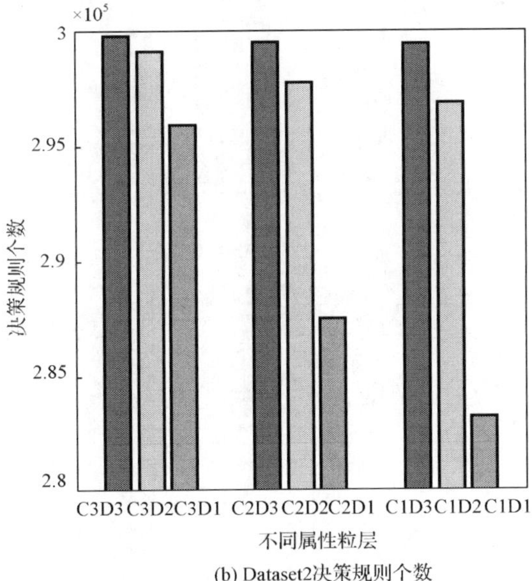

(b) Dataset2决策规则个数

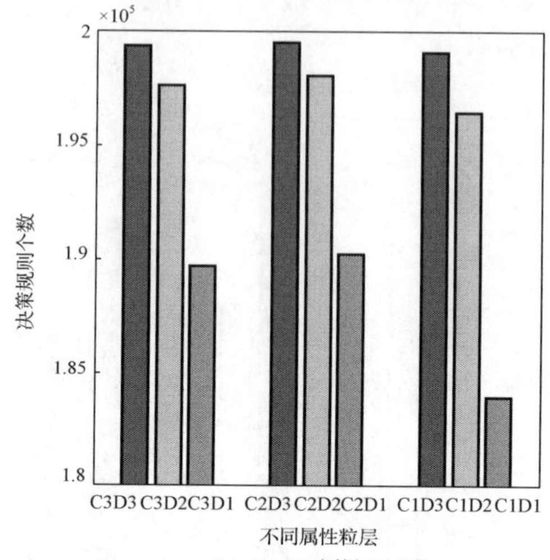

(c) Dataset3决策规则个数

图 7-4　不同决策属性粒层下决策规则个数比较

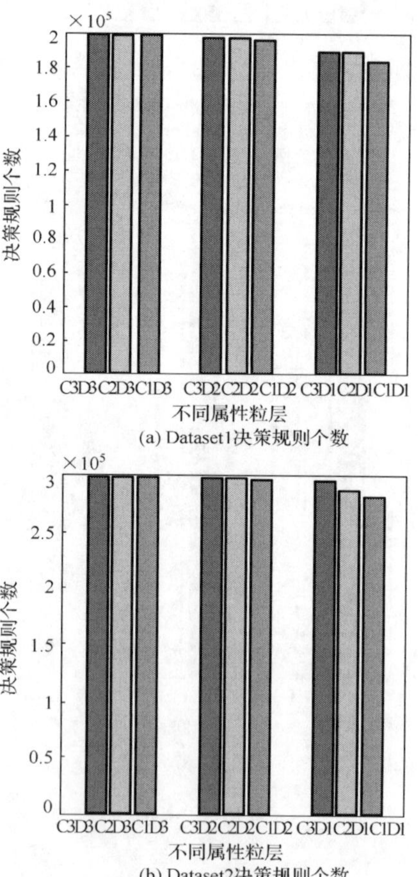

(a) Dataset1决策规则个数

(b) Dataset2决策规则个数

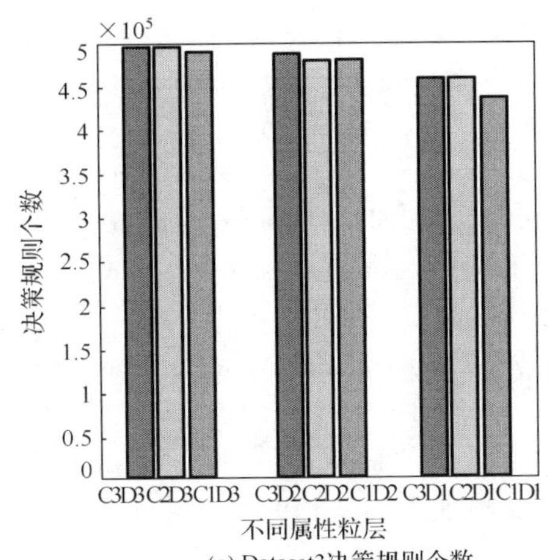

(c) Dataset3决策规则个数

图 7-5　不同条件属性粒层下决策规则个数比较

7.5　本 章 小 结

本章探讨了层次决策规则不确定性，提出了大数据下层次决策规则并行计算模型，并利用开源云计算平台 Hadoop 在普通计算机的集群上进行实验。实验结果表明所提出的面向大数据的层次决策规则挖掘算法不仅可以处理大数据，而且可以挖掘出不同层次决策规则。

参 考 文 献

[1] Pawlak Z. Rough sets[J]. International Journal of Computer and Information Sciences, 1982, 11 (2): 341-356.

[2] 王国胤. Rough 集理论与知识获取[M]. 西安: 西安交通大学出版社, 2001.

[3] 张文修, 吴伟志, 梁吉业, 等. 粗糙集理论与方法[M]. 北京: 科学出版社, 2003.

[4] 苗夺谦, 李道国. 粗糙集理论算法与应用[M]. 北京: 清华大学出版社, 2008.

[5] Guan Y Y, Wang H K, Wang Y, et al. Attribute reduction and optimal decision rules acquisition for continuous valued information systems[J]. Information Sciences, 2009, 179: 2974-2984.

[6] Li H X, Wang M H, Zhou X Z, et al. An interval set model for learning rules from incomplete information table[J]. International Journal of Approximate Reasoning, 2012, 53 (1): 24-37.

[7] Zhang X, Mei C L, Chen D G, et al. Multi-confidence rule acquisition oriented attribute reduction of covering decision systems via combinatorial optimization[J]. Knowledge-Based Systems, 2013, 50: 187-197.

[8] Yao J T, Yao Y Y. Induction of classification rules by granular computing[C]. International

Conference on Rough Sets and Current Trends in Computing（RSCTC 2002）, LNCS（LNAI）2475. Berlin: Springer, 2002: 331-338.

[9] Li Y F, Wu J T. Interpretation of association rules in multi-tier structures[J]. International Journal of Approximate Reasoning, 2014, 55: 1439-1457.

[10] Hong T P, Lin C E, Lin J H, et al. Learning cross-level certain and possible rules by rough sets[J]. Expert Systems with Applications, 2008, 34(3): 1698-1706.

[11] Feng Q R, Miao D Q, Cheng Y. Hierarchical decision rules mining[J]. Expert Systems with Applications, 2010, 37: 2081-2091.

[12] Wu W Z, Leung Y. Theory and applications of granular labelled partitions in multi-scale decision tables[J]. Information Sciences, 2011, 181(18): 3878-3897.

[13] She Y H, Li J H, Yang H L. A local approach to rule induction in multi-scale decision tables[J]. Knowledge-Based Systems, 2015, 89: 398-410.

[14] Chen H M, Li T R, Luo C, et al. A rough set-based method for updating decision rules on attribute values' coarsening and refining[J]. IEEE Transactions on Knowledge and Data Engineering, 2014, 26(12): 2888-2899.

[15] Liu X, Qian Y H, Liang J Y. A rule-extraction framework under multigranulation rough sets[J]. International Journal of Machine Learning and Cybernetics, 2014, 5(5): 319-326.

[16] Ye M Q, Wu X D, Hu X G, et al. Knowledge reduction for decision tables with attribute value taxonomies[J]. Knowledge-Based Systems, 2014, 56: 68-78.

[17] 王加阳, 王国仁. 基于粗集的多知识库决策融合[J]. 控制与决策, 2007, 22(6): 657-662.

[18] Qian Y H, Liang J Y, Li D Y, et al. Measures for evaluating the decision performance of a decision table in rough set theory[J]. Information Sciences, 2008, 178(1), 181-202.

[19] 苗夺谦, 范世栋. 知识的粒度计算及其应用[J]. 系统工程理论与实践, 2002, 22(1): 48-56.

[20] Qian J, Xia M, Yue X D. Parallel knowledge acquisition algorithms for big data using MapReduce[J]. International Journal of Machine Learning and Cybernetics, 2018, 9(6): 1007-1021.

[21] 苗夺谦, 胡桂荣. 知识约简的一种启发式算法[J]. 计算机研究与发展, 1997, 36(6): 681-684.

[22] 徐章艳, 刘作鹏, 杨炳儒, 等. 一个复杂度为 max($O(|C||U|)$, $O(|C|2|U/C|)$)的快速属性约简算法[J]. 计算机学报, 2006, 29(3): 391-399.

[23] Qian Y H, Liang J Y, Pedrycz W, et al. Positive approximation: An accelerator for attribute reduction in rough set theory[J]. Artificial Intelligence, 2010, 174: 597-618.

[24] Nguyen S, Nguyen S. Some efficient algorithms for rough set methods[C]. Proceedings of Information Processing and Management under Uncertainty, Granada, 1996: 1451-1456.

[25] Miao D Q, Zhao Y, Yao Y Y, et al. Relative reducts in consistent and inconsistent decision tables of the Pawlak rough set model[J]. Information Sciences, 2009, 179: 4140-4150.

[26] 王国胤, 于洪, 杨大春. 基于条件信息熵的决策表约简[J]. 计算机学报, 2002, 25(7): 759-766.

[27] Yao Y Y, Zhao Y. Attribute reduction in decision-theoretic rough set model[J]. Information Sciences, 2008, 178 (17): 3356-3373.

[28] Jia X Y, Liao W H, Tang Z M, et al. Minimum cost attribute reduction in decision-theoretic rough set models[J]. Information Sciences, 2013, 19: 151-167.

[29] Mi J S, Wu W Z, Zhang W X. Approaches to knowledge reduction based on variable precision rough set model[J]. Information Sciences, 2004, 159 (3/4): 255-272.

[30] Wang J, Zhou J. Research of reduct features in the variable precision rough set model[J]. Neurocomputing, 2008, 72: 2643-2648.

[31] Chen D G, Wang C Z, Hu Q H. A new approach to attribute reduction of consistent and inconsistent covering decision systems with covering rough sets[J]. Information Sciences, 2007, 177(7): 3500-3518.

[32] Hu Q H, Pedrycz W, Yu D R, et al. Selecting discrete and continuous features based on neighborhood decision error minimization[J]. IEEE Transactions on Systems, Man, and Cybernetics, Part B: Cybernetics, 2010, 40(1): 137-150.

[33] Yang Y, Chen Z, Liang Z, et al. Attribute reduction for massive data based on rough set theory and MapReduce[C]. Rough Set and Knowledge Technology, Lecture Notes in Computer Science. Berlin: Springer, 2010: 672-678.

[34] Qian J, Miao D Q, Zhang Z H, et al. Parallel attribute reduction algorithms using MapReduce[J]. Information Sciences, 2014, 279: 671-690.

[35] Qian J, Lv P, Yue X D, et al. Hierarchical attribute reduction algorithms for big data using MapReduce[J]. Knowledge-Based Systems, 2015, 73: 18-31.

[36] Zhang J B, Li T R, Pan Y. PLAR: Parallel large-scale attribute reduction on cloud systems[C]. International Conference on Parallel and Distributed Computing, Applications and Technologies, 2014: 184-191.

[37] Zhang J B, Li T R, Pan Y. Parallel rough set based knowledge acquisition using MapReduce from big data[C]. Proceedings of the 1st International Workshop on Big Data, Streams and Heterogeneous Source Mining: Algorithms, Systems, Programming Models and Applications (BigMine 2012). New York: ACM Press, 2012: 20-27.

[38] Dean J, Ghemawat S. MapReduce: Simplified data processing on large clusters[J]. Communications of the ACM, 2008, 51(1): 107-114.

[39] Chu C T, Kim S, Lin Y A, et al. MapReduce for machine learning on multicore[J]. Proceedings of the 20th Conference on Advances in Neural Information Processing Systems(NIPS2006), 2006, 6: 281-288.

第 8 章 粒的不确定性度量及其关系研究①

粒的不确定性度量研究是人工智能领域的一个热点问题。本章在回顾几种经典的粒不确定性度量方法的基础上，系统研究了这些度量方法之间的联系与区别，结果表明信息粒度等度量与知识粒度是等价的，而 Rough 熵和协同熵等则可看作信息熵的派生，并通过实例验证了结论的正确性。

8.1 引　　言

在粗糙集中，知识被看作对论域的一种划分能力。由于知识自身具有粒度，这使得知识具有不确定性。与其他方法(如统计方法、模糊集方法)相比，粗糙集方法以知识的颗粒状为主要特征来表示知识的不确定性，试图为不确定性知识的表示、度量和应用等奠定有效的数学基础。知识的不确定性度量方法一直是人们关注的热点。从代数角度，Pawlak[1,2]利用粗糙集的上、下近似，给出了近似精度与粗糙度的概念，用它们来刻画粗糙集的不确定性；苗夺谦和范世栋[3]提出了知识粒度的概念，并分析了相关性质；Qian 等[4,5]则通过将二元关系表示成邻域系统的形式，提出了知识的信息粒度、组合粒度、互补熵等度量方法。鉴于熵是信息度量的良好工具，国内外许多学者从信息熵角度对知识不确定性度量问题进行了系统研究与探讨。苗夺谦[6]于 1997 年将信息论引入粗糙集理论，开创了知识的信息表示与信息度量的研究，提出了知识的信息熵、条件熵和互信息等概念，讨论了知识粗糙性(知识的不确定性)与信息熵之间的关系；王瑜等[7]提出了评价知识度量的准则，并证明了苗夺谦提出的信息熵知识度量的正确性和可行性；Düntsch 和 Gediga[8]于 1998 年运用 Shannon 熵对粗糙集理论中的规则进行度量，并指出信息熵是寻找任意元素等价类信息最小平均计算量的度量；基于 Shannon 熵的拓展形式，Beaubouef 和 Petry[9]研究了粗糙集和粗糙关系数据库中的不确定性信息度量；Wierman[10]从集合论的角度讨论了粗糙集中知识的不确定性，于 1999 年提出了 Granularity 的概念，从本质上看 Granularity 与苗夺谦提出的信息熵是等价的；Liang 和 Shi[11]提出了利用 Rough 熵等方法来对知识的不确定性进行度量。本章分别从代数和信息论两个角度出发对知识的不确定性进行了系统研究，对已有知识不确定性度量方法进行了归纳总结，深入探讨了几种经典度量方法的联系与区别。

---

① 本章工作获得国家自然科学基金项目(61663002、61741309、61305052)资助。

8.2 基本概念

8.2.1 粗糙度、粗糙熵

定义 8-1[1,2]　给定知识库 $K=(U,\mathbf{R})$，对于任意子集 $X\subseteq U$ 和 U 上的等价关系 R，X 的粗糙度定义为

$$\rho_R(X)=1-\frac{\underline{R}(X)}{\overline{R}(X)}=\frac{\mathrm{BND}(X)}{\overline{R}(X)}$$

从定义 8-1 容易得到 $0\leqslant\rho_R(X)\leqslant1$。特别地，当 $\rho_R(X)=0$ 时，表示在已有知识 R 下，概念 X 是完全清晰的；当 $\rho_R(X)=1$ 时，表示根据知识 R，对概念 X 完全不清楚。

定义 8-2[9]　设 $K=(U,\mathbf{R})$ 是一知识库，$P\in\mathbf{R}$ 是定义在 U 上的等价关系，P 在 U 上导出的划分为 $U/\mathrm{IND}(P)=\{X_1,X_2,\cdots,X_n\}$，则 $X\subseteq U$ 在知识 P 下的粗糙熵定义为

$$E_r(X)=-\rho_P(X)\sum_{i=1}^{n}\frac{|X_i|}{|U|}\log_2\frac{1}{|X_i|}$$

8.2.2 知识粒度

在粗糙集理论中，知识是论域 U 上的等价关系。因此，一个拥有知识 R 的智能体(Agent，如人、机器人等)不能将 $u\in U$ 与 $[u]_R$ (包含 u 的等价类)中的对象区分开来，而只能区分不同等价类中的对象。根据这一思想，苗夺谦和范世栋[3]提出了知识粒度的概念并研究了相关性质。

定义 8-3[3]　设 $K=(U,\mathbf{R})$ 是一个知识库, $R\in\mathbf{R}$ 为论域 U 上的等价关系，称为知识。知识 $R\in\mathbf{R}$ 的粒度，记为 $\mathrm{GD}(R)$，定义为

$$\mathrm{GD}(R)=\frac{|R|}{|U\times U|}=\frac{|R|}{|U|^2}$$

其中，$|R|$ 表示 $R\subseteq U\times U$ 的基数。

若 $U/R=\{X_1,X_2,\cdots,X_n\}$，则有

$$\mathrm{GD}(R)=\sum_{i=1}^{n}\frac{|X_i|^2}{|U|^2}$$

知识 R 的粒度可以表示它的分辨能力，对任意 u、$v\in U$，当 $(u,v)\in R$ 时，表明对象 u、v 在 R 下不可分辨，属于 R 的同一个等价类；否则，它们可分辨，属于不同

的 R-等价类。因此，GD(R)表示在 U 中随机选择两个对象，这两个对象 R-不可分辨的可能性大小。可能性越大，即 GD(R)越大，则表明 R 的分辨能力越弱；否则越强。因此，自然有如下定义。

定义 8-4[3]　定义知识 R 的分辨度 Dis(R)为

$$\mathrm{Dis}(R)=1-\mathrm{GD}(R)=1-\sum_{i=1}^{n}\frac{|X_i|^2}{|U|^2}$$

分辨度直接反映知识的分辨能力。

8.2.3　信息粒度、组合粒度、互补熵

Qian 等[4,5]通过将二元关系表示成邻域系统，使得由二元关系诱导的粒空间有统一表示形式，并在此基础上提出了知识的信息粒度、组合粒度、互补熵等度量方法。

为了后面讨论的方便，记 $K(P)=\{N_p(x),\ \ x\in U\}$，表示由 $P\in\mathbf{R}$ 所诱导的粒空间，其中 $N_p(x)$ 是对象 $x\in U$ 关于 P 的邻域。

定义 8-5[4]　设 $K=(U,\mathbf{R})$ 是一个知识库，对任意给定的二元关系 $P\in\mathbf{R}$，其诱导的粒空间为 $K(P)=\{N_P(x_1),N_P(x_2),\cdots,N_P(x_{|U|})\}$，则知识 P 的信息粒度定义为

$$G(P)=\frac{1}{|U|}\sum_{i=1}^{|U|}\frac{|N_P(x_i)|}{|U|}$$

其中，$\frac{|N_P(x_i)|}{|U|}$ 是邻域 $N_P(x_i)$ 在 U 中所占的比例。

定义 8-6[5]　设 $K=(U,\mathbf{R})$ 是一个知识库，对任意给定的二元关系 $P\in\mathbf{R}$，其诱导的粒空间为 $K(P)=\{N_P(x_1),N_P(x_2),\cdots,N_P(x_{|U|})\}$，则知识 P 的组合粒度定义为

$$\mathrm{CG}(P)=\frac{1}{|U|}\sum_{i=1}^{|U|}\frac{C_{|N_P(x_i)|}^2}{C_{|U|}^2}$$

其中，$\frac{C_{|N_P(x_i)|}^2}{C_{|U|}^2}$ 是邻域 $N_P(x_i)$ 中的元素对(Object Pair)在论域 U 中的所有元素对中所占的比例；$C_{|N_P(x_i)|}^2=\frac{|N_P(x_i)|(|N_P(x_i)|-1)}{2}$。

定义 8-7[4]　设 $K=(U,\mathbf{R})$ 是一个知识库，$P\in\mathbf{R}$ 是 U 上的一个等价关系，其在 U 上的划分为 $U/\mathrm{IND}(P)=\{X_1,X_2,\cdots,X_m\}$，则知识 P 的互补熵定义为

$$\mathrm{IE}(P)=\sum_{i=1}^{m}\frac{|X_i|}{|U|}\frac{|X_i^c|}{|U|}$$

其中，X_i^c 表示 X_i 的补集。

8.2.4　信息熵、Rough 熵、协同熵

定义 8-8[6]　给定知识库 $K=(U,\mathbf{R})$，$P\in\mathbf{R}$，P 在 U 上导出的划分为 $U/\mathrm{IND}(P)=\{X_1,X_2,\cdots,X_n\}$，则知识 P 的熵 $H(P)$ 可定义为

$$H(P)=-\sum_{i=1}^{n}p(X_i)\log_2 p(X_i)$$

定义 8-9[12]　给定知识库 $K=(U,\mathbf{R})$，$P\in\mathbf{R}$，P 在 U 上导出的划分为 $U/\mathrm{IND}(P)=\{X_1,X_2,\cdots,X_n\}$，则知识 P 的 Rough 熵 $E(P)$ 定义为

$$E(P)=-\sum_{i=1}^{n}\frac{|X_i|}{|U|}\log_2\frac{1}{|X_i|}$$

定义 8-10[13]　给定知识库 $K=(U,\mathbf{R})$，$P\in\mathbf{R}$，P 在 U 上导出的划分为 $U/\mathrm{IND}(P)=\{X_1,X_2,\cdots,X_n\}$，则知识 P 的协同熵 $\mathrm{CE}(P)$ 定义为

$$\mathrm{CE}(P)=\frac{1}{|U|}\sum_{i=1}^{n}|X_i|\log_2|X_i|$$

8.3　知识度量之间的关系

8.3.1　信息粒度、组合粒度等与知识粒度的关系

Yao 和 Zhao[12]给出了知识系统中粒度度量的一般性公理化定义，这为人们构建新的粒度度量方法和比较已有知识粒度度量方法提供了有力的工具。前面内容分别介绍了知识粒度、信息粒度、组合粒度及互补熵等度量知识粒度的工具，本小节讨论这些度量工具之间的联系与区别。

定义 8-11[11]　设有知识库 $K=(U,\mathbf{R})$，若对任意的 $P\in\mathbf{R}$，存在一个实数 $\mathrm{GK}(P)$ 满足：

(1) 非负性：$\mathrm{GK}(P)\geqslant 0$。

(2) 粒度不变性：对任意 $P,Q\in\mathbf{R}$，若 $P\equiv Q$，有 $\mathrm{GK}(P)=\mathrm{GK}(Q)$。

(3) 单调性：对于任意 $P,Q\in\mathbf{R}$，若 $P\prec Q$，有 $\mathrm{GK}(P)<\mathrm{GK}(Q)$。

则称 $\mathrm{GK}(P)$ 为知识库 $K=(U,\mathbf{R})$ 上的知识粒度。

定理 8-1　知识粒度 $\mathrm{GD}(P)$ 是满足定义 8-11 的一个度量。

证明　(1) 根据定义 8-3，显然有 $\mathrm{GD}(P)\geqslant 0$；

(2) 任意给定 $P,Q\in\mathbf{R}$，假设 P,Q 为

$$U/\mathrm{IND}(P)=\{X_1,X_2,\cdots,X_m\}\ U/\mathrm{IND}(Q)=\{Y_1,Y_2,\cdots,Y_n\}$$

若 $P \equiv Q$，根据定义，存在一个双射 $f: P \to Q$，使得对任意的 $X_i \in U/\mathrm{IND}(P)$，有 $|X_i| = |f(X_i)| = |Y_j|$。因而，有

$$\mathrm{GD}(P) = \sum_{i=1}^{m} \frac{|X_i|^2}{|U|^2} = \sum_{i=1}^{n} \frac{|Y_i|^2}{|U|^2} = \mathrm{GD}(Q)$$

(3) 任意给定 $P, Q \in \mathbf{R}$，若 $P \prec Q$，根据定义有：对任意的 $X_i \in U/\mathrm{IND}(P)$，总存在 $Y_j \in U/\mathrm{IND}(Q)$，使得 $X_i \subset Y_j$ 成立，即有 $|X_i| \leqslant |Y_j|$，因此有

$$\mathrm{GD}(P) = \sum_{i=1}^{m} \frac{|X_i|^2}{|U|^2} < \sum_{j=1}^{n} \frac{|Y_j|^2}{|U|^2} = \mathrm{GD}(Q)$$

综上，定义 8-3 给出的知识粒度是定义 8-11 意义下的一个知识粒度。

定理 8-2　信息粒度 $G(P)$ 也是满足定义 8-11 的一个度量。

证明　(1) 根据定义 8-5，显然有 $G(P) \geqslant 0$；

(2) 任意给定 $P, Q \in \mathbf{R}$，假设 P, Q 为

$$K(P) = \{N_P(x_1), N_P(x_2), \cdots, N_P(x_{|U|})\}$$

$$K(Q) = \{N_Q(x_1), N_Q(x_2), \cdots, N_Q(x_{|U|})\}$$

若 $P \equiv Q$，根据定义，有 $|N_P(x_i)| = |N_Q(x_i)|$，$1 \leqslant i \leqslant |U|$，因此有

$$G(P) = \frac{1}{|U|} \sum_{i=1}^{|U|} \frac{|N_P(x_i)|}{|U|} = \frac{1}{|U|} \sum_{i=1}^{|U|} \frac{|N_Q(x_i)|}{|U|} = G(Q)$$

(3) 任意给定 $P, Q \in \mathbf{R}$，若 $P \prec Q$，则 $|N_P(x_i)| < |N_Q(x_i)|$，$1 \leqslant i \leqslant |U|$，因此有

$$G(P) = \frac{1}{|U|} \sum_{i=1}^{|U|} \frac{|N_P(x_i)|}{|U|} < \frac{1}{|U|} \sum_{i=1}^{|U|} \frac{|N_Q(x_i)|}{|U|} = G(Q)$$

定理 8-3　设 $K = (U, \mathbf{R})$ 是一知识库，若给定 $P \in \mathbf{R}$ 是一等价关系，则信息粒度 $G(P)$ 与知识粒度 $\mathrm{GD}(P)$ 等价。

证明　若对 $P \in \mathbf{R}$，$U/\mathrm{IND}(P) = \{X_1, X_2, \cdots, X_m\}$，而 $K(P) = \{N_P(x_1), N_P(x_2), \cdots, N_P(x_{|U|})\}$，$X_i = \{x_{i1}, x_{i2}, \cdots, x_{is_i}\}$，其中 $|X_i| = s_i$，$\sum_{i=1}^{m} s_i = |U|$，则有

$$X_i = N_P(x_{i1}) = N_P(x_{i2}) = \cdots = N_P(x_{is_i})$$

由定义 8-5 有

$$G(P) = \frac{1}{|U|} \sum_{i=1}^{|U|} \frac{|N_P(x_i)|}{|U|}$$

$$=\sum_{i=1}^{m}\frac{1}{|U|}\left(\frac{|N_P(x_{i1})|}{|U|}+\frac{|N_P(x_{i2})|}{|U|}+\cdots+\frac{|N_P(x_{is_i})|}{|U|}\right)$$

$$=\sum_{i=1}^{m}\frac{1}{|U|}\left(\frac{|X_i|}{|U|}+\frac{|X_i|}{|U|}+\cdots+\frac{|X_i|}{|U|}\right)$$

$$=\sum_{i=1}^{m}\frac{|X_i|^2}{|U|^2}=\mathrm{GD}(P)$$

从定理 8-3 可以看到，信息粒度是从元素邻域的角度出发定义的，而知识粒度则是由等价关系直接诱导出的，二者本质上是完全等价的，区别在于二者看问题的角度不同。这里需要指出的是在非等价关系诱导的近似空间下，信息粒度可以看作知识粒度的一种自然拓展。

定理 8-4　组合粒度 $\mathrm{CG}(P)$ 是知识粒度 $\mathrm{GD}(P)$ 的一种变异形式。

证明　给定 $P\in\mathbf{R}$，$U/\mathrm{IND}(P)=\{X_1,X_2,\cdots,X_m\}$，且有 $K(P)=\{N_P(x_1),\ N_P(x_2),\cdots,N_P(x_{|U|})\}$，$X_i=\{x_{i1},x_{i2},\cdots,x_{is_i}\}$，其中 $|X_i|=s_i$，$\sum_{i=1}^{m}s_i=|U|$，显然有

$$X_i=N_P(x_{i1})=N_P(x_{i2})=\cdots=N_P(x_{is_i})$$

则根据定义 8-3 和定理 8-3 有

$$\mathrm{GD}(P)=\sum_{i=1}^{m}\frac{|X_i|^2}{|U|^2}=\frac{1}{|U|}\sum_{i=1}^{|U|}\frac{|N_P(x_i)|}{|U|}$$

其中，$|X_i|^2$ 表示等价类中所有元素对的个数，即 $|\{(x_t,x_s)|x_t,x_s\in X_i\}|$，其中既包括 (x_t,x_t)，也包括 (x_t,x_s) 和 (x_s,x_t)。

而根据定义 8-6 有

$$\mathrm{CG}(P)=\frac{1}{|U|}\sum_{i=1}^{|U|}\frac{C^2_{|N_P(x_i)|}}{C^2_{|U|}}$$

$$=\frac{1}{|U|}\sum_{i=1}^{|U|}\frac{\dfrac{|N_P(x_i)|(|N_P(x_i)|-1)}{2}}{\dfrac{|U|(|U|-1)}{2}}$$

$$=\frac{1}{|U|}\sum_{i=1}^{|U|}\frac{|N_P(x_i)|(|N_P(x_i)|-1)}{|U|(|U|-1)}$$

其中，不包括 (x_t,x_t)，同时 (x_t,x_s) 和 (x_s,x_t) 只计算其中之一。

综上，组合粒度 $\mathrm{CG}(P)$ 是知识粒度 $\mathrm{GD}(P)$ 的一种变异形式。

定理 8-5　互补熵 IE(P) 和分辨度 Dis(R) 等价，而 IE(P) 和知识粒度 GD(R) 互补。

证明　假设 $U/\mathrm{IND}(P)=\{X_1,X_2,\cdots,X_m\}$，根据定义 8-7 有

$$
\begin{aligned}
\mathrm{IE}(P)&=\sum_{i=1}^{m}\frac{|X_i|}{|U|}\frac{|X_i^c|}{|U|}=\sum_{i=1}^{m}\frac{|X_i|}{|U|}\left(1-\frac{|X_i|}{|U|}\right)\\
&=\sum_{i=1}^{m}\frac{|X_i|}{|U|}-\sum_{i=1}^{m}\frac{|X_i|^2}{|U|^2}=1-\sum_{i=1}^{m}\frac{|X_i|^2}{|U|^2}\\
&=1-\mathrm{GD}(R)=\mathrm{Dis}(R)
\end{aligned}
$$

上述知识粒度度量之间的联系与区别可总结为图 8-1。

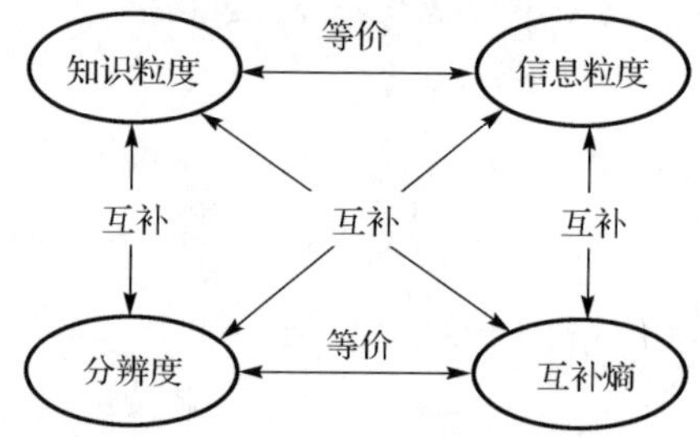

图 8-1　知识粒度度量的关系

下面的例子说明了知识粒度、分辨度、信息粒度及互补熵的关系。

例 8-1　设给定一个有关天气的完备信息表(表 8-1)，其中 $U=\{1,2,\cdots,14\}$，属性集为{天气, 温度, 湿度, 是否有风}。

表 8-1　天气信息表

U	天气	温度	湿度	是否有风
1	晴	高	大	否
2	晴	高	大	是
3	阴	高	大	否
4	雨	中	大	否
5	雨	低	正常	否
6	雨	低	正常	是
7	阴	低	正常	是
8	晴	中	大	否
9	晴	低	正常	否
10	雨	中	正常	否
11	晴	中	正常	是
12	阴	中	大	是
13	阴	高	正常	否
14	雨	中	大	是

设 P 代表天气，则有 $U/P=\{\{1,2,8,9,11\},\{3,7,12,13\},\{4,5,6,10,14\}\}$，根据相关定义，有如下结果。

(1) 知识粒度：

$$\mathrm{GD}(P)=\sum_{i=1}^{m}\frac{|X_i|^2}{|U|^2}=\frac{5^2}{14^2}+\frac{4^2}{14^2}+\frac{5^2}{14^2}=\frac{33}{98}$$

(2) 信息粒度：

$$\begin{aligned}G(P)&=\frac{1}{|U|}\sum_{i=1}^{|U|}\frac{|N_P(x_i)|}{|U|}\\&=\frac{1}{14}\times\left(\underbrace{\frac{5}{14}+\cdots+\frac{5}{14}}_{5}+\underbrace{\frac{4}{14}+\cdots+\frac{4}{14}}_{4}+\underbrace{\frac{5}{14}+\cdots+\frac{5}{14}}_{5}\right)\\&=\frac{1}{14}\times\left(\frac{5^2}{14}+\frac{4^2}{14}+\frac{5^2}{14}\right)=\frac{33}{98}\end{aligned}$$

(3) 分辨度：

$$\mathrm{Dis}(R)=1-\mathrm{GD}(R)=1-\sum_{i=1}^{n}\frac{|X_i|^2}{|U|^2}=1-\frac{33}{98}=\frac{65}{98}$$

(4) 互补熵：

$$\begin{aligned}\mathrm{IE}(P)&=\sum_{i=1}^{m}\frac{|X_i|}{|U|}\frac{|X_i^c|}{|U|}\\&=\frac{5}{14}\times\frac{14-5}{14}+\frac{4}{14}\times\frac{14-4}{14}+\frac{5}{14}\times\frac{14-5}{14}\\&=\frac{65}{98}\end{aligned}$$

综合上述计算结果，有：

(1) $\mathrm{GD}(P)=G(P)$，即知识 P 的知识粒度与 P 的信息粒度相等；

(2) $\mathrm{Dis}(P)=\mathrm{IE}(P)$，即知识 P 的分辨度与 P 的互补熵相等；

(3) $\mathrm{GD}(P)=1-\mathrm{IE}(P)$，即知识 P 的知识粒度与 P 的互补熵是互补关系；

(4) $G(P)=1-\mathrm{Dis}(P)$，即知识 P 的信息粒度与 P 的分辨度是互补关系。

8.3.2　信息熵与其他知识粗糙性度量工具的关系

本小节将讨论粗糙熵、Rough 熵以及协同熵(Co-entropy)与信息熵的联系与区别。下面先对信息熵进行分析，由定义 8-8 有

$$H(P) = -\sum_{i=1}^{n} p(X_i)\log_2 p(X_i) = -\sum_{i=1}^{n}\frac{|X_i|}{|U|}\log_2\frac{|X_i|}{|U|}$$
$$= \log_2 U - \sum_{i=1}^{n}\frac{|X_i|}{|U|}\log_2|X_i|$$

其中，$\log_2 U$ 是 Hartley 熵，当 U 给定时，$\log_2 U$ 是一常数。为了后面讨论的方便，记 $\mathrm{GM}(P) = \sum_{i=1}^{n}\frac{|X_i|}{|U|}\log_2|X_i|$。

定理 8-6　粗糙熵是 $\mathrm{GM}(P)$ 与粗糙度 $\rho_P(X)$ 相乘的结果。

证明　由定义 8-1 和定义 8-2 及 $\mathrm{GM}(P)$ 可以直接得到。

定理 8-7　Rough 熵 $E(P)$ 和协同熵 $\mathrm{CE}(P)$ 均等价于 $\mathrm{GM}(P)$。

证明　由定义 8-9 有

$$E(P) = -\sum_{i=1}^{n}\frac{|X_i|}{|U|}\log_2\frac{1}{|X_i|} = -\sum_{i=1}^{n}\frac{|X_i|}{|U|}(\log_2 1 - \log_2|X_i|)$$
$$= \sum_{i=1}^{n}\frac{|X_i|}{|U|}\log_2|X_i| = \mathrm{GM}(P)$$

由定义 8-10 有

$$\mathrm{CE}(P) = \frac{1}{|U|}\sum_{i=1}^{n}|X_i|\log_2|X_i|$$
$$= \sum_{i=1}^{n}\frac{|X_i|}{|U|}\log_2|X_i| = \mathrm{GM}(P)$$

上述知识粗糙性度量之间的关系可总结为图 8-2。

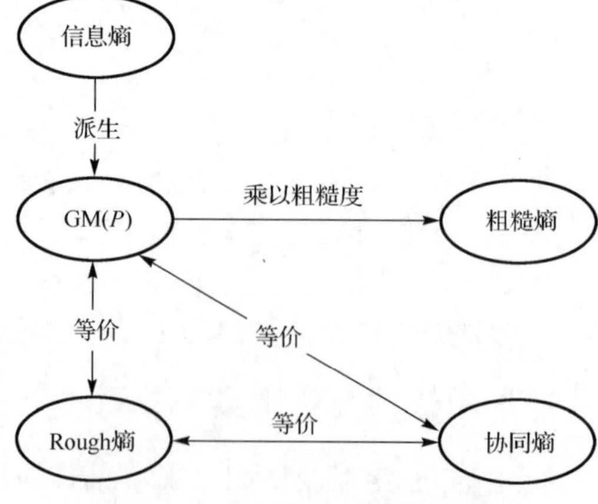

图 8-2　知识粗糙性度量的关系

下面的例子说明了信息熵、Rough 熵及协同熵之间的关系。

例 8-2(续例 8-1)　仍设 P 代表天气，则有 $U/P=\{\{1,2,8,9,11\},\{3,7,12,13\},\{4,5,6,10,14\}\}$，根据相关定义，有如下结果。

(1) $\mathrm{GM}(P)=\sum_{i=1}^{n}\frac{|X_i|}{|U|}\log_2|X_i|$

$$=\frac{5}{14}\log_2 5+\frac{4}{14}\log_2 4+\frac{5}{14}\log_2 5\approx 2.230$$

(2) Rough 熵：$E(P)=-\sum_{i=1}^{n}\frac{|X_i|}{|U|}\log_2\frac{1}{|X_i|}$

$$=-\left(\frac{5}{14}\log_2\frac{1}{5}+\frac{4}{14}\log_2\frac{1}{4}+\frac{5}{14}\log_2\frac{1}{5}\right)\approx 2.230$$

(3) 协同熵：$\mathrm{CE}(P)=\frac{1}{|U|}\sum_{i=1}^{n}|X_i|\log_2|X_i|$

$$=\frac{1}{14}(5\log_2 5+4\log_2 4+5\log_2 5)\approx 2.230$$

综合上述计算结果，有：

(1) $\mathrm{GM}(P)=E(P)$，即知识 P 的 Rough 熵与 $\mathrm{GM}(P)$ 相等；

(2) $\mathrm{GM}(P)=\mathrm{CE}(P)$，即知识 P 的协同熵与 $\mathrm{GM}(P)$ 相等；

(3) $E(P)=\mathrm{CE}(P)$，即知识 P 的 Rough 熵与 P 的协同熵相等。

8.4 本 章 小 结

本章对几种知识的不确定性度量进行了深入分析与探讨。研究表明信息粒度、互补熵等度量与知识粒度是等价的，只是各自研究问题的角度不同；Rough 熵和协同熵则可以看作信息熵的派生，因为它们与信息熵的可变部分等价。

参 考 文 献

[1] Pawlak Z. Rough sets[J]. International Journal of Information and Computer Sciences, 1982, (11): 341-356.

[2] Pawlak Z. Rough Sets: Theoretical Aspects of Reasoning About Data[M]. Dordrecht: Kluwer Academic Publishers, 1991.

[3] 苗夺谦，范世栋. 知识的粒度计算及其应用[J].系统工程理论与实践, 2002, (1): 48-56.

[4] Qian Y, Liang J, Dang C. Knowledge structure, knowledge granulation and knowledge distance in a knowledge base[J]. International Journal of Approximate Reasoning, 2009, 50(1), 174-188.

[5] Qian Y, Liang J. Combination entropy and combination granulation in rough set theory[J]. International Journal of Uncertainty, Fuzziness and Knowledge-Based Systems, 2008, 16(2): 179-193.

[6] 苗夺谦. Rough Set 理论及其在机器学习中的应用研究[D]. 北京：中国科学院自动化研究所, 1997.

[7] 王瑜, 胡运发, 张凯. 基于粗集理论的知识含量度量研究[J]. 计算机研究与发展, 2004, 41(9): 1500-1506.

[8] Düntsch I, Gediga G. Uncertainty measure of rough set prediction[J]. Artificial Intelligence, 1998, 106:109-137.

[9] Beaubouef T, Petry F E. Fuzzy rough set techniques for uncertainty processing in a relational database[J]. International Journal of Intelligent Systems, 2000, 15(5): 389-424.

[10] Wierman M J. Measuring uncertainty in rough set theory[J]. International Journal of General Systems, 1999, 28(4/5): 283-297.

[11] Liang J, Shi Z. The information entropy, rough entropy and knowledge granulation in rough set theory[J]. International Journal of Uncertainty, Fuzziness and Knowledge-Based Systems, 2004, 12(1): 37-46.

[12] Yao Y Y, Zhao L. A measurement theory view on the granularity of partitions[J]. Information Sciences, 2012, 213: 1-13.

[13] Bianucci D, Cattaneo G, Ciucci D. Entropies and co-entropies of coverings with application to incomplete information systems[J]. Fundamenta Informaticae, 2007, 75(1): 77-105.

第 9 章　基于特征矩阵的动态覆盖信息系统属性约简

9.1 引　　言

作为 Pawlak 粗糙集理论[1]的推广，覆盖粗糙集理论[2]是一种有效的知识发现和规则提取的数学工具。为了处理不确定信息，学者[3-10]提出了许多近似算子并研究了它们的性质，其可以分为三种类型：基于元素的算子、基于粒的算子和基于系统的算子。此外，覆盖近似空间所有近似算子按照对偶与否可以分为对偶算子与非对偶算子。到目前为止，覆盖粗糙集理论已经应用到信息分类和特征选择等众多领域[11-13]。

许多学者[14-31]从矩阵的角度研究了覆盖近似空间的集合上、下近似算子。例如，文献[14]研究了属性值变化的动态覆盖决策信息系统的知识约简。文献[15]为对象和特征同时变化的动态模糊决策系统计算模糊概念的粗糙近似提供了有效方法。文献[16]从矩阵角度提出了在动态覆盖近似空间中计算集合第二型和第六型上、下近似的增量方法。文献[17]将覆盖近似空间中集合第二型、第五型和第六型上、下近似的计算转化为第一型和第二型特征矩阵与集合特征函数的乘积。文献[18]提出了模糊 γ -最小描述和一个新的模糊覆盖粗糙集模型，并从矩阵的角度研究了它们的性质。文献[19]提出了不相容信息系统中计算集合近似的高效并行算法。此外，许多学者[32-69]研究了信息系统的知识约简。特别是文献[16]、[21]、[31]～[38]研究了如何在对象集、属性集和属性值集合变化的动态覆盖信息系统中计算集合第二型和第六型上、下近似的增量算法。文献[36]基于三支决策理论研究了信息系统在粒度动态变化下的属性约简。文献[31]基于增量算法在属性集变化的集值信息系统中计算了集合的上、下近似。文献[38]提出了在属性泛化的区间值信息系统中计算粗糙近似的增量方法。

本章结构如下：9.2 节回顾了 Pawlak 粗糙集理论和覆盖粗糙集理论的基本概念。9.3 节研究了如何在属性集变化的动态覆盖信息系统中计算第一型和第二型特征矩阵，并在动态覆盖近似空间中计算集合第二型和第六型上、下近似的增量方法。9.4 节通过数据实验结果验证了提出的增量算法对计算集合第二型和第六型上、下近似是有效的。9.5 节通过例子说明了如何计算属性集变化的动态覆盖信息系统的属性约简。9.6 节总结了本章的研究内容，并给出了未来的研究方向。

9.2 预 备 知 识

本节将简要回顾 Pawlak 粗糙集和覆盖粗糙集的一些相关概念。

定义 9-1[38]　信息系统是一个四元组 $S=(U,A,V,f)$，其中 $U=\{x_1,x_2,\cdots,x_n\}$ 是对象集合，A 是属性集合，$V=\{V_a\mid a\in A\}$，其中 V_a 是属性 a 的值域，且 $|V_a|>1$，$f:U\times A\to V$ 是信息函数。

实际上，如果记 $A=C\cup D$，其中 C 和 D 分别表示非空有限条件属性集和决策属性集，则称 $S=(U,A,V,f)$ 是一个决策信息系统。

定义 9-2[38]　假设 $S=(U,A,V,f)$ 是一个信息系统，且 $B\subseteq C$，那么不可区分关系 $\mathrm{IND}(B)\subseteq U\times U$ 定义如下：

$$\mathrm{IND}(B)=\{(x,y)\in U\times U\mid \forall b\in B,b(x)=b(y)\}$$

其中，$b(x)$ 和 $b(y)$ 分别表示对象 x 和 y 在属性 b 上的取值。

根据定义 9-2，如果 $(x,y)\in\mathrm{IND}(B)$，其中 $x,y\in U$，则称 x 和 y 是 B 不可区分的，并得到 U 的等价类 $U/B=\{[x]_B\mid x\in U\}$，其中 $[x]_B=\{y\in U\mid (x,y)\in\mathrm{IND}(B)\}$。此外，如果 $\mathrm{IND}(C)\subseteq\mathrm{IND}(D)$，则称 S 是相容信息系统；否则，称 S 是不相容信息系统。

基于定义 9-2，Pawlak 提出了集合上、下近似和约简的概念。

定义 9-3[38]　假设 $S=(U,A,V,f)$ 是一个信息系统，且 $B\subseteq C$，则集合 $X\subseteq U$ 关于 $\mathrm{IND}(B)$ 的 Pawlak 集合上、下近似定义如下：

$$\overline{R}(X)=\{x\in U\mid [x]_B\cap X\neq\varnothing\}$$

$$\underline{R}(X)=\{x\in U\mid [x]_B\subseteq X\}$$

根据定义 9-3，我们看到 Pawlak 集合上、下近似算子是基于一个不可区分关系或一族等价类来定义的，它是信息系统知识发现最经典的集合上、下近似算子。

定义 9-4[38]　假设 $S=(U,A,V,f)$ 是一个信息系统，称属性集 $P\subseteq C$ 是信息系统 S 的约简，如果其满足以下两个条件：

$$\mathrm{IND}(P)=\mathrm{IND}(C)$$

$$\mathrm{IND}(P-\{a\})\neq\mathrm{IND}(C),\quad \forall a\in P$$

在实际情况中，不可区分关系的条件非常严格，限制了它在信息系统知识发现中的应用。因此，Zakowski 提出了基于覆盖的粗糙集理论来扩展 Pawlak 粗糙集理论。

定义 9-5[62]　假设 U 是一个有限论域，$\mathscr{C}$ 是 U 的一族子集。如果 $\mathscr{C}$ 中的每个元素都是非空集合，且 $\cup\{C\mid C\in\mathscr{C}\}=U$，则称 $\mathscr{C}$ 是 U 的一个覆盖。此外，称 $(U,\mathscr{C})$ 是覆盖近似空间。

根据定义 9-5，我们看到覆盖是划分的推广。此外，如果 U 是一个有限论域，

$\mathscr{D}=\{\mathscr{C}_1,\mathscr{C}_2,\cdots,\mathscr{C}_m\}$，其中 $\mathscr{C}_i(1\leqslant i\leqslant m)$ 是 U 上的覆盖，则称 $(U,\mathscr{D})$ 是覆盖信息系统。特别地，如果 $\mathscr{D}$ 中的覆盖分为基于条件属性的覆盖和基于决策属性的覆盖，则称 $(U,\mathscr{D})$ 是覆盖决策信息系统。

例 9-1　假设 $U=\{x_1,x_2,x_3,x_4,x_5,x_6,x_7,x_8\}$ 是 8 辆汽车，C={价格，质量}是条件属性集，D={等级}是决策属性集，价格、质量和等级分别用{高，中，低}，{好，坏}和 {1,2} 来描述。为了评估这些汽车，聘请了专家 A 和 B，他们的评估结果如下：

$$高_A=\{x_1,x_4,x_5,x_7\},\quad 中_A=\{x_2,x_8\},\quad 低_A=\{x_3,x_6\}$$

$$高_B=\{x_1,x_2,x_4,x_7,x_8\},\quad 中_B=\{x_5\},\quad 低_B=\{x_3,x_6\}$$

$$好_A=\{x_1,x_2,x_3,x_6\},\quad 坏_A=\{x_4,x_5,x_7,x_8\}$$

$$好_B=\{x_1,x_2,x_3,x_5\},\quad 坏_B=\{x_4,x_6,x_7,x_8\}$$

其中，$高_*$ 表示专家 $*$ 评估价格为高的汽车，其他的符号含义类似。因为专家的评估结果同等重要。为了综合考虑他们的建议，我们得到以下结果：

$$高_{A\vee B}=高_A\bigcup 高_B=\{x_1,x_2,x_4,x_5,x_7,x_8\}$$

$$中_{A\vee B}=中_A\bigcup 中_B=\{x_2,x_5,x_8\}$$

$$低_{A\vee B}=低_A\bigcup 低_B=\{x_3,x_6\}$$

$$好_{A\vee B}=好_A\bigcup 好_B=\{x_1,x_2,x_3,x_5,x_6\}$$

$$坏_{A\vee B}=坏_A\bigcup 坏_B\{x_4,x_5,x_6,x_7,x_8\}$$

并得到一个覆盖信息系统 $(U,\mathscr{D}_C)$，其中 $\mathscr{D}_C=\{\mathscr{C}_{价格},\mathscr{C}_{质量}\}$，$\mathscr{C}_{价格}=\{高_{A\vee B},中_{A\vee B},低_{A\vee B}\}$，$\mathscr{C}_{质量}=\{好_{A\vee B},坏_{A\vee B}\}$。此外，如果 $等级_1=\{x_1,x_2,x_3\}$ 和 $等级_2=\{x_4,x_5,x_6,x_7,x_8\}$，其中 $等级_i$ 表示等级为 i 的汽车，那么得到一个覆盖决策信息系统 $(U,\mathscr{D}_C\bigcup\mathscr{D}_D)$，其中 $\mathscr{D}_D=\{等级_1,等级_2\}$。

定义 9-6[71]　假设 $(U,\mathscr{C})$ 是一个覆盖近似空间，并且 $N(x)=\bigcap\{C_i\mid x\in C_i\in\mathscr{C}\},x\in U$，则集合 $X\subseteq U$ 关于 $\mathscr{C}$ 的第二型和第六型上、下近似定义如下：

$$\mathrm{SH}_{\mathscr{C}}(X)=\bigcup\{C\in\mathscr{C}\mid C\bigcap X\neq\varnothing\},\quad \mathrm{SL}_{\mathscr{C}}(X)=[\mathrm{SH}_{\mathscr{C}}(X^c)]^c$$

$$\mathrm{XH}_{\mathscr{C}}(X)=\{x\in U\mid N(x)\bigcap X\neq\varnothing\},\quad \mathrm{XL}_{\mathscr{C}}(X)=\{x\in U\mid N(x)\subseteq X\}$$

根据定义 9-6，我们看到集合第二型和第六型上、下近似算子是对偶和非对偶近似算子的典型代表，也是覆盖近似空间基于元素和粒的算子的典型代表。此外，我们基于邻域算子得到覆盖 $\{N(x)\mid x\in U\}$，显然覆盖 $\{N(x)\mid x\in U\}$ 比 $\mathscr{C}$ 更细。特别地，集合第二型和第六型上、下近似算子是覆盖近似空间上、下近似算子的典型代表。

假设 $U=\{x_1,x_2,\cdots,x_n\}$ 是一个有限论域，$\mathscr{C}=\{C_1,C_2,\cdots,C_m\}$ 是 U 上的一族子集，$M_{\mathscr{C}}=(a_{ij})_{n\times m}$，其中 $a_{ij}=\begin{cases}1, & x_i\in C_j\\ 0, & x_i\notin C_j\end{cases}$，则称 $M_{\mathscr{C}}$ 是 $\mathscr{C}$ 的矩阵表示。另外，我们记

$\mathcal{X}_X=[a_1\ \ a_2\ \ \cdots\ \ a_n]^{\mathrm{T}},X\subseteq U$，其中 $a_i=\begin{cases}1, & x_i\in X\\ 0, & x_i\notin X\end{cases}$。

定义 9-7[50]　假设 $(U,\mathscr{C})$ 是一个覆盖近似空间，$A=(a_{ij})_{n\times m}$ 和 $B=(b_{ij})_{m\times p}$ 是布尔矩阵，$A\odot B=(c_{ij})_{n\times p}$，其中 $c_{ij}=\wedge_{k=1}^{m}(b_{kj}-a_{ik}+1)$，则：

(1) 称 $\Gamma(\mathscr{C})=M_{\mathscr{C}}\cdot M_{\mathscr{C}}^{\mathrm{T}}=(d_{ij})_{n\times n}$ 是 $\mathscr{C}$ 的第一型特征矩阵，其中 $d_{ij}=_{k=1}^{m}(a_{ik}\cdot a_{jk})$，$M_{\mathscr{C}}\cdot M_{\mathscr{C}}^{\mathrm{T}}$ 是 $M_{\mathscr{C}}$ 与 $M_{\mathscr{C}}^{\mathrm{T}}$ 的布尔乘积；

(2) 称 $\Pi(\mathscr{C})=M_{\mathscr{C}}\odot M_{\mathscr{C}}^{\mathrm{T}}=(e_{ij})_{n\times n}$ 是 $\mathscr{C}$ 的第二型特征矩阵。

根据定义 9-7，第一型和第二型特征矩阵为覆盖近似空间从矩阵角度计算集合第二型和第六型上、下近似提供了有效工具。

定义 9-8[50]　假设 $(U,\mathscr{C})$ 是一个覆盖近似空间，$\mathcal{X}_X$ 表示 $X\subseteq U$ 的特征函数。那么

$$\mathcal{X}_{\mathrm{SH}_{\mathscr{C}}(X)}=\Gamma(\mathscr{C})\cdot\mathcal{X}_X,\quad \mathcal{X}_{\mathrm{SL}_{\mathscr{C}}(X)}=\Gamma(\mathscr{C})\odot\mathcal{X}_X$$

$$\mathcal{X}_{\mathrm{XH}_{\mathscr{C}}(X)}=\Pi(\mathscr{C})\cdot\mathcal{X}_X,\quad \mathcal{X}_{\mathrm{XL}_{\mathscr{C}}(X)}=\Pi(\mathscr{C})\odot\mathcal{X}_X$$

根据定义 9-8，我们发现覆盖近似空间中集合第二型和第六型上、下近似的计算分别被转化为第一型和第二型特征矩阵与集合向量表示的乘积。

定义 9-9[15]　假设 $(U,\mathscr{D}_C\cup\mathscr{D}_D)$ 是一个覆盖信息系统，其中 $\mathscr{D}_C=\{\mathscr{C}_i\,|\,i\in I\}$，$\mathscr{D}_D=\{D_i\,|\,i\in J\}$，$I$ 和 J 是指标集。称 $\mathscr{P}\subseteq\mathscr{D}_C$ 是 $(U,\mathscr{D}_C\cup\mathscr{D}_D)$ 的第一型约简，如果它满足以下两个条件：

$$\Gamma(\mathscr{D}_C)\cdot M_{\mathscr{D}_D}=\Gamma(\mathscr{P})\cdot M_{\mathscr{D}_D},\ \ \Gamma(\mathscr{D}_C)\odot M_{\mathscr{D}_D}=\Gamma(\mathscr{P})\odot M_{\mathscr{D}_D}$$

$$\Gamma(\mathscr{D}_C)\cdot M_{\mathscr{D}_D}\neq\Gamma(\mathscr{P}')\cdot M_{\mathscr{D}_D},\ \ \Gamma(\mathscr{D}_C)\odot M_{\mathscr{D}_D}\neq\Gamma(\mathscr{P}')\odot M_{\mathscr{D}_D},\ \ \forall\mathscr{P}'\subset\mathscr{P}$$

根据定义 9-9，第一型约简保持了等价类的第二型上、下近似不变，其将约简的构造转化为第一型特征矩阵与等价类向量表示的乘积。特别地，第一型约简是保持等价类的第二型上、下近似不变的最小属性集合。

定义 9-10[15]　假设 $(U,\mathscr{D}_C\cup\mathscr{D}_D)$ 是一个覆盖信息系统，其中 $\mathscr{D}_C=\{\mathscr{C}_i\,|\,i\in I\}$，$\mathscr{D}_D=\{D_i\,|\,i\in J\}$，$I$ 和 J 是指标集。称 $\mathscr{P}\subseteq\mathscr{D}_C$ 是 $(U,\mathscr{D}_C\cup\mathscr{D}_D)$ 的第二型约简，如果它满足以下两个条件：

$$\Pi(\mathscr{D}_C)\cdot M_{\mathscr{D}_D}=\Pi(\mathscr{P})\cdot M_{\mathscr{D}_D},\ \ \Pi(\mathscr{D}_C)\odot M_{\mathscr{D}_D}=\Pi(\mathscr{P})\odot M_{\mathscr{D}_D}$$

$$\Pi(\mathscr{D}_C)\cdot M_{\mathscr{D}_D}\neq\Pi(\mathscr{P}')\cdot M_{\mathscr{D}_D},\ \ \Pi(\mathscr{D}_C)\odot M_{\mathscr{D}_D}\neq\Pi(\mathscr{P}')\odot M_{\mathscr{D}_D},\ \ \forall\mathscr{P}'\subset\mathscr{P}$$

根据定义 9-10，第二型约简保持等价类的第六型上、下近似不变，其将约简的构造转化为第二型特征矩阵与等价类向量表示的乘积。特别是，第二型约简是保持等价类的第六型上、下近似不变的最小属性集合。

定义 9-11　假设 $(U,\mathscr{D})$ 是一个覆盖信息系统，$\mathscr{D}^j\subseteq\mathscr{D}$，其中 $\mathscr{D}^j$ 是 U 上的一族覆盖，那么称 $(U,\mathscr{D}^j)$ 是 $(U,\mathscr{D})$ 的子覆盖信息系统。

通过定义 9-11，我们看到覆盖信息系统 $(U,\mathscr{D})$ 有 $2^{|\mathscr{D}|}-1$ 个子覆盖信息系统。此外，我们用一个例子来说明覆盖信息系统和子覆盖信息系统之间的关系。

例 9-2　假设 $(U,\mathscr{D})$ 是一个覆盖信息系统，其中 $U=\{x_1,x_2,x_3,x_4,x_5\}$，$\mathscr{D}=\{\mathscr{C}_1,\mathscr{C}_2,\mathscr{C}_3\}$，$\mathscr{C}_1=\{\{x_1,x_2,x_3,x_4\},\{x_5\}\}$，$\mathscr{C}_2=\{\{x_1,x_2\},\{x_3,x_4,x_5\}\}$，$\mathscr{C}_3=\{\{x_1,x_2,x_5\},\{x_3,x_4\}\}$。我们得到子覆盖信息系统 $(U,\mathscr{D}^1)$，其中 $\mathscr{D}^1=\{\mathscr{C}_1,\mathscr{C}_2\}$。另外，$(U,\mathscr{D}^2)$ 也是 $(U,\mathscr{D})$ 的子覆盖信息系统，其中 $\mathscr{D}^2=\{\mathscr{C}_1,\mathscr{C}_3\}$。

9.3　计算第一型和第二型特征矩阵的增量方法

本节提出了计算动态覆盖信息系统第一型和第二型特征矩阵的增量方法。

定义 9-12　假设 $(U,\mathscr{D})$ 和 $(U,\mathscr{D}^+)$ 是覆盖信息系统，其中 $U=\{x_1,x_2,\cdots,x_n\}$，$\mathscr{D}=\{\mathscr{C}_1,\mathscr{C}_2,\cdots,\mathscr{C}_m\}$，$\mathscr{D}^+=\{\mathscr{C}_1,\mathscr{C}_2,\cdots,\mathscr{C}_m,\mathscr{C}_{m+1}\}(m\geqslant 1)$，则称 $(U,\mathscr{D}^+)$ 是 $(U,\mathscr{D})$ 的动态覆盖信息系统。

实际上，当增加属性时，我们有 $|\mathscr{D}^+|=|\mathscr{D}|+1$，$|\mathscr{D}^+|=|\mathscr{D}|+l(l\geqslant 2)$，其中 $|*|$ 表示 $*$ 的基数。为简单起见，本节只讨论定义 9-12 给出的动态覆盖信息系统 $(U^+,\mathscr{D}^+)$，并且称 $(U,\mathscr{D})$ 是 $(U,\mathscr{D}^+)$ 的原始覆盖信息系统。

定义 9-13　假设 $(U,\mathscr{D})$ 是一个覆盖信息系统，其中 $U=\{x_1,x_2,\cdots,x_n\}$，$\mathscr{D}=\{\mathscr{C}_1,\mathscr{C}_2,\cdots,\mathscr{C}_m\}$，$M_{\mathscr{C}_i}$ 是 $\mathscr{C}_i\in\mathscr{D}$ 的矩阵表示，那么 $\mathscr{D}$ 的矩阵表示定义如下：

$$M_{\mathscr{D}}=[M_{\mathscr{C}_1}\quad M_{\mathscr{C}_2}\quad\cdots\quad M_{\mathscr{C}_m}]$$

实际上，集合 $\mathscr{D}$ 是 U 的一族覆盖，并且 $\bigcup_{i=1}^{m}\{C\mid C\in\mathscr{C}_i\in\mathscr{D}\}$ 是 U 的覆盖，$M_{\mathscr{D}}$ 从矩阵的角度给出了一族覆盖的矩阵表示。

例 9-3　假设 $(U,\mathscr{D})$ 是原始覆盖信息系统，其中 $U=\{x_1,x_2,x_3,x_4,x_5\}$，$\mathscr{D}=\{\mathscr{C}_1,\mathscr{C}_2,\mathscr{C}_3\}$，$\mathscr{D}^+=\{\mathscr{C}_1,\mathscr{C}_2,\mathscr{C}_3,\mathscr{C}_4\}$，$\mathscr{C}_1=\{\{x_1,x_2,x_3,x_4\},\{x_5\}\}$，$\mathscr{C}_2=\{\{x_1,x_2\},\{x_3,x_4,x_5\}\}$，$\mathscr{C}_3=\{\{x_1,x_2,x_5\},\{x_3,x_4\}\}$，$\mathscr{C}_4=\{\{x_1,x_2\},\{x_3,x_4\},\{x_5\}\}$，则 $M_{\mathscr{C}_1}$、$M_{\mathscr{C}_2}$、$M_{\mathscr{C}_3}$ 和 $M_{\mathscr{C}_4}$ 的矩阵表示如下：

$$M_{\mathscr{C}_1}=\begin{bmatrix}1&0\\1&0\\1&0\\1&0\\0&1\end{bmatrix},\quad M_{\mathscr{C}_2}=\begin{bmatrix}1&0\\1&0\\0&1\\0&1\\0&1\end{bmatrix},\quad M_{\mathscr{C}_3}=\begin{bmatrix}1&0\\1&0\\0&1\\0&1\\1&0\end{bmatrix},\quad M_{\mathscr{C}_4}=\begin{bmatrix}1&0&0\\1&0&0\\0&1&0\\0&1&0\\0&0&1\end{bmatrix}$$

根据定义 9-13，我们得到 $M_{\mathscr{D}}$ 和 $M_{\mathscr{D}^+}$ 的矩阵表示如下：

$$M_{\mathscr{D}} = \begin{bmatrix} M_{\mathscr{C}_1} \\ M_{\mathscr{C}_2} \\ M_{\mathscr{C}_3} \end{bmatrix}^{\mathrm{T}} = \begin{bmatrix} 1 & 0 & 1 & 0 & 1 & 0 \\ 1 & 0 & 1 & 0 & 1 & 0 \\ 1 & 0 & 0 & 1 & 0 & 1 \\ 1 & 0 & 0 & 1 & 0 & 1 \\ 0 & 1 & 0 & 1 & 1 & 0 \end{bmatrix}$$

$$M_{\mathscr{D}^+} = \begin{bmatrix} M_{\mathscr{C}_1} \\ M_{\mathscr{C}_2} \\ M_{\mathscr{C}_3} \\ M_{\mathscr{C}_4} \end{bmatrix}^{\mathrm{T}} = \begin{bmatrix} 1 & 0 & 1 & 0 & 1 & 0 & 1 & 0 & 0 \\ 1 & 0 & 1 & 0 & 1 & 0 & 1 & 0 & 0 \\ 1 & 0 & 0 & 1 & 0 & 1 & 0 & 1 & 0 \\ 1 & 0 & 0 & 1 & 0 & 1 & 0 & 1 & 0 \\ 0 & 1 & 0 & 1 & 1 & 0 & 0 & 0 & 1 \end{bmatrix}$$

下面将研究如何基于 $\Gamma(\mathscr{D})$ 构建 $\Gamma(\mathscr{D}^+)$ 。为简单起见，我们记 $M_{\mathscr{D}} = [M_{\mathscr{C}_1} \ \ M_{\mathscr{C}_2} \ \ \cdots \ \ M_{\mathscr{C}_m}]$，$M_{\mathscr{D}^+} = [M_{\mathscr{C}_1} \ \ M_{\mathscr{C}_2} \ \ \cdots M_{\mathscr{C}_m} \ \ M_{\mathscr{C}_{m+1}}]$，$M_{\mathscr{C}_k} = (a_{ij}^k)_{n\times|\mathscr{C}_k|}$，$\Gamma(\mathscr{D}) = (b_{ij})_{n\times n}$ 和 $\Gamma(\mathscr{D}^+) = (c_{ij})_{n\times n}$ 。

定理 9-1　假设 $(U,\mathscr{D}^+)$ 是 $(U,\mathscr{D})$ 的动态覆盖信息系统，$\Gamma(\mathscr{D})$ 和 $\Gamma(\mathscr{D}^+)$ 分别是 $\mathscr{D}$ 和 $\mathscr{D}^+$ 的第一型特征矩阵，且 $\Gamma(\mathscr{C}_{m+1}) = M_{\mathscr{C}_{m+1}} \cdot M_{\mathscr{C}_{m+1}}^{\mathrm{T}}$，那么

$$\Gamma(\mathscr{D}^+) = \Gamma(\mathscr{D}) \vee \Gamma(\mathscr{C}_{m+1})$$

证明　基于定义 9-7 和定义 9-12，我们得到 $\Gamma(\mathscr{C})$ 和 $\Gamma(\mathscr{C}^+)$ 的关系。

定理 9-1 阐述了基于 $\Gamma(\mathscr{D})$ 构造 $\Gamma(\mathscr{D}^+)$ 的方法，它从矩阵的角度提供了一种计算属性增加的动态覆盖信息系统集合第二型上、下近似的有效方法。

算法 9-1　计算 $\mathrm{SH}_{\mathscr{D}^+}(X)$ 和 $\mathrm{SL}_{\mathscr{D}^+}(X)$ 的非增量算法(NIS)
步骤 1：输入 $(U,\mathscr{D}^+)$；
步骤 2：构造 $\Gamma(\mathscr{D}^+) = M_{\mathscr{D}^+} \cdot M_{\mathscr{D}^+}^{\mathrm{T}}$；
步骤 3：计算 $\mathcal{X}_{\mathrm{SH}_{\mathscr{D}^+}(X)} = \Gamma(\mathscr{D}^+) \cdot \mathcal{X}_X$ 和 $\mathcal{X}_{\mathrm{SL}_{\mathscr{D}^+}(X)} = \Gamma(\mathscr{D}^+) \odot \mathcal{X}_X$；
步骤 4：输出 $\mathrm{SH}_{\mathscr{D}^+}(X)$ 和 $\mathrm{SL}_{\mathscr{D}^+}(X)$。

算法 9-2　计算 $\mathrm{SH}_{\mathscr{D}^+}(X)$ 和 $\mathrm{SL}_{\mathscr{D}^+}(X)$ 的增量算法(IS)
步骤 1：输入 $(U,\mathscr{D})$ 和 $(U,\mathscr{D}^+)$；
步骤 2：计算 $\Gamma(\mathscr{D}) = M_{\mathscr{D}} \cdot M_{\mathscr{D}}^{\mathrm{T}}$；
步骤 3：构造 $\Gamma(\mathscr{D}^+) = \Gamma(\mathscr{D}) \vee \Gamma(\mathscr{C}_{m+1})$，其中 $\Gamma(\mathscr{C}_{m+1}) = M_{\mathscr{C}_{m+1}} \cdot M_{\mathscr{C}_{m+1}}^{\mathrm{T}}$；
步骤 4：得到 $\mathcal{X}_{\mathrm{SH}_{\mathscr{D}^+}(X)} = \Gamma(\mathscr{D}^+) \cdot \mathcal{X}_X$ 和 $\mathcal{X}_{\mathrm{SL}_{\mathscr{D}^+}(X)} = \Gamma(\mathscr{D}^+) \odot \mathcal{X}_X$；
步骤 5：输出 $\mathrm{SH}_{\mathscr{D}^+}(X)$ 和 $\mathrm{SL}_{\mathscr{D}^+}(X)$。

基于算法 9-1 计算集合第二型上、下近似的时间复杂度是 $O\left(2n^2\sum_{i=1}^{m+1}|\mathscr{C}_i|+2n^2\right)$。此外，基于算法 9-2 的时间复杂度是 $O(2n^2|\mathscr{C}_{m+1}|+3n^2)$。因此，增量算法的时间复杂度低于非增量算法。

例 9-4（续例 9-3）　取 $X=\{x_2,x_3,x_4\}$。根据定义 9-7，首先得到

$$\Gamma(\mathscr{D})=M_{\mathscr{D}}\cdot M_{\mathscr{D}}^{\mathrm{T}}=\begin{bmatrix}1&1&1&1&1\\1&1&1&1&1\\1&1&1&1&1\\1&1&1&1&1\\1&1&1&1&1\end{bmatrix},\quad \Gamma(\mathscr{C}_4)=M_{\mathscr{C}_4}\cdot M_{\mathscr{C}_4}^{\mathrm{T}}=\begin{bmatrix}1&1&0&0&0\\1&1&0&0&0\\0&0&1&1&0\\0&0&1&1&0\\0&0&0&0&1\end{bmatrix}$$

第二步，根据定理 9-1，可以得到

$$\Gamma(\mathscr{D}^+)=\Gamma(\mathscr{D})\vee\Gamma(\mathscr{C}_4)=\begin{bmatrix}1&1&1&1&1\\1&1&1&1&1\\1&1&1&1&1\\1&1&1&1&1\\1&1&1&1&1\end{bmatrix}\vee\begin{bmatrix}1&1&0&0&0\\1&1&0&0&0\\0&0&1&1&0\\0&0&1&1&0\\0&0&0&0&1\end{bmatrix}=\begin{bmatrix}1&1&1&1&1\\1&1&1&1&1\\1&1&1&1&1\\1&1&1&1&1\\1&1&1&1&1\end{bmatrix}$$

第三步，根据定义 9-8，可以得到

$$\mathcal{X}_{\mathrm{SH}_{\mathscr{D}^+}(X)}=\Gamma(\mathscr{D}^+)\cdot\mathcal{X}_X=\begin{bmatrix}1&1&1&1&1\\1&1&1&1&1\\1&1&1&1&1\\1&1&1&1&1\\1&1&1&1&1\end{bmatrix}\cdot\begin{bmatrix}0\\1\\1\\1\\0\end{bmatrix}=\begin{bmatrix}1&1&1&1&1\end{bmatrix}^{\mathrm{T}}$$

$$\mathcal{X}_{\mathrm{SL}_{\mathscr{D}^+}(X)}=\Gamma(\mathscr{D}^+)\odot\mathcal{X}_X=\begin{bmatrix}1&1&1&1&1\\1&1&1&1&1\\1&1&1&1&1\\1&1&1&1&1\\1&1&1&1&1\end{bmatrix}\odot\begin{bmatrix}0\\1\\1\\1\\0\end{bmatrix}=\begin{bmatrix}0&0&0&0&0\end{bmatrix}^{\mathrm{T}}$$

因此，$\mathrm{SH}_{\mathscr{D}^+}(X)=\{x_1,x_2,x_3,x_4,x_5\}$ 及 $\mathrm{SL}_{\mathscr{D}^+}(X)=\varnothing$。

在例 9-4 中，基于算法 9-2 我们只需要计算 $\Gamma(\mathscr{C}_4)$ 中的元素用来计算 $\mathrm{SH}_{\mathscr{D}^+}(X)$ 和 $\mathrm{SL}_{\mathscr{D}^+}(X)$。但是基于算法 9-1 我们必须计算 $\Gamma(\mathscr{D}^+)$ 用来计算 $\mathrm{SH}_{\mathscr{D}^+}(X)$ 和 $\mathrm{SL}_{\mathscr{D}^+}(X)$。因此，增量算法用于计算集合第二型上、下近似是有效的。

定理 9-2　假设 $(U,\mathscr{D}^+)$ 是 $(U,\mathscr{D})$ 的动态覆盖信息系统，$\Gamma(\mathscr{D})=(b_{ij})_{n\times n}$ 和

$\Gamma(\mathscr{D}^+)=(c_{ij})_{n\times n}$ 分别是 $\mathscr{D}$ 和 $\mathscr{D}^+$ 的第一型特征矩阵。那么

$$c_{ij}=\begin{cases}1, & b_{ij}=1\\ \begin{bmatrix}a_{i1}^{m+1} & a_{i2}^{m+1} & \cdots & a_{i|\mathscr{C}_{m+1}|}^{m+1}\end{bmatrix}\cdot\begin{bmatrix}a_{j1}^{m+1} & a_{j2}^{m+1} & \cdots & a_{j|\mathscr{C}_{m+1}|}^{m+1}\end{bmatrix}^{\mathrm{T}}, & b_{ij}=0\end{cases}$$

证明　由定理 9-1 直接可得。

例 9-5(续例 9-4)　根据定义 9-7，可以得到

$$\Gamma(\mathscr{D})=M_{\mathscr{D}}\cdot M_{\mathscr{D}}^{\mathrm{T}}=\begin{bmatrix}1&1&1&1&1\\1&1&1&1&1\\1&1&1&1&1\\1&1&1&1&1\\1&1&1&1&1\end{bmatrix}$$

因此，根据定理 9-2，可以得到

$$\Gamma(\mathscr{D}^+)=\Gamma(\mathscr{D})=\begin{bmatrix}1&1&1&1&1\\1&1&1&1&1\\1&1&1&1&1\\1&1&1&1&1\\1&1&1&1&1\end{bmatrix}$$

命题 9-1　假设 $(U,\mathscr{D}^+)$ 是 $(U,\mathscr{D})$ 的动态覆盖信息系统，$\Gamma(\mathscr{D})$ 和 $\Gamma(\mathscr{D}^+)$ 分别是 $\mathscr{D}$ 和 $\mathscr{D}^+$ 的第一型特征矩阵。

(1) 如果 $\Gamma(\mathscr{D})=[1]_{n\times n}$，那么 $\Gamma(\mathscr{D}^+)=[1]_{n\times n}$；

(2) 如果 $\Gamma(\mathscr{D})=[0]_{n\times n}$，那么 $\Gamma(\mathscr{D}^+)=\Gamma(\mathscr{C}_{m+1})$。

证明　由定理 9-2 直接可得。

接下来，我们将研究如何基于 $\Pi(\mathscr{C})$ 构造 $\Pi(\mathscr{C}^+)$。为简单起见，我们记 $\Pi(\mathscr{C})=(d_{ij})_{n\times n}$ 和 $\Pi(\mathscr{C}^+)=(e_{ij})_{n\times n}$。

定理 9-3　假设 $(U,\mathscr{D}^+)$ 是 $(U,\mathscr{D})$ 的动态覆盖信息系统，$\Pi(\mathscr{D})$ 和 $\Pi(\mathscr{D}^+)$ 分别是 $\mathscr{D}$ 和 $\mathscr{D}^+$ 的第二型特征矩阵，并且 $\Pi(\mathscr{C}_{m+1})=M_{\mathscr{C}_{m+1}}\odot M_{\mathscr{C}_{m+1}}^{\mathrm{T}}$。那么

$$\Pi(\mathscr{D}^+)=\Pi(\mathscr{D})\wedge\Pi(\mathscr{C}_{m+1})$$

证明　根据定义 9-7 和定义 9-12，我们得到 $\Pi(\mathscr{D})$ 和 $\Pi(\mathscr{D}^+)$ 的关系。

定理 9-3 阐述了基于 $\Pi(\mathscr{D})$ 构造 $\Pi(\mathscr{D}^+)$ 的方法，它从矩阵的角度提供了一种计算属性增加的动态覆盖信息系统第二型特征矩阵的有效方法。

算法 9-3　计算 $\mathrm{XH}_{\mathscr{D}^+}(X)$ 和 $\mathrm{XL}_{\mathscr{D}^+}(X)$ 的非增量算法(NIX)
步骤 1：输入 $(U,\mathscr{D}^+)$；

步骤 2：构造 $\Pi(\mathscr{D}^+)=M_{\mathscr{D}^+}\odot M_{\mathscr{D}^+}^{\mathrm{T}}$；

步骤 3：计算 $\mathcal{X}_{\mathrm{XH}_{\mathscr{D}^+}(X)}=\Pi(\mathscr{D}^+)\cdot\mathcal{X}_X$ 和 $\mathcal{X}_{\mathrm{XL}_{\mathscr{D}^+}(X)}=\Pi(\mathscr{D}^+)\odot\mathcal{X}_X$；

步骤 4：输出 $\mathrm{XH}_{\mathscr{D}^+}(X)$ 和 $\mathrm{XL}_{\mathscr{D}^+}(X)$。

算法 9-4　计算 $\mathrm{XH}_{\mathscr{D}^+}(X)$ 和 $\mathrm{XL}_{\mathscr{D}^+}(X)$ 的增量算法(IX)

步骤 1：输入 $(U,\mathscr{D})$ 和 $(U,\mathscr{D}^+)$；

步骤 2：构造 $\Pi(\mathscr{D})=M_{\mathscr{D}}\odot M_{\mathscr{D}}^{\mathrm{T}}$；

步骤 3：计算 $\Pi(\mathscr{D}^+)=\Pi(\mathscr{D})\wedge\Pi(\mathscr{C}_{m+1})$，其中 $\Pi(\mathscr{C}_{m+1})=M_{\mathscr{C}_{m+1}}\odot M_{\mathscr{C}_{m+1}}^{\mathrm{T}}$；

步骤 4：得到 $\mathrm{XH}_{\mathscr{D}^+}(X)=\Pi(\mathscr{D}^+)\cdot\mathcal{X}_X$ 和 $\mathrm{XL}_{\mathscr{D}^+}(X)=\Pi(\mathscr{D}^+)\odot\mathcal{X}_X$；

步骤 5：输出 $\mathrm{XH}_{\mathscr{D}^+}(X)$ 和 $\mathrm{XL}_{\mathscr{D}^+}(X)$。

基于算法 9-3 计算集合第六型上、下近似的时间复杂度是 $O\left(2n^2\sum_{i=1}^{m+1}|\mathscr{C}_i|+2n^2\right)$。此外，基于算法 9-4 的时间复杂度是 $O(2n^2|\mathscr{C}_{m+1}|+3n^2)$。因此，增量算法的时间复杂度低于非增量算法。

例 9-6(续例 9-3)　取 $X=\{x_2,x_3,x_4\}$。根据定义 9-7，首先得到

$$\Pi(\mathscr{D})=M_{\mathscr{D}}\odot M_{\mathscr{D}}^{\mathrm{T}}=\begin{bmatrix}1&1&0&0&0\\1&1&0&0&0\\0&0&1&1&0\\0&0&1&1&0\\0&0&0&0&1\end{bmatrix}$$

第二步，根据定理 9-3，可以得到

$$\Pi(\mathscr{D}^+)=\Pi(\mathscr{D})\wedge\Pi(\mathscr{C}_4)=\begin{bmatrix}1&1&0&0&0\\1&1&0&0&0\\0&0&1&1&0\\0&0&1&1&0\\0&0&0&0&1\end{bmatrix}\wedge\begin{bmatrix}1&1&0&0&0\\1&1&0&0&0\\0&0&1&1&0\\0&0&1&1&0\\0&0&0&0&1\end{bmatrix}=\begin{bmatrix}1&1&0&0&0\\1&1&0&0&0\\0&0&1&1&0\\0&0&1&1&0\\0&0&0&0&1\end{bmatrix}$$

第三步，根据定义 9-8，可以得到

$$\mathcal{X}_{\mathrm{XH}_{\mathscr{D}^+}(X)}=\Pi(\mathscr{D}^+)\cdot\mathcal{X}_X=\begin{bmatrix}1&1&0&0&0\\1&1&0&0&0\\0&0&1&1&0\\0&0&1&1&0\\0&0&0&0&1\end{bmatrix}\cdot\begin{bmatrix}0\\1\\1\\1\\0\end{bmatrix}=\begin{bmatrix}1&1&1&1&0\end{bmatrix}^{\mathrm{T}}$$

$$\mathcal{X}_{\mathrm{XL}_{\mathscr{D}^+}(X)}=\Pi(\mathscr{D}^+)\odot\mathcal{X}_X=\begin{bmatrix}1&1&0&0&0\\1&1&0&0&0\\0&0&1&1&0\\0&0&1&1&0\\0&0&0&0&1\end{bmatrix}\odot\begin{bmatrix}0\\1\\1\\1\\0\end{bmatrix}=\begin{bmatrix}0&0&1&1&0\end{bmatrix}^{\mathrm{T}}$$

因此，$\mathrm{XH}_{\mathscr{D}^+}(X)=\{x_1,x_2,x_3,x_4\}$ 和 $\mathrm{XL}_{\mathscr{D}^+}(X)=\{x_3,x_4\}$ 。

在例 9-6 中，基于算法 9-3 我们必须用 $\Pi(\mathscr{D}^+)$ 来计算 $\mathrm{XH}_{\mathscr{D}^+}(X)$ 和 $\mathrm{XL}_{\mathscr{D}^+}(X)$ 。但是基于算法 9-4 我们只需要用 $\Pi(\mathscr{C}_4)$ 计算 $\mathrm{XH}_{\mathscr{D}^+}(X)$ 和 $\mathrm{XL}_{\mathscr{D}^+}(X)$ 。因此，增量算法用于计算集合第六型上、下近似是有效的。

定理 9-4　假设 $(U,\mathscr{D}^+)$ 是 $(U,\mathscr{D})$ 的动态覆盖信息系统，$\Pi(\mathscr{C})=(d_{ij})_{n\times n}$ 和 $\Pi(\mathscr{C}^+)=(e_{ij})_{n\times n}$ 分别是 $\mathscr{D}$ 和 $\mathscr{D}^+$ 的第二型特征矩阵。那么

$$e_{ij}=\begin{cases}0, & d_{ij}=0\\ \begin{bmatrix}a_{i1}^{m+1} & a_{i2}^{m+1} & \cdots & a_{i|\mathscr{C}_{m+1}|}^{m+1}\end{bmatrix}\odot\begin{bmatrix}a_{j1}^{m+1} & a_{j2}^{m+1} & \cdots & a_{j|\mathscr{C}_{m+1}|}^{m+1}\end{bmatrix}^{\mathrm{T}}, & d_{ij}=1\end{cases}$$

证明　由定理 9-3 直接可得。

定理 9-4 提出了计算动态覆盖信息系统第二型特征矩阵的有效方法，它比定理 9-3 计算集合第六型上、下近似更有效。

例 9-7(续例 9-3)　根据定义 9-7，可以得到

$$\Pi(\mathscr{D})=M_{\mathscr{D}}\odot M_{\mathscr{D}}^{\mathrm{T}}=\begin{bmatrix}1&1&0&0&0\\1&1&0&0&0\\0&0&1&1&0\\0&0&1&1&0\\0&0&0&0&1\end{bmatrix}$$

因此，根据定理 9-4，可以得到

$$\Pi(\mathscr{D}^+)=\begin{bmatrix}1&1&0&0&0\\1&1&0&0&0\\0&0&1&1&0\\0&0&1&1&0\\0&0&0&0&1\end{bmatrix}$$

命题 9-2　假设 $(U,\mathscr{D}^+)$ 是 $(U,\mathscr{D})$ 的动态覆盖信息系统，$\Pi(\mathscr{D})$ 和 $\Pi(\mathscr{D}^+)$ 分别是 $\mathscr{D}$ 和 $\mathscr{D}^+$ 的第二型特征矩阵。

(1) 如果 $\Pi(\mathscr{D})=[0]_{n\times n}$ ，那么 $\Pi(\mathscr{D}^+)=[0]_{n\times n}$ ；

(2) 如果 $\Pi(\mathscr{D})=[1]_{n\times n}$ ，那么 $\Pi(\mathscr{D}^+)=\Pi(\mathscr{C}_{m+1})$ 。

证明　由定理 9-4 直接可得。

定义 9-14　假设 $(U,\mathscr{D})$ 和 $(U,\mathscr{D}^-)$ 是覆盖信息系统，其中 $U=\{x_1,x_2,\cdots,x_n\}$，$\mathscr{D}=\{\mathscr{C}_1,\mathscr{C}_2,\cdots,\mathscr{C}_m\}$，$\mathscr{D}^-=\{\mathscr{C}_1,\mathscr{C}_2,\cdots,\mathscr{C}_{m-1}\}$ $(m\geqslant 2)$，则称 $(U,\mathscr{D}^-)$ 是 $(U,\mathscr{D})$ 的动态覆盖信息系统。

由此可见，$(U,\mathscr{D})$ 称为 $(U,\mathscr{D}^-)$ 的原始覆盖信息系统，我们举例来说明定义 9-14 中的动态覆盖信息系统。

例 9-8　假设 $(U,\mathscr{D})$ 是原始覆盖信息系统，其中 $U=\{x_1,x_2,x_3,x_4,x_5\}$，$\mathscr{D}=\{\mathscr{C}_1,\mathscr{C}_2,\mathscr{C}_3,\mathscr{C}_4\}$，$\mathscr{C}_1=\{\{x_1,x_2,x_3,x_4\},\{x_5\}\}$，$\mathscr{C}_2=\{\{x_1,x_2\},\{x_3,x_4,x_5\}\}$，$\mathscr{C}_3=\{\{x_1,x_2,x_5\},\{x_3,x_4\}\}$，$\mathscr{C}_4=\{\{x_1,x_2\},\{x_3,x_4\},\{x_5\}\}$。如果从 $\mathscr{D}$ 中删除 $\mathscr{C}_4$，那么我们得到 $(U,\mathscr{D})$ 的动态覆盖信息系统 $(U,\mathscr{D}^-)$，其中 $\mathscr{D}^-=\{\mathscr{C}_1,\mathscr{C}_2,\mathscr{C}_3\}$。

接下来，我们将研究如何基于 $\Gamma(\mathscr{C})$ 构造 $\Gamma(\mathscr{C}^-)$。为简单起见，记 $\Gamma(\mathscr{D})=(b_{ij})_{n\times n}$ 和 $\Gamma(\mathscr{D}^-)=(c_{ij}^-)_{n\times n}$。

定理 9-5　假设 $(U,\mathscr{D}^-)$ 是 $(U,\mathscr{D})$ 的动态覆盖信息系统，$\Gamma(\mathscr{D})=(b_{ij})_{n\times n}$ 和 $\Gamma(\mathscr{D}^-)=(c_{ij}^-)_{n\times n}$ 分别是 $\mathscr{D}$ 和 $\mathscr{D}^-$ 的第一型特征矩阵。那么

$$c_{ij}^-=\begin{cases}0, & b_{ij}=0\\ 1, & b_{ij}=1\wedge \triangle c_{ij}=0\\ c_{ij}^*, & b_{ij}=1\wedge \triangle c_{ij}=1\end{cases}$$

其中

$$\triangle c_{ij}=[a_{i1}^m\quad a_{i2}^m\quad \cdots\quad a_{i|\mathscr{C}_m|}^m]\cdot[a_{j1}^m\quad a_{j2}^m\quad \cdots\quad a_{j|\mathscr{C}_m|}^m]^{\mathrm{T}}$$

$$\begin{aligned}c_{ij}^*=&[a_{i1}^1\quad a_{i2}^1\quad \cdots\quad a_{i|\mathscr{C}_1|}^1\quad a_{i1}^2\quad a_{i2}^2\quad \cdots\quad a_{i|\mathscr{C}_2|}^2\quad \cdots\quad a_{i1}^{m-1}\quad a_{i2}^{m-1}\quad \cdots\quad a_{i|\mathscr{C}_{m-1}|}^{m-1}]\\ &\cdot[a_{j1}^1\quad a_{j2}^1\quad \cdots\quad a_{j|\mathscr{C}_1|}^1\quad a_{j1}^2\quad a_{j2}^2\quad \cdots\quad a_{j|\mathscr{C}_2|}^2\quad \cdots\quad a_{j1}^{m-1}\quad a_{j2}^{m-1}\quad \cdots\quad a_{j|\mathscr{C}_{m-1}|}^{m-1}]^{\mathrm{T}}\end{aligned}$$

证明　由定理 9-1 直接可得。

定理 9-5 阐述了基于 $\Gamma(\mathscr{C})$ 构造 $\Gamma(\mathscr{C}^-)$ 的方法，它从矩阵的角度提供了计算属性减少的动态覆盖信息系统集合第二型上、下近似的有效方法。

例 9-9（续例 9-7）　取 $X=\{x_2,x_3,x_4\}$。根据定义 9-7，首先得到

$$\Gamma(\mathscr{D})=M_{\mathscr{D}}\cdot M_{\mathscr{D}}^{\mathrm{T}}=\begin{bmatrix}1&1&1&1&1\\1&1&1&1&1\\1&1&1&1&1\\1&1&1&1&1\\1&1&1&1&1\end{bmatrix}$$

第二步，根据定理 9-5，可以得到

$$\Gamma(\mathscr{D}^-)=\begin{bmatrix}1&1&1&1&1\\1&1&1&1&1\\1&1&1&1&1\\1&1&1&1&1\\1&1&1&1&1\end{bmatrix}$$

第三步，根据定义 9-8，可以得到

$$\mathcal{X}_{\mathrm{SH}_{\mathscr{D}^-}(X)}=\Gamma(\mathscr{D}^-)\cdot\mathcal{X}_X=\begin{bmatrix}1&1&1&1&1\\1&1&1&1&1\\1&1&1&1&1\\1&1&1&1&1\\1&1&1&1&1\end{bmatrix}\cdot\begin{bmatrix}0\\1\\1\\1\\0\end{bmatrix}=\begin{bmatrix}1&1&1&1&1\end{bmatrix}^{\mathrm{T}}$$

$$\mathcal{X}_{\mathrm{SL}_{\mathscr{D}^-}(X)}=\Gamma(\mathscr{D}^-)\odot\mathcal{X}_X=\begin{bmatrix}1&1&1&1&1\\1&1&1&1&1\\1&1&1&1&1\\1&1&1&1&1\\1&1&1&1&1\end{bmatrix}\odot\begin{bmatrix}0\\1\\1\\1\\0\end{bmatrix}=\begin{bmatrix}0&0&0&0&0\end{bmatrix}^{\mathrm{T}}$$

因此，$\mathrm{SH}_{\mathscr{D}^-}(X)=\{x_1,x_2,x_3,x_4,x_5\}$ 和 $\mathrm{SL}_{\mathscr{D}^-}(X)=\varnothing$。

接下来，我们将研究如何基于 $\Pi(\mathscr{C})$ 构造 $\Pi(\mathscr{C}^-)$。为简单起见，我们记 $\Pi(\mathscr{D})=(d_{ij})_{n\times n}$ 和 $\Pi(\mathscr{D}^+)=(e_{ij}^-)_{n\times n}$。

定理 9-6 假设$(U,\mathscr{D}^-)$是$(U,\mathscr{D})$的动态覆盖信息系统，$\Pi(\mathscr{D})=(d_{ij})_{n\times n}$ 和 $\Pi(\mathscr{D}^-)=(e_{ij}^-)_{n\times n}$ 分别是 $\mathscr{D}$ 和 $\mathscr{D}^-$ 的第二型特征矩阵。那么

$$e_{ij}^-=\begin{cases}1, & d_{ij}=1\wedge\vartriangle e_{ij}=1\\0, & d_{ij}=0\wedge\vartriangle e_{ij}=1\\e_{ij}^*, & d_{ij}=0\wedge\vartriangle e_{ij}=0\end{cases}$$

其中

$$\vartriangle e_{ij}=[a_{i1}^m\quad a_{i2}^m\quad\cdots\quad a_{i|\mathscr{C}_m|}^m]\odot[a_{j1}^m\quad a_{j2}^m\quad\cdots\quad a_{j|\mathscr{C}_m|}^m]^{\mathrm{T}}$$

$$\begin{aligned}e_{ij}^*=&[a_{i1}^1\quad a_{i2}^1\quad\cdots\quad a_{i|\mathscr{C}_1|}^1\quad a_{i1}^2\quad a_{i2}^2\quad\cdots\quad a_{i|\mathscr{C}_2|}^2\quad\cdots\quad a_{i1}^{m-1}\quad a_{i2}^{m-1}\quad\cdots\quad a_{i|\mathscr{C}_{m-1}|}^{m-1}]\\&\odot[a_{j1}^1\quad a_{j2}^1\quad\cdots\quad a_{j|\mathscr{C}_1|}^1\quad a_{j1}^2\quad a_{j2}^2\quad\cdots\quad a_{j|\mathscr{C}_2|}^2\quad\cdots\quad a_{j1}^{m-1}\quad a_{j2}^{m-1}\quad\cdots\quad a_{j|\mathscr{C}_{m-1}|}^{m-1}]^{\mathrm{T}}\end{aligned}$$

证明 由定理 9-3 直接可得。

定理 9-6 阐述了基于 $\Pi(\mathscr{C})$ 构造 $\Pi(\mathscr{C}^-)$ 的方法，它从矩阵的角度提供了计算属性减少的动态覆盖信息系统集合第六型上、下近似的有效方法。

例 9-10（续例 9-6）　根据定义 9-7，首先得到

$$\Pi(\mathscr{D}) = M_{\mathscr{D}} \odot M_{\mathscr{D}}^{\mathrm{T}} = \begin{bmatrix} 1 & 1 & 0 & 0 & 0 \\ 1 & 1 & 0 & 0 & 0 \\ 0 & 0 & 1 & 1 & 0 \\ 0 & 0 & 1 & 1 & 0 \\ 0 & 0 & 0 & 0 & 1 \end{bmatrix}$$

第二步，根据定理 9-6，可以得到

$$\Pi(\mathscr{D}^-) = \begin{bmatrix} 1 & 1 & 0 & 0 & 0 \\ 1 & 1 & 0 & 0 & 0 \\ 0 & 0 & 1 & 1 & 0 \\ 0 & 0 & 1 & 1 & 0 \\ 0 & 0 & 0 & 0 & 1 \end{bmatrix}$$

第三步，根据定义 9-8，可以得到

$$\mathcal{X}_{\mathrm{XH}_{\mathscr{D}^-}(X)} = \Pi(\mathscr{D}^-) \cdot \mathcal{X}_X = \begin{bmatrix} 1 & 1 & 0 & 0 & 0 \\ 1 & 1 & 0 & 0 & 0 \\ 0 & 0 & 1 & 1 & 0 \\ 0 & 0 & 1 & 1 & 0 \\ 0 & 0 & 0 & 0 & 1 \end{bmatrix} \cdot \begin{bmatrix} 0 \\ 1 \\ 1 \\ 1 \\ 0 \end{bmatrix} = \begin{bmatrix} 1 & 1 & 1 & 1 & 0 \end{bmatrix}^{\mathrm{T}}$$

$$\mathcal{X}_{\mathrm{XL}_{\mathscr{D}^-}(X)} = \Pi(\mathscr{D}^-) \odot \mathcal{X}_X = \begin{bmatrix} 1 & 1 & 0 & 0 & 0 \\ 1 & 1 & 0 & 0 & 0 \\ 0 & 0 & 1 & 1 & 0 \\ 0 & 0 & 1 & 1 & 0 \\ 0 & 0 & 0 & 0 & 1 \end{bmatrix} \odot \begin{bmatrix} 0 \\ 1 \\ 1 \\ 1 \\ 0 \end{bmatrix} = \begin{bmatrix} 0 & 0 & 1 & 1 & 0 \end{bmatrix}^{\mathrm{T}}$$

因此，$\mathrm{XH}_{\mathscr{D}^-}(X) = \{x_1, x_2, x_3, x_4\}$ 和 $\mathrm{XL}_{\mathscr{D}^-}(X) = \{x_3, x_4\}$ 。

在实际情况下，我们分两个步骤计算属性增加和减少的动态覆盖信息系统的第一型和第二型特征矩阵：①基于定理 9-1 和定理 9-3 计算第一型和第二型特征矩阵；②基于定理 9-5 和定理 9-6 构造第一型和第二型特征矩阵。实际上，定义 9-12 中的动态覆盖信息系统比较多，我们在 9.4 节集中讨论定义 9-12 给出的动态覆盖信息系统。

9.4　数 据 实 验

本节将通过数据实验来说明算法 9-2 和算法 9-4 在计算动态覆盖信息系统集合第二型和第六型上、下近似时的有效性。

为了测试算法 9-2 和算法 9-4，我们随机生成了 10 个人工覆盖信息系统，$\{(U_i,\mathscr{D}_i)\,|\,i=1,2,\cdots,10\}$，如表 9-1 所示，其中 $|U_i|$ 表示 U_i 中对象的个数，且 $\mathscr{D}_i=\{\mathscr{C}_j^i\,|\,1\leqslant j\leqslant 1000\}$。为了方便，覆盖信息系统 $(U_i,\mathscr{D}_i)$ 的每个覆盖包含五个元素。此外，电脑配置为：Intel (R) Dual-Core (TM) i5-4590 CPU @ 3.30 GHz，8GB 内存，64 位 Windows7 操作系统和 64 位的 MATLAB R2009b。

表 9-1　覆盖信息系统

编号	名称	$\lvert U_i\rvert$	$\lvert\mathscr{D}_i\rvert$
1	$(U_1,\mathscr{D}_1)$	2000	1000
2	$(U_2,\mathscr{D}_2)$	4000	1000
3	$(U_3,\mathscr{D}_3)$	6000	1000
4	$(U_4,\mathscr{D}_4)$	8000	1000
5	$(U_5,\mathscr{D}_5)$	10000	1000
6	$(U_6,\mathscr{D}_6)$	12000	1000
7	$(U_7,\mathscr{D}_7)$	14000	1000
8	$(U_8,\mathscr{D}_8)$	16000	1000
9	$(U_9,\mathscr{D}_9)$	18000	1000
10	$(U_{10},\mathscr{D}_{10})$	20000	1000

特别地，我们有如下理由选择生成的覆盖信息系统 $(U_i,\mathscr{D}_i)$ 进行实验：①实验的目的是测试算法 9-2 和算法 9-4 的有效性，而把从 UCI 机器学习数据库存储库下载的数据集转换为覆盖信息系统花费了大量时间；②生成的覆盖信息系统适用于测试对象集和属性集的基数对计算时间的影响；③属性和覆盖之间存在一一对应的关系。本节我们将属性集变化的动态覆盖信息系统称为覆盖变化的动态覆盖信息系统。

9.4.1　算法 9-1～算法 9-4 的稳定性

本小节将用数据实验结果来证明算法 9-1～算法 9-4 的稳定性。

首先，根据定义 9-11，从表 9-1 列出的覆盖信息系统 $(U_i,\mathscr{D}_i)$ 中得到 10 个子覆盖信息系统 $\{(U_i,\mathscr{D}_i^j)\,|\,i,j=1,2,\cdots,10\}$，其中 $\mathscr{D}_i^j=\{\mathscr{C}_k^i\,|\,1\leqslant k\leqslant j\times 10^2\}\subseteq\mathscr{D}_i$。因此覆盖集的对象数量或基数均相同的 10 个子覆盖信息系统更适用于测试对象集和覆盖集的基数对集合近似计算的影响。

其次，为了证明算法 9-1～算法 9-4 的稳定性，我们计算了子覆盖信息系统 $\{(U_i,\ \mathscr{D}_i^j)\,|\,i,j=1,2,\cdots,10\}$ 集合的第二型和第六型上、下近似。例如，我们阐述了在覆盖信息系统 $(U_1,\mathscr{D}_1^1)$ 中计算集合的第二型和第六型上、下近似的过程，其中 $|U_1|=2000$ 及 $|\mathscr{D}_1^1|=100$。通过在 $\mathscr{D}_1^1$ 中增加一个覆盖，我们得到动态覆盖信息系统 $(U_1,\mathscr{D}_1^{1+})$，其中 $|U_1|=2000$ 及 $|\mathscr{D}_1^{1+}|=101$。取任意 $X\subseteq U_1$，我们使用算法 9-1 和算

法 9-2 在动态覆盖信息系统 $(U_1,\mathscr{D}_1^{1+})$ 中计算集合 X 的第二型上、下近似。此外，我们基于算法 9-3 和算法 9-4 在动态覆盖信息系统 $(U_1,\mathscr{D}_1^{1+})$ 中计算集合 X 的第六型上、下近似。为了保证数据实验结果的准确性，我们将每个实验进行了 10 次，并在表 9-2 中展示了 10 次实验结果的平均时间，其中 t(s) 表示计算时间，以秒为单位。具体而言，从表 9-2 的第 3 列可以看出，基于算法 9-1～算法 9-4 计算动态覆盖信息系统 $(U_1,\mathscr{D}_1^{1+})$ 集合近似的平均时间分别是 0.2943、0.0191、0.4328 和 0.0440。特别是，我们看到在 $(U_1,\mathscr{D}_1^{1+})$ 中算法 9-2 和算法 9-4 分别比算法 9-1 和算法 9-3 更有效。从表 9-3 的第 3 列，我们还得到动态覆盖信息系统 $(U_i,\mathscr{D}_i^{1+})$ 分别基于算法 9-1～算法 9-4 计算时间的标准差。我们看到在动态覆盖信息系统 $(U_i,\mathscr{D}_i^{1+})$ 中计算集合第二型和第六型上、下近似时算法 9-2 和算法 9-4 分别比算法 9-1 和算法 9-3 更稳定。

最后，我们在动态覆盖信息系统 $\{(U_i,\mathscr{D}_i^{j+})\mid i,j=1,2,\cdots,10\}$ 中计算集合第二型和第六型上、下近似，并在表 9-2 和表 9-3 中分别显示计算时间和计算时间的标准差。表 9-3 中的计算时间的标准差说明算法 9-1～算法 9-4 在动态覆盖信息系统 $\{(U_i,\mathscr{D}_i^{j+})\mid i,j=1,2,\cdots,10\}$ 中计算集合第二型和第六型上、下近似时是稳定的。特别是算法 9-2 和算法 9-4 分别比算法 9-1 和算法 9-3 在动态覆盖信息系统中计算集合第二型和第六型上、下近似时更稳定。此外，我们在图 9-1 中显示了算法 9-1～算法 9-4 计算时间的标准差，并且算法 9-1 和算法 9-3 的标准差曲线分别高于算法 9-2 和算法 9-4 的曲线。因此，算法 9-2 和算法 9-4 分别比算法 9-1 和算法 9-3 在计算动态覆盖信息系统集合的近似时更稳定。

表 9-2　基于算法 NIS、IS、NIX 和 IX 的计算时间

$(U,\mathscr{D})\backslash t$(s)	Algo	$\mathscr{D}_i^{1+}$	$\mathscr{D}_i^{2+}$	$\mathscr{D}_i^{3+}$	$\mathscr{D}_i^{4+}$	$\mathscr{D}_i^{5+}$	$\mathscr{D}_i^{6+}$	$\mathscr{D}_i^{7+}$	$\mathscr{D}_i^{8+}$	$\mathscr{D}_i^{9+}$	$\mathscr{D}_i^{10+}$
$(U_1,\mathscr{D}_1)$	NIS	0.2943	0.2907	0.3085	0.3050	0.3028	0.3258	0.3022	0.3151	0.3335	0.3326
	IS	0.0191	0.0187	0.0187	0.0190	0.0189	0.0189	0.0189	0.0188	0.0189	0.0188
	NIX	0.4328	0.4517	0.4696	0.4872	0.5052	0.5153	0.5377	0.5549	0.5634	0.5806
	IX	0.0440	0.0444	0.0445	0.0447	0.0448	0.0462	0.0456	0.0455	0.0452	0.0443
$(U_2,\mathscr{D}_2)$	NIS	1.3922	1.2390	1.3924	1.4876	1.4143	1.3182	1.2613	1.5081	1.4460	1.2898
	IS	0.1161	0.1161	0.1155	0.1148	0.1149	0.1140	0.1141	0.1149	0.1129	0.1139
	NIX	1.7887	1.8439	1.8706	1.8957	1.9566	2.0176	2.0506	2.0670	2.1141	2.1527
	IX	0.2763	0.2765	0.2786	0.2789	0.2769	0.2767	0.2783	0.2782	0.2773	0.2784
$(U_3,\mathscr{D}_3)$	NIS	2.8154	2.7426	2.9496	3.0044	2.9784	3.2760	2.8599	3.0582	3.4272	3.0909
	IS	0.2813	0.2803	0.2819	0.2821	0.2803	0.2812	0.2799	0.2811	0.2804	0.2795
	NIX	4.1230	4.1851	4.2551	4.2700	4.3912	4.4208	4.5532	4.5924	4.5920	4.6849
	IX	0.6934	0.6915	0.6892	0.6915	0.6912	0.6926	0.6917	0.6884	0.6864	0.6873
$(U_4,\mathscr{D}_4)$	NIS	4.8119	4.9112	5.7576	5.2600	5.4411	5.7732	5.5462	5.2157	5.0850	5.6833
	IS	0.5363	0.5341	0.5336	0.5348	0.5345	0.5348	0.5336	0.5334	0.5340	0.5339
	NIX	7.3557	7.4368	7.4743	7.5832	7.7715	7.8551	7.9852	8.0601	8.1282	8.1712
	IX	1.3121	1.3063	1.3066	1.3071	1.3075	1.3100	1.3079	1.3066	1.3076	1.3063

续表

$(U,\mathscr{D})\backslash t$(s)	*Algo*	$\mathscr{D}_i^{1+}$	$\mathscr{D}_i^{2+}$	$\mathscr{D}_i^{3+}$	$\mathscr{D}_i^{4+}$	$\mathscr{D}_i^{5+}$	$\mathscr{D}_i^{6+}$	$\mathscr{D}_i^{7+}$	$\mathscr{D}_i^{8+}$	$\mathscr{D}_i^{9+}$	$\mathscr{D}_i^{10+}$
$(U_5,\mathscr{D}_5)$	NIS	7.8162	8.3274	8.7470	8.4818	9.0257	9.5636	9.5964	9.1714	9.0965	8.6726
	IS	0.8992	0.9000	0.9007	0.9014	0.9012	0.8999	0.8993	0.8983	0.9010	0.9007
	NIX	11.6951	11.8407	11.7945	12.0203	12.0654	12.1611	12.3147	12.5509	12.5952	12.8277
	IX	2.2205	2.2174	2.2170	2.2169	2.2171	2.2146	2.2175	2.2150	2.2153	2.2187
$(U_6,\mathscr{D}_6)$	NIS	11.8148	11.9739	11.9246	13.1000	11.8360	11.9592	12.4978	13.3411	13.5243	13.9597
	IS	1.3113	1.3100	1.3097	1.3109	1.3125	1.3140	1.3138	1.3118	1.3131	1.3130
	NIX	16.8548	17.0952	17.2114	17.2539	17.6459	17.9557	17.9717	18.1446	18.2711	18.4869
	IX	3.2322	3.2315	3.2340	3.2328	3.2371	3.2353	3.2337	3.2327	3.2349	3.2352
$(U_7,\mathscr{D}_7)$	NIS	15.3896	17.0839	18.4740	16.9661	17.1482	17.1699	15.8839	19.1676	16.9261	17.4140
	IS	1.8163	1.8119	1.8157	1.8154	1.8156	1.8140	1.8136	1.8158	1.8126	1.8127
	NIX	23.2606	23.3631	23.4501	23.7996	24.1872	24.4196	25.0029	24.7828	25.1679	25.5318
	IX	4.4889	4.4926	4.4869	4.4866	4.4816	4.4913	4.4835	4.4861	4.4932	4.4883
$(U_8,\mathscr{D}_8)$	NIS	19.2680	20.3987	20.4275	25.1255	24.1952	21.6475	22.7576	25.5788	23.0497	24.5230
	IS	2.3293	2.3483	2.3338	2.3395	2.3345	2.3328	2.3310	2.3345	2.3363	2.3286
	NIX	30.7299	31.6841	31.9221	31.8740	32.3828	32.8620	33.1812	33.3335	34.4184	34.2922
	IX	5.7394	5.7299	5.7295	5.7356	5.7260	5.7329	5.7385	5.7348	5.7224	5.7266
$(U_9,\mathscr{D}_9)$	NIS	27.7270	24.6801	27.1033	27.1681	28.1967	29.5912	27.2404	28.7746	30.5663	33.0124
	IS	3.0808	3.0785	3.0767	3.0843	3.0800	3.0772	3.0818	3.0821	3.0768	3.0762
	NIX	38.3136	40.5511	40.2451	40.7515	41.2912	41.8698	42.1964	42.3846	42.2559	42.9560
	IX	7.6318	7.6339	7.6263	7.6390	7.6344	7.6334	7.6343	7.6320	7.6321	7.6454
$(U_{10},\mathscr{D}_{10})$	NIS	38.7478	31.2401	35.1207	35.7740	37.2349	36.7227	38.3850	37.1738	40.7795	36.0968
	IS	3.7285	3.7297	3.7251	3.7269	3.7190	3.7233	3.7238	3.7213	3.7216	3.7215
	NIX	47.8739	49.2954	50.3553	52.0011	50.0680	53.7648	52.6960	54.1776	53.6499	55.9171
	IX	9.2187	9.2226	9.2298	9.2168	9.2150	9.2176	9.2193	9.2254	9.2165	9.2202

表 9-3　基于算法 NIS、IS、NIX 和 IX 计算时间的标准差

$(U,\mathscr{D})\backslash t$(s)	*Algo*	$\mathscr{D}_i^{1+}$	$\mathscr{D}_i^{2+}$	$\mathscr{D}_i^{3+}$	$\mathscr{D}_i^{4+}$	$\mathscr{D}_i^{5+}$	$\mathscr{D}_i^{6+}$	$\mathscr{D}_i^{7+}$	$\mathscr{D}_i^{8+}$	$\mathscr{D}_i^{9+}$	$\mathscr{D}_i^{10+}$
$(U_1,\mathscr{D}_1)$	NIS	0.0050	0.0037	0.0021	0.0009	0.0006	0.0022	0.0008	0.0008	0.0012	0.0013
	IS	0.0010	0.0002	0.0002	0.0001	0.0002	0.0002	0.0001	0.0001	0.0001	0.0001
	NIX	0.0045	0.0012	0.0008	0.0012	0.0010	0.0009	0.0021	0.0013	0.0010	0.0006
	IX	0.0004	0.0008	0.0005	0.0004	0.0006	0.0007	0.0003	0.0005	0.0005	0.0008
$(U_2,\mathscr{D}_2)$	NIS	0.0014	0.0025	0.0022	0.0025	0.0019	0.0022	0.0014	0.0026	0.0017	0.0024
	IS	0.0008	0.0004	0.0005	0.0003	0.0003	0.0003	0.0006	0.0004	0.0003	0.0005
	NIX	0.0028	0.0023	0.0022	0.0034	0.0028	0.0016	0.0039	0.0030	0.0024	0.0027
	IX	0.0015	0.0011	0.0009	0.0012	0.0016	0.0013	0.0009	0.0014	0.0013	0.0015
$(U_3,\mathscr{D}_3)$	NIS	0.0026	0.0028	0.0037	0.0040	0.0037	0.0037	0.0024	0.0038	0.0036	0.0022
	IS	0.0016	0.0011	0.0009	0.0011	0.0012	0.0013	0.0012	0.0013	0.0012	0.0016
	NIX	0.0048	0.0042	0.0079	0.0044	0.0042	0.0129	0.0051	0.0165	0.0045	0.0033
	IX	0.0058	0.0025	0.0015	0.0015	0.0032	0.0027	0.0020	0.0041	0.0026	0.0023

续表

$(U,\mathscr{D})\backslash t(\mathrm{s})$	Algo	$\mathscr{D}_i^{1+}$	$\mathscr{D}_i^{2+}$	$\mathscr{D}_i^{3+}$	$\mathscr{D}_i^{4+}$	$\mathscr{D}_i^{5+}$	$\mathscr{D}_i^{6+}$	$\mathscr{D}_i^{7+}$	$\mathscr{D}_i^{8+}$	$\mathscr{D}_i^{9+}$	$\mathscr{D}_i^{10+}$
$(U_4,\mathscr{D}_4)$	NIS	0.0029	0.0128	0.0091	0.0035	0.0063	0.0040	0.0042	0.0060	0.0042	0.0060
	IS	0.0033	0.0019	0.0023	0.0018	0.0033	0.0029	0.0020	0.0024	0.0022	0.0026
	NIX	0.0195	0.0042	0.0046	0.0068	0.0045	0.0056	0.0070	0.0042	0.0039	0.0142
	IX	0.0045	0.0037	0.0018	0.0039	0.0034	0.0071	0.0040	0.0029	0.0044	0.0024
$(U_5,\mathscr{D}_5)$	NIS	0.0048	0.0193	0.0136	0.0029	0.0086	0.0057	0.0079	0.0075	0.0064	0.0063
	IS	0.0028	0.0034	0.0041	0.0038	0.0023	0.0034	0.0028	0.0028	0.0037	0.0012
	NIX	0.0012	0.0219	0.0086	0.0096	0.0204	0.0139	0.0225	0.0091	0.0206	0.0134
	IX	0.0081	0.0067	0.0070	0.0075	0.0048	0.0049	0.0053	0.0027	0.0041	0.0053
$(U_6,\mathscr{D}_6)$	NIS	0.0076	0.0067	0.0071	0.0319	0.0122	0.0076	0.0074	0.0075	0.0253	0.0075
	IS	0.0054	0.0044	0.0046	0.0029	0.0048	0.0070	0.0054	0.0034	0.0032	0.0055
	NIX	0.0243	0.0148	0.0188	0.0344	0.0214	0.0453	0.0280	0.0329	0.0416	0.0314
	IX	0.0043	0.0045	0.0043	0.0070	0.0064	0.0067	0.0049	0.0075	0.0055	0.0047
$(U_7,\mathscr{D}_7)$	NIS	0.0233	0.0082	0.0568	0.0124	0.0093	0.0214	0.0221	0.0317	0.0246	0.0298
	IS	0.0072	0.0029	0.0026	0.0045	0.0027	0.0060	0.0059	0.0041	0.0044	0.0043
	NIX	0.1095	0.0360	0.0267	0.0370	0.0314	0.0961	0.0707	0.0604	0.0738	0.1239
	IX	0.0083	0.0107	0.0069	0.0095	0.0026	0.0063	0.0053	0.0046	0.0139	0.0052
$(U_8,\mathscr{D}_8)$	NIS	0.0431	0.0389	0.0344	0.0754	0.0412	0.1264	0.0528	0.0350	0.0423	0.0873
	IS	0.0052	0.0126	0.0058	0.0071	0.0036	0.0070	0.0057	0.0032	0.0025	0.0125
	NIX	0.2113	0.4023	0.4112	0.5095	0.2784	0.3134	0.4325	0.4373	0.8081	0.4922
	IX	0.0110	0.0107	0.0096	0.0066	0.0104	0.0108	0.0101	0.0123	0.0063	0.0069
$(U_9,\mathscr{D}_9)$	NIS	0.0496	0.0586	0.0697	0.1048	0.0720	0.2466	0.0919	0.1022	0.1157	0.1913
	IS	0.0096	0.0051	0.0050	0.0079	0.0082	0.0053	0.0096	0.0098	0.0097	0.0098
	NIX	0.2342	0.8303	0.7943	0.7288	0.8797	0.8283	0.4264	0.1759	0.7218	0.7613
	IX	0.0060	0.0093	0.0077	0.0129	0.0063	0.0150	0.0107	0.0074	0.0074	0.0186
$(U_{10},\mathscr{D}_{10})$	NIS	0.4949	0.0878	0.1672	0.1667	0.1434	0.5916	0.2096	0.1244	0.3082	0.4589
	IS	0.0105	0.0113	0.0086	0.0085	0.0074	0.0117	0.0052	0.0093	0.0066	0.0048
	NIX	0.6078	1.3534	1.3801	1.8408	0.3955	1.0828	0.7471	1.4347	1.7540	1.8770
	IX	0.0076	0.0079	0.0170	0.0128	0.0113	0.0109	0.0148	0.0165	0.0158	0.0181

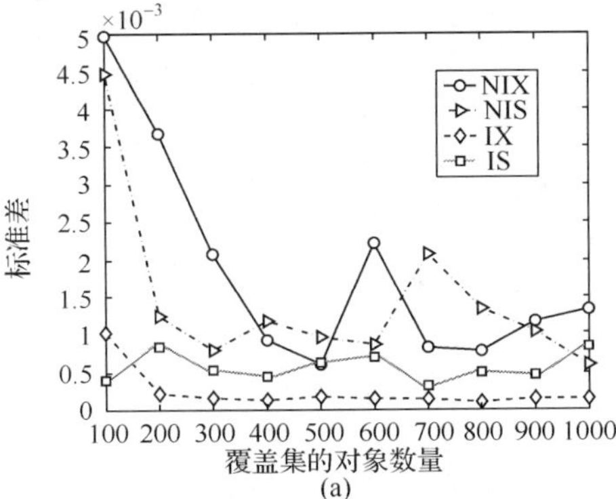

(a)

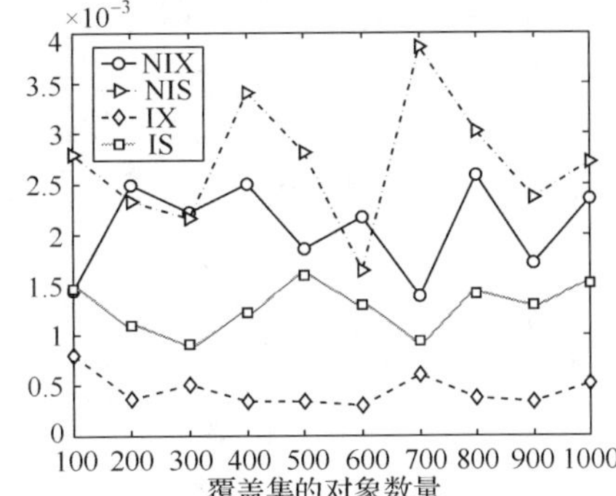

(b)

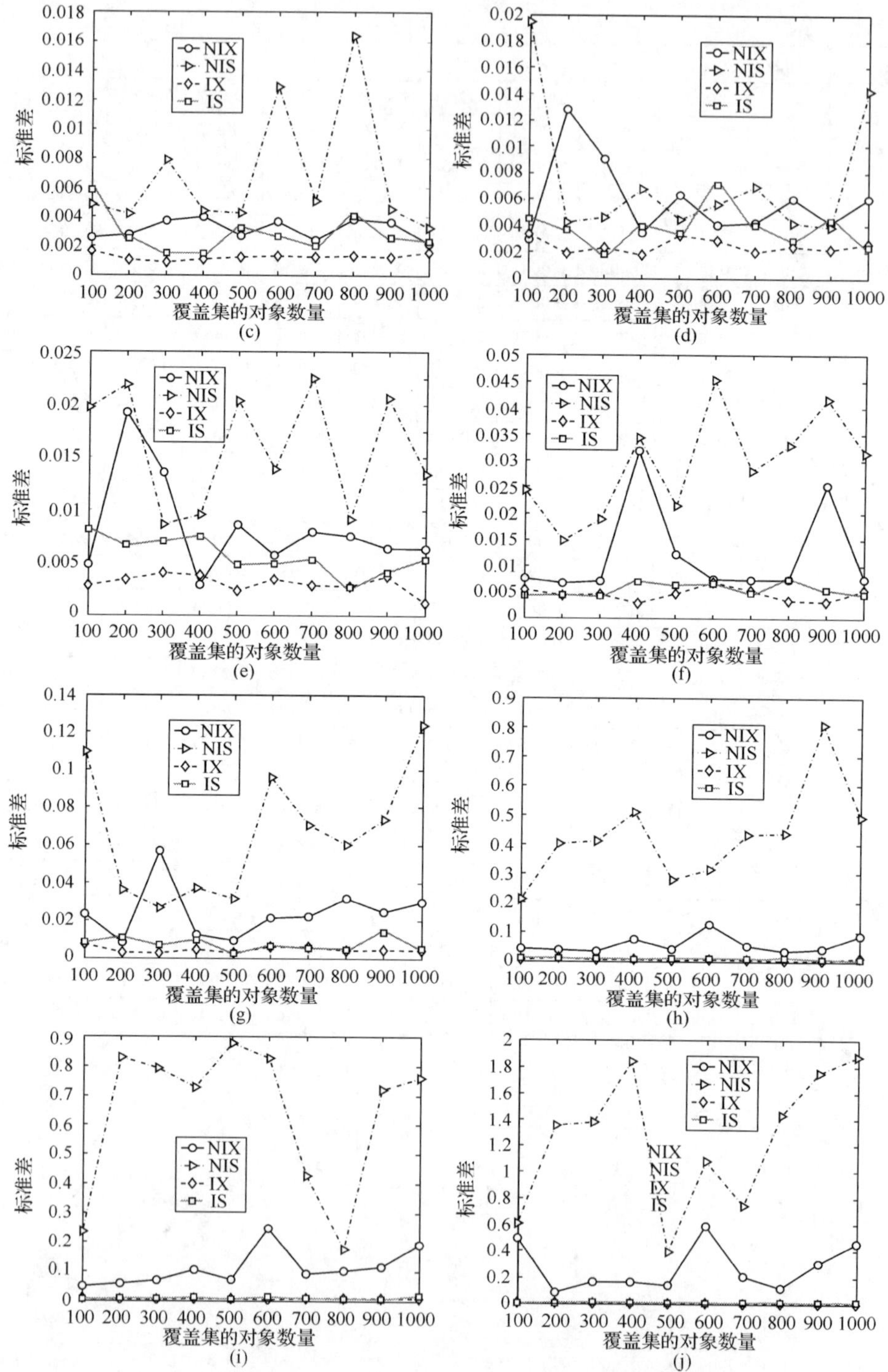

图 9-1 基于算法 NIS、IS、NIX 和 IX 计算时间的标准差

9.4.2 对象数量的影响

本小节将分析对象数量对计算动态覆盖信息系统集合第二型和第六型上、下近似时间的影响。

首先，我们比较了基于算法 9-1 和算法 9-2 在计算覆盖集基数相同的动态覆盖信息系统集合第二型上、下近似的时间。从表 9-2 的结果可以看出，随着对象数量的增加，使用算法 9-1 和算法 9-2 的计算时间均在增加。例如，从表 9-2 的第 3 列，我们得到了在动态覆盖信息系统 $\{(U_{i,}\mathscr{D}_i^{1+})\mid 1\leqslant i\leqslant 10\}$ 中基于算法 9-1 和算法 9-2 的计算时间分别是 {0.2943,1.3922,2.8154,4.8119,7.8162,11.8148,15.3896,19.2680,27.7270,38.7478} 和 {0.0191,0.1161,0.2813,0.5363,0.8992,1.3113,1.8163,2.3293,3.0808,3.7285}。我们还发现在动态覆盖信息系统中算法 9-2 比算法 9-1 运行速度更快。例如，从结果可以看出 0.0191<0.2943,0.1161<1.3922,0.2813<2.8154,0.5363<4.8119,0.8992<7.8162,1.3113<11.8148,1.8163<15.3896,2.3293<19.2680,3.0808<27.7270 和 3.7285<38.7478。

其次，我们比较了基于算法 9-3 和算法 9-4 在计算覆盖集基数相同的动态覆盖信息系统集合第六型上、下近似的时间。从表 9-2 的结果可以看出，随着对象数量的增加，基于算法 9-3 和算法 9-4 的计算时间在增加。例如，从表 9-2 的第 3 列，我们得到动态覆盖信息系统 $\{(U_i,\mathscr{D}_i^{1+})\mid 1\leqslant i\leqslant 10\}$ 基于算法 9-3 和算法 9-4 的计算时间分别是 $\{0.4328,1.7887,4.1230,7.3557,11.6951,16.8548,23.2606,30.7299,38.3136,47.8739\}$ 和 {0.0440,0.2763,0.6934,1.3121,2.2205,3.2322,4.4889, 5.7394,7.6318,9.2187}。我们还发现在动态覆盖信息系统中算法 9-4 比算法 9-3 运行速度更快。例如，从结果可以看出 $0.0440<0.4328,0.2763<1.7887,0.6934<4.1230,1.3121<7.3557,2.2205<11.6951,3.2322<16.8548, 4.4889<23.2606,5.7394<30.7299,7.6318<38.3136$ 和 $9.2187<47.8739$。

最后，我们通过图 9-2 来说明算法 9-2 和算法 9-4 的高效性。例如，图 9-2(j) 展示了在动态覆盖信息系统 $\{(U_i,\mathscr{D}_i^{j+})\mid 1\leqslant i\leqslant 10\}$ 中基于算法 9-1～算法 9-4 来计算集

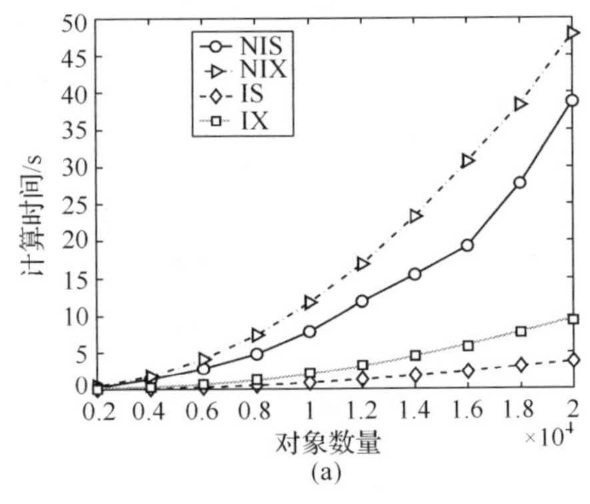

(a)

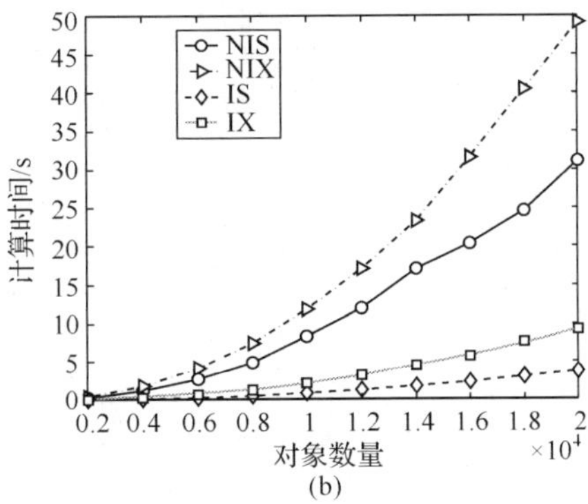

(b)

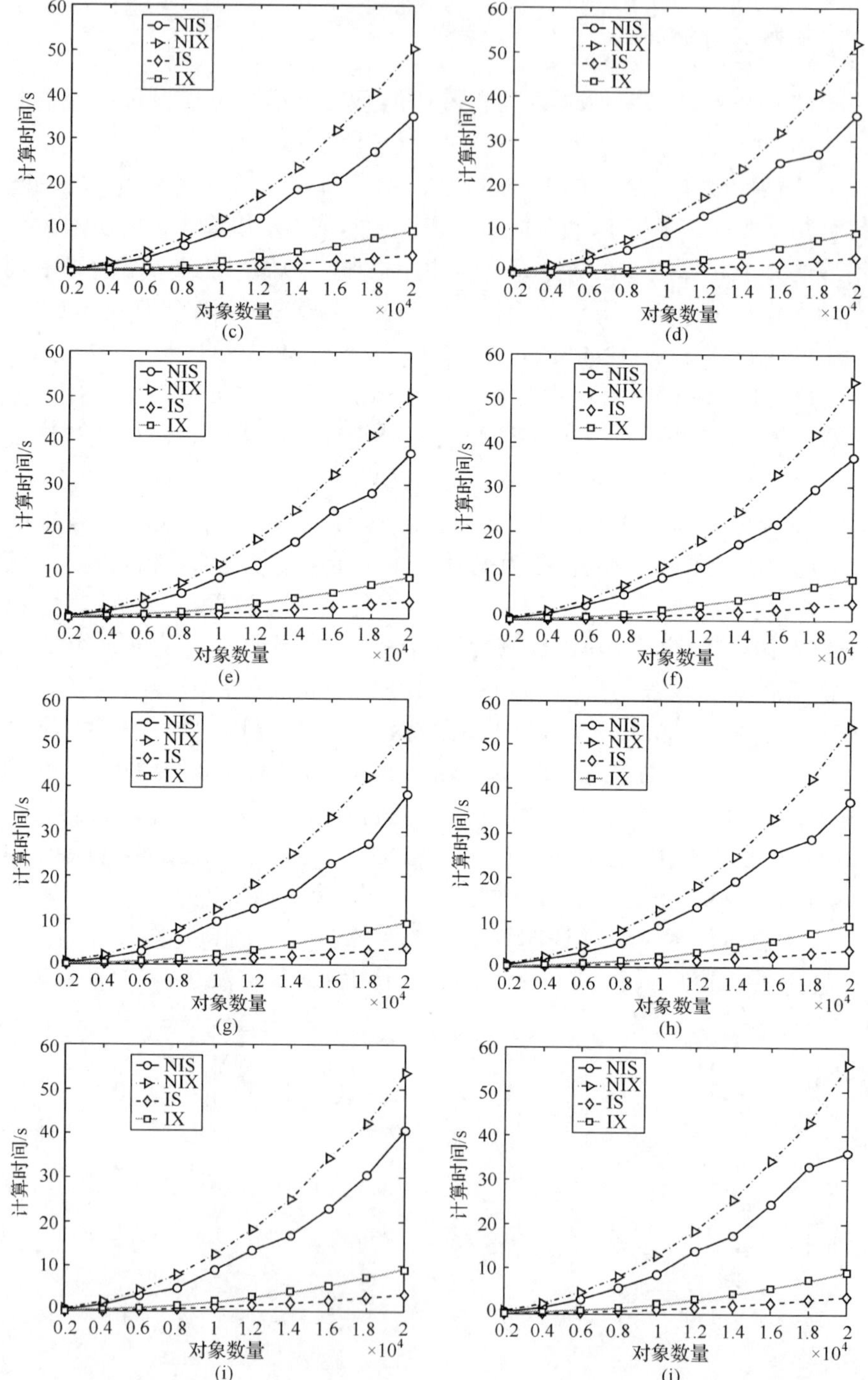

图 9-2 基于算法 NIS、IS、NIX 和 IX 在 $\{(U_i, \mathscr{D}_i^{j+})|1\leqslant i\leqslant 10\}(1\leqslant j\leqslant 10)$ 中的计算时间

合第二型和第六型上、下近似的时间。在每个图中，NIS、IS、NIX 和 IX 分别表示算法 9-1～算法 9-4，i 表示 X 轴上对象集的基数，y 轴表示计算概念近似的时间。因此，算法 9-2 和算法 9-4 在计算动态覆盖信息系统集合第二型和第六型上、下近似时更高效。

9.4.3 覆盖集基数的影响

本小节将分析覆盖集基数对计算动态覆盖信息系统集合第二型和第六型上、下近似时间的影响。

首先，我们比较了基于算法 9-1 和算法 9-2 在计算对象数量相同的动态覆盖信息系统集合第二型上、下近似的时间。从表 9-2 的结果可以看出，随着覆盖集基数的增加，基于算法 9-1 和算法 9-2 的计算时间几乎不变。例如，从表 9-2 的第 2 行，我们得到了在动态覆盖信息系统 $\{(U_1,\mathscr{D}_1^{j+})|1\leqslant j\leqslant 10\}$ 中基于算法 9-1 和算法 9-2 的计算时间分别是 $\{0.2943, 0.2907, 0.3085, 0.3050, 0.3028, 0.3258, 0.3022, 0.3151, 0.3335, 0.3326\}$ 和 $\{0.0191, 0.0187, 0.0187, 0.0190, 0.0189, 0.0189, 0.0189, 0.0188, 0.0189, 0.0188\}$。我们还发现在动态覆盖信息系统中算法 9-2 比算法 9-1 运行速度更快。例如，从以上结果可以看出 $0.0191<0.2943, 0.0187<0.2907, 0.0187<0.3085, 0.0190<0.3050, 0.0189<0.3028, 0.0189<0.3258, 0.0189<0.3022, 0.0188<0.3151, 0.0189<0.3335, 0.0188<0.3326$。

其次，我们比较了基于算法 9-3 和算法 9-4 在计算对象数量相同的动态覆盖信息系统集合第六型上、下近似的时间，从表 9-2 的结果可以看出，随着覆盖集基数的增加，基于算法 9-3 的计算时间大部分在增加，但是随着覆盖集基数的增加，基于算法 9-4 的计算时间几乎不变。例如，从表 9-2 的第 2 行，我们得到在动态覆盖信息系统 $\{(U_1,\mathscr{D}_1^{j+})|1\leqslant j\leqslant 10\}$ 中基于算法 9-3 和算法 9-4 的计算时间分别是 $\{0.4328, 0.4517, 0.4696, 0.4872, 0.5052, 0.5153, 0.5377, 0.5549, 0.5634, 0.5806\}$ 和 $\{0.0440, 0.0444, 0.0445, 0.0447, 0.0448, 0.0462, 0.0456, 0.0455, 0.0452, 0.0443\}$。此外，我们还发现在动态覆盖信息系统中算法 9-4 比算法 9-3 的运行速度更快。例如，从结果可以看出 $0.0440<0.4328, 0.0444<0.4517, 0.0445<0.4696, 0.0447<0.4872, 0.0448<0.5052, 0.0462<0.5153, 0.0456<0.5377, 0.0455<0.5549, 0.0452<0.5634, 0.0443<0.5806$。

最后，我们通过图 9-3 来说明算法 9-2 和算法 9-4 的高效性。例如，图 9-3(i) 展示了在动态覆盖信息系统 $\{(U_i,\mathscr{D}_i^{j+})|1\leqslant i\leqslant 10\}$ 中基于算法 9-1～算法 9-4 来计算集合第二型和第六型上、下近似的时间。在每个图中，NIS、IS、NIX 和 IX 分别表示算法 9-1～算法 9-4，i 表示 X 轴上覆盖集的基数，y 轴表示计算概念近似的时间。因此，算法 9-2 和算法 9-4 在计算动态覆盖信息系统集合第二型和第六型上、下近似时更高效。

计算时间/s
覆盖集的对象数量
NIS
NIX
IS
IX
100 200 300 400 500 600 700 800 900 1000

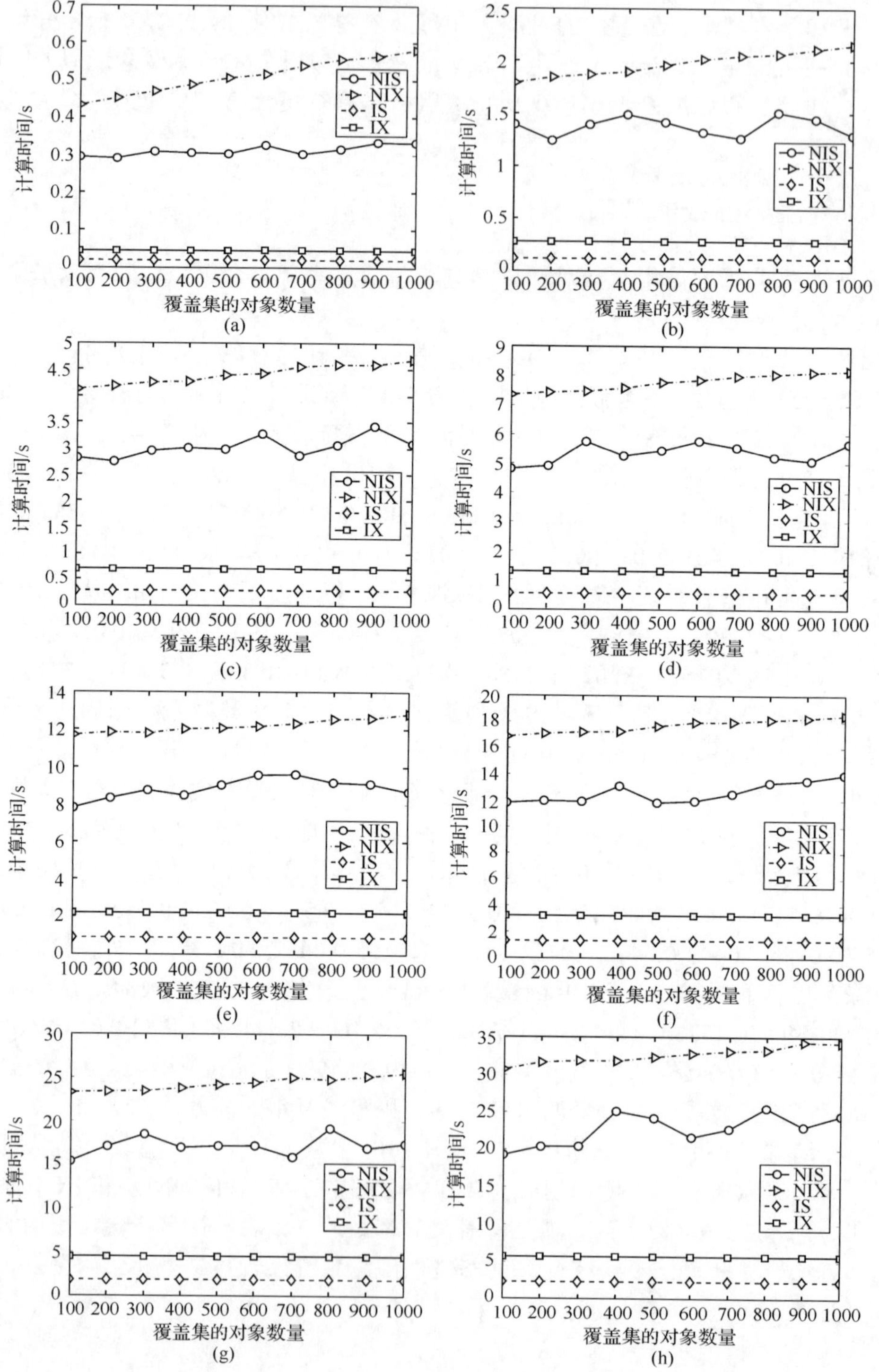

(a) (b) (c) (d) (e) (f) (g) (h)

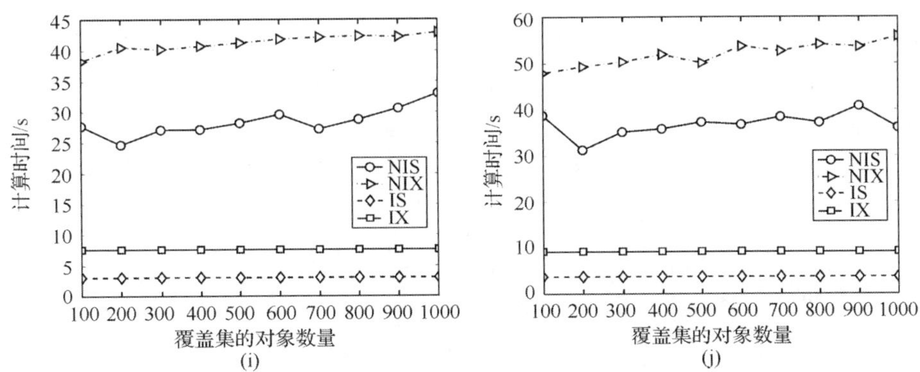

图 9-3　基于算法 NIS、IS、NIX 和 IX 在 $\{(U_i,\mathscr{D}_i^{j+})|1\leqslant j\leqslant 10\}(1\leqslant i\leqslant 10)$ 中的计算时间

9.5　动态覆盖信息系统的知识约简

本节将研究动态覆盖信息系统的知识约简。

例 9-11　假设 $(U,\mathscr{D}_C\cup\mathscr{D}_D)$ 是覆盖决策信息系统，其中 $\mathscr{D}_C=\{\mathscr{C}_1,\mathscr{C}_2,\mathscr{C}_3\}$，$\mathscr{C}_1=\{\{x_1,x_2,x_3,x_4\},\{x_5\}\}$，$\mathscr{C}_2=\{\{x_1,x_2\},\{x_3,x_4,x_5\}\}$，$\mathscr{C}_3=\{\{x_1,x_2,x_5\},\{x_3,x_4\}\}$，$\mathscr{D}_D=\{D_1,D_2\}$，$D_1=\{x_1,x_2\}$，$D_2=\{x_3,x_4,x_5\}$。首先，根据定义 9-7，可以得到

$$\Gamma(\mathscr{D}_C)=M_{\mathscr{D}_C}\cdot M_{\mathscr{D}_C}^{\mathrm{T}}=\begin{bmatrix}1&1&1&1&1\\1&1&1&1&1\\1&1&1&1&1\\1&1&1&1&1\\1&1&1&1&1\end{bmatrix}$$

第二步，根据定义 9-8，可以得到

$$\Gamma(\mathscr{D}_C)\cdot M_{\mathscr{D}_D}=\begin{bmatrix}1&1&1&1&1\\1&1&1&1&1\\1&1&1&1&1\\1&1&1&1&1\\1&1&1&1&1\end{bmatrix}\cdot\begin{bmatrix}1&0\\1&0\\0&1\\0&1\\0&1\end{bmatrix}=\begin{bmatrix}1&1\\1&1\\1&1\\1&1\\1&1\end{bmatrix}$$

$$\Gamma(\mathscr{D}_C)\odot M_{\mathscr{D}_D}=\begin{bmatrix}1&1&1&1&1\\1&1&1&1&1\\1&1&1&1&1\\1&1&1&1&1\\1&1&1&1&1\end{bmatrix}\odot\begin{bmatrix}1&0\\1&0\\0&1\\0&1\\0&1\end{bmatrix}=\begin{bmatrix}0&0\\0&0\\0&0\\0&0\\0&0\end{bmatrix}$$

第三步，根据定义 9-7，可以得到

$$\Gamma(\{\mathscr{C}_1,\ \mathscr{C}_3\})=\begin{bmatrix}1&1&1&1&1\\1&1&1&1&1\\1&1&1&1&0\\1&1&1&1&0\\1&1&0&0&1\end{bmatrix},\quad \Gamma(\mathscr{C}_1)=\begin{bmatrix}1&1&1&1&0\\1&1&1&1&0\\1&1&1&1&0\\1&1&1&1&0\\0&0&0&0&1\end{bmatrix},\quad \Gamma(\mathscr{C}_3)=\begin{bmatrix}1&1&0&0&1\\1&1&0&0&1\\0&0&1&1&0\\0&0&1&1&0\\1&1&0&0&1\end{bmatrix}$$

第四步，根据定义 9-8，可以得到

$$\Gamma(\{\mathscr{C}_1,\mathscr{C}_3\})\cdot M_{\mathscr{D}_D}=\begin{bmatrix}1&1&1&1&1\\1&1&1&1&1\\1&1&1&1&0\\1&1&1&1&0\\1&1&0&0&1\end{bmatrix}\cdot\begin{bmatrix}1&0\\1&0\\0&1\\0&1\\0&1\end{bmatrix}=\begin{bmatrix}1&1\\1&1\\1&1\\1&1\\1&1\end{bmatrix}$$

$$\Gamma(\{\mathscr{C}_1,\mathscr{C}_3\})\odot M_{\mathscr{D}_D}=\begin{bmatrix}1&1&1&1&1\\1&1&1&1&1\\1&1&1&1&0\\1&1&1&1&0\\1&1&0&0&1\end{bmatrix}\odot\begin{bmatrix}1&0\\1&0\\0&1\\0&1\\0&1\end{bmatrix}=\begin{bmatrix}0&0\\0&0\\0&0\\0&0\\0&0\end{bmatrix}$$

$$\Gamma(\mathscr{C}_1)\cdot M_{\mathscr{D}_D}=\begin{bmatrix}1&1&1&1&0\\1&1&1&1&0\\1&1&1&1&0\\1&1&1&1&0\\0&0&0&0&1\end{bmatrix}\cdot\begin{bmatrix}1&0\\1&0\\0&1\\0&1\\0&1\end{bmatrix}=\begin{bmatrix}1&1\\1&1\\1&1\\1&1\\0&1\end{bmatrix}$$

$$\Gamma(\mathscr{C}_1)\odot M_{\mathscr{D}_D}=\begin{bmatrix}1&1&1&1&0\\1&1&1&1&0\\1&1&1&1&0\\1&1&1&1&0\\0&0&0&0&1\end{bmatrix}\odot\begin{bmatrix}1&0\\1&0\\0&1\\0&1\\0&1\end{bmatrix}=\begin{bmatrix}0&0\\0&0\\0&0\\0&0\\0&1\end{bmatrix}$$

$$\Gamma(\mathscr{C}_3)\cdot M_{\mathscr{D}_D}=\begin{bmatrix}1&1&0&0&1\\1&1&0&0&1\\0&0&1&1&0\\0&0&1&1&0\\1&1&0&0&1\end{bmatrix}\cdot\begin{bmatrix}1&0\\1&0\\0&1\\0&1\\0&1\end{bmatrix}=\begin{bmatrix}1&1\\1&1\\0&1\\0&1\\1&1\end{bmatrix}$$

$$\Gamma(\mathscr{C}_3)\odot M_{\mathscr{D}_D}=\begin{bmatrix}1&1&0&0&1\\1&1&0&0&1\\0&0&1&1&0\\0&0&1&1&0\\1&1&0&0&1\end{bmatrix}\odot\begin{bmatrix}1&0\\1&0\\0&1\\0&1\\0&1\end{bmatrix}=\begin{bmatrix}0&0\\0&0\\0&1\\0&1\\0&0\end{bmatrix}$$

因此，根据定义 9-8，$\{\mathscr{C}_1,\mathscr{C}_3\}$ 是 $(U,\mathscr{D}_C\cup\mathscr{D}_D)$ 的第一型约简。

在例 9-11 中，为了计算覆盖决策信息系统 $(U,\mathscr{D}_C\cup\mathscr{D}_D)$ 的第一型约简，我们必须计算 $\Gamma(\{\mathscr{C}_1,\mathscr{C}_3\})\cdot M_{\mathscr{D}_D}$、$\Gamma(\{\mathscr{C}_1,\mathscr{C}_3\})\odot M_{\mathscr{D}_D}$、$\Gamma(\mathscr{C}_1)\cdot M_{\mathscr{D}_D}$、$\Gamma(\mathscr{C}_1)\odot M_{\mathscr{D}_D}$、$\Gamma(\mathscr{C}_3)\cdot M_{\mathscr{D}_D}$ 和 $\Gamma(\mathscr{C}_3)\odot M_{\mathscr{D}_D}$。

例 9-12(续例 9-11)　假设 $(U,\mathscr{D}_C^+\cup\mathscr{D}_D)$ 是 $(U,\mathscr{D}_C\cup\mathscr{D}_D)$ 的动态覆盖决策信息系统，其中 $\mathscr{D}_C^+=\{\mathscr{C}_1,\mathscr{C}_2,\mathscr{C}_3,\mathscr{C}_4\}$，$\mathscr{C}_1=\{\{x_1,x_2,x_3,x_4\},\{x_5\}\}$，$\mathscr{C}_2=\{\{x_1,x_2\},\{x_3,x_4,x_5\}\}$，$\mathscr{C}_3=\{\{x_1,x_2,x_5\},\{x_3,x_4\}\}$，$\mathscr{C}_4=\{\{x_1,x_2\},\{x_3,x_4\},\{\mathrm{x}_5\}\}$，$\mathscr{D}_D=\{D_1,D_2\}$，$D_1=\{x_1,x_2\}$，$D_2=\{x_3,x_4,x_5\}$。首先，根据定理 9-1 和例 9-11，可以得到

$$\Gamma(\mathscr{D}_C^+)=\Gamma(\mathscr{D}_C)\vee\Gamma(\mathscr{C}_4)=\begin{bmatrix}1&1&1&1&1\\1&1&1&1&1\\1&1&1&1&1\\1&1&1&1&1\\1&1&1&1&1\end{bmatrix}$$

第二步，根据定义 9-8，可以得到

$$\Gamma(\mathscr{D}_C^+)\cdot M_{\mathscr{D}_D}=\begin{bmatrix}1&1&1&1&1\\1&1&1&1&1\\1&1&1&1&1\\1&1&1&1&1\\1&1&1&1&1\end{bmatrix}\cdot\begin{bmatrix}1&0\\1&0\\0&1\\0&1\\0&1\end{bmatrix}=\begin{bmatrix}1&1\\1&1\\1&1\\1&1\\1&1\end{bmatrix}$$

$$\Gamma(\mathscr{D}_C^+)\odot M_{\mathscr{D}_D}=\begin{bmatrix}1&1&1&1&1\\1&1&1&1&1\\1&1&1&1&1\\1&1&1&1&1\\1&1&1&1&1\end{bmatrix}\odot\begin{bmatrix}1&0\\1&0\\0&1\\0&1\\0&1\end{bmatrix}=\begin{bmatrix}0&0\\0&0\\0&0\\0&0\\0&0\end{bmatrix}$$

第三步，根据例 9-11，可以得到

$$\Gamma(\mathscr{D}_C)\cdot M_{\mathscr{D}_D}=\begin{bmatrix}1&1\\1&1\\1&1\\1&1\\1&1\end{bmatrix},\quad\Gamma(\mathscr{D}_C)\odot M_{\mathscr{D}_D}=\begin{bmatrix}0&0\\0&0\\0&0\\0&0\\0&0\end{bmatrix}$$

$$\Gamma(\{\mathscr{C}_1,\mathscr{C}_3\})\cdot M_{\mathscr{D}_D}=\begin{bmatrix}1&1\\1&1\\1&1\\1&1\\1&1\end{bmatrix},\quad \Gamma(\{\mathscr{C}_1,\mathscr{C}_3\})\odot M_{\mathscr{D}_D}=\begin{bmatrix}0&0\\0&0\\0&0\\0&0\\0&0\end{bmatrix}$$

$$\Gamma(\mathscr{C}_1)\cdot M_{\mathscr{D}_D}=\begin{bmatrix}1&1\\1&1\\1&1\\1&1\\0&1\end{bmatrix},\quad \Gamma(\mathscr{C}_1)\odot M_{\mathscr{D}_D}=\begin{bmatrix}0&0\\0&0\\0&0\\0&0\\0&0\end{bmatrix}$$

$$\Gamma(\mathscr{C}_3)\cdot M_{\mathscr{D}_D}=\begin{bmatrix}1&1\\1&1\\0&1\\0&1\\1&1\end{bmatrix},\quad \Gamma(\mathscr{C}_3)\odot M_{\mathscr{D}_D}=\begin{bmatrix}0&0\\0&0\\0&1\\0&1\\0&0\end{bmatrix}$$

因此，根据定义 9-9，$\{\mathscr{C}_1,\mathscr{C}_3\}$ 是 $(U,\mathscr{D}_C^+\cup\mathscr{D}_D)$ 的第一型约简。

在例 9-12 中，如果基于非增量算法计算动态覆盖决策信息系统 $(U,\mathscr{D}_C^+\cup\mathscr{D}_D)$ 的第一型约简，我们必须计算 $\Gamma(\mathscr{D}_C^+)\cdot M_{\mathscr{D}_D}$、$\Gamma(\mathscr{D}_C^+)\odot M_{\mathscr{D}_D}$、$\Gamma(\mathscr{D}_C)\cdot M_{\mathscr{D}_D}$、$\Gamma(\mathscr{D}_C)\odot M_{\mathscr{D}_D}$、$\Gamma(\{\mathscr{C}_1,\mathscr{C}_3\})\cdot M_{\mathscr{D}_D}$、$\Gamma(\{\mathscr{C}_1,\mathscr{C}_3\})\odot M_{\mathscr{D}_D}$、$\Gamma(\mathscr{C}_1)\cdot M_{\mathscr{D}_D}$、$\Gamma(\mathscr{C}_1)\odot M_{\mathscr{D}_D}$、$\Gamma(\mathscr{C}_3)\cdot M_{\mathscr{D}_D}$ 和 $\Gamma(\mathscr{C}_3)\odot M_{\mathscr{D}_D}$。但是基于增量算法计算动态覆盖决策信息系统 $(U,\mathscr{D}_C^+\cup\mathscr{D}_D)$ 的第一型约简，我们只需要计算 $\Gamma(\mathscr{D}_C^+)\cdot M_{\mathscr{D}_D}$ 和 $\Gamma(\mathscr{D}_C^+)\odot M_{\mathscr{D}_D}$。此外，我们可同样计算属性增加的动态覆盖决策信息系统的第二型约简。因此，增量算法能高效地计算属性增加的动态覆盖决策信息系统的知识约简。

例 9-13(续例 9-11)　假设 $(U,\mathscr{D}_C^-\cup\mathscr{D}_D)$ 是 $(U,\mathscr{D}_C\cup\mathscr{D}_D)$ 的动态覆盖决策信息系统，其中 $\mathscr{D}_C^-=\{\mathscr{C}_1,\mathscr{C}_3\}$，$\mathscr{C}_1=\{\{x_1,x_2,x_3,x_4\},\{x_5\}\}$，$\mathscr{C}_3=\{\{x_1,x_2,x_5\},\{x_3,x_4\}\}$，$\mathscr{D}_D=\{D_1,D_2\}$，$D_1=\{x_1,x_2\}$，$D_2=\{x_3,x_4,x_5\}$。根据例 9-11，可以得到

$$\Gamma(\{\mathscr{C}_1,\mathscr{C}_3\})\cdot M_{\mathscr{D}_D}=\begin{bmatrix}1&1\\1&1\\1&1\\1&1\\1&1\end{bmatrix},\quad \Gamma(\{\mathscr{C}_1,\mathscr{C}_3\})\odot M_{\mathscr{D}_D}=\begin{bmatrix}0&0\\0&0\\0&0\\0&0\\0&0\end{bmatrix}$$

$$\Gamma(\mathscr{C}_1)\cdot M_{\mathscr{D}_D}=\begin{bmatrix}1&1\\1&1\\1&1\\1&1\\0&1\end{bmatrix},\quad \Gamma(\mathscr{C}_1)\odot M_{\mathscr{D}_D}=\begin{bmatrix}0&0\\0&0\\0&0\\0&0\\0&1\end{bmatrix}$$

$$\Gamma(\mathscr{C}_3)\cdot M_{\mathscr{D}_D}=\begin{bmatrix}1&1\\1&1\\0&1\\0&1\\1&1\end{bmatrix},\quad \Gamma(\mathscr{C}_3)\odot M_{\mathscr{D}_D}=\begin{bmatrix}0&0\\0&0\\0&1\\0&1\\0&0\end{bmatrix}$$

因此，根据定义 9-9，$\{\mathscr{C}_1,\mathscr{C}_3\}$ 是 $(U,\mathscr{D}_C^-\cup\mathscr{D}_D)$ 的第一型约简。

在例 9-13 中，如果基于非增量算法计算动态覆盖决策信息系统 $(U,\mathscr{D}_C^-\cup\mathscr{D}_D)$ 的第一型约简，我们必须计算 $\Gamma(\{\mathscr{C}_1,\mathscr{C}_3\})\cdot M_{\mathscr{D}_D}$、$\Gamma(\{\mathscr{C}_1,\mathscr{C}_3\})\odot M_{\mathscr{D}_D}$、$\Gamma(\mathscr{C}_1)\cdot M_{\mathscr{D}_D}$、$\Gamma(\mathscr{C}_1)\odot M_{\mathscr{D}_D}$、$\Gamma(\mathscr{C}_3)\cdot M_{\mathscr{D}_D}$ 和 $\Gamma(\mathscr{C}_3)\odot M_{\mathscr{D}_D}$。但是基于增量算法计算动态覆盖决策信息系统 $(U,\mathscr{D}_C^-\cup\mathscr{D}_D)$ 的第一型约简则不需要计算。此外，我们可同样计算属性减少的动态覆盖决策信息系统的第二型约简。因此，增量算法能高效地计算属性减少的动态覆盖决策信息系统的知识约简。

9.6　本 章 小 结

在本章中，首先，我们用增量方法计算了第一型和第二型特征矩阵，并设计了计算属性变化的动态覆盖信息系统集合第二型和第六型上、下近似的有效算法。其次，我们通过数据实验来说明设计的算法能够有效地计算属性变化的动态覆盖信息系统集合第二型和第六型上、下近似。最后，我们通过例子来说明如何基于增量方法计算动态覆盖决策信息系统的知识约简。

今后，我们将进一步研究动态覆盖信息系统集合近似的计算，并提出计算动态覆盖信息系统属性约简的有效算法。此外，我们将从矩阵的角度为动态覆盖信息系统的知识约简提供并行算法。

参 考 文 献

[1] Pawlak Z. Rough sets[J]. International Journal of Computer and Information Sciences, 1982, 11(5): 341-356.

[2] Zakowski W. Approximations in the space (U, π)[J]. Demonstratio Mathematics, 1983, 16:

761-769.

[3] Liu G L. Special types of coverings and axiomatization of rough sets based on partial orders[J]. Knowledge-Based Systems, 2015, 85: 316-321.

[4] Liu C H, Miao D Q, Qian J. On multi-granulation covering rough sets[J]. International Journal of Approximate Reasoning, 2014, 55(6): 1404-1418.

[5] Miao D Q, Gao C, Zhang N, et al. Diverse reduct subspaces based co-training for partially labeled data[J]. International Journal of Approximate Reasoning, 2011, 52(8): 1103-1117.

[6] Qian Y H, Liang J Y, Li D Y, et al. Approximation reduction in inconsistent incomplete decision tables[J]. Knowledge-Based Systems, 2010, 23(5): 427-433.

[7] Yao Y Y, Yao B X. Covering based rough set approximations[J]. Information Sciences, 2012, 200: 91-107.

[8] Zhu P. Covering rough sets based on neighborhoods: An approach without using neighborhoods[J]. International Journal of Approximate Reasoning, 2011, 52(3): 461-472.

[9] Zhu W. Relationship among basic concepts in covering-based rough sets[J]. Information Sciences, 2009, 179(14): 2478-2486.

[10] Zhu W. Relationship between generalized rough sets based on binary relation and coverings[J]. Information Sciences, 2009, 179(3): 210-225.

[11] Chen D G, Zhang X X, Li W L. On measurements of covering rough sets based on granules and evidence theory[J]. Information Sciences, 2015, 317: 329-348.

[12] Hu Q H, Yu D R, Xie Z X. Neighborhood classifiers[J]. Expert Systems with Applications, 2008, 34: 866-876.

[13] Zhang B W, Min F, Ciucci D. Representative-based classification through covering-based neighborhood rough sets[J]. Applied Intelligence, 2015, 43(4): 840-854.

[14] Cai M J, Li Q G, Ma J M. Knowledge reduction of dynamic covering decision information systems caused by variations of attribute values[J]. International Journal of Machine Learning and Cybernetics, 2015, 8(4): 1-14.

[15] Huang Y Y, Li T R, Luo C, et al. Matrix-based dynamic updating rough fuzzy approximations for data mining[J]. Knowledge-Based Systems, 2017, 119: 273-283.

[16] Lang G M, Li Q G, Cai M J, et al. Characteristic matrices-based knowledge reduction in dynamic covering decision information systems[J]. Knowledge-Based Systems, 2015, 85: 1-26.

[17] Wang S P, Zhu W, Zhu Q H, et al. Characteristic matrix of covering and its application to boolean matrix decomposition and axiomatization[J]. Information Sciences, 2014, 263(1): 186-197.

[18] Yang B, Hu B Q. A fuzzy covering-based rough set model and its generalization over fuzzy lattice[J]. Information Sciences, 2016, 367: 463-486.

[19] Zhang J B, Wong J S, Pan Y, et al. A parallel matrix-based method for computing approximations in incomplete information systems[J]. IEEE Transactions on Knowledge and Data Engineering, 2015, 27(2): 326-339.

[20] Hu C X, Liu S X, Liu G X. Matrix-based approaches for dynamic updating approximations in multigranulation rough sets[J]. Knowledge-Based Systems, 2017, 122: 51-63.

[21] Lang G M, Li Q G, Cai M J, et al. Incremental approaches to constructing approximations of sets based on characteristic matrices[J]. International Journal of Machine Learning and Cybernetics, 2017, 8: 203-222.

[22] Lang G M, Miao D Q, Yang T, et al. Knowledge reduction of dynamic covering decision information systems when varying covering cardinalities[J]. Information Sciences, 2016, 346-347: 236-260.

[23] Liu G L. The axiomatization of the rough set upper approximation operations[J]. Fundamenta Informaticae, 2006, 69(3): 331-342.

[24] Ma L W. Two fuzzy covering rough set models and their generalizations over fuzzy lattices[J]. Fuzzy Sets and Systems, 2016, 294: 1-17.

[25] Tan A H, Li J J, Lin Y J, et al. Matrix-based set approximations and reductions in covering decision information systems[J]. International Journal of Approximate Reasoning, 2015, 59: 68-80.

[26] Tan A H, Li J J, Lin G P, et al. Fast approach to knowledge acquisition in covering information systems using matrix operations[J]. Knowledge-Based Systems, 2015, 79: 90-98.

[27] Yang T, Li Q G. Reduction about approximation spaces of covering generalized rough sets[J]. International Journal of Approximate Reasoning, 2010, 51(3): 335-345.

[28] Yang X B, Qi Y, Yu H L, et al. Updating multigranulation rough approximations with increasing of granular structures[J]. Knowledge-Based Systems, 2014, 64: 59-69.

[29] Yang X B, Zhang M, Dou H L, et al. Neighborhood systems-based rough sets in incomplete information system[J]. Knowledge-Based Systems, 2011, 24(6): 858-867.

[30] Yao Y Y. Relational interpretations of neighborhood operators and rough set approximation operators[J]. Information Sciences, 1998, 111(1): 239-259.

[31] Zhang J B, Li T R, Chen H M. Composite rough sets for dynamic data mining[J]. Information Sciences, 2014, 257: 81-100.

[32] Chen D G, Yang Y Y, Dong Z. An incremental algorithm for attribute reduction with variable precision rough sets[J]. Applied Soft Computing, 2016, 45: 129-149.

[33] Lang G M, Miao D Q, Cai M J. Three-way decision approaches to conflict analysis using decision-theoretic rough set theory[J]. Information Sciences, 2017, 406-407: 185-207.

[34] Li S Y, Li T R, Liu D. Incremental updating approximations in dominance-based rough sets

approach under the variation of the attribute set[J]. Knowledge-Based Systems, 2013, 40: 17-26.

[35] Luo C, Li T R, Chen H M, et al. Fast algorithms for computing rough approximations in set-valued decision systems while updating criteria values[J]. Information Sciences, 2015, 299: 221-242.

[36] Qian J, Dang C Y, Yue X D, et al. Attribute reduction for sequential three-way decisions under dynamic granulation[J]. International Journal of Approximate Reasoning, 2017, 85: 196-216.

[37] Xu J F, Miao D Q, Zhang Y J, et al. A three-way decisions model with probabilistic rough sets for stream computing[J]. International Journal of Approximate Reasoning, 2017, 88: 1-22.

[38] Zhang Y Y, Li T R, Luo C, et al. Incremental updating of rough approximations in interval-valued information systems under attribute generalization[J]. Information Sciences, 2016, 373: 461-475.

[39] Azam N, Yao J T. Interpretation of equilibria in game-theoretic rough sets[J]. Information Science, 2015, 295: 586-599.

[40] Chen H M, Li T R, Ruan D, et al. A rough-set based incremental approach for updating approximations under dynamic maintenance environments[J]. IEEE Transactions on Knowledge and Data Engineering, 2013, 25(2): 174-184.

[41] Fan Y N, Tseng T L, Chern C C, et al. Rule induction based on an incremental rough set[J]. Expert Systems with Applications, 2009, 36: 11439-11450.

[42] Feng Q R, Miao D Q, Cheng Y. Hierarchical decision rules mining[J]. Expert Systems with Applications, 2010, 37: 2081-2091.

[43] Foithong S, Pinngern O, Attachoo B. Feature subset selection wrapper based on mutual information and rough sets[J]. Expert Systems with Applications, 2012, 39: 574-584.

[44] Hu J, Li T R, Luo C, et al. Incremental fuzzy probabilistic rough sets over two universes[J]. International Journal of Approximate Reasoning, 2017, 81: 28-48.

[45] Huang B, Guo C X, Li H X, et al. An intuitionistic fuzzy graded covering rough set[J]. Knowledge-Based Systems, 2016, 107: 155-178.

[46] Huang Y Y, Li T R, Luo C, et al. Dynamic variable precision rough set approach for probabilistic set-valued information systems[J]. Knowledge-Based Systems, 2017, 122: 131-147.

[47] Leung Y, Wu W Z, Zhang W X. Knowledge acquisition in incomplete information systems: A rough set approach[J]. European Journal of Operational Research, 2006, 168: 164-180.

[48] Li S Y, Li T R, Liu D. Dynamic maintenance of approximations in dominance-based rough set approach under the variation of the object set[J]. International Journal of Intelligent Systems, 2013, 28(8): 729-751.

[49] Li T R, Ruan D, Geert W, et al. A rough sets based characteristic relation approach for dynamic attribute generalization in data mining[J]. Knowledge-Based Systems, 2007, 20(5): 485-494.

[50] Li T R, Ruan D, Song J. Dynamic maintenance of decision rules with rough set under characteristic relation[J]. Wireless Communications, Networking and Mobile Computing, 2007: 3713-3716.

[51] Li J H, Mei C L, Lv Y J. Incomplete decision contexts: Approximate concept construction, rule acquisition and knowledge reduction[J]. International Journal of Approximate Reasoning, 2013, 54(1): 149-165.

[52] Li Y, Zhang Z H, Chen W B, et al. TDUP: An approach to incremental mining of frequent itemsets with three-way-decision pattern updating[J]. International Journal of Machine Learning and Cybernetics, 2017, 8(2): 441-453.

[53] Liang J Y, Wang F, Dang C Y, et al. A group incremental approach to feature selection applying rough set technique[J]. IEEE Transactions on Knowledge and Data Engineering, 2014, 26(2): 294-308.

[54] Liu D, Li T R, Zhang J B. Incremental updating approximations in probabilistic rough sets under the variation of attributes[J]. Knowledge-Based Systems, 2015, 73: 81-96.

[55] Liu D, Liang D C, Wang C C. A novel three-way decision model based on incomplete information system[J]. Knowledge-Based Systems, 2016, 91: 32-45.

[56] Peters G, Poon S. Analyzing IT business values-a dominance based rough sets approach perspective[J]. Expert Systems with Applications, 2011, 38: 11120-11128.

[57] Sang Y L, Liang J Y, Qian Y H. Decision-theoretic rough sets under dynamic granulation[J]. Knowledge-Based Systems, 2016, 91: 84-92.

[58] Shu W H, Shen H. Incremental feature selection based on rough set in dynamic incomplete data[J]. Pattern Recognition, 2014, 47(12): 3890-3906.

[59] Shu W H, Qian W B. An incremental approach to attribute reduction from dynamic incomplete decision systems in rough set theory[J]. Data and Knowledge Engineering, 2015, 100: 116-132.

[60] Skowron A, Rauszer C. The discernibility matrices and functions in information systems[C]. Intelligent Decision Support, Handbook of Applications and Advances of the Rough Sets Theory. Dordrecht: Kluwer, 1992.

[61] Wang S, Li T R, Luo C, et al. Efficient updating rough approximations with multi-dimensional variation of ordered data[J]. Information Sciences, 2016, 372: 690-708.

[62] Wang F, Liang J Y, Dang C Y. Attribute reduction for dynamic data sets[J]. Applied Soft Computing, 2013, 13: 676-689.

[63] Wang F, Liang J Y, Qian Y H. Attribute reduction: A dimension incremental strategy[J]. Knowledge-Based Systems, 2013, 39: 95-108.

[64] Wang C Z, Shao M W, Sun B Q, et al. An improved attribute reduction scheme with covering based rough sets[J]. Applied Soft Computing, 2015, 26: 235-243.

[65] Wu W Z. Attribute reduction based on evidence theory in incomplete decision systems[J]. Information Sciences, 2008, 178: 1355-1371.

[66] Xu W H, Zhang X Y, Zhong J M. Attribute reduction in ordered information systems based on evidence theory[J]. Knowledge and Information Systems, 2010, 25: 169-184.

[67] Yang Y Y, Chen D G, Wang H, et al. Fuzzy rough set based incremental attribute reduction from dynamic data with sample arriving[J]. Fuzzy Sets and Systems, 2017, 312: 66-86.

[68] Zhang X Y, Zhou J Z, Guo J, et al. Vibrant fault diagnosis for hydroelectric generator units with a new combination of rough sets and support vector machine[J]. Expert Systems with Applications, 2012, 39: 2621-2628.

[69] Zheng K, Hu J, Zhan Z F, et al. An enhancement for heuristic attribute reduction algorithm in rough set[J]. Expert Systems with Applications, 2014, 41: 6748-6754.

第 10 章　基于模糊粗糙集理论的不确定信息系统及其约简研究①

随着云计算、大数据等新兴信息技术的广泛应用，数据呈爆发式增长，其中结构化数据仍然是主要表现形式之一。在这些数据中往往存在大量的冗余、不确定性数据，导致分类能力降低。如何从不确定数据中发现有价值的信息和规律，仍然是人工智能领域中的研究热点之一。模糊集理论和粗糙集理论是处理模糊性与不确定性知识的两个重要的数学工具。粗糙集理论作为数据挖掘领域中的重要方法之一，其最显著的优点是不需要提供先验知识，就可以实现对数据的分类与决策规则的获取等任务。经典的粗糙集模型是建立在等价关系基础上的，要求较为严格，不适合处理不确定性数据。因此学者相继给出了模糊集和粗糙集的融合方法，并得到了快速的发展，模糊粗糙集以及各种推广形式的模糊粗糙集被提出。属性约简是一种有效的处理冗余特征数据的方法，模糊粗糙集模型是重要的属性约简方法之一。通过模糊粗糙集属性约简，可以在保持系统分类能力不变的条件下，消除冗余、不确定性数据，使得知识处理过程简化，从而获取数据中的有用信息。然而，模糊粗糙集约简算法计算复杂度较高，当所选取的特征数较多时难以实现。为此，本章改进了该算法，从最大相关性和最重要性(最大独立性)两方面对互信息进行了近似替代计算，显著降低了算法的复杂度，提高了算法的效率。进一步，通过实验发现相关性算子和重要性算子之间存在不平衡性，多数情况下，相关性算子的作用会被重要性算子所掩盖，因此，基于现有的改进计算方法，分别将两个算子进行归一化，从而均衡最大相关性算子和最重要性算子的作用，实验表明了新方法的有效性。

10.1　引　　言

伴随着互联网大数据时代的到来，数据种类日趋复杂，规模不断增长，形成了大量的类型复杂且形式异构的高维海量数据，在与人类生产生活息息相关的各个领域，数据已成为知识的主要载体。在生物数据分析中，无论 DNA/RNA 序列数据、蛋白质结构数据，还是基因芯片数据，都是大数据中的典型类型数据[1]。作为全球

① 本章工作获得国家自然科学基金项目(61305094)、上海市教育委员会“晨光计划”项目(13CG58)资助。

第二大经济体的基础能源支撑体系，中国电力大数据概莫能外，视频数据、语音数据、文本数据以及图像数据等都呈现出快速增长趋势。其中，结构化数据仍然是信息系统中数据主要表达形式之一[2]。结构化数据通常用二维数据表的结构来表示，信息系统或知识表达系统作为一种常用的结构化数据是一种关系型数据表，可以用来表示对象与属性之间的关系。

在现实数据中，由于存在各种干扰，信息系统中含有大量的不确定性数据。如何面向海量的、杂乱无章的不确定数据，消除冗余的信息同时获取有价值的信息已成为人工智能领域面临的主要困难之一。通常信息系统中所涉及的属性取值可归纳为下列几种：

(1) 确定性数字型属性，即属性取值范围是连续的或离散的。

(2) 确定性符号型属性，即属性取值通常是一些确定的术语，如是、否、红色、蓝色等。

(3) 模糊概念型属性，即属性取值是模糊概念变量，如很大、很热等，通常用隶属度来表示。

(4) 信息值缺失型属性，即原始数据存在着缺失等。

粒计算作为一种方法论，在求解问题的过程中，用粒度合适的“粒”作为处理对象，从而在保证求得满意解的前提下，提高解决问题的效率。自 1979 年 Zadeh 发表第一篇关于信息粒度的论文以来，国内外研究人员对粒计算理论和模型进行了深入的研究，同时将这些理论和模型与其他计算智能、机器学习的技术相结合，取得了大量研究成果[3]。粒计算研究横跨了多门学科，具有多个分支模型，包括粗糙集理论[4]、模糊粗糙集理论[5,6]、知识空间[7]等。

与其他不确定理论相比，粗糙集理论的最显著的区别在于它无须提供任何先验知识，直接“让数据说话”，所以对问题的不确定性描述或处理相对比较客观。粗糙集理论以不可分辨关系或等价关系为数学基础，在保持数据分类能力不变的前提下，对原始信息系统进行属性约简，去除冗余，从而发现有价值的知识。但在实际应用中由于问题的复杂性，人们得到的数据通常并不一定是精确的、完整的，如模糊型、连续型数据等。经典的粗糙集模型在处理含有这些类型数据的信息系统时就显示出了局限性，因此学者提出将模糊集与粗糙集进行融合，发挥各自理论的优势，出现了模糊粗糙集理论。如何面向不确定信息系统建立合适且有效的模糊粗糙集模型并从中获取有价值的知识，为管理者提供决策支持，已然受到学者的广泛关注。

2004 年，Jensen 和 Shen 提出了模糊粗糙集属性约简，该文献给出了一种快速属性约简(Quick Reduct, QR)算法[8]。随后 Jensen 和 Shen 以该算法为基础进行了进一步的优化和改进[9-11]。虽然 QR 算法在早期的模糊粗糙集属性约简研究中有较大影响，但是 Tsang 等指出了 QR 算法中所定义的下近似集不合理，从而导致依赖函数不具有单调性，因此该算法在某些情况下可能不收敛[12]。于是 Tsang 等提出了一种基于辨识矩阵的模糊粗糙集属性约简理论[12]。Hu 等也采取了合适的下近似集定义，设计了基于不同度量的启发式属性约简算法，保证了算法的收敛性[13]。徐菲菲等从信息论的角度给出了模糊粗糙集的定义，并设计了基于互信息的启发式属性约简算法[14]。然而当该方法选择的属性较多时，每次计算互信息的代价很大。这些问题在实际应用中更为显著。假设每个属性平均模糊化产生 c 个类，选取 d 个属性，则计算一次互信息的复杂度为 c^d 。当模糊等价类的个数较多时，条件互信息将很难被正确计算。因此，尽管基于互信息的模糊粗糙集属性约简方法在选取较少的属性时是有效的，当模糊等价类和所选取的属性个数较多时，该方法是不合适的。

本章提出一种新的特征选择评判标准，从最大相关性和最重要性(最小冗余)两方面对互信息进行了近似替代计算，显著降低了算法的复杂度，提高了算法的效率。在三个常用的基因表达谱数据集急性白血病亚型、直肠癌和乳腺癌上分别进行实验，将标准化、模糊化后的数据利用文献[14]和本章提出的改进算法筛选出分类特征基因，然后采用最近邻算法(1NN)、SVM 作为分类器分别进行分类测试，给出了详细的实验结果。结果表明，改进后的算法与原方法相比，显著提高了时间效率，并且两种方法所得到的约简子集在分类准确率上相差不大。

进一步，通过以上实验发现，相关性算子与重要性算子在计算过程中易出现不均衡现象，即重要性算子的计算结果值通常比相关性算子大很多，导致相关性算子的作用易被重要性算子所掩盖，因此，本章继续对启发式信息进行改进，通过将重要性算子进行归一化，调整重要性算子的计算结果值范围。然而，实验中发现归一化重要性算子之后，相关性算子的作用往往又会将覆盖归一化后的重要性算子，因此分别对相关性算子和重要性算子各自进行归一化，从而使得各算子对总计算结果的作用相当，继而约简出更加合理的属性子集。

10.2　粗糙集与模糊粗糙集相关理论

1982 年波兰数学家 Pawlak 提出的粗糙集理论是一种有效的、新的数据处理方法，粗糙集理论认为知识是一种分类能力，从而可以在保持知识分类能力的基础上对其进行约简。但 Pawlak 对粗糙集的描述是建立在代数集合论上的，对于一些运算缺乏直观性，为此文献[15]从信息论的角度对粗糙集做出了新的描述。

10.2.1　粗糙集相关理论

文献[15]阐述了信息观点下的粗糙集理论，并且证明在一致决策表的情况下与 Pawlak 的代数观点下的粗糙集是等价的。

定义 10-1[15]　设 U 为一个论域，P、Q 为 U 上的两个等价关系(即知识)。P、Q 在 U 上导出的划分分别为 X、Y : $X=\{X_1,X_2,\cdots,X_n\}$, $Y=\{Y_1,Y_2,\cdots,Y_m\}$,则 P、Q 在 U

的子集组成的σ^-代数上定义的概率分布为

$$[X;p]=\begin{bmatrix} X_1 & X_2 & \cdots & X_n \\ p(X_1) & p(X_2) & \cdots & p(X_n) \end{bmatrix},\quad [Y;p]=\begin{bmatrix} Y_1 & Y_2 & \cdots & Y_m \\ p(Y_1) & p(Y_2) & \cdots & p(Y_m) \end{bmatrix}$$

其中，$p(X_i)=\dfrac{|X_i|}{|U|},i=1,2,\cdots,n$；$p(Y_j)=\dfrac{|Y_j|}{|U|},j=1,2,\cdots,m$，符号$|E|$表示集合$E$的基数，则知识$P$的熵$H(P)$定义为

$$H(P)=-\sum_{i=1}^{n}p(X_i)\log_2 p(X_i) \tag{10.1}$$

知识Q相对于知识P的条件熵$H(Q|P)$定义为

$$H(Q|P)=-\sum_{i=1}^{n}p(X_i)\sum_{j=1}^{m}p(Y_j|X_i)\log_2 p(Y_j|X_i) \tag{10.2}$$

利用上述知识表示方法，文献[16]提出了一种属性约简算法，算法能在保持原数据集分类能力的基础上约简冗余的属性。但粗糙集处理的是离散化的数据，而现实中的数据很多都是连续的，对于连续型的数据一般先将其离散化，然而离散化的过程必然导致信息的丢失。为此本章提出用模糊粗糙集来处理具有连续属性值的数据集。

10.2.2 模糊粗糙集相关理论

模糊粗糙集理论是对粗糙集理论的推广，它将粗糙集中讨论的对象集合拓展为模糊集，并且将等价关系R转换为模糊等价关系$\mathfrak{R}$，扩大了粗糙集理论的应用范围，有着广泛的理论和应用价值。文献[14]对模糊粗糙集在信息观下进行表示。

定义 10-2 U是非空有限对象集合，$U=\{x_1,x_2,\cdots,x_N\}$，模糊属性集$\widetilde{A}$由一族模糊属性$\{\widetilde{A}^1,\widetilde{A}^2,\cdots,\widetilde{A}^M,\widetilde{A}^{M+1}\}$组成，其中$D=\{\widetilde{A}^{M+1}\}$是模糊决策属性，其他为模糊条件属性$C=\{\widetilde{A}^1,\widetilde{A}^2,\cdots,\widetilde{A}^M\}$。每一个模糊属性可以将论域划分成$p_j$个模糊等价类，即$F(\widetilde{A}^j)=\{\widetilde{F}_1^j,\widetilde{F}_2^j,\cdots,\widetilde{F}_{p_j}^j\}(j=1,2,\cdots,M+1)$，其中$\widetilde{F}_i^j(1\leqslant i\leqslant p_j)$为一模糊集。$f$是$U\times\widetilde{A}$到属性值集合$V$上的一个映射，它表示每个对象在每个属性的每个模糊等价类上对应一个值，$V\in[0,1]$。由这样的论域与模糊属性集构成的二维信息表$S=(U,\widetilde{A}=C\cup D,V,f)$为模糊决策表。

定义 10-3 设模糊决策表$S=(U,\widetilde{A}=C\cup D,V,f)$，$P$、$Q$为模糊属性构成的模糊等价关系(即知识)，$U/\mathrm{IND}(P)=\{\widetilde{X}_1,\widetilde{X}_2,\cdots,\widetilde{X}_n\}$，$U/\mathrm{IND}(Q)=\{\widetilde{Y}_1,\widetilde{Y}_2,\cdots,\widetilde{Y}_m\}$，这里$\forall\widetilde{X}_i\in U/\mathrm{IND}(P),\widetilde{Y}_j\in U/\mathrm{IND}(Q)$都是论域$U$上的模糊集，知识$P$的熵定义为

$$H(P)=-\sum_{i=1}^{n}p(\widetilde{X}_i)\log_2 p(\widetilde{X}_i)=-\sum_{i=1}^{n}\frac{\sum_{k=1}^{|U|}\mu_{\widetilde{X}_i}(x_k)}{|U|}\log_2\frac{\sum_{k=1}^{|U|}\mu_{\widetilde{X}_i}(x_k)}{|U|} \tag{10.3}$$

知识 Q 相对于知识 P 的条件熵 $H(Q|P)$ 定义为

$$H(Q|P)=-\sum_{i=1}^{n}p(\widetilde{X}_i)\sum_{j=1}^{m}p(\widetilde{Y}_j|\widetilde{X}_i)\log_2 p(\widetilde{Y}_j|\widetilde{X}_i) \tag{10.4}$$

其中，$U/\text{IND}(P)=\otimes U/\text{IND}\{\widetilde{A}^j\},\widetilde{A}^j\in P$；$U/\text{IND}(Q)=\otimes U/\text{IND}\{\widetilde{A}^j\},\widetilde{A}^j\in Q$，$\widetilde{T}_1\otimes\widetilde{T}_2=\{\widetilde{X}\cap\widetilde{Y}:\forall\widetilde{X}\in\widetilde{T}_1,\forall\widetilde{Y}\in\widetilde{T}_2,\widetilde{X}\cap\widetilde{Y}\neq\varnothing\}$。此外，$\mu(\cdot)$ 为模糊集的隶属度函数，且 $\mu_{\widetilde{T}_1\cap\widetilde{T}_2\cap\cdots\cap\widetilde{T}_n}(x)=\min\{\mu_{\widetilde{T}_1}(x),\mu_{\widetilde{T}_2}(x),\cdots,\mu_{\widetilde{T}_n}(x)\}$，$\widetilde{T}_i$ 是 U 上的模糊集。

将互信息的概念引入模糊粗糙集中，用其来度量模糊决策表中模糊属性的相对重要性。

设模糊决策表 $S=(U,\widetilde{A}=C\cup D,V,f)$，$\mathfrak{R}$ 是模糊条件属性集合。那么，在 $\mathfrak{R}$ 中添加一个模糊属性 $\widetilde{A}^j$ 之后互信息的增量为

$$I(\mathfrak{R}\cup\{\widetilde{A}^j\};D)-I(\mathfrak{R};D)=H(D|\mathfrak{R})-H(D|\mathfrak{R}\cup\{\widetilde{A}^j\}) \tag{10.5}$$

定义 10-4　设模糊决策表 $S=(U,\widetilde{A}=C\cup D,V,f)$，$\mathfrak{R}$ 是模糊条件属性集合。则对于任意属性 $\widetilde{A}^j\in C-\mathfrak{R}$ 的重要性 $\text{SGF}(\widetilde{A}^j,\mathfrak{R},D)$ 定义为

$$\text{SGF}(\widetilde{A}^j,\mathfrak{R},D)=I(\mathfrak{R}\cup\{\widetilde{A}^j\};D)-I(\mathfrak{R};D)=H(D|\mathfrak{R})-H(D|\mathfrak{R}\cup\{\widetilde{A}^j\}) \tag{10.6}$$

若 $\mathfrak{R}=\varnothing$，则 $\text{SGF}(\widetilde{A}^j,\mathfrak{R},D)$ 为 $\text{SGF}(\widetilde{A}^j,D)=H(D)-H(D|\widetilde{A}^j)=I(\widetilde{A}^j;D)$，即为模糊条件属性 $\widetilde{A}^j$ 与模糊决策属性 D 的互信息。$\text{SGF}(\widetilde{A}^j,\mathfrak{R},D)$ 的值越大，说明在已知 $\mathfrak{R}$ 的条件下，模糊属性 $\widetilde{A}^j$ 对于模糊决策属性 D 就越重要。

10.3　基于互信息的模糊粗糙快速约简算法

文献[14]提出了一种基于互信息的模糊粗糙集属性约简算法，避免了粗糙集离散化方法带来的信息损失，具体算法如下。

10.3.1　基于互信息的模糊粗糙集约简算法

基于互信息的模糊粗糙集属性约简算法是以 Bottom-up 的方式求相对约简的，以空集为起点，依据上述定义的属性重要性，逐次选择最重要的属性添加到集合中，直到满足终止条件。

算法 10-1　MIBAFRAR(Mutual Information-Based Algorithm for Fuzzy-Rough Attribute Reduction)

Step1　计算模糊决策表中条件属性 C 与决策属性 D 的互信息 $I(C;D)$；

Step2　令 $\mathfrak{R}=\varnothing$，对条件属性集 $C-\mathfrak{R}$ 重复：

(1) 对每个属性 $\widetilde{A}^j\in C-\mathfrak{R}$，计算条件互信息 $I(\widetilde{A}^j;D|\mathfrak{R})$；

(2) 选择使条件互信息 $I(\widetilde{A}^j;D|\mathfrak{R})$ 最大的属性，记为 $\widetilde{A}^j$（若同时有多个属性达到最大值，则从中选取一个相似类个数最少的属性作为 $\widetilde{A}^j$）；并且 $\mathfrak{R}\Leftarrow\mathfrak{R}\cup\{\widetilde{A}^j\}$；

(3) 若 $I(C;D)=I(\mathcal{R};D)$，则终止；否则，转 (1)；
Step3　最后得到的 $\mathcal{R}$ 就是条件属性 C 相对于 D 的一个相对约简。

寻找最小知识相对约简是 NP-hard 问题，其复杂性主要是由模糊决策表中的属性组合引起的。对于 MIBAFRAR 算法，在最坏的情况下，每次所考虑的属性数依次为 $n, n-1, \cdots, 1$ (n 为模糊决策表的模糊条件属性数)。故总次数为 $n+(n-1)+\cdots+1=n(n+1)/2$。

因此，如果忽略对象数对计算时间的影响，那么，在最坏的情况下，该算法能够在 $O(n^2)$ 时间复杂性内找到满意的约简。

10.3.2　基于互信息的模糊粗糙集快速约简算法

如前所述，当模糊等价类的个数较多时，条件互信息很难被正确计算，在实际应用中该问题较为显著。因此，尽管基于互信息的模糊粗糙集约简算法在选取较少的属性时是有效的，当模糊等价类和所选取的属性个数较多时，该算法是不合适的。

由于条件互信息的计算比较困难，为了使所约简的属性子集相对于决策具有最大的互信息，一种替代的算法是基于最大相关性的评价标准选取特征[17]。最大相关性是指采用所有选择的模糊属性 $\tilde{A}^j$ 与模糊决策属性 D 的互信息的平均值近似表示所选取的属性子集相对于决策的互信息，即

$$\max R(\mathcal{R},D)\,,\quad R=\frac{1}{|\mathcal{R}|}\sum_{\tilde{A}^j\in\mathcal{R}} I(\tilde{A}^j;D) \tag{10.7}$$

基于最大相关性所选取的属性很可能具有很大的冗余性，即所选取属性之间的相关性可能很高。当两个属性相互依赖的程度很高时，删除其中一个属性对其区分能力的影响不大。因此，添加以下最大重要性的条件用来选取相互不相关的属性：

$$\max S(\mathcal{R},D)\,,\quad S=\frac{1}{|\mathcal{R}|(|\mathcal{R}|-1)}\sum_{\substack{\tilde{A}^i\neq\tilde{A}^j\in\mathcal{R}\\ i<j}}\{I(\tilde{A}^j;D\,|\,\tilde{A}^i)+I(\tilde{A}^i;D\,|\,\tilde{A}^j)\} \tag{10.8}$$

结合以上两个约束条件，定义算子 $\Phi(R,S)$ 使得 R 和 S 同时达到最大化：

$$\max \Phi(R,S)\,,\quad \Phi=R+S \tag{10.9}$$

在实际应用中，采用递增的搜索算法寻找根据 $\Phi(\cdot)$ 定义的近似最优的属性子集[17]。给定属性子集 $\mathcal{R}_{d-1}$ (已选出 $d-1$ 个属性)，我们的目的就是在剩下的特征集 $\{C-\mathcal{R}_{d-1}\}$ 中选取第 d 个属性 (使得 $\Phi(\cdot)$ 最大)，即满足以下条件：

$$\max_{\tilde{A}^j\in\{C-\mathcal{R}_{d-1}\}}\Big[I(\tilde{A}^j;D)+\frac{1}{d-1}\sum_{\tilde{A}^i\in\mathcal{R}_{d-1}} I(\tilde{A}^j;D\,|\,\tilde{A}^i)\Big] \tag{10.10}$$

根据上面的讨论，可以得到以下一些结论。

(1) 仅最大化式(10.7)的第一项，即 $\max R(\mathfrak{R},D)$，只能达到最大相关性。式(10.7)没有考虑到属性之间产生的对目标类 D 的共同作用。

(2) 仅最大化式(10.8)的第一项，即 $\max S(\mathfrak{R},D)$，等价于寻找互相独立的属性，不足以选出具有强区分能力的属性。

(3) 对比式(10.6)，式(10.10)可以避免计算多个属性下的条件互信息，仅需要计算两个属性相对于决策类 D 的互信息，可以很容易地得到结果并且使得结果更加精确，这也使得属性约简算法更加有效。

算法 10-2　基于互信息的模糊粗糙集快速约简算法(MRMS)
Step1　令 $\mathfrak{R}=\varnothing$，对条件属性集 $C-\mathfrak{R}$ 重复： (1) 对每个属性 $\tilde{A}^j\in C-\mathfrak{R}$，对每个属性 $\tilde{A}^i\in\mathfrak{R}$，计算条件互信息之和 $\sum_{\tilde{A}^i\in\mathfrak{R}} I(\tilde{A}^j;D\mid\tilde{A}^i)$； (2) 选择使 $I(\tilde{A}^j;D)+\frac{1}{d-1}\sum_{\tilde{A}^i\in\mathfrak{R}} I(\tilde{A}^j;D\mid\tilde{A}^i)$ 最大的属性，记为 $\tilde{A}^j$（若同时有多个属性达到最大值，则从中选取一个相似类个数最少的属性作为 $\tilde{A}^j$）； (3) 若 $I(\mathfrak{R};D)=I(\mathfrak{R}\cup\tilde{A}^j;D)$，则终止；否则，转(1)，$\mathfrak{R}\Leftarrow\mathfrak{R}\cup\{\tilde{A}^j\}$； Step2　最后得到的 $\mathfrak{R}$ 就是条件属性 C 相对于 D 的一个相对约简。

需要说明的是，文献[18]提出的 mRMR 算法通过最大化特征子集之间的相关性并且最小化其之间的冗余度来选取特征子集。然而，mRMR 算法对冗余度的衡量并没有考虑到决策属性。而本章提出的相关性和重要性两个评价标准均是参照决策属性的。因此，本章提出的算法比已有的 mRMR 算法具有更好的性能。文献[19]提出的 MRMS 算法是建立在代数集合论上的，对于一些运算缺乏直观性，为此本章从信息论的角度结合模糊粗糙集提出一种基于互信息的模糊粗糙集快速特征提取算法。

10.3.3　实验结果与分析

本实验选用基因表达谱数据集分析中常用的三个数据集。Leukemia[20]是 Gloub 等公布的急性白血病基因表达谱数据集，该数据集共有 72 个急性白血病样本，每个样本均含 7129 个基因的表达数据。其中，47 个样本被诊断为急性淋巴性白血病(Acute Lymphoblastic Leukemia，ALL)，25 个被诊断为急性骨髓性白血病(Acute Myeloid Leukemia，AML)。整个数据集被划分为训练集和测试集，如图 10-1 所示。

直肠癌数据集[21](Colon)在 1999 年由 Alon 描述和在网上提供下载，该数据集是通过 DNA Microarray 实验得到的。在提取数据之前，需要做前期处理，包括图像扫描、信噪对比、生物学意义上的归一化等。我们用的数据中有 62 个样本和 2000 个

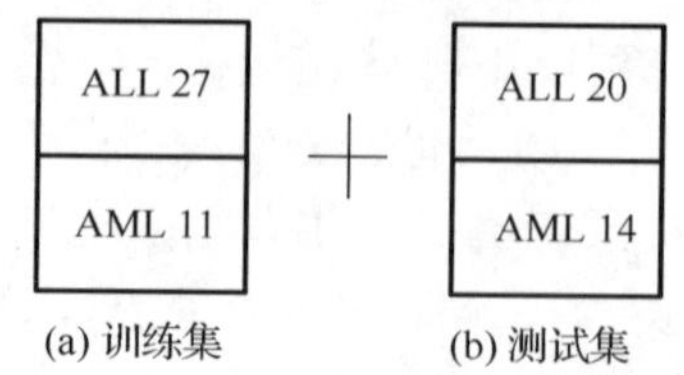

(a) 训练集　(b) 测试集

图 10-1　急性白血病基因表达谱数据集

基因表达数据(62 Tissues×2000 Genes Expression Values)。在这 62 个样本中有 22 个是正常人，标签为 Positive；40 个是直肠癌患者，标签为 Negative。

乳腺癌数据集[22](Breast)中包含 7129 个基因表达数据和 49 个样本。这些样本中有 25 个是正常的，标签为 Positive，其余 24 个样本属于乳腺癌患者，标签为 Negative。

三个基因表达数据集的基本信息如表 10-1 所示。

表 10-1　三个基因表达数据集的基本信息

数据集	对象个数	属性个数
Leukemia	72	7129
Colon	62	2000
Breast	49	7129

本章以急性白血病的亚型和是否患有直肠癌、乳腺癌的分类为例，对肿瘤基因表达谱数据进行分析。通过对基于互信息的模糊粗糙集属性约简算法(算法 10-1)与改进的快速算法(算法 10-2)相比较，分析的目标是在提高时间效率的同时，找出决定样本类别的一组分类特征基因，实现对 Leukemia 数据集中 AML 和 ALL 两类样本以及 Colon 数据集中 Positive 和 Negative 两类样本，Breast 数据集中 Positive 和 Negative 两类样本的准确分类。

本实验在 Windows 环境下采用 MATLAB 编写，机器配置为：处理器奔腾Ⅳ 2.4 GHz，1MB Cache，2GB 内存。

大量实验表明，基因表达数据在 log 空间里满足正态分布。因此，先将基因表达矩阵中的元素进行对数转换，使其满足正态分布。通过式 $x'_{ij}=\dfrac{x_{ij}-\overline{x_i}}{\sqrt{\dfrac{1}{N-1}}\sqrt{\sum\limits_{j=1}^{N}(x_{ij}-\overline{x_i})^2}}$ 分别对每个基因的样本数据进行标准化，使每个基因上的样本满足均值为 0，标准差为 1 的标准正态分布。

肿瘤基因表达谱数据集的一个显著特点是样本少、维数高。每个样本都记录了组织细胞中所有可测基因的表达水平。然而只有少数基因才包含了样本具体的类别信息，大部分基因与样本类别并不相关，作为分类无关基因存在，称为“无关基因”

或“噪声基因”。尽管大多数过滤法选择出的特征不如封装法或嵌入式方法，但由于后者的极高计算量使得过滤法广泛地应用于特征选择问题的预处理过程。因此一般可以先对基因表达谱数据进行过滤。就模式识别而言，样本数据分布差异较大的属性(参数)提供较多的样本分类信息。所以本章采用 t 检验，先选取分布差异较大的前 200 个基因，提高实验的整体效率。

对基因表达谱数据模糊化首先要对每个属性值聚类。本实验采用等频法，即根据预先设定的所需类别数 k 采用等频法将对象进行聚类。事实上，k 的选取对实验结果影响较大，一般 k 个数为 2～8 个较好。k 设定之后，则需要确定每个对象对每个属性的每个区间的隶属度。本实验选取常用的三角隶属度函数确定每个对象对每个属性的每个类的隶属度，三角隶属度函数确定方法如下：选择每个对象对每个属性的每个类的平均值作为三角隶属度函数每个等价类的最高点，即纵轴为 1 的点，再选择相邻两个类较小类的最大值和较大类的最小值的中点作为纵轴为 0.5 的点，构造三角隶属度函数。再根据基因表达谱数据的取值确定每个样本属于某个属性的某个类的隶属度，最后得到一张模糊决策表。

经过上述方法得到模糊决策表后，就可采用基于互信息的模糊粗糙集基因选择算法从中选取出肿瘤分类特征基因。终止条件为误差不超过 0.01。对 Leukemia(72 个对象)数据集的训练集(38 个样本)进行实验，模糊化区间数 k 分别取 2,3,4,5,6,7,8，将原模糊粗糙集属性约简算法(算法 10-1)与改进后的算法(算法 10-2)分别进行基因选择，记录运行时间及所选取的基因。

由图 10-2 和图 10-3 看出，模糊化区间数与选取的基因个数无关，模糊化区间数越多，笛卡儿乘积对应的类也越多，但所需时间并非越多。对同一个算法来说，在选取基因数相同的条件下，一般随着模糊化区间数增加所需时间也增加。而选取

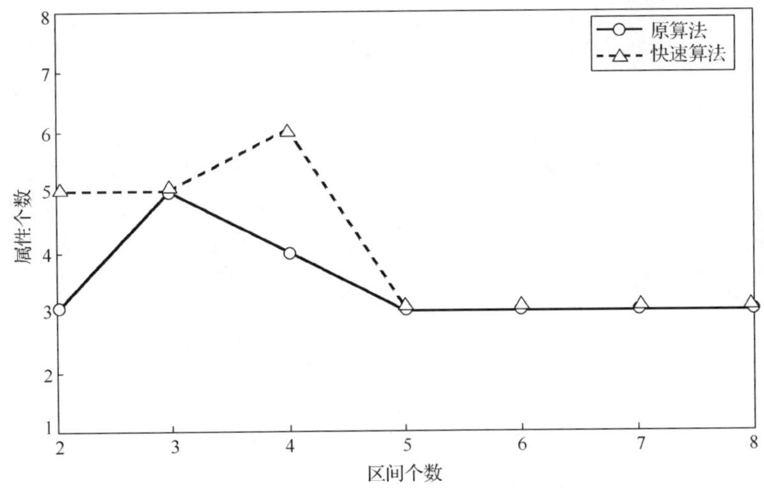

图 10-2　Leukemia 数据集模糊化区间数所对应选取的基因个数

的基因数越多，一般所需时间越多。由图 10-3 可知，改进的算法所需的时间远低于原算法所需时间。

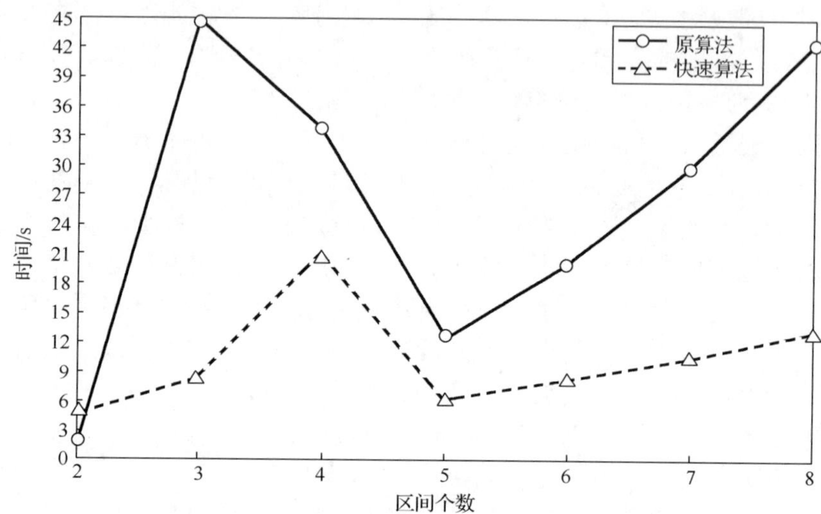

图 10-3　Leukemia 数据集模糊化区间数选取基因所需时间

将上述选取的基因分别用 1NN 与 SVM 作为分类器将 38 个训练集进行训练，再将测试集的 34 个样本进行测试，得到的平均分类准确率及基因选择所需的平均时间如图 10-4 所示。

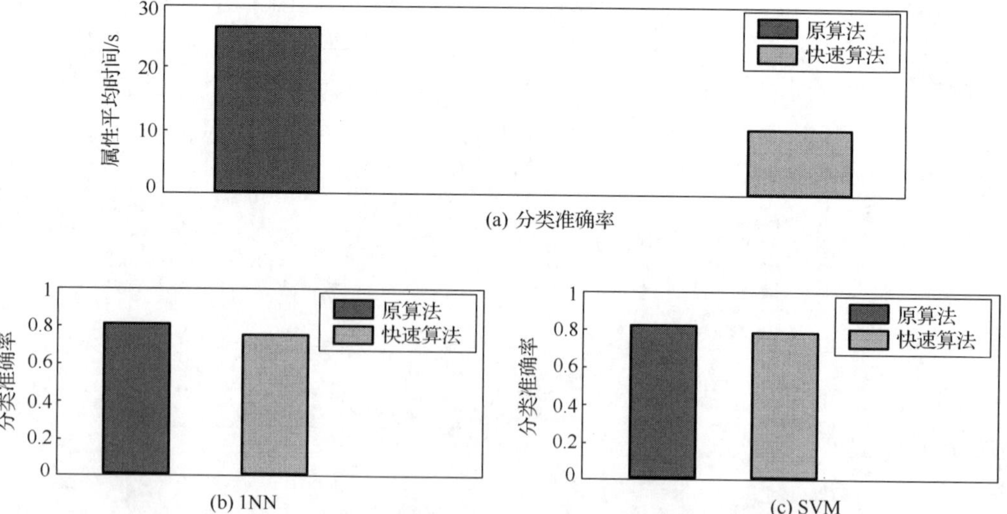

图 10-4　Leukemia 数据集基因选择平均时间与分类准确率

实验过程中发现，当 k=4 时，即模糊区间数为 4 时，选取 1NN 作为分类器，原算法和改进的算法的分类准确率均为最高，分别为 88.24%和 100%。当 k=2 时，原算法选取的基因数为 3 个，k=3 时原算法选取基因数为 5 个，k=4 时原算法选取基因数为 4 个，但分类准确率均为 88.24%。此外，我们发现两种算法在 k=7 与 k=8 时所选取的基因均一样，选用 1NN 与 SVM 分类器的分类准确率均不高。实验发现，随着模糊化区间数变化，改进的算法所选取的前两个基因与原算法选取的前两个基因均相同，如表 10-2～表 10-5 所示。

表 10-2　k=4 时原算法所选取的基因

选取的基因	描述	1NN 分类准确率
M94556_at	SSBP Single-stranded DNA-binding protein	88.24%
M21494_at	CKM Creatine kinase，muscle	
D38548_at	KIAA0076 gene	
M55131_at	CFTR Cystic fibrosis conductance regulator	

表 10-3　k=2 时原算法选取的基因

选取的基因	描述	1NN 分类准确率
U82671_cds2_at	HSP1-A gene extracted from Homo sapiens	88.24%
X59405_at	MCP Membrane cofactor protein muscle	
M55131_at	CFTR Cystic fibrosis conductance regulator	

表 10-4　k=4 时改进的算法选取的基因

选取的基因	描述	1NN 分类准确率
M94556_at	SSBP Single-stranded DNA-binding protein	100%
M21494_at	CKM Creatine kinase，muscle	
M91670_at	Ubiquitin carrier protein（E2-EPF）mRNA	
M31169_s_at	GB DEF = Propionyl-CoA carboxylase beta-subunit gene，partial cds	
U12471_cds1_at	Thrombospondin-p50 gene extracted from Human thrombospondin-1 gene，partial cds	
X83705_s_at	GB DEF = C-sis proto-oncogene	

表 10-5　k=2 时改进的算法选取的基因

选取的基因	描述	1NN 分类准确率
U82671_cds2_at	HSP1-A gene extracted from Homo sapiens	85.29%
X59405_at	MCP Membrane cofactor protein muscle	
U12465_at	RPS11 Ribosomal protein S11	
HG2825-HT2949_at	Ret Transforming Gene	
M55131_at	CFTR Cystic fibrosis conductance regulator	

将我们提出的两个算法(算法 10-1 和算法 10-2)与粗糙集属性约简算法在 Leukemia(72 个对象)、Colon(62 个对象)和 Breast(49 个对象)数据集上进行实验，

采用“留一法”(Leave-one-out Cross Validation，LOOCV)进行分类准确率统计，并将结果与未约简的数据集分类准确率进行对比，结果见表 10-6。算法 1～算法 4 对应的算法名如表 10-7 所示。

表 10-6　分类准确率

数据集	分类器	算法 1	算法 2	算法 3	算法 4
Leukemia	1NN	95.7%	93.1%	95.8%	94.8%
	SVM	97.1%	95.3%	97.6%	93.4%
Colon	1NN	80.6%	79%	79%	77.3%
	SVM	81.3%	83.3%	82.1%	82.5%
Breast	1NN	83.8%	84.2%	85.7%	85.3%
	SVM	85.3%	85.1%	83.7%	86.9%

表 10-7　对应算法名

算法	算法名
算法 1	不进行属性约简
算法 2	基于互信息的粗糙集算法
算法 3	基于互信息的模糊粗糙集算法(算法 10-1)
算法 4	改进的互信息模糊粗糙集算法(算法 10-2)

由图 10-3 和图 10-4(a)可以看出，改进的算法显著提高了原算法的效率，并且在 Leukemia 数据集上所提取的基因在 1NN 和 SVM 作为分类器时平均分类准确率与原算法相差不大。由于模糊化区间数选取对分类结果影响较大，实验表明当区间数为 4 时，两种算法的分类准确率均为最高，尤其改进的算法分类准确率达到 100%。当区间数较多时，分类准确率下降。改进的算法与原算法所选取的前两个基因均相同。

理论上，未经过约简的基因分类能力强，分类准确率应该高。从实验结果看，若采用 1NN 作为分类器，未约简的 Colon 基因分类准确率比其他方法均高一些。但在其他数据集上，未约简的基因分类准确率比其他方法略低，但相差不大，这可能是因为基因表达谱数据高于 40%的数据反映的不是真实的值，而是噪声数据。无论粗糙集算法还是模糊粗糙集算法，对基因表达谱数据进行了基因选择，去除了噪声数据，所以比未约简数据的准确率高。由于模糊粗糙集算法对基因表达谱数据进行了模糊化处理，避免了粗糙集离散化过程中的信息丢失，算法具有很强的鲁棒性，从而分类能力比粗糙集选取的基因组略强。

由表 10-6 可以看出，无论粗糙集算法还是模糊粗糙集算法提取的基因能够保持整个基因数据集的分类能力，并且在采用 SVM 作为分类器时，在 Colon 和 Breast 数据集上粗糙集算法提取的基因分类精度略高于模糊粗糙集提取的基因组。

改进后的算法所提取的基因组与原基于互信息的模糊粗糙集属性约简算法提取出的基因组相比，分类精度相差不大，采用 SVM 作为分类器时，在 Colon 和 Breast

数据集上经过改进的模糊粗糙集算法提取的基因均比原算法提取的基因分类准确率有所提高。

对 Leukemia 数据集来说，采用留一法的平均分类准确率比训练集(38 个样本)训练后再用剩余 34 个测试样本测试的分类准确率高。

上述实验表明，无论粗糙集还是模糊粗糙集提取的基因都能够保持整个基因数据集的分类能力，并且模糊粗糙集由于避免了粗糙集离散化过程的信息丢失，提取的特征基因分类精度优于粗糙集算法提取的基因。改进后的算法显著提高了基因选取的效率，并且所提取的基因组分类准确率与原算法提取的基因组分类准确率相差不大。尤其选用 SVM 作为分类器时，改进后的算法提取的特征基因能得到比原算法提取的基因组更高的分类准确率。

10.4　基于归一化互信息的模糊粗糙集约简算法

虽然上述改进的基于互信息的模糊粗糙集约简算法能显著提高属性约简的效率，但通过以上实验发现，在相关性算子 R 和重要性算子 S 之间存在不平衡性，可能导致算法在选取属性时偏向于重要性算子，使得相关性算子被忽略。即所选取的属性子集相互独立但相对于决策属性的互信息不大。因此，本节进一步提出了一种基于归一化条件互信息的模糊粗糙集约简算法。对重要性算子进行归一化，即对条件互信息进行归一化，从而限定了重要性算子的最大值，增强了相关性算子的作用。从实验的计算结果发现，虽然将重要性算子归一化增强了相关性算子的作用，然而这两个算子仍然出现了不平衡性。该不平衡性主要体现在过度扩大了相关性算子的作用，从而导致重要性算子在某些情况下被忽略。因此，我们继而又提出了同时将相关性算子和重要性算子分别进行归一化，从而避免属性与类标签之间的相关性和所选属性子集之间的独立性度量量纲不一致问题。

10.4.1　归一化互信息及其约简算法

文献[23]对归一化条件互信息进行了讨论，本章将其思想引入基于互信息的模糊粗糙集约简算法中，具体如下。

通过对式(10.3)～式(10.6)分析发现，互信息的取值范围在以下区间：

$$0 \leqslant I(\tilde{A}^i;\tilde{A}^j) \leqslant \min\{H(\tilde{A}^i),H(\tilde{A}^j)\} \tag{10.11}$$

进一步，条件互信息的取值范围为

$$0 \leqslant I(\tilde{A}^j;D \mid \tilde{A}^i) \leqslant \min\{H(\tilde{A}^j \mid \tilde{A}^i),H(D \mid \tilde{A}^i)\} \tag{10.12}$$

从式(10.12)可以看出，条件互信息的最大界限值为各自条件熵的取值的最小值。一个属性的条件熵的取值可能非常大，因此，将其归一化可以更好地进行度量与比较。归一化操作将其值限定在一定的范围内，可以避免条件互信息的偏差。因此，条件互信息可以用它们对应的条件熵进行归一化。

定义 10-5　设模糊决策表 $S=(U,\widetilde{A}=C\cup D,V,f)$，$C$ 是模糊条件属性集合，D 是决策属性。$\tilde{A}^i,\tilde{A}^j\in C$，且 $i\neq j$。归一化条件互信息(NCMI) $I(\tilde{A}^j;D\mid\tilde{A}^i)$ 定义如下：

$$\mathrm{NCMI}(\tilde{A}^j;D\mid\tilde{A}^i)=\frac{I(\tilde{A}^j;D\mid\tilde{A}^i)}{\min\{H(\tilde{A}^j\mid\tilde{A}^i),H(D\mid\tilde{A}^i)\}}\tag{10.13}$$

因此，将式(10.10)改写如下：

$$\max_{\tilde{A}^j\in\{C-\mathcal{R}_{d-1}\}}\ [I(\tilde{A}^j;D)+\frac{1}{d-1}\sum_{\tilde{A}^i\in\mathcal{R}_{d-1}}\mathrm{NCMI}(\tilde{A}^j;D\mid\tilde{A}^i)]\tag{10.14}$$

虽然 NCMI 采用归一化条件互信息的方法来调整 MRMS 的不平衡性，然而我们发现这个问题并没有得到成功的解决。从计算结果来看，式(10.9)的相关性算子和重要性算子仍然是不统一的。这个不统一性可能导致算法在选择约简属性时只考虑到相关性算子的最大值，而忽略了重要性算子的存在。基于以上观察，我们提出同时将相关性算子和重要性算子分别进行归一化。最大相关性算子可以由该属性和决策属性各自的熵的最小值进行归一化，即

$$\mathrm{NMI}(\tilde{A}^j;D)=\frac{I(\tilde{A}^j;D)}{\min\{H(\tilde{A}^j),H(D)\}}\tag{10.15}$$

对应地，由此得到以下属性度量方法(NMI+NCMI)：

$$\max_{\tilde{A}^j\in\{C-\mathcal{R}_{d-1}\}}[\mathrm{NMI}(\tilde{A}^j;D)+\frac{1}{d-1}\sum_{\tilde{A}^i\in\mathcal{R}_{d-1}}\mathrm{NCMI}(\tilde{A}^j;D\mid\tilde{A}^i)]\tag{10.16}$$

式(10.16)中包括自适应冗余惩罚项，由所选的属性子集下的候选属性与决策属性的平均归一化条件互信息得到。

完整的改进算法如下。

算法 10-3　基于归一化互信息的模糊粗糙集约简算法(NMI+NCMI)
Step1　令 $\mathcal{R}=\varnothing$，对条件属性集 $C-\mathcal{R}$ 重复： (1) 对每个属性 $\widetilde{A}^j\in C-\mathcal{R}$，对每个属性 $\tilde{A}^i\in\mathcal{R}$，计算归一化条件互信息之和 $\sum_{\tilde{A}^i\in\mathcal{R}_{d-1}}\mathrm{NCMI}(\tilde{A}^j;D\mid\tilde{A}^i)$； (2) 选择使 $\mathrm{NMI}(\tilde{A}^j;D)+\frac{1}{d-1}\sum_{\tilde{A}^i\in\mathcal{R}_{d-1}}\mathrm{NCMI}(\tilde{A}^j;D\mid\tilde{A}^i)$ 最大的属性，记为 $\tilde{A}^j$ (若同时有多个属性达到最大值，则从中选取一个相似类个数最少的属性作为 $\widetilde{A}^j$)； (3) 若 $I(\mathcal{R};D)=I(\mathcal{R}\cup\widetilde{A}^j;D)$，则终止；否则，转(1)，$\mathcal{R}\Leftarrow\mathcal{R}\cup\{\widetilde{A}^j\}$； Step2　最后得到的 $\mathcal{R}$ 就是条件属性 C 相对于 D 的一个相对约简。

该算法分别将相关性算子(互信息)和重要性算子(条件互信息)进行归一化，使得算式的两个算子量纲一致，均衡两个算子的作用，约简所得到的属性子集在保持分类能力的基础上又具备独立性，即减少冗余属性。

10.4.2　实验结果与分析

将本节提出的改进的基于归一化互信息的模糊粗糙集约简算法与10.3节提出的基于互信息的模糊粗糙集约简算法通过实验进行深入的探讨和性能比较。为了验证本章所提算法的有效性和广泛性，本实验不再选用 10.3 节的基因数据，换用电厂数据进行实验比较。该数据集来自上海市吴泾电厂，包含 6905 个对象和 174 个条件属性，1 个决策属性(煤耗)。整个数据集均在稳态条件下获取。采用 10.3 节实验部分的预处理方法，首先用经典的 k 均值算法对属性进行聚类，再用三角隶属度函数对属性进行模糊化。

为了评估所提算法约简后得到的属性子集的分类性能，采用最近邻作为分类器。将经过约简算法得到的属性子集分别采用最近邻分类器进行分类实验，从分类的准确率高低评价所选属性子集相对于决策的分类能力。所有实验采用十折交叉验证计算平均分类准确率，通过条件属性或者决策属性区间数的变化观察分类准确率的变化。图 10-5 显示了三个不同算法在决策属性区间数不变时，随着条件属性区间数的增加(横轴)，平均分类准确率的变化(纵轴)。

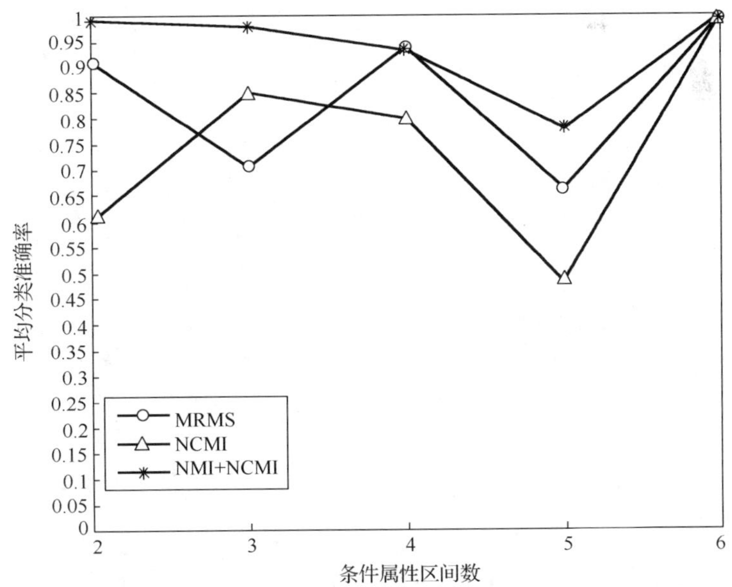

图 10-5　约简子集随条件属性类别增加的平均分类准确率

圆形折线代表采用 10.3 节的基于互信息的模糊粗糙集快速约简算法(MRMS)，从图中可以看出该算法得到的约简子集的平均分类准确率变化幅度较大。这主要是因为该算法在选取属性时重要性算子较容易覆盖相关性算子的作用，使得选出的属性子集具有较强的独立性，但相对于决策属性的分类能力并不一定高。

若仅对重要性算子(条件互信息)进行归一化(NCMI)，如三角形折线所示，平均分类准确率变化幅度也较大，并且大多数情况下，分类准确率并不高。这可能是因为对重要性算子归一化后，相关性算子在很多情况下起决定性作用，即选取的属性相对于决策属性都具有较强的分类能力，但联合在一起，并不一定会增强其相对于决策属性的分类能力。因此，该算法的有效性也不稳定。

若采用式(10.16)分别对相关性算子(互信息)和重要性算子(条件互信息)进行归一化后求和(NMI+NCMI)，如星形折线所示，性能最为稳定。这是因为该算法保证了两个算子的均衡性,使得所选取的属性既相对于决策属性具有较强的分类能力，两两属性之间又相互独立不相关，保证了联合后的属性子集的差异性。

类似地，图 10-6 表示所有条件属性模糊化为两类不变时，随着决策属性区间数逐渐增加，平均分类准确率的变化。

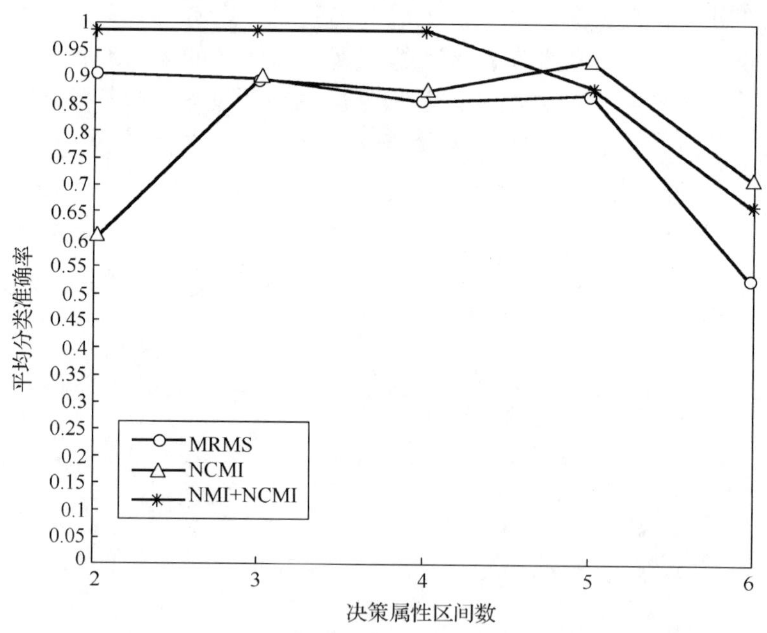

图 10-6　约简子集随决策属性类别增加的平均分类准确率

从图 10-6 中可以看出，随着决策属性区间数增加，NCMI 算法和 NMI+NCMI 算法的平均分类准确率比 10.3 节的 MRMS 算法要高。然而，当决策属性聚为 5 类或 6 类时，平均分类准确率下降。更多的实验结果如表 10-8(c 表示条件属性区间数，d 表示决策属性区间数)所示。

表 10-8　不同区间数的平均分类准确度

算法	c=3，d=3	c=3，d=4	c=4，d=3
MRMS	0.9855	0.9609	0.9754
NCMI	0.9870	0.8133	0.9812
NMI+NCMI	0.9870	0.9363	0.9740

基于以上实验，NMI+NCMI 算法的实验结果较为稳定。尽管 NCMI 算法能在某种程度上克服 MRMS 算法的不平衡性，但该问题并没有被彻底解决。因此，NMI+NCMI 算法能选出最优的属性子集。

10.5　本 章 小 结

针对粗糙集理论只能处理离散化数据，提出采用模糊粗糙集算法处理连续值信息系统。由于互信息可以较好地度量两个随机变量之间的相关性和噪声环境下的鲁棒性，提出基于互信息的模糊粗糙集属性约简算法。然而，该算法计算复杂度较高，尤其当所选取的属性个数较多时，该算法执行效率较低。因此，提出从最大相关性与最重要性两方面考虑，采用了近似替代的方法，明显减少了计算互信息的代价。为了克服近似替代算法中最大相关性算子与最重要性算子的不平衡性，提出了对重要性算子进行归一化处理。然而，归一化重要性算子后相关性算子占主导作用，进一步提出了对相关性算子和重要性算子分别归一化，统一量纲，使得两个算子作用均衡。改进后的算法得到的约简属性子集不仅保持了原有的分类能力，还极大地提升了算法的效率和性能。

基因表达谱数据集和电厂数据集上的多次实验表明：①改进的三种基于互信息的模糊粗糙集属性约简算法均能提取出分类性能较好的属性子集；②提出的近似替代互信息算法有效降低了算法的运行时间；③归一化重要性算子非常有效且高效地降低了其主导地位；④提出的相关性算子和重要性算子分别归一化有效避免了两个算子在计算中的量纲不一致问题；⑤归一化后的近似替代互信息算法优于未进行归一化的替代方案；⑥三种新算法均具有较优的时空效率以及很好的抗噪性能。

本章提出的模糊粗糙集快速约简算法为连续型数据的特征选择提供了方法借鉴，也可用于其他高维大数据的特征降维。实验预处理阶段的属性模糊化过程中不同的隶属度函数的选择以及聚类算法的选择对约简结果都具有一定的影响，实验中选取的隶属度函数也不一定是最优的，这也是我们下一步要研究的问题。

参 考 文 献

[1] 梁吉业, 钱宇华, 李德玉, 等. 面向大数据的粒计算理论与方法研究进展[J]. 大数据, 2016, 4: 13-23.

[2] 郭庆. 基于粗糙集理论的不确定信息系统及其决策研究[D]. 合肥: 合肥工业大学, 2017.

[3] 徐计, 王国胤, 于洪. 基于粒计算的大数据处理[J]. 计算机学报, 2015, 38(8): 1497-1517.

[4] Pawlak Z. Rough sets[J]. International Journal of Information and Computer Science, 1982, 11: 341-356.

[5] Banerjee M, Pal S K. Roughness of a fuzzy set[J]. Information and Computer Science, 1996, 93: 235-245.

[6] Dubois D, Prade H. Rough fuzzy sets and fuzzy rough sets[J]. Information and Computer Science, 1990, 17: 191-209.

[7] Doignon J P, Falmagne J C. Spaces for the assessment of knowledge[J]. International Journal of Man-Machine Studies, 1985, 23(2): 175-196.

[8] Jensen R, Shen Q. Fuzzy-rough attribute reduction with application to web categorization[J]. Fuzzy Sets and Systems, 2004, 141(3): 469-485.

[9] Jensen R, Shen Q. New approaches to fuzzy-rough feature selection[J]. IEEE Transactions on Fuzzy Systems, 2009, 17(4): 824-838.

[10] Jensen R, Shen Q. Semantics-preserving dimensionality reduction: Rough and fuzzy-rough based approaches[J]. IEEE Transactions on Knowledge and Data Engineering, 2004, 16(12): 1457-1471.

[11] Jensen R, Shen Q. Fuzzy-rough sets assisted attribute selection[J]. IEEE Transactions on Fuzzy Systems, 2007, 15(1): 73-89.

[12] Tsang E C C, Chen D G, Yeung D S, et al. Attributes reduction using fuzzy rough sets[J]. IEEE Transactions on Fuzzy Systems, 2008, 16(5): 1130-1141.

[13] Hu Q H, Xie Z X, Yu D R. Hybrid attribute reduction based on a novel fuzzy-rough model and recognition[J]. Pattern Recognition, 2007, 40(12): 3509-3521.

[14] 徐菲菲, 苗夺谦, 魏莱, 等. 基于互信息的模糊粗糙集属性约简[J]. 电子与信息学报, 2008, 30(6): 1372-1375.

[15] 苗夺谦, 王珏. 粗集理论中概念与运算的信息表示[J]. 软件学报, 1999, 2: 113-116.

[16] 苗夺谦, 胡桂荣. 知识约简的一种启发式算法[J]. 计算机研究与发展, 1999, 36(6): 681-684.

[17] 徐菲菲, 魏莱, 杜海洲. 一种基于互信息的模糊粗糙分类特征基因快速选取方法[J]. 计算机科学, 2013, 40(7): 216-221.

[18] Peng H, Long F, Ding C. Feature selection based on mutual information: Criteria of

max-dependency, max-relevance, and min-redundancy[J]. IEEE Transactions on Pattern Analysis and Machine Intelligence, 2005, 27(8): 1226-1238.

[19] Maji P, Paul S. Rough set based maximum relevance-maximum significance criterion and gene selection from microarray data[J]. International Journal of Approximation Reasoning, 2011, 52 (3): 408-426.

[20] Gloub T R, Slonim D K, Tamayo P, et al. Molecular classification of cancer: Class discovery and class prediction by gene expression monitoring[J]. Science, 1999, 286(5439): 531-537.

[21] Wang Y, Tetko I V, HallMark A, et al. Gene selection from microarray data for cancer classification-a machine learning approach[J]. Computation Biology and Chemistry, 2005, 29(1): 37-46.

[22] West M, Blanchette C, Dressman H, et al. Predicting the clinical status of human breast cancer by using gene expression profiles[J]. Proceedings of the National Academy of Science, 2001, 98 (20): 11462-11467.

[23] Xu F F, Lei J S, Wei L. Improved mutual information-based gene selection with fuzzy rough sets[J]. Computational Information Systems, 2011, 7(9): 3166-3173.

第 11 章　基于混淆矩阵的三支决策度量体系①

三支决策的度量体系是不确定问题求解的重要研究内容，也是构建三支决策评价体系的基础。混淆矩阵作为机器学习领域中经典的决策度量方法之一，如何将其引入三支决策研究领域是一项有应用价值的工作。本章构造了基于概率三支决策的混淆矩阵，从而拓展出一个具有一系列三支语义的度量指标体系。在此基础上，对各类度量指标的数据特征进行了系统的理论分析，得到了七种常见的度量模式。为了获得理想的三支分类，我们归纳了两类基于三支决策混淆矩阵的期望目标函数。进一步，依据该度量指标体系的数据特征对各类目标函数的最优期望进行了系统的理论分析与推理，并且获得了一系列最优期望阈值。以概率粗糙集为基础模型，通过一组实例补充证明了多种无法直接引用上述定理条件的目标函数阈值求解。通过与 Shannon 熵、GINI 的三支决策对比分析，基于三支决策混淆矩阵的度量体系是一种普适性较强的三支决策评价函数的方法。

11.1　引　　言

三支决策(Three-way Decisions，3WD)[1,2]是在粗糙集研究[3-5]基础上发展出的一种不确定性问题求解新理论。

该理论的思想来源于人类处理不确定问题时常用的朴素思想，即确定、否定及延迟决策。因此，三支决策理论的主要思想是将论域一分为三，即在经典正负决策域的分类基础上引入延迟区域。这种三支决策方法使得具有相对充分信息的对象集合能被快速分类，而信息相对贫乏的不确定对象集合被划分到延迟决策区域，等待进一步区分。

三支决策理论首次将这种朴素的三分思想形式化、公理化，是粒计算理论[6]的重要发展。近年来有许多学者在概率粗糙集[7,8]、模糊集[9,10]、区间集[11]、阴影集[12]等模型的基础上，开展了多种三支决策理论研究工作。代表性成果包括：基于代价敏感度量的决策粗糙集 3WD[13-15]、模糊集 3WD[16]、区间集 3WD[17]等，粗糙集条件概率度量的 3WD(概率 3WD[18]、博弈粗糙集 3WD[19])；基于信息熵度量指标的信息熵 3WD[20]；基于 GINI 系数度量的 3WD[21]与卡方指标度量的 3WD[22]。因此，三支决策的基础评价体系可以被看作由三支决策的基础模型与某类度量系统结合构成。

① 本章工作获得国家自然科学基金项目(61673301、61763031)资助。

该系统也是三支决策推理和应用的基础。在建立三支决策的基础评价体系基础上，进一步确定三支决策区域的阈值及三支划分。例如，文献[20]建立了三支区域阈值求解模型，这对阈值与分类错误、利益、风险等 3WD 度量相关。并且，信息熵被作为不确定性度量实例，提出了一种求解最优三支分类的梯度下降算法。文献[23]分别利用人工鱼群和模拟退火等算法求解最优三支分类阈值。文献[21]讨论了 GINI 系数度量三支决策的优化计算问题，分析了三支区域目标优化的不同阈值组合。上述研究显示三支区域边界的确定，是由相互冲突和影响的多个决策目标组成的，所以，三支决策阈值求解可以看作多目标优化问题[24]。综上所述，三支决策的主要研究思路可以总结为：首先，选择某类决策评价体系，其次设计一组合适的参数来划分三支决策目标区域，这些参数显式或隐式地决定了三支分类的区域边界。

近年来，三支决策理论在垃圾邮件过滤[25]、文本挖掘[26]、图像识别[27]、属性约简[28]、聚类[29]、增量学习[30,31]、流计算[32]等应用领域[33-38]也都取得了丰硕的成果。

混淆矩阵[39,40]作为机器学习领域中经典的决策度量方法之一，由混淆矩阵在各种决策理论和分类学习中以显式或隐式方式均存在。鉴于混淆矩阵在机器学习领域的广泛价值，将混淆矩阵的方法引入三支决策理论体系，三支决策度量体系的完善、三支决策目标区域的最优划分理论都具有重要的研究价值。同时有利于将 3WD 理论进一步推广到机器学习应用领域。

本章以阈值对表示为基础，构造三支决策混淆矩阵，并且基于混淆矩阵导出一系列三支分类区域的决策度量体系。通常情况下，不同目标的组合最优化往往难以同时满足，多目标优化是其一般形式。因此，本章使用决策目标函数形式来平衡这种目标之间的冲突关系，并期望获得相对最优的三支分类。最后在概率三支意义下，通过理论分析与实例证明上述新型三支决策是有效的。

11.2　三支决策理论基本概念

概率粗糙集[41]是构造三支决策的基础原型之一。在粗糙集理论中一对确定的集合即上近似集与下近似集，被用来表示具有不确定性的概念。这两个近似集合将论域划分为三个互不相交的区域：正域、负域和边界域。基于以上理论，加拿大里贾纳大学的姚一豫教授将人类处理不确定问题的朴素三支分类思想引入粗糙集中，进而提出三支决策的概念。它赋予了粗糙集一个新的语义，从正域里面获得的正规则用来表示接受某概念；从负域里面获得的负规则用来表示拒绝某概念；从边界域里面获得的规则表示无法做出决策，需要进一步考察。

这种利用粗糙集模型将论域或决策分为三部分的思想，将人类这种处理不确定问题的思维方式理论化。三支决策理论的提出为粗糙集方法求解不确定问题增添了可靠的理论依据。近年来的基于 Shannon 熵、GINI 系数、模糊集、区间集、阴影集等多种模型的三支决策理论也得到了蓬勃的发展。这些理论成果表明三支决策理论虽然是从粗糙集研究中提出的理论，但是又不完全局限于粗糙集。

不失一般性，设近似空间为一个二元对 $\text{APR}=(U,R)$，其中U代表论域中的对象集合，R代表代价关系。设$C\in U/R$，是U根据等价关系R进行等价划分得到的某个等价类。

对于任意子集$D\subseteq U$,等价类C中的任意对象$x\in C$同时也属于集合D的条件概率记为$\Pr(D|C)=|D\cap C|/|C|$。其中$|\cdot|$表示一个集合的基数。

在近似空间 $\text{APR}=(U,R)$ 中，给定一组阈值$(\alpha,\beta)\in[0,1]\times[0,1]$，对于任意子集$D\subset U$，全域$U$可以被划分为三个不相交的区域：

$$\text{POS}_{(\alpha,\beta)}(D)=\bigcup\{C\in U/R|\Pr(D\,|\,C)\geqslant\alpha\}$$

$$\text{BND}_{(\alpha,\beta)}(D)=\bigcup\{C\in U/R|\beta<\Pr(D\,|\,C)<\alpha\}$$

$$\text{NEG}_{(\alpha,\beta)}(D)=\bigcup\{C\in U/R|\Pr(D\,|\,C)\leqslant\beta\}$$

上述三支决策的语义如下：

当任何对象$x\in\text{POS}_{(\alpha,\beta)}(D)$时，对象$x$被确定属于集合$D$；

当任何对象$x\in\text{NEG}_{(\alpha,\beta)}(D)$时，对象$x$被确定不属于集合$D$；

当任何对象$x\in\text{BND}_{(\alpha,\beta)}(D)$时，对象$x$无法被确定为属于集合$D$或者不属于集合$D$。

Pawlak 粗糙集与二支决策是三支决策的两种阈值特例。其中，Pawlak 粗糙集模型可视为$(\alpha,\beta)=(1,0)$，即接受域与拒绝域导出的决策规则都是具有 100%准确率的一致性决策规则，所有不一致的决策规则都属于延迟域。二支决策可视为$\alpha=\beta$，通常简记为γ，该模型将所有对象划分为接受域与拒绝域。此时，接受域导出的决策规则的条件概率大于阈值γ，而拒绝域导出的决策规则的条件概率小于阈值γ。阈值的变化会引起三个决策区域大小的变化，同时获得三个区域的相对最优决策或平衡的决策是三支决策的重要研究问题。为了评价三支决策的优劣，有多种度量指标被应用于三支决策的分类效果评价，如准确率、承诺率、覆盖率、置信度等。本章使用准确率$\text{CR}(\alpha,\beta)$与承诺率$\text{CMR}(\alpha,\beta)$作为三支决策质量的重要参考指标。其中，准确率用来评价基于接受域和拒绝域决策的准确程度，其值为已被准确分类的对象数与被分类的对象数之比，其取值范围为 0～1。其计算公式如下：

$$\text{CR}(\alpha,\beta)=\frac{\left|D\cap\text{POS}_{(\alpha,\beta)}(D)\right|+\left|D^c\cap\text{NEG}_{(\alpha,\beta)}(D)\right|}{\left|\text{POS}_{(\alpha,\beta)}(D)\right|+\left|\text{NEG}_{(\alpha,\beta)}(D)\right|}\tag{11.1}$$

其中，D^c为集合D的补集。

承诺率被用来评价三支决策正域和负域相对于全域的覆盖程度，其值为可被接受或拒绝域的对象与总对象的比，其取值范围为[0,1]。计算公式如下：

$$\mathrm{CMR}(\alpha,\beta)=\frac{\left|\mathrm{POS}_{(\alpha,\beta)}(D)\right|+\left|\mathrm{NEG}_{(\alpha,\beta)}(D)\right|}{|U|} \tag{11.2}$$

由于准确率与承诺率指标之间往往是相互矛盾的，提高准确率的同时带来的是较低的承诺率。例如，Pawlak 粗糙集模型，其准确率为 1 而承诺率则相对最低。然而，二支决策模型中，承诺率的取值为 1，而其准确率却相对较低。通常人们期待获得较高的准确率与承诺率，或期待获得准确率与高承诺率之间的某种平衡。

11.3　三支决策的混淆矩阵及其度量

在机器学习领域，混淆矩阵是可视化评价工具。混淆矩阵的列表示预测类的结果，行表示实际类的结果，该矩阵列出了分类问题的所有可能情形。以常见的二分类问题为例，混淆矩阵的维数为2×2。通过混淆矩阵，可以定义一系列算法的性能度量，如正域查对率、负域查全率、正域延迟率等。这些度量在所有分类算法中普遍适用。

当二支决策拓展到三支决策时，二分类问题的混淆矩阵的维数由2×2变为2×3，即实际分类结果增加了延迟的选择。表 11-1 给出了近似空间$\mathrm{APR}=(U,R)$中相对于任意子集$D\subset U$进行三支决策分类的混淆矩阵。其中，表的横向属性表示：对象被分类属于三个决策域的情况。表的纵向属性表示：对象实际的分类情况。表的中间数据部分表示：实际为正或实际为负的对象被分配到三个决策域后得到的六种集合的基数。

表 11-1　三支决策的混淆矩阵

实际结果/决策结果	决策为正域 $x\in\mathrm{POS}_{(\alpha,\beta)}(D)$	决策为负域 $x\in\mathrm{NEG}_{(\alpha,\beta)}(D)$	决策为延迟域 $x\in\mathrm{BND}_{(\alpha,\beta)}(D)$
实际为正：$x\in D$	$\left\|\mathrm{POS}_{(\alpha,\beta)}(D)\cap D\right\|$	$\left\|\mathrm{NEG}_{(\alpha,\beta)}(D)\cap D\right\|$	$\left\|\mathrm{BND}_{(\alpha,\beta)}(D)\cap D\right\|$
实际为负：$x\in D^c$	$\left\|\mathrm{POS}_{(\alpha,\beta)}(D)\cap D^c\right\|$	$\left\|\mathrm{NEG}_{(\alpha,\beta)}(D)\cap D^c\right\|$	$\left\|\mathrm{BND}_{(\alpha,\beta)}(D)\cap D^c\right\|$

表 11-1 中的阈值(α,β)为概率粗糙集中的决策阈值，$x\in U$，$U=D\cup D^c$，显然$\Pr(D|C)+\Pr(D^c|C)=1$，其中$C\in U/R$，$\left|\mathrm{POS}_{(\alpha,\beta)}(D)\right|+\left|\mathrm{NEG}_{(\alpha,\beta)}(D)\right|+\left|\mathrm{BND}_{(\alpha,\beta)}(D)\right|=|U|$。

11.3.1　基于混淆矩阵拓展的三支基础度量

为了更加直观地分析三支分类的不确定性，我们从表 11-1 的决策行为视角可以导出三类混淆矩阵度量指标：决策正域相关度量指标、决策负域相关度量指标和决策延迟域相关度量指标。其定义分别如下。

定义 11-1（决策正域相关度量指标）　正类查全率$M_{\mathrm{TP}}(\alpha,\beta)$、正域错查率

$M_{\mathrm{PF}}(\alpha,\beta)$、负类查错率 $M_{\mathrm{FP}}(\alpha,\beta)$、正域查准率 $M_{\mathrm{PT}}(\alpha,\beta)$ 和正域决策率 $M_{*\mathrm{P}}(\alpha,\beta)$。

决策正域相关度量指标的计算公式为

$$M_{\mathrm{TP}}(\alpha,\beta)=\left|\mathrm{POS}_{(\alpha,\beta)}(D)\cap D\right|/|D| \tag{11.3}$$

$$M_{\mathrm{PF}}(\alpha,\beta)=\left|\mathrm{POS}_{(\alpha,\beta)}(D)\cap D^c\right|/\left|\mathrm{POS}_{(\alpha,\beta)}(D)\right| \tag{11.4}$$

$$M_{\mathrm{FP}}(\alpha,\beta)=\left|\mathrm{POS}_{(\alpha,\beta)}(D)\cap D^c\right|/\left|D^c\right| \tag{11.5}$$

$$M_{\mathrm{PT}}(\alpha,\beta)=\left|\mathrm{POS}_{(\alpha,\beta)}(D)\cap D\right|/\left|\mathrm{POS}_{(\alpha,\beta)}(D)\right| \tag{11.6}$$

$$M_{*\mathrm{P}}(\alpha,\beta)=\left|\mathrm{POS}_{(\alpha,\beta)}(D)\right|/|U| \tag{11.7}$$

定义 11-2(决策负域相关度量指标) 负域查准率 $M_{\mathrm{NF}}(\alpha,\beta)$、负域查错率 $M_{\mathrm{NT}}(\alpha,\beta)$、正类错查率 $M_{\mathrm{TN}}(\alpha,\beta)$、负类查全率 $M_{\mathrm{FN}}(\alpha,\beta)$、负域决策率 $M_{*\mathrm{N}}(\alpha,\beta)$。

决策负域相关度量指标的计算公式为

$$M_{\mathrm{NF}}(\alpha,\beta)=\left|\mathrm{NEG}_{(\alpha,\beta)}(D)\cap D^c\right|/\left|\mathrm{NEG}_{(\alpha,\beta)}(D)\right| \tag{11.8}$$

$$M_{\mathrm{NT}}(\alpha,\beta)=\left|\mathrm{NEG}_{(\alpha,\beta)}(D)\cap D\right|/\left|\mathrm{NEG}_{(\alpha,\beta)}(D)\right| \tag{11.9}$$

$$M_{\mathrm{TN}}(\alpha,\beta)=\left|\mathrm{NEG}_{(\alpha,\beta)}(D)\cap D\right|/|D| \tag{11.10}$$

$$M_{\mathrm{FN}}(\alpha,\beta)=\left|\mathrm{NEG}_{(\alpha,\beta)}(D)\cap D^c\right|/\left|D^c\right| \tag{11.11}$$

$$M_{*\mathrm{N}}(\alpha,\beta)=\left|\mathrm{NEG}_{(\alpha,\beta)}(D)\right|/|U| \tag{11.12}$$

定义 11-3(决策延迟域相关度量指标) 延迟正类率 $M_{\mathrm{BT}}(\alpha,\beta)$、延迟负类率 $M_{\mathrm{BF}}(\alpha,\beta)$、正类延迟率 $M_{\mathrm{TB}}(\alpha,\beta)$、负类延迟率 $M_{\mathrm{FB}}(\alpha,\beta)$、延迟决策率 $M_{*\mathrm{B}}(\alpha,\beta)$。

决策延迟域相关度量指标的计算公式为

$$M_{\mathrm{BT}}(\alpha,\beta)=\left|\mathrm{BND}_{(\alpha,\beta)}(D)\cap D\right|/\left|\mathrm{BND}_{(\alpha,\beta)}(D)\right| \tag{11.13}$$

$$M_{\mathrm{BF}}(\alpha,\beta)=\left|\mathrm{BND}_{(\alpha,\beta)}(D)\cap D^c\right|/\left|\mathrm{BND}_{(\alpha,\beta)}(D)\right| \tag{11.14}$$

$$M_{\mathrm{TB}}(\alpha,\beta)=\left|\mathrm{BND}_{(\alpha,\beta)}(D)\cap D\right|/|D| \tag{11.15}$$

$$M_{\mathrm{FB}}(\alpha,\beta)=\left|\mathrm{BND}_{(\alpha,\beta)}(D)\cap D^c\right|/\left|D^c\right| \tag{11.16}$$

$$M_{*\mathrm{B}}(\alpha,\beta)=\left|\mathrm{BND}_{(\alpha,\beta)}(D)\right|/|U| \tag{11.17}$$

通过混淆矩阵度量指标的定义，可以发现各个度量指标的值域范围都为 0～100%。并且，混淆矩阵度量指标之间的关系还存在以下性质。

性质 11-1　混淆矩阵度量指标的互补律有

$$(1.1)\ M_{\mathrm{PT}}(\alpha,\beta)=1-M_{\mathrm{PF}}(\alpha,\beta)$$

$$(1.2)\ M_{\mathrm{NF}}(\alpha,\beta)=1-M_{\mathrm{NT}}(\alpha,\beta)$$

$$(1.3)\ M_{\mathrm{BT}}(\alpha,\beta)=1-M_{\mathrm{BF}}(\alpha,\beta)$$

证明　根据定义 11-1 可知

$$\begin{aligned}
M_{\mathrm{PT}}(\alpha,\beta)+M_{\mathrm{PF}}(\alpha,\beta)&=\frac{\left|\mathrm{POS}_{(\alpha,\beta)}(D)\cap D\right|}{\left|\mathrm{POS}_{(\alpha,\beta)}(D)\right|}+\frac{\left|\mathrm{POS}_{(\alpha,\beta)}(D)\cap D^{c}\right|}{\left|\mathrm{POS}_{(\alpha,\beta)}(D)\right|}\\
&=\frac{\left|\mathrm{POS}_{(\alpha,\beta)}(D)\cap D\right|+\left|\mathrm{POS}_{(\alpha,\beta)}(D)\cap D^{c}\right|}{\left|\mathrm{POS}_{(\alpha,\beta)}(D)\right|}\\
&=\frac{\left|\mathrm{POS}_{(\alpha,\beta)}(D)\cap\left(D\cup D^{c}\right)\right|}{\left|\mathrm{POS}_{(\alpha,\beta)}(D)\right|}\\
&=\frac{\left|\mathrm{POS}_{(\alpha,\beta)}(D)\cap U\right|}{\left|\mathrm{POS}_{(\alpha,\beta)}(D)\right|}\\
&=1
\end{aligned}$$

所以性质(1.1)得证。

同理可证明性质(1.2)和(1.3)也成立。

性质 11-2　混淆矩阵度量指标的合成律有

$$(2.1)\quad M_{\mathrm{TP}}(\alpha,\beta)+M_{\mathrm{TN}}(\alpha,\beta)+M_{\mathrm{TB}}(\alpha,\beta)=1$$

$$(2.2)\quad M_{\mathrm{FP}}(\alpha,\beta)+M_{\mathrm{FN}}(\alpha,\beta)+M_{\mathrm{FB}}(\alpha,\beta)=1$$

证明　根据定义 11-1～定义 11-3 可知

$$\begin{aligned}
&M_{\mathrm{TP}}(\alpha,\beta)+M_{\mathrm{TN}}(\alpha,\beta)+M_{\mathrm{TB}}(\alpha,\beta)\\
&=\frac{\left|\mathrm{POS}_{(\alpha,\beta)}(D)\cap D\right|+\left|\mathrm{NEG}_{(\alpha,\beta)}(D)\cap D\right|+\left|\mathrm{BND}_{(\alpha,\beta)}(D)\cap D\right|}{|D|}\\
&=\frac{\left|(\mathrm{POS}_{(\alpha,\beta)}(D)\cap D)\cup(\mathrm{NEG}_{(\alpha,\beta)}(D)\cap D)\cup(\mathrm{BND}_{(\alpha,\beta)}(D)\cap D)\right|}{|D|}\\
&=\frac{\left|(\mathrm{POS}_{(\alpha,\beta)}(D)\cup\mathrm{NEG}_{(\alpha,\beta)}(D)\cup\mathrm{BND}_{(\alpha,\beta)}(D))\cap D\right|}{|D|}\\
&=\frac{|U\cap D|}{|D|}\\
&=1
\end{aligned}$$

所以性质(2.1)得证。同理可以证明性质(2.2)。

性质 11-3　混淆矩阵度量指标的集成律有

(3.1)　$M_{*\mathrm{P}}(\alpha,\beta)=(M_{\mathrm{TP}}(\alpha,\beta)\cdot|D|+M_{\mathrm{FP}}(\alpha,\beta)\cdot|D^c|)/|U|$

(3.2)　$M_{*\mathrm{N}}(\alpha,\beta)=(M_{\mathrm{TN}}(\alpha,\beta)\cdot|D|+M_{\mathrm{FN}}(\alpha,\beta)\cdot|D^c|)/|U|$

(3.3)　$M_{*\mathrm{B}}(\alpha,\beta)=(M_{\mathrm{TB}}(\alpha,\beta)\cdot|D|+M_{\mathrm{FB}}(\alpha,\beta)\cdot|D^c|)/|U|$

证明　根据定义 11-1 可知

$$M_{\mathrm{TP}}(\alpha,\beta)=\left|\mathrm{POS}_{(\alpha,\beta)}(D)\cap D\right|/|D|$$
$$M_{\mathrm{FP}}(\alpha,\beta)=\left|\mathrm{POS}_{(\alpha,\beta)}(D)\cap D^c\right|/|D^c|$$

则

$$\begin{aligned}
&(M_{\mathrm{TP}}(\alpha,\beta)\cdot|D|+M_{\mathrm{FP}}(\alpha,\beta)\cdot|D^c|)/|U|\\
&=\frac{\dfrac{\left|\mathrm{POS}_{(\alpha,\beta)}(D)\cap D\right|}{|D|}\cdot|D|+\dfrac{\left|\mathrm{POS}_{(\alpha,\beta)}(D)\cap D^c\right|}{|D^c|}\cdot|D^c|}{|U|}\\
&=\frac{\left|\mathrm{POS}_{(\alpha,\beta)}(D)\cap D\right|+\left|\mathrm{POS}_{(\alpha,\beta)}(D)\cap D^c\right|}{|U|}\\
&=\frac{\left|(\mathrm{POS}_{(\alpha,\beta)}(D)\cap D)\cup(\mathrm{POS}_{(\alpha,\beta)}(D)\cap D^c)\right|}{|U|}\\
&=\frac{\left|\mathrm{POS}_{(\alpha,\beta)}(D)\cap(D\cup D^c)\right|}{|U|}\\
&=\frac{\left|\mathrm{POS}_{(\alpha,\beta)}(D)\cap U\right|}{|U|}\\
&=\left|\mathrm{POS}_{(\alpha,\beta)}(D)\right|/|U|
\end{aligned}$$

又因为

$$M_{*\mathrm{P}}(\alpha,\beta)=\left|\mathrm{POS}_{(\alpha,\beta)}(D)\right|/|U|$$

所以

$$M_{*\mathrm{P}}(\alpha,\beta)=(M_{\mathrm{TP}}(\alpha,\beta)\cdot|D|+M_{\mathrm{FP}}(\alpha,\beta)\cdot|D^c|)/|U|$$

成立。

同理可以证明性质(3.2)与性质(3.3)。

11.3.2　三支决策混淆矩阵的常见度量模式

根据三支决策混淆矩阵度量的定义，决策域动态变化会引起度量体系的变化，同时也会对决策的准确率与承诺率产生影响。

基于度量指标取值与阈值之间的变化趋势关系，可以将定义 11-1～定义 11-3 提出的 15 种度量指标归纳为 7 种度量模式。以阈值 $(\alpha,\beta)=(1,0)$ 为基准点，在阈值相对变化趋势下，给出各类度量指标的变化规律，如表 11-2～表 11-7 所示（其中,↓表示阈值减小，↑表示阈值增加，↗表示度量指标变大，↘表示度量指标变小，－代表度量指标不变，max 代表度量指标取得最大值，min 代表度量指标取得最小值）。为了便于理解，本章将同时给出指标变化趋势的示意图，图示中灰度越深代表度量取值越小，越浅代表度量取值越大。需要注意的是，示意图中相应度量值的绝对取值依具体问题而定。

定义 11-4(度量模式 1)　由正域查错率、负类错查率、正类查全率、正域决策率四种度量指标构成。

度量模式 1 的数据变化趋势如表 11-2 所示，其主要特征如下。

表 11-2　度量模式 1 下各度量取值相对于 $(\alpha,\beta)=(1,0)$ 的变化趋势

度量 / 阈值	(1,0)	$(\alpha\downarrow,\beta)$	$(\alpha,\beta\uparrow)$	$(\alpha\downarrow,\beta\uparrow)$	(γ,γ)
$M_{\mathrm{TP}}(\alpha,\beta)$	min	↗	–	↗	↗
$M_{\mathrm{PF}}(\alpha,\beta)$	0	↗	–	↗	↗
$M_{\mathrm{FP}}(\alpha,\beta)$	0	↗	–	↗	↗
$M_{*\mathrm{P}}(\alpha,\beta)$	min	↗	–	↗	↗

(1) 当 $(\alpha,\beta)=(1,0)$ 时，由于 $\alpha=1$ 即正决策域中只包含实际为正类的对象，所以根据定义 11-1 正域查错率、负类错查率取值为 0。

(2) 当 α 取值逐渐减小时，正决策域负类对象也逐渐增多，正域查错率和负类错查率逐渐增加。

(3) 当 α 取值不变而 β 逐渐增大时，正决策域取值保持不变。尽管这种情况下负决策域正类对象也逐渐增多，但是正域查错率、负类错查率取值保持不变。

(4) 当 α 取值减小同时 β 逐渐增大时，正决策域负类对象也逐渐增多，正域查错率和负类错查率逐渐增加。(γ,γ) 与这种情况类似。

同理可以证明正类查全率、正域决策率的变化趋势与正域查错率和负类错查率类似。

图 11-1(a) 为度量模式 1 中度量指标随阈值变化的取值趋势示意图。该类三维曲面图的三个轴分别表示正域决策阈值 α 、负域决策阈值 β 和度量指标取值(度量取值记为 M)。该三维曲面通过不同颜色表示度量指标取值 M 的大小，上平面为三维曲面在阈值平面的投影。

从图 11-1(a) 中可以看出当 $0\leqslant\beta\leqslant\alpha\leqslant1$ 时，阈值取值为 $(\alpha,\beta)=(1,*)$ 时度量模式 1 的度量指标的取值为最小，而 $(\alpha,\beta)=(0,0)$ 时这类度量指标的取值为最大。其中 *

为通配符号，本式中 $(\alpha,\beta)=(1,*)$ 的语义为，$\alpha=1$ 且 $\beta\in[0,1]$。后面章节出现的通配符 $*$ 都具有相同的语义。

由于阈值约束 $0\leqslant\beta\leqslant0.5$ 且 $0.5\leqslant\alpha\leqslant1$ 是实际分类应用中的常见约束，所以也需要进行讨论。从图 11-1（a）中观察可知当 $0\leqslant\beta\leqslant0.5$ 且 $0.5\leqslant\alpha\leqslant1$ 时，阈值取值为 $(\alpha,\beta)=(1,*)$ 时度量模式 1 的度量指标的取值为最小，而 $(\alpha,\beta)=(0.5,*)$ 时这类度量指标的取值为最大。

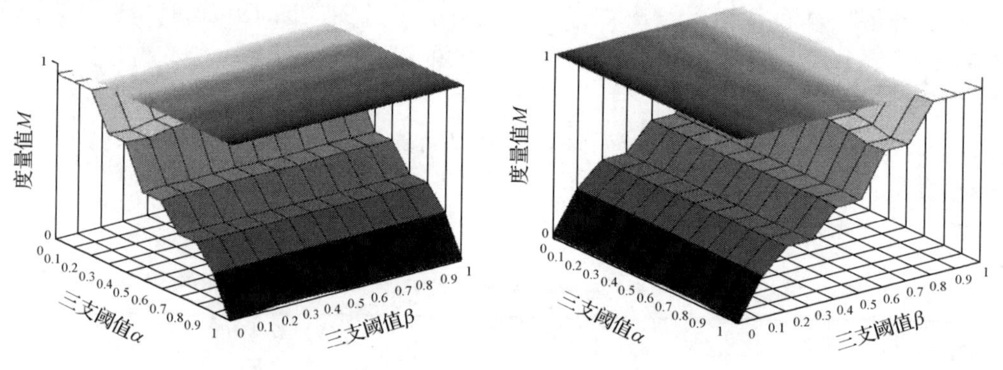

图 11-1　度量模式 1 和度量模式 2 的取值变化示意图

定义 11-5（度量模式 2）　由负域查错率、正类错查率、负类查全率、负域决策率四种决策指标构成。

表 11-3　度量模式 2 下各度量取值相对于 $(\alpha,\beta)=(1,0)$ 的变化趋势

度量 / 阈值	(1,0)	$(\alpha\downarrow,\beta)$	$(\alpha,\beta\uparrow)$	$(\alpha\downarrow,\beta\uparrow)$	(γ,γ)
$M_{NT}(\alpha,\beta)$	0	–	↗	↗	↗
$M_{TN}(\alpha,\beta)$	0	–	↗	↗	↗
$M_{FN}(\alpha,\beta)$	min	–	↗	↗	↗
$M_{*N}(\alpha,\beta)$	min	–	↗	↗	↗

表 11-3 所示的度量模式 2 的主要特征如下。

(1) 当 $(\alpha,\beta)=(1,0)$ 时，由于 $\beta=0$ 即负决策域中只包含实际为负类的对象，所以根据定义 11-2，而负域查错率 $M_{NT}(\alpha,\beta)$、正类错查率 $M_{TN}(\alpha,\beta)$ 取值均为 0。

(2) 当 β 取值逐渐增大时，负决策域正类对象也逐渐增多，负域查错率 $M_{NT}(\alpha,\beta)$ 和正类错查率 $M_{TN}(\alpha,\beta)$ 逐渐增加。

(3) 当 β 取值不变而 α 逐渐减小时，负决策域取值保持不变。尽管这种情况下正决策域负类对象也逐渐增多，但是负域查错率 $M_{NT}(\alpha,\beta)$、正类错查率 $M_{TN}(\alpha,\beta)$ 取值保持不变。

(4) 当 α 取值减小同时 β 逐渐增大时，负决策域中正类对象也逐渐增多，负域

查错率 $M_{NT}(\alpha,\beta)$ 和正类错查率 $M_{TN}(\alpha,\beta)$ 逐渐增加。阈值趋向于 (γ,γ) 时的分析与这种情况类似。

同理可以证明负类查全率 $M_{FN}(\alpha,\beta)$ 、负域决策率 $M_{*N}(\alpha,\beta)$ 的变化趋势与负域查错率 $M_{NT}(\alpha,\beta)$ 、正类错查率 $M_{TN}(\alpha,\beta)$ 类似。

图 11-1(b) 为度量模式 2 中度量指标随阈值变化的取值趋势示意图。从图 11-1(b) 中可以看出，当 $0\leqslant\beta\leqslant\alpha\leqslant1$ 时，度量模式 2 的阈值取值为 $(\alpha,\beta)=(*,0)$ 时这类度量指标的取值为最小。而 $(\alpha,\beta)=(1,1)$ 时这类度量指标的取值为最大。当 $0\leqslant\beta\leqslant0.5$ 且 $0.5\leqslant\alpha\leqslant1$ 时，度量模式 2 的阈值取值为 $(\alpha,\beta)=(*,0)$ 时这类度量指标的取值为最小，而 $(\alpha,\beta)=(*,0.5)$ 时这类度量指标的取值为最大。

定义 11-6(度量模式 3)　由正域查准率构成。

表 11-4　度量模式 3 下各度量取值相对于 $(\alpha,\beta)=(1,0)$ 的变化趋势

度量 / 阈值	(1,0)	$(\alpha\downarrow,\beta)$	$(\alpha,\beta\uparrow)$	$(\alpha\downarrow,\beta\uparrow)$	(γ,γ)
$M_{PT}(\alpha,\beta)$	1	↘	–	↘	↘

表 11-4 所示的度量模式 3 的主要特征如下。

(1) 当 $(\alpha,\beta)=(1,0)$ 时，由于 $\alpha=1$ 即正决策域中只包含实际为正类的对象，所以根据定义 11-1，正域查准率 $M_{PT}(\alpha,\beta)$ 取值为 1。

(2) 当 α 取值减小同时 β 取值不变时，因为正决策域中包含实际为负类的对象也逐渐增多，所以正域查准率 $M_{PT}(\alpha,\beta)$ 逐渐减小。

(3) 当 β 取值增大同时 α 取值不变时，因为正决策域中包含实际为正类的对象数量不变，所以正域查准率 $M_{PT}(\alpha,\beta)$ 保持不变。

(4) 当 α 取值减小同时 β 取值逐渐增大时，因为正决策域中包含实际为负类的对象也逐渐增多，所以正域查准率 $M_{PT}(\alpha,\beta)$ 逐渐减小。阈值趋向于 (γ,γ) 时的分析与这种情况类似。

图 11-2(a) 为度量模式 3 中度量指标随阈值变化的取值趋势示意图。从图 11-2(a) 中可以看出，当 $0\leqslant\beta\leqslant\alpha\leqslant1$ 时，阈值取值为 $(\alpha,\beta)=(1,*)$ 时度量模式 3 的度量指标取值为最大，而 $(\alpha,\beta)=(0,0)$ 时这类度量指标的取值为最小。

当 $0\leqslant\beta\leqslant0.5$ 且 $0.5\leqslant\alpha\leqslant1$ 时，阈值取值为 $(\alpha,\beta)=(1,*)$ 时度量模式 3 的度量指标取值为最大，而 $(\alpha,\beta)=(0.5,*)$ 时这类度量指标的取值为最小。

定义 11-7(度量模式 4)　由负域查准率构成。

表 11-5 所示的度量模式 4 的主要特征如下。

(1) 当 $(\alpha,\beta)=(1,0)$ 时，由于 $\beta=0$ 即负决策域中只包含实际为负类的对象，所以根据定义 11-2，而负域查准率 $M_{NF}(\alpha,\beta)$ 取值为 1。

(2) 当 α 取值减小同时 β 取值不变时，因为负决策域中包含实际为负类的对象不变，所以负域查准率 $M_{NF}(\alpha,\beta)$ 保持不变。

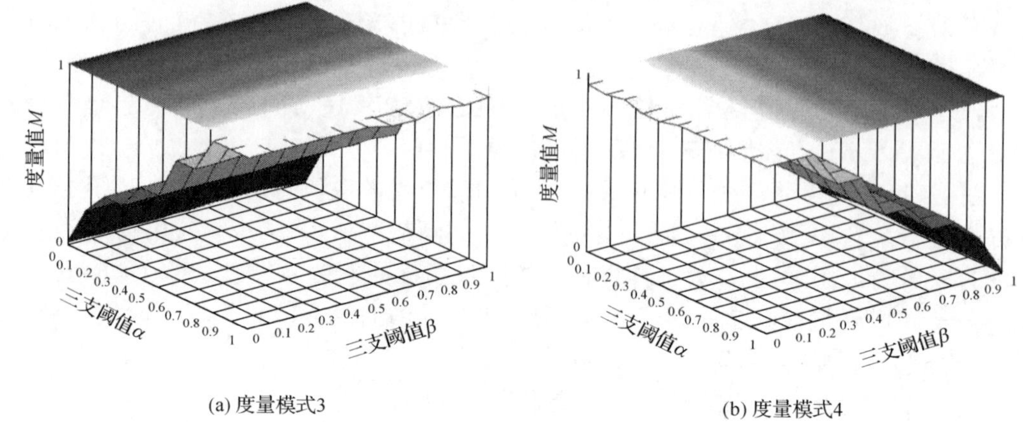

(a) 度量模式3　　(b) 度量模式4

图 11-2　度量模式 3 和度量模式 4 的取值变化示意图

表 11-5　度量模式 4 下各度量取值相对于 $(\alpha,\beta)=(1,0)$ 的变化趋势

度量 / 阈值	(1,0)	$(\alpha\downarrow,\beta)$	$(\alpha,\beta\uparrow)$	$(\alpha\downarrow,\beta\uparrow)$	(γ,γ)
$M_{\mathrm{NF}}(\alpha,\beta)$	1	–	↘	↘	↘

(3) 当 β 取值增大同时 α 取值不变时，因为负决策域中包含实际为正类的对象数量逐渐增多，所以负域查准率 $M_{\mathrm{NF}}(\alpha,\beta)$ 减小。

(4) 当 α 取值减小同时 β 逐渐增大时，因为负决策域中包含实际为正类的对象数量逐渐增多，所以负域查准率 $M_{\mathrm{NF}}(\alpha,\beta)$ 减小。阈值趋向于 (γ,γ) 时的分析与这种情况类似。

图 11-2(b) 为度量模式 4 中度量指标随阈值变化的取值趋势示意图。从图 11-2(b) 中可以看出，当 $0\leqslant\beta\leqslant\alpha\leqslant1$ 时，$(\alpha,\beta)=(*,0)$ 时度量模式 4 的度量指标取值为最大，阈值取值为 $(\alpha,\beta)=(1,1)$ 时这类度量指标的取值为最小。

当 $0\leqslant\beta\leqslant0.5$ 且 $0.5\leqslant\alpha\leqslant1$ 时，$(\alpha,\beta)=(*,0)$ 时度量模式 4 的度量指标的取值为最大，而 $(\alpha,\beta)=(*,0.5)$ 时这类度量指标的取值为最小。

定义 11-8(度量模式 5)　由正类延迟率、负类延迟率、延迟决策率构成。

表 11-6　度量模式 5 下各度量取值相对于 $(\alpha,\beta)=(1,0)$ 的变化趋势

度量 / 阈值	(1,0)	$(\alpha\downarrow,\beta)$	$(\alpha,\beta\uparrow)$	$(\alpha\downarrow,\beta\uparrow)$	(γ,γ)
$M_{\mathrm{TB}}(\alpha,\beta)$	max	↘	↘	↘	0
$M_{\mathrm{FB}}(\alpha,\beta)$	max	↘	↘	↘	0
$M_{*\mathrm{B}}(\alpha,\beta)$	max	↘	↘	↘	0

表 11-6 所示的度量模式 5 的主要特征如下。

(1) 当 $(\alpha,\beta)=(1,0)$ 时，条件概率不满足 $(\alpha,\beta)=(1,0)$ 的等价类都被划分在延迟决策域中。当 α 取值减小或 β 取值增大时，越来越多条件概率不满足 $(\alpha,\beta)=(1,0)$ 的等

价类被划分在正决策域或负决策域中。因此，根据定义 11-3 可知正类延迟率、负类延迟率、延迟决策率在 $(\alpha,\beta)=(1,0)$ 为取值最大。

(2) 当 α 取值减小和 β 取值阈值趋向于 (γ,γ) 时，延迟决策域为空。所以根据定义 11-3 可知正类延迟率 $M_{\mathrm{TB}}(\alpha,\beta)$、负类延迟率 $M_{\mathrm{FB}}(\alpha,\beta)$、延迟决策率 $M_{*\mathrm{B}}(\alpha,\beta)$ 取值为 0。

图 11-3 为度量模式 5 的阈值与度量指标取值关系示意图。从图 11-3 中可以看出：

(1) 当 $0\leqslant\beta\leqslant\alpha\leqslant 1$ 时，$(\alpha,\beta)=(1,0)$ 时度量模式 5 的度量指标取值为最大，而 $(\alpha,\beta)=(\gamma,\gamma)$ 时这类度量指标的取值为最小。

(2) 当 $0\leqslant\beta\leqslant 0.5$ 且 $0.5\leqslant\alpha\leqslant 1$ 时，$(\alpha,\beta)=(1,0)$ 时度量模式 5 的度量指标取值为最大，而 $(\alpha,\beta)=(0.5,0.5)$ 时这类度量指标的取值为最小。

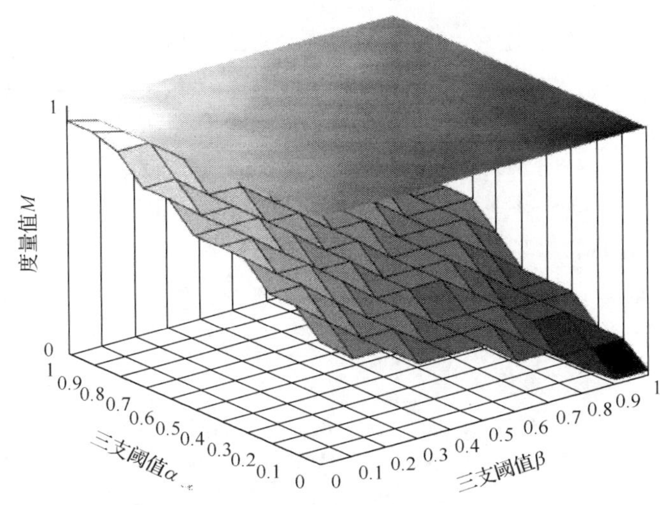

图 11-3　度量模式 5 的取值变化示意图

定义 11-9(度量模式 6 和度量模式 7)　由延迟正类率、延迟负类率构成。其中，延迟正类率记为度量模式 6，延迟负类率记为度量模式 7。

表 11-7 所示的度量模式 6 和度量模式 7 的主要特征如下。

表 11-7　度量模式 6 和度量模式 7 下各度量取值相对于 $(\alpha,\beta)=(1,0)$ 的变化趋势

度量 / 阈值	(1,0)	$(\alpha\downarrow,\beta)$	$(\alpha,\beta\uparrow)$	$(\alpha\downarrow,\beta\uparrow)$	(γ,γ)
$M_{\mathrm{BT}}(\alpha,\beta)$	$M_{\mathrm{BT}}(\alpha,\beta)$	↘	↗	不确定	—
$M_{\mathrm{BF}}(\alpha,\beta)$	$M_{\mathrm{BF}}(\alpha,\beta)$	↗	↘	不确定	—

当 $(\alpha,\beta)=(1,0)$ 时，条件概率不满足 $(\alpha,\beta)=(1,0)$ 的等价类都被划分在延迟决策域中。无论 $M_{\mathrm{BT}}(\alpha,\beta)$ 还是 $M_{\mathrm{BF}}(\alpha,\beta)$，当 $\left|\mathrm{BND}_{(\alpha,\beta)}(D)\right|$ 作为分母时，对应值的变化趋势由 (α,β) 相对变化决定。当 α 取值减小而 β 取值不变时，$\left|\mathrm{BND}_{(\alpha,\beta)}(D)\right|$ 的减小仅

仅是由于有更多的条件属性等价类判定为正域，而负域并未发生变化，因此，任意等价类如果不属于 $\mathrm{BND}_{(\alpha,\beta)}(D)$，也不属于 $\mathrm{BND}_{(\alpha,\beta)}(D)\cap D$。不妨设由 α 取值减小新增为正域的对象个数为 k，则显然有

$$\frac{\left|\mathrm{BND}_{(\alpha,\beta)}(D)\cap D\right|-k}{\left|\mathrm{BND}_{(\alpha,\beta)}(D)\right|-k}\leqslant\frac{\left|\mathrm{BND}_{(\alpha,\beta)}(D)\cap D\right|}{\left|\mathrm{BND}_{(\alpha,\beta)}(D)\right|}$$

成立。故 $M_{\mathrm{BT}}(\alpha,\beta)$ 减小（k=0 时取等号）。同理，当 α 取值不变而 β 取值增大时，显然有

$$\frac{\left|\mathrm{BND}_{(\alpha,\beta)}(D)\cap D\right|+m}{\left|\mathrm{BND}_{(\alpha,\beta)}(D)\right|+m}\geqslant\frac{\left|\mathrm{BND}_{(\alpha,\beta)}(D)\cap D\right|}{\left|\mathrm{BND}_{(\alpha,\beta)}(D)\right|}$$

成立。其中，m 的语义为由于 α 取值不变而 β 取值增大使得具有不同三支划分的等价类对象个数，故 $M_{\mathrm{BT}}(\alpha,\beta)$ 逐渐增大（m =0 时取等号），由对偶性可得出 $M_{\mathrm{BF}}(\alpha,\beta)$ 在 (α,β) 单一阈值发生变化时目标的变化。

对于 $(\alpha\downarrow,\beta\uparrow)$，无论 $M_{\mathrm{BT}}(\alpha,\beta)$ 还是 $M_{\mathrm{BF}}(\alpha,\beta)$，均无法直接判定其相对于 $(1,0)$ 的变化。然而，表 11-7 中的不确定结论在给出更多信息时可以做出明确的判定。假设仅由 α 取值减小影响对象的三支判定的个数为 k，仅由 β 取值增大影响对象的三支判定的个数为 m，则对于 $M_{\mathrm{BT}}(\alpha,\beta)$，其相对于 $(1,0)$ 的变化结论如下：

$$M_{\mathrm{BT}}(\alpha,\beta):\begin{cases}\nearrow & M_{\mathrm{BT}}(\alpha,\beta)>\dfrac{k}{k-m}\\ - & M_{\mathrm{BT}}(\alpha,\beta)=\dfrac{k}{k-m}\\ \searrow & M_{\mathrm{BT}}(\alpha,\beta)<\dfrac{k}{k-m}\end{cases}$$

类似地，对于 $M_{\mathrm{BF}}(\alpha,\beta)$，其相对于 $(1,0)$ 的变化结论如下：

$$M_{\mathrm{BF}}(\alpha,\beta):\begin{cases}\nearrow & M_{\mathrm{BT}}(\alpha,\beta)<\dfrac{m}{m-k}\\ - & M_{\mathrm{BT}}(\alpha,\beta)=\dfrac{m}{m-k}\\ \searrow & M_{\mathrm{BT}}(\alpha,\beta)>\dfrac{m}{m-k}\end{cases}$$

当 α 取值减小和 β 取值阈值趋向于 (γ,γ) 时三支决策变为二支决策，所以延迟正类率 $M_{\mathrm{BT}}(\alpha,\beta)$、延迟负类率 $M_{\mathrm{BF}}(\alpha,\beta)$ 不存在。

图 11-4 为度量模式 6 和度量模式 7 中度量指标随阈值变化的取值趋势示意图。

从图 11-4(a) 中可以看出：

(1) 当 $0\leqslant\beta\leqslant\alpha\leqslant1$ 时，$M_{\mathrm{BT}}(\alpha,\beta)$ 阈值取值为 $(\alpha,\beta)=(1,1)$ 时这类度量指标的取

值为最大，而$(\alpha,\beta)=(0,0)$时这类度量指标的取值为最小。

(2) 当$0\leqslant\beta\leqslant0.5$且$0.5\leqslant\alpha\leqslant1$时，$M_{\mathrm{BT}}(\alpha,\beta)$的阈值取值为$(\alpha,\beta)=(1,0.5)$时这类度量指标的取值为最大，而$(\alpha,\beta)=(0.5,0)$时这类度量指标的取值为最小。

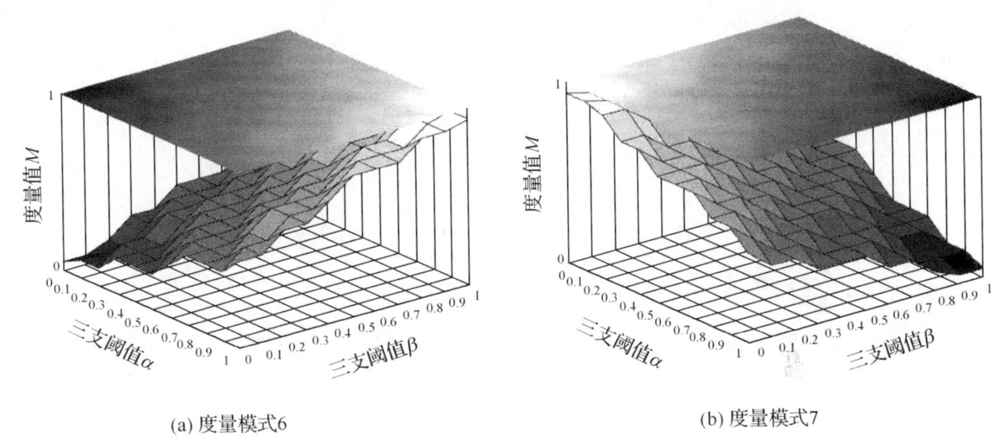

图 11-4　度量模式 6 和度量模式 7 的取值变化示意图

从图 11-4(b) 中可以看出：

(1) 当$0\leqslant\beta\leqslant\alpha\leqslant1$时，$M_{\mathrm{BT}}(\alpha,\beta)$阈值取值为$(\alpha,\beta)=(1,1)$时这类度量指标的取值为最小，而$(\alpha,\beta)=(0,0)$时这类度量指标的取值为最大。

(2) 当$0\leqslant\beta\leqslant0.5$且$0.5\leqslant\alpha\leqslant1$时，$M_{\mathrm{BT}}(\alpha,\beta)$的阈值取值为$(\alpha,\beta)=(1,0.5)$时这类度量指标的取值为最小，而$(\alpha,\beta)=(0.5,0)$时这类度量指标的取值为最大。

11.4　基于三支决策混淆矩阵的期望目标函数构造方法

三支决策的本质是基于一对决策阈值(α,β)的三支分类问题。一个理想的三支决策，必须使得三个分类的期望收益达到组合最优化。因此，求解三支决策的分类阈值，是一个典型的多目标最优化问题。本章中，三支决策的整体期望目标函数由$T(\alpha,\beta)$表示，三个决策域的期望目标分别由三个子目标$T_{\mathrm{P}}(\alpha,\beta)$、$T_{\mathrm{B}}(\alpha,\beta)$和$T_{\mathrm{N}}(\alpha,\beta)$构成。而它们又分别由定义 11-1、定义 11-2、定义 11-3 提出的混淆矩阵度量指标构成。随着阈值(α,β)的变化，三支决策域之间的对象分布将相应发生变化，各个度量值也将随之变化。不过，有些度量的变化趋势是相同的，而其他度量的变化趋势却可能是矛盾的。这使得在某种条件下存在帕累托最优解，而有些情况下无解。本章通过设定两类混淆矩阵目标函数形式来平衡不同度量目标的期望：①度量指标加权求和法构成的三支决策目标函数；②度量指标组合约束法构成的三支决策目标函数。上述目标函数的计算目标是获得整体最优三支分类。

11.4.1 度量指标加权求和法

通过加权求和法构造一个整体的期望目标函数可以有多种形式。本章将重点分析最大化或最小化整体目标函数，其中度量指标的权重取值为 $\{-1,0,1\}$，分别代表积极关注、不关注、消极关注。

$$\begin{aligned}&T(\alpha,\beta)=\varepsilon T_{\mathrm{P}}(\alpha,\beta)+\phi T_{\mathrm{N}}(\alpha,\beta)+\varphi T_{\mathrm{B}}(\alpha,\beta)\\&(\alpha,\beta)=\{(\alpha,\beta)\,|\max/\min(T(\alpha,\beta))\}\\&\text{s.t.}\quad \varepsilon,\phi,\varphi\in\{0,1\}\\&\qquad 1\geqslant\alpha\geqslant0.5\wedge0.5\geqslant\beta\geqslant0\text{ 或 }1\geqslant\alpha\geqslant\beta\geqslant0\end{aligned}\tag{11.18}$$

其中，max/min 表示预设期望目标取极大值或极小值：

$$T_{\mathrm{P}}(\alpha,\beta)=w_1M_{\mathrm{TP}}(\alpha,\beta)+w_2M_{\mathrm{PT}}(\alpha,\beta)+w_3M_{\mathrm{PF}}(\alpha,\beta)+w_4M_{\mathrm{FP}}(\alpha,\beta)+w_5M_{*\mathrm{P}}(\alpha,\beta)$$

$$T_{\mathrm{N}}(\alpha,\beta)=w_6M_{\mathrm{FN}}(\alpha,\beta)+w_7M_{\mathrm{NF}}(\alpha,\beta)+w_8M_{\mathrm{TN}}(\alpha,\beta)+w_9M_{\mathrm{NT}}(\alpha,\beta)+w_{10}M_{*\mathrm{N}}(\alpha,\beta)$$

$$T_{\mathrm{B}}(\alpha,\beta)=w_{11}M_{\mathrm{BT}}(\alpha,\beta)+w_{12}M_{\mathrm{BF}}(\alpha,\beta)+w_{13}M_{\mathrm{TB}}(\alpha,\beta)+w_{14}M_{\mathrm{FB}}(\alpha,\beta)+w_{15}M_{*\mathrm{B}}(\alpha,\beta)$$

$$\text{s.t.}\quad w_i\text{ 为权，}\ w_i\in\{-1,0,1\}\text{，}\ i\in[1,15]$$

上述目标函数是由不同度量的线性组合构成的。目标函数中每个度量指标的选择及其权重的确定取决于不同的应用需求。

由定义 11-4～定义 11-9 可知，不同的度量模式随阈值变化呈现不同的变化趋势。分析这些变化以及其极值的分布有助于目标函数的求解。我们首先分析同种度量模式下最优阈值结构。

定理 11-1 给定基于加权求和法的目标函数 $(\alpha,\beta)=\{(\alpha,\beta)\,|\max/\min(T(\alpha,\beta))\}$，$w_i\in\{0,1\}$。当目标函数 $T(\alpha,\beta)$ 中的度量指标为同一种度量模式时，满足目标函数 $\max/\min\ (T(\alpha,\beta))$ 期望的阈值为该度量模式的极大值或极小值阈值。

证明 不妨以度量模式 1 为例。当目标函数 $T(\alpha,\beta)$ 中的度量为同一度量模式时，根据定义 11-6 可知同一度量模式中的度量均在 $(\alpha,\beta)=(1,*)$ 时取极小值，在 $(\alpha,\beta)=(0.5,*)$ 时取极大值，因此一个或多个极大（小）值之和仍然为极大（小）值。同理可证度量模式 2～度量模式 7。

表 11-8 为阈值范围 $0\leqslant\beta\leqslant\alpha\leqslant1$ 时各个模式取极值时的阈值情况。表 11-9 为阈值范围 $0\leqslant\beta\leqslant0.5$ 且 $0.5\leqslant\alpha\leqslant1$ 时各个模式取极值时的阈值情况。

表 11-8 $0\leqslant\beta\leqslant\alpha\leqslant1$ 时 7 种度量模式的极值与阈值对照表

	度量模式 1	度量模式 2	度量模式 3	度量模式 4	度量模式 5	度量模式 6	度量模式 7
$\max(T(\alpha,\beta))$	(0,0)	(1,1)	(1,*)	(*,0)	(1,0)	(1,1)	(0,0)
$\min(T(\alpha,\beta))$	(1,*)	(*,0)	(0,0)	(1,1)	(γ,γ)	(0,0)	(1,1)

表 11-9　$0\leqslant\beta\leqslant0.5$ 且 $0.5\leqslant\alpha\leqslant1$ 时 7 种度量模式的极值与阈值对照表

	度量模式 1	度量模式 2	度量模式 3	度量模式 4	度量模式 5	度量模式 6	度量模式 7
$\max(T(\alpha,\beta))$	(0.5,*)	(*,0.5)	(1,*)	(*,0)	(1,0)	(1,0.5)	(0.5,0)
$\min(T(\alpha,\beta))$	(1,*)	(*,0)	(0.5,*)	(*,0.5)	(0.5,0.5)	(0.5,0)	(1,0.5)

其中极大阈值代表这类度量取值最大时的阈值，极小阈值代表这类度量取值最小时的阈值。通过查阅表 11-1 或表 11-2 可以快速获知满足定理 11-1 的目标函数阈值。

例如，$T(\alpha,\beta)$ 由度量模式 1 中的任意几个度量构成，则根据定理 11-1，当阈值范围 $0\leqslant\beta\leqslant\alpha\leqslant1$ 时，通过查阅表 11-1 可得 $T(\alpha,\beta)$ 的极大期望目标的阈值为 $(\alpha,\beta)=(0,0)$，极小期望目标的阈值为 $(\alpha,\beta)=(1,*)$。

当阈值范围 $0\leqslant\beta\leqslant0.5$ 且 $0.5\leqslant\alpha\leqslant1$ 时，通过查阅表 11-2 可得 $T(\alpha,\beta)$ 的极大期望目标的阈值为 $(\alpha,\beta)=(0.5,*)$，极小期望目标的阈值为 $(\alpha,\beta)=(1,*)$。

定理 11-2　给定基于加权求和法的目标函数 $(\alpha,\beta)=\{(\alpha,\beta)|\max/\min(T(\alpha,\beta))\}$，$w_i\in\{0,1\}$。其中目标函数 $T(\alpha,\beta)$ 由不同度量模式的度量指标构成。如果这些度量指标的极大阈值有交集，则这个交集为 $T(\alpha,\beta)$ 的极大期望阈值。如果这些度量指标极小阈值有交集，则这个交集为 $T(\alpha,\beta)$ 的极小期望阈值。

证明　当目标函数 $T(\alpha,\beta)$ 中不同模式度量指标的极大阈值有共同交集时，根据定义 11-4～定义 11-9 可知这个阈值的共同交集必然使得各个度量指标都将获得极大值。所以上述交集为 $T(\alpha,\beta)$ 的最大期望目标阈值。同理可以证明求解目标函数 $T(\alpha,\beta)$ 最小期望目标阈值的情况。

在 $0\leqslant\beta\leqslant\alpha\leqslant1$ 约束下，存在极大阈值交集的有度量模式 1、4、7，度量模式 3、4、5 和度量模式 2、3、6；存在极小阈值交集有度量模式 2、3、5、6，度量模式 1、2 和度量模式 1、4、5。

例如，某目标函数为 $T(\alpha,\beta)=M_{\text{TP}}(\alpha,\beta)+M_{\text{NF}}(\alpha,\beta)$，$0\leqslant\beta\leqslant\alpha\leqslant1$。目标函数中 $M_{\text{TP}}(\alpha,\beta)$ 属于度量模式 1，$M_{\text{NF}}(\alpha,\beta)$ 属于度量模式 4。根据表 11-8，度量模式 1 和度量模式 4 的极大阈值分别为 (0,0) 和 (*,0)，由于 $(0,0)\cap(*,0)=(0,0)$，所以根据定理 11-2 可知，$T(\alpha,\beta)$ 极大期望的阈值为 (0,0)。根据表 11-8，度量模式 1 和度量模式 4 的极小阈值分别为 (1,*) 和 (1,1)，由于 $(1,*)\cap(1,1)=(1,1)$，所以根据定理 11-2 可知，$T(\alpha,\beta)$ 极小期望的阈值为 (1,1)。

同理在 $0\leqslant\beta\leqslant0.5$ 且 $0.5\leqslant\alpha\leqslant1$ 约束下，根据表 11-9 可以推断出：存在阈值交集的有度量模式 1、4，度量模式 3、4、5，度量模式 2、3、6 和度量模式 1、2。

定理 11-3　给定基于加权求和法的目标函数 $(\alpha,\beta)=\{(\alpha,\beta)|\max/\min(T(\alpha,\beta))\}$，$w_i\in\{-1,0,1\}$。如果 $T(\alpha,\beta)$ 中所有权值为 1 度量的极大阈值与权值为−1 度量指标的极小阈值有共同交集，则这个共同交集为 $T(\alpha,\beta)$ 的极大期望阈值。如果 $T(\alpha,\beta)$ 中所有权值为 1 的度量指标的极小阈值与权值为−1 的度量指标极大阈值有共同交集，

则这个共同交集为 $T(\alpha,\beta)$ 的极小期望阈值。

证明 与定理 11-2 的证明过程类似。

例如，度量模式 1、4、7 的极大阈值与度量模式 2、3、5、6 的极小阈值存在共同交集。

度量模式 3、4、5 的极大阈值与度量模式 1、2 的极小阈值存在共同交集。

度量模式 2、3、6 的极大阈值与度量模式 1、4、5、7 的极小阈值存在共同交集。

上述研究表明，当加权求和法的期望目标函数满足定理 11-1～定理 11-3 时，可以直接获得最优阈值的解。否则，最优阈值的解需要通过计算获得。

11.4.2 度量指标组合约束法

混淆矩阵度量指标可以作为相对独立的个体分别进行研究。这种分别考虑相关度量指标的语义是这类目标函数的每个度量指标被分别设定期望目标。本章主要考虑这种目标函数的两种情形。

情形一 分别考虑每个度量指标的极值：

$$(\alpha,\beta)=\{(\alpha,\beta)|T(\alpha,\beta)=T_{\mathrm{P}}(\alpha,\beta)\wedge T_{\mathrm{N}}(\alpha,\beta)\wedge T_{\mathrm{B}}(\alpha,\beta)\}$$

其中

$$\begin{aligned}
T_{\mathrm{P}}(\alpha,\beta)=&w_1\times(\min/\max M_{\mathrm{TP}}(\alpha,\beta))\wedge w_2\times(\min/\max M_{\mathrm{PT}}(\alpha,\beta))\\
&\wedge w_3\times(\min/\max M_{\mathrm{PF}}(\alpha,\beta))\wedge w_4\times(\min/\max M_{\mathrm{FP}}(\alpha,\beta))\\
&\wedge w_5\times(\min/\max M_{*\mathrm{P}}(\alpha,\beta))\\
T_{\mathrm{N}}(\alpha,\beta)=&w_6\times(\min/\max M_{\mathrm{FN}}(\alpha,\beta))\wedge w_7\times(\min/\max M_{\mathrm{NF}}(\alpha,\beta))\\
&\wedge w_8\times(\min/\max M_{\mathrm{TN}}(\alpha,\beta))\wedge w_9\times(\min/\max M_{\mathrm{NT}}(\alpha,\beta))\\
&\wedge w_{10}\times(\min/\max M_{*\mathrm{N}}(\alpha,\beta))\\
T_{\mathrm{B}}(\alpha,\beta)=&w_{11}\times(\min/\max M_{\mathrm{BT}}(\alpha,\beta))\wedge w_{12}\times(\min/\max M_{\mathrm{BF}}(\alpha,\beta))\\
&\wedge w_{13}\times(\min/\max M_{\mathrm{TB}}(\alpha,\beta))\wedge w_{14}\times(\min/\max M_{\mathrm{FB}}(\alpha,\beta))\\
&\wedge w_{15}\times(\min/\max M_{*\mathrm{B}}(\alpha,\beta))
\end{aligned}\tag{11.19}$$

$$\text{s.t.}\quad 0\leqslant\beta\leqslant\alpha\leqslant1 \text{ 或 } (0\leqslant\beta\leqslant0.5)\wedge(0.5\leqslant\alpha\leqslant1),\quad w_i\in\{0,1\};i=1,2,\cdots,15$$

上述目标函数 $T(\alpha,\beta)$ 的描述显示，决策者可以根据决策需求选择不同的度量。

定理 11-4 假设分别考虑每个度量指标极值的目标函数 $(\alpha,\beta)=\{(\alpha,\beta)|\max/\min(T(\alpha,\beta))\}$。若每个度量的期望相同（极大或极小），并且所有度量属于同一种度量模式，则 $T(\alpha,\beta)$ 期望的阈值为该度量模式度量的极大阈值或极小阈值。

证明 与定理 11-1 的证明过程类似。

根据定理 11-4，可以快速判定使目标函数取最值时的阈值分布。例如，某目标函数为

$$(\alpha,\beta)=\{(\alpha,\beta)|T(\alpha,\beta)=\max(M_{\mathrm{TP}}(\alpha,\beta))+\max(M_{\mathrm{PF}}(\alpha,\beta))+\max(M_{\mathrm{FP}}(\alpha,\beta))\}$$

$$\text{s.t.}\quad 0\leqslant\beta\leqslant 0.5\leqslant\alpha\leqslant 1$$

由于 $M_{\mathrm{TP}}(\alpha,\beta)$、$M_{\mathrm{PF}}(\alpha,\beta)$、$M_{\mathrm{FP}}(\alpha,\beta)$ 都属于度量模式 1，$0\leqslant\beta\leqslant 0.5$ 且 $0.5\leqslant\alpha\leqslant 1$ 约束下度量模式 1 的极大阈值为 $(\alpha,\beta)=(0.5,*)$。目标函数 $T(\alpha,\beta)$ 在期望阈值为 $(\alpha,\beta)=(0.5,*)$。

定理 11-5　假设某个分别考虑每个度量指标极值的目标函数为 $(\alpha,\beta)=\{(\alpha,\beta)|\max/\min(T(\alpha,\beta))\}$，若每个度量的期望不相同（极大或极小），并且所有度量属于不同种的度量模式，则 $T(\alpha,\beta)$ 期望的阈值为这些度量期望阈值的共同交集。如果这些度量的期望目标阈值没有共同交集，则目标函数 $T(\alpha,\beta)$ 无解。

证明　与定理 11-2 的证明过程类似。

例如，某目标函数为

$$(\alpha,\beta)=\{(\alpha,\beta)\,|\,\max(M_{\mathrm{PT}}(\alpha,\beta)),\min\left(M_{\mathrm{PF}}(\alpha,\beta)\right),\min(M_{\mathrm{NF}}(\alpha,\beta)),\max(M_{\mathrm{FN}}(\alpha,\beta))\}$$

$$0\leqslant\beta\leqslant\alpha\leqslant 1$$

根据定义 11-4～定义 11-7 可知，$M_{\mathrm{PT}}(\alpha,\beta)$、$M_{\mathrm{PF}}(\alpha,\beta)$、$M_{\mathrm{NF}}(\alpha,\beta)$、$M_{\mathrm{FN}}(\alpha,\beta)$ 分属于度量模式 3、1、4、2。

由表 11-8 可知，$M_{\mathrm{PT}}(\alpha,\beta)$ 的极大阈值为 $(1,*)$，$M_{\mathrm{PF}}(\alpha,\beta)$ 的极小阈值为 $(1,*)$，$M_{\mathrm{NF}}(\alpha,\beta)$ 的极小阈值为 $(1,1)$，$M_{\mathrm{FN}}(\alpha,\beta)$ 的极大阈值为 $(1,1)$。由于阈值 $(1,*)$ 和 $(1,1)$ 具有公共交集为 $(1,1)$。根据定理 11-5 可知该目标函数的期望阈值解为 $(1,1)$。

情形二　为每个度量指标设定目标值范围：

$$(\alpha,\beta)=\{(\alpha,\beta)|T(\alpha,\beta)=T_{\mathrm{P}}(\alpha,\beta)\wedge T_{\mathrm{N}}(\alpha,\beta)\wedge T_{\mathrm{B}}(\alpha,\beta)\}$$

其中

$$\begin{aligned}
T_{\mathrm{P}}(\alpha,\beta)=&\,k_1\times(M_{\mathrm{TP}}(\alpha,\beta)\sim t_{\mathrm{TP}})\wedge k_2\times(M_{\mathrm{PT}}(\alpha,\beta)\sim t_{\mathrm{PT}})\\
&\wedge k_3\times(M_{\mathrm{PF}}(\alpha,\beta)\sim t_{\mathrm{PF}})\wedge k_4\times(M_{\mathrm{FP}}(\alpha,\beta)\sim t_{\mathrm{FP}})\\
&\wedge k_5\times(M_{*\mathrm{P}}(\alpha,\beta)\sim t_{*\mathrm{P}})\\
T_{\mathrm{N}}(\alpha,\beta)=&\,k_6\times(M_{\mathrm{FN}}(\alpha,\beta)\sim t_{\mathrm{FN}})\wedge k_7\times(M_{\mathrm{NF}}(\alpha,\beta)\sim t_{\mathrm{NF}})\\
&\wedge k_8\times(M_{\mathrm{TN}}(\alpha,\beta)\sim t_{\mathrm{TN}})\wedge k_9\times(M_{\mathrm{NT}}(\alpha,\beta)\sim T_{\mathrm{NT}})\\
&\wedge k_{10}\times(M_{*\mathrm{N}}(\alpha,\beta)\sim t_{*\mathrm{N}})\\
T_{\mathrm{B}}(\alpha,\beta)=&\,k_{11}\times(M_{\mathrm{BT}}(\alpha,\beta)\sim t_{\mathrm{BT}})\wedge k_{12}\times(M_{\mathrm{BF}}(\alpha,\beta)\sim t_{\mathrm{BF}})\\
&\wedge k_{13}\times(M_{\mathrm{TB}}(\alpha,\beta)\sim t_{\mathrm{TB}})\wedge k_{14}\times(M_{\mathrm{FB}}(\alpha,\beta)\sim t_{\mathrm{FB}})\\
&\wedge k_{15}\times(M_{*\mathrm{B}}(\alpha,\beta)\sim t_{*\mathrm{B}})
\end{aligned}\tag{11.20}$$

$$\text{s.t.}\quad 0\leqslant\beta\leqslant\alpha\leqslant 1\ \text{或}\ (0\leqslant\beta\leqslant 0.5)\wedge(0.5\leqslant\alpha\leqslant 1),\quad k_i\in\{0,1\};i=1,2,\cdots,15$$

注：～表示关系运算符 $\leqslant$ 或者 $\geqslant$，t_{**} 表示各个目标值。

上述目标函数度量模式 2 中各个度量的取值范围，通常由用户指定。本目标函数的最优阈值解，需要通过各个度量指标之间的博弈获得。其计算结果可能是有解也可能是无解，这取决于度量的选择及范围的设定。

在不同的应用背景中，度量指标的选择及范围目标的设定都有其特定的语义。本章不展开讨论，相关研究将在后续工作中进行。

11.5　实例与分析

满足定理 11-1～定理 11-5 的三支决策目标函数可以直接获得最优期望阈值。而更为一般的目标函数，往往都不能够满足定理 11-1～定理 11-5 的条件，其阈值求解需要通过计算获得。

同时，为每个度量指标都设定了目标值范围的目标函数，也需要通过计算获得最优阈值。

本节将通过实例来说明上述目标期望函数的阈值求解，并且讨论和分析混淆矩阵、Shannon 熵及 GINI 系数三支决策的区别。

11.5.1　实例描述

表 11-10 是关于目标近似空间集合 $\mathrm{APR}=(U,R)$ 的实例数据集。具有 15 个等价类 $U/R=\{C_1,C_2\cdots,C_{15}\}$，其中 C_i 表示第 i 个等价类。任一元素 $x\in U$ 属于某个等价类 C_i 的概率记为 $\Pr(C_i)=|C_i|/|U|$，任一元素 $x\in C_i$ 同时属于 $D\subset U$ 的条件概率记为 $\Pr(D|C_i)$，其中 $i\in[1,15]$。

为了简化讨论，本实例三支决策的阈值范围设为 $0\leqslant\beta\leqslant0.5$ 且 $0.5\leqslant\alpha\leqslant1$。

表 11-10　实例数据集信息

	C_1	C_2	C_3	C_4	C_5	C_6	C_7	C_8
$\Pr(C_i)$	0.0177	0.1285	0.0137	0.1352	0.0580	0.0069	0.0498	0.1070
$\Pr(D\|C_i)$	1.0	1.0	1.0	1.0	0.9	0.8	0.8	0.6
	C_9	C_{10}	C_{11}	C_{12}	C_{13}	C_{14}	C_{15}	
$\Pr(C_i)$	0.1155	0.0792	0.0998	0.1299	0.0080	0.0441	0.0067	
$\Pr(D\|C_i)$	0.5	0.4	0.4	0.2	0.1	0.0	0.0	

根据表 11-10 提供的 $\Pr(D|C_i)$ 取值信息及本实例约定的阈值约束条件，可得到阈值 α、β 可能的取值为 $\alpha\in\{1,0.9,0.8,0.6,0.5\}$，$\beta\in\{0,0.1,0.2,0.4\}$。在以下实例中，我们将以黑体标注目标值的极大值，以下划线标注目标值的极小值。

例 11-1

$$(\alpha,\beta)=\{(\alpha,\beta)\,|\,\max/\min(T(\alpha,\beta))\},\quad w_i\in\{0,1\}$$

$$T(\alpha,\beta)=M_{\mathrm{TP}}(\alpha,\beta)+M_{\mathrm{NF}}(\alpha,\beta)+M_{\mathrm{BT}}(\alpha,\beta)$$

显然，这个加权求和法目标函数并不符合定理 11-1～定理 11-3 的条件。

根据定义 11-1～定义 11-3 可以分别计算不同阈值下这 3 个度量指标的取值，然后代入目标函数 $T(\alpha,\beta)$ 进行加权求和。表 11-11 为不同阈值组合下 $T(\alpha,\beta)$ 的取值情况。

表 11-11　不同阈值组合下例 11-1 的目标函数取值表

β \ α	1	0.9	0.8	0.6	0.5
0	1.9675	2.0124	2.0492	2.1065	**2.1499**
0.1	1.9587	2.0035	2.0402	2.0979	2.1419
0.2	1.9034	1.9461	1.9808	2.0427	2.0975
0.4	1.8648	1.8983	1.9213	1.9781	1.5719

由表 11-11 可知，$(\alpha,\beta)=(0.5,0)$ 时 $T(\alpha,\beta)$ 取得最大值 2.1499。$(\alpha,\beta)=(0.5,0.4)$ 时 $T(\alpha,\beta)$ 取得最小值 1.5719。因此，由阈值 $(\alpha,\beta)=(0.5,0)$ 划分的三支分类满足 $T(\alpha,\beta)$ 的极大期望目标。而由阈值 $(\alpha,\beta)=(0.5,0.4)$ 划分的三支分类满足 $T(\alpha,\beta)$ 的极小期望目标。

例 11-2

$$(\alpha,\beta)=\{(\alpha,\beta)\big|\max(T(\alpha,\beta))\},\quad w_i\in\{-1,0,1\}$$

$$T(\alpha,\beta)=M_{\mathrm{TP}}(\alpha,\beta)-M_{\mathrm{FP}}(\alpha,\beta)+M_{\mathrm{FN}}(\alpha,\beta)-M_{\mathrm{TN}}(\alpha,\beta)$$

显然，例 11-2 也不符合定理 11-1～定理 11-3。

根据定义 11-1 和定义 11-2 可以分别计算不同阈值下这 4 个度量指标的取值，然后代入目标函数 $T(\alpha,\beta)$ 进行加权求和。

表 11-12 为不同阈值组合下 $M_{\mathrm{TP}}(\alpha,\beta)-M_{\mathrm{FP}}(\alpha,\beta)+M_{\mathrm{FN}}(\alpha,\beta)-M_{\mathrm{TN}}(\alpha,\beta)$ 的取值情况。由表 11-12 可知，$(\alpha,\beta)=(0.8,0.4)$ 时 $T(\alpha,\beta)$ 取值最大。因此，根据阈值 $(\alpha,\beta)=(0.8,0.4)$ 划分的三支分类就是满足目标函数的最优三支决策。

表 11-12　不同阈值组合下例 11-2 的目标函数取值表

β \ α	1	0.9	0.8	0.6	0.5
0	0.6128	0.6830	0.7275	0.7216	0.6667
0.1	0.6301	0.7003	0.7448	0.7389	0.684
0.2	0.8561	0.9263	0.9708	0.9649	0.91
0.4	1.0169	1.0871	**1.1316**	1.1257	1.0708

例 11-3　设定每个度量指标的目标值范围为

$$(\alpha,\beta)=\{(\alpha,\beta)\,|\,T(\alpha,\beta)=\{M_{\mathrm{TP}}(\alpha,\beta)\geqslant 0.9,M_{\mathrm{PT}}(\alpha,\beta)\geqslant 0.6,M_{*\mathrm{B}}(\alpha,\beta)\geqslant 0.5\}\}$$

根据定义 11-4、定义 11-6、定义 11-8，上式目标函数中的度量指标 $M_{\text{TP}}(\alpha,\beta)$、$M_{\text{PT}}(\alpha,\beta)$、$M_{*\text{B}}(\alpha,\beta)$ 分别属于度量模式 1、3、5。不同阈值下这 3 个度量指标的取值如表 11-13 所示。

满足 $M_{\text{TP}}(\alpha,\beta)\geqslant 0.9$ 的阈值范围为 $\alpha\in\{1,0.9,0.8\},\beta\in\{0,0.1,0.2,0.4\}$。

满足 $M_{\text{PT}}(\alpha,\beta)\geqslant 0.6$ 的阈值范围为 $\alpha\in\{0.5,0.6,0.8\},\beta\in\{0,0.1,0.2,0.4\}$。

满足 $M_{*\text{B}}(\alpha,\beta)\geqslant 0.5$ 的阈值范围为 $\alpha\in\{1,0.9,0.8\},\beta\in\{0.1,0.2\}$ 和 $\alpha\in\{1,0.9\}$，$\beta=\{0\}$。

同时满足三个目标取值范围的阈值显然是三个度量指标阈值的交集。

$$\alpha\in\{1,0.9,0.8\}\cap\{0.5,0.6,0.8\}\cap\{1,0.9,0.8\}=\{0.8\}$$

$$\beta\in\{0,0.1,0.2,0.4\}\cap\{0,0.1,0.2,0.4\}\cap\{0.1,0.2\}=\{0.1,0.2\}$$

和

$$\alpha\in\{1,0.9,0.8\}\cap\{0.5,0.6,0.8\}\cap\{1,0.9\}=\varnothing$$

$$\beta\in\{0,0.1,0.2,0.4\}\cap\{0,0.1,0.2,0.4\}\cap\{0\}=\{0\}$$

所以可以得到两组阈值：$(\alpha,\beta)\in\{(0.8,0.1),(0.8,0.2)\}$，由此根据 $(\alpha,\beta)=(0.8,0.1)$ 或者 $(\alpha,\beta)=(0.8,0.2)$ 划分的三支分类为满足 $T(\alpha,\beta)$ 期望目标的三支决策。

表 11-13　不同阈值下例 11-3 各度量的取值

	β \ α	1	0.9	0.8	0.6	0.5
$M_{\text{TP}}(\alpha,\beta)$	0	**1**	0.9836	0.958	0.8839	0.8137
	0.1	**1**	0.9836	0.958	0.8839	0.8137
	0.2	**1**	0.9836	0.958	0.8839	0.8137
	0.4	**1**	0.9836	0.958	0.8839	0.8137
$M_{\text{PT}}(\alpha,\beta)$	0	0.4815	0.5667	0.6406	0.7453	**0.8395**
	0.1	0.4815	0.5667	0.6406	0.7453	**0.8395**
	0.2	0.4815	0.5667	0.6406	0.7453	**0.8395**
	0.4	0.4815	0.5667	0.6406	0.7453	**0.8395**
$M_{*\text{B}}(\alpha,\beta)$	0	**0.6541**	0.5961	0.4015	0.2945	0.179
	0.1	0.6461	0.5881	0.5394	0.4324	0.3169
	0.2	0.5162	0.4582	0.5314	0.4244	0.3089
	0.4	0.3372	0.2792	0.2225	0.1155	0

被选定的阈值是否是最优的阈值，主要取决于是否满足目标函数，但是有些应用场景也需要考虑准确率 $\text{CR}(\alpha,\beta)$ 与承诺率 $\text{CMR}(\alpha,\beta)$ 之间的平衡。

在例 11-1 中，满足极大期望目标的三支决策分类阈值为 $(\alpha,\beta)=(0.5,0)$。此时，决策的准确率为 82.839%，决策的承诺率为 69.1169%。满足极小期望目标的三支决策分类阈值为 $(\alpha,\beta)=(0.5,0.4)$。其等价于阈值为 0.5 的概率粗糙集二支决策。此时，决策的准确率为 78.38%，决策的承诺率为 100%，满足极大期望目标的三支决策模型与阈值为 0.5 的概率粗糙集二支决策模型相比，显然在承诺率上减少了 30.88 个百分点，而准确率提高了 4.459 个百分点。

在例 11-2 中，满足极大期望目标的三支决策分类阈值为 $(\alpha,\beta)=(0.8,0.4)$。此时，决策的准确率为 85.1318%，决策的承诺率为 77.7578%。满足极小期望目标的三支决策分类阈值为 $(\alpha,\beta)=(1,0)$。此时，决策的准确率为 100%，决策的承诺率为 34.5935%，这意味其获得的决策模型与恰好就是 Pawlak 粗糙集定义的三支分类模型。例 11-2 的极大期望目标函数获得的决策模型与经典 Pawlak 粗糙集决策相比，显然，在准确率上减少了 14.87 个百分点，而承诺率提高了 43.16 个百分点。

在例 11-3 中，满足期望目标函数 $M_{\mathrm{TP}}(\alpha,\beta)\geqslant 0.9, M_{\mathrm{PT}}(\alpha,\beta)\geqslant 0.6, M_{*\mathrm{B}}(\alpha,\beta)\geqslant 0.5$ 的三支决策分类阈值为 $(\alpha,\beta)\in\{(0.8,0.1),(0.8,0.2)\}$。目标值范围的确定，对获得合适的决策域至关重要，但是不是所有的目标取值都是有效的。例如，$M_{\mathrm{TP}}(\alpha,\beta)\geqslant 0.9$, $M_{\mathrm{PT}}(\alpha,\beta)\geqslant 0.7$, $M_{*\mathrm{B}}(\alpha,\beta)\geqslant 0.5$ 得到的解为空，即不合理的目标函数将可能获得空解。

例 11-1～例 11-3 显示，不同的混淆矩阵决策目标函数可以产生不同的三支决策，体现了不同的决策需求。

11.5.2　模型对比分析

混淆矩阵、Shannon 熵及 GINI 系数都被用来评估分类问题的不确定程度。它们往往被应用到不同的领域。例如，混淆矩阵被广泛应用于机器学习算法的评价，Shannon 熵被应用于数据分析中的属性重要度的度量，而 GINI 系数主要被应用于社会经济研究领域。同时 Shannon 熵和 GINI 系数也是三支决策理论中的重要度量体系。文献[10]提出采用条件熵 $H(\pi_D \mid \pi_{(\alpha,\beta)}(D))$ 来计算三支决策的整体不确定性。文献[21]提出将三支决策中接收域、拒绝域和不承诺域的相对 GINI 系数分别表示为 $G_{\mathrm{P}}(\alpha,\beta)$、$G_{\mathrm{N}}(\alpha,\beta)$、$G_{\mathrm{B}}(\alpha,\beta)$。表 11-14 是上述 3 种三支决策度量指标的对比信息。

表 11-14　三支决策典型度量特征对比

	Shannon 熵	GINI 系数	混淆矩阵
度量个数	1	3	15
度量变化规律	不确定	确定	确定
支持加权求和	否	是	是
支持多度量同时评估	是	是	是

由表 11-14 可见，混淆矩阵度量指标的数量最多。混淆矩阵度量指标与 GINI 系数的度量指标都具有明确的变化规律。从目标函数构成形式的角度来看，由于

Shannon 熵只有一个指标，所以 Shannon 熵只有单个指标的极大或极小度量期望形式。混淆矩阵度量指标与 GINI 系数的度量指标的目标函数形式较为类似。然而，由于三支决策混淆矩阵度量指标数量多于三支决策 GINI 系数指标，所以混淆矩阵度量的灵活性及其语义表达能力都强于三支决策 GINI 度量。

表 11-15 是 GINI 系数与部分混淆矩阵度量指标变化规律对比表，由表 11-15 可见三支决策 GINI 系数 $G_{\mathrm{P}}(\alpha,\beta)$ 与混淆矩阵度量模式 1 中的 $M_{\mathrm{PF}}(\alpha,\beta)$、$M_{\mathrm{FP}}(\alpha,\beta)$ 具有相同的变化规律。$G_{\mathrm{N}}(\alpha,\beta)$ 与混淆矩阵度量模式 2 中的 $M_{\mathrm{NT}}(\alpha,\beta)$、$M_{\mathrm{TN}}(\alpha,\beta)$ 具有相同的取值变化规律。$G_{\mathrm{B}}(\alpha,\beta)$ 与混淆矩阵度量模式 5 中的 $M_{\mathrm{TB}}(\alpha,\beta)$、$M_{\mathrm{FB}}(\alpha,\beta)$、$M_{*\mathrm{B}}(\alpha,\beta)$ 具有相同的取值变化规律。

上述分析显示，三支决策的 GINI 系数 $G_{\mathrm{P}}(\alpha,\beta)$、$G_{\mathrm{N}}(\alpha,\beta)$、$G_{\mathrm{B}}(\alpha,\beta)$ 的取值变化规律分别符合混淆矩阵度量模式 1、2 和 5，所以可以初步得出结论，定理 11-1～定理 11-5 也适合 GINI 目标函数的求解。而混淆矩阵度量指标是否可以等价于 GINI 度量指标，或混淆矩阵度量指标是否可以替代 GINI 度量指标，则还有待于进一步的研究。

表 11-15　GINI 系数和混淆矩阵的目标函数与阈值变化关系

	G_{P}	M_{PF}、M_{FP}	G_{N}	M_{NT}、M_{TN}	G_{B}	M_{TB}、M_{FB}、$M_{*\mathrm{B}}$
$(\alpha,\beta)=(1,0)$	0	0	0	0	max	max
$(\alpha\downarrow,\beta)$	↗	↗	0	0	↘	↘
$(\alpha,\beta\uparrow)$	0	0	↗	↗	↘	↘
$(\alpha\downarrow,\beta\uparrow)$	↗	↗	↗	↗	↘	↘
$(\alpha,\beta)=(\gamma,\gamma)$	↗	↗	↗	↗	0	0

为了比较采用三种度量方法进行三支决策的直观效果，基于表 11-10 进行以下对比实验。

图 11-5(a)是 Shannon 熵目标函数 $(\alpha,\beta)=\{(\alpha,\beta)\,|\,\min(H(\pi_D\,|\,\pi_{(\alpha,\beta)}(D)))\}$ 计算的示意图，该目标函数是文献[18]提出的。从图 11-5(a)中可以看出，Shannon 熵目标函数的最小期望的阈值为 $(\alpha,\beta)=(0.9,0.2)$。此时，三支决策的准确率为 93.983%，决策的承诺率为 54.1854%。

图 11-5(b)是基于 GINI 系数的三支决策目标函数 $(\alpha,\beta)=\{(\alpha,\beta)\,|\,\min(G_{\mathrm{P}}(\alpha,\beta)+G_{\mathrm{N}}(\alpha,\beta)+G_{\mathrm{B}}(\alpha,\beta))\}$ 的计算示意图，该实验采用的是文献[12]提出的计算过程。从图 11-5(b)中可以看出，满足 GINI 系数目标函数最小期望的阈值为 $(\alpha,\beta)=(0.5,0.4)$。此时，三支决策的准确率为 78.38%，决策的承诺率为 100%。

图 11-5(c)与图 11-5(d)是本章混淆矩阵目标函数法例 11-1 和例 11-2 的计算示意图。

比较这 4 组实例结果，可以发现不同的目标函数具有不同的数值形态。然而，最优期望的分类阈值可能相同也可能不同。例如，满足 GINI 系数目标函数的最小期望的阈值与例 11-1 的极小期望目标阈值都是相同的$(\alpha,\beta)=(0.5,0.4)$，而它们的极大期望目标阈值不同。

正如前面已经讨论的，选择不同的目标函数取决于不同的应用背景，也表达了不同的目标语义。然而，每个目标函数的解都可以被认为是满足期望目标的最优三支决策。上述研究表明，本章构造的三支决策混淆矩阵目标函数是一种获取最优三支分类的有效工具。

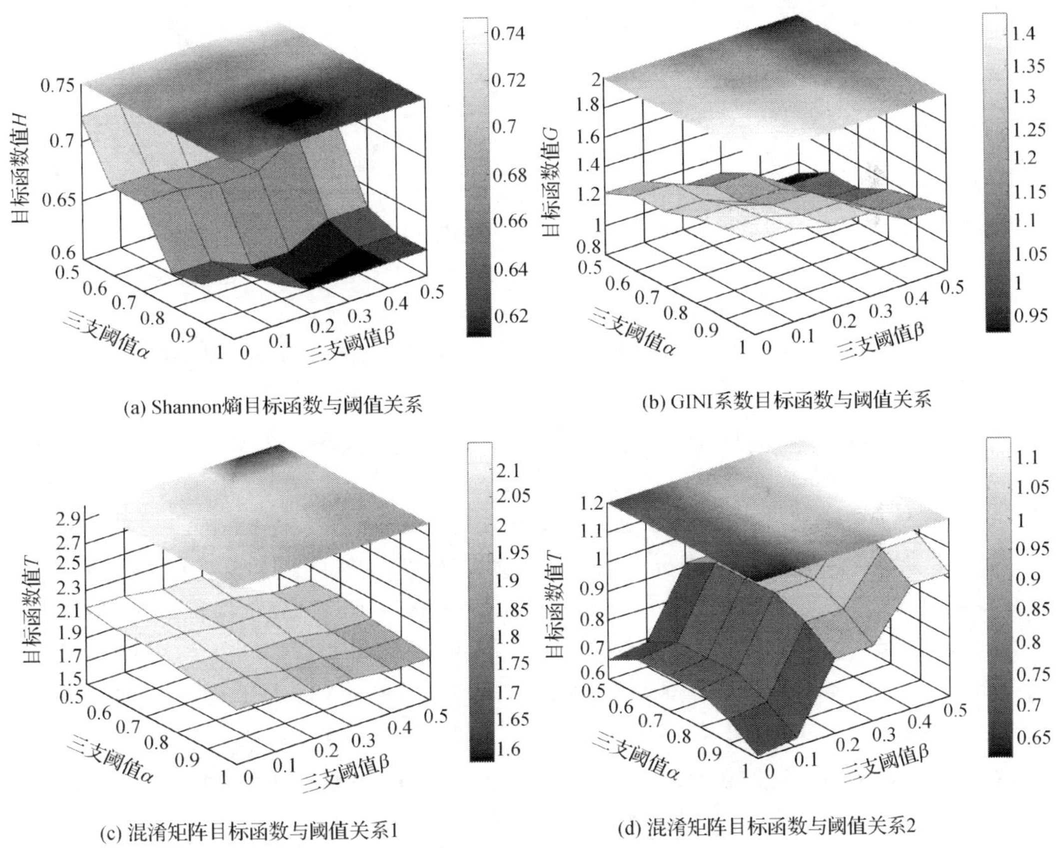

(a) Shannon熵目标函数与阈值关系

(b) GINI系数目标函数与阈值关系

(c) 混淆矩阵目标函数与阈值关系1

(d) 混淆矩阵目标函数与阈值关系2

图 11-5　Shannon 熵、GINI 系数和混淆矩阵对比图

11.6 本 章 小 结

三支决策在机器学习领域的推广应用是目前三支决策研究的一项重要工作。本章从度量构造的角度出发，以机器学习中经典的混淆矩阵作为基础度量工具进行了系统的三支决策理论研究。三支决策混淆矩阵度量系统的构造，以及三支决策混淆

矩阵度量目标函数的构造是在三支决策理论中引入了经典机器学习混淆矩阵度量方法的实践。与 Shannon 熵、GINI 系数相比，三支决策混淆矩阵具有更加丰富的指标系统和更加复杂的语义表达能力。三支决策混淆矩阵的这些特点有利于三支决策在机器学习领域的深度融合。

本章不但能够加深人们对粗糙集和三支决策理论的理解，而且更加有利于推导三支决策思想与传统机器学习的深度融合，为解决复杂机器学习中三支分类问题奠定了理论基础。将三支决策混淆矩阵度量系统应用到具体的机器学习应用场景是本章的下一步研究工作。

参 考 文 献

[1] Yao Y Y. Three-way decisions with probabilistic rough sets[J]. Information Sciences, 2010, 180: 341-353.

[2] Yao Y Y. The superiority of three-way decisions in probabilistic rough set models[J]. Information Sciences, 2011, 181(6): 1080-1096.

[3] Pawlak Z. Rough sets[J]. International Journal of Computer & Information Sciences, 1982, 11(5): 341-356.

[4] Pawlak Z. Rough Sets: Theoretical Aspects of Reasoning about Data[M]. Dordrecht: Kluwer Academic Publishers, 1991.

[5] Yao Y Y, Wong S K M. A Decision theoretic framework for approximating concepts[J]. International Journal of Man-Machine Studies, 1992, 37: 793-809.

[6] Zadeh L A. Toward a theory of fuzzy information granulation and its centrality in human reasoning and fuzzy logic[J]. Fuzzy Sets & Systems, 1997, 90(2): 111-127.

[7] Yao Y Y. Probabilistic rough set approximations[J]. International Journal of Approximation Reasoning, 2008, 49: 255-271.

[8] Ma X A, Yao Y Y. Three-way decision perspectives on class-specific attribute reducts[J]. Information Sciences, 2018, 450: 227-245.

[9] Zadeh L A. Fuzzy logic = computing with words[J]. IEEE Transactions on Fuzzy Systems, 1996, 4(2): 103-111.

[10] Deng X F, Yao Y Y. Decision-theoretic three-way approximations of fuzzy sets[J]. Information Sciences, 2014, 279: 702-715.

[11] Liang D C, Liu D. Systematic studies on three-way decisions with interval-valued decision-theoretic rough sets[J]. Information Sciences, 2014, 276: 186-203.

[12] Yao Y Y, Wang S, Deng X F. Constructing shadowed sets and three-way approximations of fuzzy sets[J]. Information Sciences, 2017, 412-413: 132-153.

[13] Chen H M, Li T R, Luo C, et al. A decision-theoretic rough set approach for dynamic data mining[J]. IEEE Transactions Fuzzy Systems, 2015, 23(6): 1958-1970.

[14] Li W T, Xu W H. Double-quantitative decision-theoretic rough set[J]. Information Sciences, 2015, 316: 54-67.

[15] Qian Y H, Zhang H, Sang Y L, et al. Multigranulation decision-theoretic rough sets[J]. International Journal of Approximate Reasoning, 2014, 55(1): 225-237.

[16] Liang D C, Xu Z H, Liu D. Three-way decisions based on decision-theoretic rough sets with dual hesitant fuzzy information[J]. Information Sciences, 2017, 396: 127-143.

[17] Zhang H Y, Yanga S Y, Ma J M. Ranking interval sets based on inclusion measures and applications to three-way decisions[J]. Knowledge-Based Systems, 2016, 91: 62-70.

[18] Zhao X R, Hu B Q. Fuzzy probabilistic rough sets and their corresponding three-way decisions[J]. Knowledge-Based Systems, 2016, 91: 126-142.

[19] Azam N, Zhang Y, Yao J T. Evaluation functions and decision conditions of three-way decisions with game-theoretic rough sets[J]. European Journal of Operational Research, 2017, 261: 704-714.

[20] Deng X F, Yao Y Y. A multifaceted analysis of probabilistic three-way decisions[J]. Fundamenta Informaticae, 2014, 132: 291-313.

[21] Zhang Y, Yao J T. Gini objective functions for three-way classifications[J]. International Journal of Approximate Reasoning, 2017, 81: 103-114.

[22] Gao C, Yao Y Y. Determining thresholds in three-way decisions with chi-square statistic[C]. International Joint Conference on Rough Set 2016. Santiago: Springer Press, 2016: 272-281.

[23] Jia X Y, Tang Z M, Liao W H, et al. On an optimization representation of decision-theoretic rough set model[J]. International Journal of Approximate Reasoning, 2014, 55: 156-166.

[24] Gong M G, Jiao L C, Yang D D, et al. Research on evolutionary multi-objective optimization algorithms[J]. Journal of Software, 2009, 20(2): 271-289.

[25] Zhou B, Yao Y Y, Luo J G. Cost-sensitive three-way email spam filtering[J]. Journal of Intelligent Information Systems, 2014, 42(1): 19-45.

[26] Taimoor M, Azama K N, Khalid S, et al. A three-way approach for learning rules in automatic knowledge-based topic models[J]. International Journal of Approximate Reasoning, 2017, 82: 210-226.

[27] Li H X, Zhang L B, Zhou X Z, et al. Cost-sensitive sequential three-way decision modeling using a deep neural network[J]. International Journal of Approximate Reasoning, 2017, 85: 68-78.

[28] Qian J, Dang C Y, Yue X D, et al. Attribute reduction for sequential three-way decisions under dynamic granulation[J]. International Journal of Approximate Reasoning, 2017, 85: 196-216.

[29] Yu H, Zhang C, Wang G Y. A tree-based incremental over lapping clustering method using the

three-way decision theory[J]. Knowledge-Based Systems, 2016, 91: 189-203.

[30] Luo C, Li T R, Chen H M, et al. Efficient updating of probabilistic approximations with incremental objects[J]. Knowledge-Based Systems, 2016, 109: 71-83.

[31] Liu D, Li T R, Zhang J B. Incremental updating approximations in probabilistic rough sets under the variation of attributes[J]. Knowledge-Based Systems, 2015, 73: 81-96.

[32] Xu J F, Miao D Q, Zhang Y J, et al. A three-way decisions model with probabilistic rough sets for stream computing[J]. International Journal of Approximate Reasoning, 2017, 88: 1-22.

[33] Nauman M, Azam N, Yao J T. A three-way decision making approach to malware analysis using probabilistic rough sets[J]. Information Sciences, 2016, 374: 193-209.

[34] Li H X, Zhang L B, Huang B, et al. Sequential three-way decision and granulation for cost-sensitive face recognition[J]. Knowledge-Based Systems, 2016, 91: 241-251.

[35] Chen Y F, Yue X D, Fujita H, et al. Three-way decision support for diagnosis on focal liver lesions[J]. Knowledge-Based Systems, 2017, 127: 85-99.

[36] Zhang H R, Min F, Shi B. Regression-based three-way recommendation[J]. Information Sciences, 2016, 378: 444-461.

[37] Liu D, Yao Y Y, Li T R. Three-way investment decisions with decision-theoretic rough sets[J]. International Journal of Computational Intelligence System, 2011, 4: 66-74.

[38] Liang D C, Pedrycz W, Liu D, et al. Three-way decisions based on decision-theoretic rough sets under linguistic assessment with the aid of group decision making[J]. Applied Soft Computing, 2015, 29: 256-269.

[39] Deng X Y, Liu Q, Deng Y, et al. An improved method to construct basic probability assignment based on the confusion matrix for classification problem[J]. Information Sciences, 2016, 340-341: 250-261.

[40] Parker J R. Rank and response combination from confusion matrix data[J]. Information Fusion, 2011, 2: 113-120.

[41] Luo C, Li T R, Yao Y Y. Dynamic probabilistic rough sets with incomplete data[J]. Information Sciences, 2017, 417: 39-54.

第 12 章　基于邻域粗糙集的多标记分类算法研究①

不同于传统的单标记学习问题，多标记学习考虑一个对象对应多个类别标记的情况，是当前国际机器学习领域研究的热点问题之一[1]。当前对多标记学习问题的研究主要集中在三个方面：一是多标记分类算法研究；二是标记相关性分析；三是多标记数据特征降维。本章将针对多标记分类中存在的不确定性问题，基于粒计算模型之一的邻域粗糙集模型，研究解决多标记分类问题的方法。

12.1　引　　言

在传统的单标记学习中，每个对象实例仅属于一个类别，但在实际的应用中，一个样本可能同时具有多个类别标签。例如，一幅图像或者一段视频可以标注多种语义[2-4]、一个基因可能对应多种功能[5-7]、一段音乐可以传达多种情感[8-10]。形式化地说，假设 $\mathcal{X} \subset R^d$ 代表 d 维的样本空间，$\mathcal{Y}=\{l_1,l_2,\cdots,l_m\}$ 代表包含 m 个类别的标记空间。给定包含 n 个样本的多标记训练集 $T=\{(x_i,Y_i)|1\leqslant i\leqslant n\}$，其中 $x_i \in \mathcal{X}$ 为 d 维的属性向量，而 $Y_i \subset \mathcal{Y}$ 为与之对应的一组类别标签，则多标记学习系统的任务是从中学习得到一个多标记分类器 $f:\mathcal{X} \to 2^{\mathcal{Y}}$。基于此，对于任一待分类对象 $x \in \mathcal{X}$，分类器预测隶属于该对象的类别标签集合为 $f(x) \subset \mathcal{Y}$。当 $|Y_i|=1$ 时，即每个对象只有一个标签时，f 即为单标记分类器，因此单标记分类问题可以看成多标记分类问题的特例。由此可见，由于多标记对象不再具有唯一的标签，传统的、只考虑单一语义的单标记学习系统无法取得好的效果[11]，由此多标记学习框架应运而生并逐渐成为研究热点[12,13]。

多标记分类旨在学习一个分类器，为待分类的多标记对象分配一个类别标记集合，以达到自动标注的目的。当前虽然已经提出了许多多标记分类算法，并且取得了一定的预测效果，但是现有的算法存在一些缺陷，影响算法性能的提升。第一，它们都基于一个共同的假设，即特征的相似性可以保证语义的相似性，这是与“语义鸿沟”问题相冲突的。事实上，特征相似的对象可能会拥有不同的语义标签，如图 12-1 所示，两幅暖色调的图像分别显示了秋天和落日的景象，色彩明亮，都以黄色为主色调。它们视觉特征相似，但是表达的语义却完全不同。第二，已有的算法忽略了有限的训练样本带来的影响，样本有限使得无法准确估计每个类的分布。综合以上原因，在特征空间到语义概念空间的映射过程中存在着不确定性。

① 本章工作获得国家自然科学基金项目(61563016)、江西省自然科学基金面上项目(20181BAB202023)资助。

粗糙集理论可以看成处理不确定、不精确、不完备信息分类问题的一种有效方法。作为粒计算的支柱模型之一，粗糙集理论表现出了强大的优势，并成为国内外智能计算研究热点之一，目前已广泛应用于模式识别、机器学习、知识获取、人工智能、经济预测等领域。为了表征特征相似性和语义相似性之间的匹配偏差，本节提出了一个基于邻域粗糙集的多标记分类算法 MLNRS。通过引入邻域粗糙集上、下近似的概念，该框架可以找出所有与待分类对象相关的标签，然后根据待分类对象的邻域信息确定最终的标签。

图 12-1 多标记图像

在介绍评价指标前，先给出本章用到的一些形式化符号。$\mathcal{X}=R^d$ 代表样本集合，有限集合 $L=\{l_1,l_2,\cdots,l_m\}$ 表示 m 个类别标签的集合。样本集中的每一个对象 $x\in X$ 用一个 d 维的特征向量 $x=[x^1\ \ x^2\ \ \cdots\ \ x^d](x\in X)$ 表示，且每一个对象对应着一个 m 维的标签向量 $y=[y^1\ \ y^2\ \ \cdots\ \ y^m]$。如果对象 x 具有标签 l_j，则 $y^j=1$；反之，则 $y^j=0$。$T=\{(x_i,y_i)\,|\,i=1,2,\cdots,n\}$ 表示具有 n 个对象的训练集，而 $D=\{(x_i,y_i)\,|\,i=1,2,\cdots,q\}$ 表示具有 q 个对象的测试集。因此，y_i^j 的值对应着第 i 个对象的第 j 个标签的拥属关系。表 12-1 给出了一个具有四个样本的多标记数据集，每个样本具有一个或者多个标签。

表 12-1 多标记数据集

样本	属性	标签
1	x_1	$\{l_1,l_4\}$
2	x_2	$\{l_3,l_4\}$
3	x_3	$\{l_1\}$
4	x_4	$\{l_2,l_3,l_4\}$

12.2 相关研究基础

12.2.1 多标记分类

多标记分类(Multi-label Classification)是多标记学习领域的基本任务之一，它是先训练一个模型，然后对标记未知样本进行分类。该模型会为待分类对象找到对应的一组类别标记。总的来说，我们可以把多标记分类方法大致归为两种类型[1]：问题转换(Problem Transformation)型和算法适应(Algorithm Adaptation)型。

1. 问题转换型

该类方法的基本思想是将多标记问题转换成多个单标记问题，然后采用已有的单标记分类算法进行处理。

Binary Relevance(BR)[14]是一种典型的问题转换型方法，它将每个标记的预测看作一个独立的二值分类问题，并为每个标记训练一个独立的分类器，因此共有 m 个二值分类器。同时数据集也转换成 m 个，每个数据集包含全部的训练样本。对于第 j 个数据集中的样本来说，如果它具有标记 l_j，就赋予 l_j；否则，赋予 $\neg l_j$。在采用 BR 方法对待分类对象进行分类时，从 m 个二值分类器中得到的预测结果的集合即为最终的预测结果。图 12-2 显示了采用 BR 方法对表 12-1 所示的多标记数据集进行转换的结果。

样本	标签
1	l_1
2	$\neg l_1$
3	l_1
4	$\neg l_1$

(a)

样本	标签
1	$\neg l_2$
2	$\neg l_2$
3	$\neg l_2$
4	l_2

(b)

样本	标签
1	$\neg l_3$
2	l_3
3	$\neg l_3$
4	l_3

(c)

样本	标签
1	l_4
2	l_4
3	$\neg l_4$
4	l_4

(d)

图 12-2　经过 BR 方法转换的结果

BR 方法完全忽略了标记之间的相关性，将每个标记预测看作相互独立的分类问题进行处理，因此往往难以达到很高的精度。ECC(Ensembles of Classifier Chains)组合分类器链[15]和 CC (Classifier Chain)[16]分类器链是对 BR 方法的一种改进。它们针对 BR 方法未考虑标记之间的联系而导致信息损失的缺陷，将 BR 方法产生的 m 个二值分类器连接成一条链，训练样本每经过一个二值分类器，就将其预测结果添至样本属性向量中，继续代入下一个二值分类器中训练。CC 中二值分类器排列的顺序不同对结果有较大影响，因此 ECC 采取多条随机产生的不同标记序列 CC 的组合，以减轻单个 CC 由内部二值分类器排列顺序问题而带来的不利影响。

Label Powerset(LP)[17]是另外一种广泛使用的问题转换型方法。它将训练集中每两种标记组合作为一个新的标记，从而使多标记数据转化为单标记数据。图 12-3 显示了表 12-1 所示多标记数据集经过 LP 方法变换后的结果。LP 方法具有两个缺点，第一是不能预测未出现过的标记组合，第二是此类方法仅仅是简单地对标记的组合进行编码，没有充分利用标记间的相互关系。为了克服这些缺点，Read[18]对 LP 方法进行了扩展，将概率分布模型应用到 LP 中，提出了 PPT(Pruned Problem Transformation)方法。当对类别未知数据进行预测时，使 LP 能够预测出训练集合中未出现过的标记组合，同时 PPT 会把出现次数少于某个阈值(如 2 或者 3)的标记组合修剪掉。

样本	标签
1	$l_{1,4}$
2	$l_{3,4}$
3	l_1
4	$l_{2,3,4}$

图 12-3　经过 LP 变换后的数据表

RAkEL(Random k Label-Set Method)[19]是一种典型的 Ensemble 类多标记分类算法。它先在原有的标记集合中随机选取 k 个标记，形成一个新的数据集合，然后在这个数据集合上运用 LP 方法。这个随机选取的过程将被重复 n 次，k 和 n 是需要事先人工指定的两个参数。易知，当 $k=q$，$n=1$ 时，RAkEL 退化为 LP 方法。RAkEL 方法考虑了标记之间的相关性同时又避免了 LP 方法存在的问题。

Hüllermeier 等[20]提出了基于标记对比(Pairwise Comparison)的多标记分类方法 RPC(Ranking by Pairwise Comparison)。通过对比标记集合中任意两个标记之间的关系，该算法建立了 $m(m-1)/2$ 个分类器，这也使得算法的复杂度增加。每个分类器将在两个标记 λ_i 和 λ_j 之间投票，组合这些投票结果即可得到所需的多标记分类结果。不难看出，这种方法只能给出标记的排序，不能预测每个标记的有无。Fürnkranz 等[21]提出 CLR(Calibrated Label Ranking)算法，通过引入虚拟标记(Virtual Label)的概念解决了 RPC 的问题。该虚拟标记的作用是在待分类对象的相关标记集合与无关标记集合之间加入一个人工分割点(Artificial Splitting Point)。即在标记排序序列中，虚拟标记应位于所有相关标记之后，并位于所有无关标记之前。但是总体来说，所有基于标记对比的方法在很大程度上都增加了算法的复杂度。

2. *算法适应型*

该类方法的基本思想是通过对常用单标记学习算法进行改进，使之适用于多标记数据的学习，典型的方法有以下几种。

基于 AdaBoost 的算法：Booster[22]中提出的 Adaboost.MH 和 Adaboost.MR 算法是对自适应类型的 Boosting 算法(Adaboost)应用于多标记数据的两个改进方法。前者旨在最小化汉明损失(Hamming Loss)，后者则是最小化排序损失(Ranking Loss)。de Comité等[23]提出一种将 Adaboost.MH 和 ADTree(Alternating Decision Tree)可变决策树相结合的方法，该方法继承了 Adaboost.MH 方法的效率和可靠性，并且将最终输出的规则以可变决策树的方式呈现出来，这样更加易于理解。

基于 SVM 的算法：Elisseeff 和 Weston[24]提出了能够处理多标记数据的多标记

SVM 分类器，该分类器可以最小化排序损失(Ranking Loss)。通过定义 Multi-label Margin，作者将 m 个 SVM 分类器的输出进行二次回归(Quadratic Programming)下的优化，所得到的结果即为多标记分类结果。Godbole 和 Sarawagi[25]对 SVM 方法提出了 3 项改进：第一项改进考虑了各标记间潜在的依赖关系。第二项改进是 BandSVM，首先对 SVM 进行第一轮训练，然后以第一轮训练获得的分类超平面为基准，删除到该平面距离小于某个预先设定阈值的相似负例训练样本，重新训练 SVM，最终获得具有更大几何间隔的一对分类平面。第三项改进是 ConfMat，是基于减枝的混淆矩阵方法。该方法通过使用适度精准的快速分类器(如 Naive Bayes)对所有类别标记进行测试，得到包含全部类别标记之间相关程度的混淆矩阵，训练 SVM 前根据混淆矩阵中的信息删除与当前选取的正例标记相似的标记及其样本，以提高 SVM 的性能。Xu[26]通过为 SVM 加入零标记(Zero Label)作为区分相关和不相关标记的基准标记，显著降低了多标记 SVM 分类器的运算复杂度。

基于概率模型的算法：McCallum[27]提出一种新的概率生成模型(Probabilistic Generative Model)，即用混合模型来表示文档类别，然后利用最大期望算法(EM)对混合权值和每一类的混合成分中词的分布进行学习。Ueda 和 Saito[28]提出了一个与上面类似的也是基于单词的混合模型，将该模型应用于多标记文本分类。文献[29]提出使用条件随机场(Conditional Random Fields，CRF)构建概率图模型，以表示标记的共现(Co-occurrences)等相关性信息，并将此信息引入标记预测模型，以提高准确率。Xu 等[30]提出一种组合的 CRF 方法，将训练模型及关键字的关联信息合并到一个 CRF 中，并应用于图像视频标注。郑伟等[31]提出了一种基于随机游走模型的多标记分类算法(MLRW)。首先，将多标记数据映射成多标记随机游走图。其次，当输入一个待分类样本时，建立一个多标记随机游走图系列。最后，对图系列中的每个图应用随机游走模型，得到遍历每个顶点的概率分布，并将这个点概率分布转化成每个标记的概率分布。

基于 k 近邻(kNN)的方法：经典的 kNN 方法同样可以经过改进应用到多标记分类问题中[32-34]，这些方法的共同点都是先找出待分类样本的 k 个最近邻样本，但是它们在样本标记集的聚合方面采用了不同的方法。其中较为典型的是 MLkNN[32]方法，该方法基于待预测样本的 k 个最近邻类别标记出现的先验和后验概率，使用最大化后验原则确定待预测样本的标记集。

基于策略的机器学习方法也被研究人员扩展到多标记应用领域。例如，对于经典的 C4.5 决策树，只需要将单标记分类问题中熵的定义扩展到多标记数据上即可。Clare 和 King[35]定义多标记分类问题中的熵为 $\text{Entropy}=\sum_{y\in Y}p(y)\log_2 p(y)+(1-p(y))\log_2(1-p(y))$，而后，即可效仿经典的决策树建立过程基于熵计算信息增益，并对多标记数据建立决策树。此外，经典的 Bayes 网络也可以通过调整而应用于多标记分类问题中。Zhang 等[36]也曾尝试将多标记 Bayes 模型应用到多随机变量中，并获得了令人满意的效果。

除了以上列出的多标记算法外，研究人员还尝试通过其他方法组合现有的多标记算法。典型的包括 Cheng 等提出的结合实例学习(Instance-based Learning)和逻辑回归(Logistic Regression)的多标记模型[37]，以及 Read 等提出的链式模型(Chaining Method)[16]。多标记数据的规模和数据类型对多标记问题的影响也受到了研究人员的广泛关注。Tang 等[38]、Pachet 和 Roy[39]分别就大规模多标记数据下的算法效率进行了深入的研究。Zhang 和 Zhou[40]提出了可以应用于多标记问题的人工神经元网络。其基本思想是，如果大量训练数据同时具有某两个标记，那么对于标记未知数据，若预测结果中包含了其中的一个标记，另外一个标记也很可能同时出现。由此，只需定义针对多标记数据的全局优化函数，就可以使人工神经元网络能够处理多标记数据。

12.2.2　邻域粗糙集模型

粗糙集理论[41,42]由波兰科学家 Pawlak 为实现基于数据的推理问题而提出，它是一种处理不精确、不确定和不完备符号数据的有效方法[43,44]。作为粒计算的主要支柱模型之一，粗糙集理论表现出了强大的优势，并成为近年来人工智能研究领域的一个热点。

Pawlak 经典粗糙集模型建立在等价关系和等价类的基础上，主要处理离散型数据，通过上、下近似算子来描述不确定知识，在其下近似上获取确定性规则。然而现实世界经常包含连续值数据，使得实际应用效果不是很理想。为此有学者对经典粗糙集模型进行了扩展[45-48]，基于邻域关系提出了邻域粗糙集模型，使得粗糙集理论可以处理连续型数据。在 Hu 等[46]提出的邻域粗糙集模型中，离散特征将产生等价信息粒，而连续特征将产生邻域信息粒，然后使用这两种信息粒来近似决策类。下面给出了邻域粗糙集模型的一些重要的概念，这些知识也是本章工作的理论基础。

定义 12-1[46]　给定任意对象 $x_i \in U$，属性子集 $B \subseteq C$ 以及度量函数 Γ，对象 x_i 在特征子空间 B 中的邻域 $\delta_B(x_i)$ 可以定义为

$$\delta_B(x_i) = \{x_j \mid \Gamma(x_i, x_j) \leqslant \tau, x_j \in U\} \tag{12.1}$$

其中，$\tau \geqslant 0$；$\delta_B(x_i)$ 被称为由属性 B 和对象 x_i 所导出的邻域信息粒。定义度量函数的方法有很多种，既可以按照固定半径长度来定义邻域也可以参照 kNN 的方法，通过指定邻域内的对象数量来定义。本章算法选择了指定邻域内对象数量的方法来定义邻域。显然，$\delta_B(x_i)$ 是对象 x_i 的 k 个邻居构成的一个样本子集，所有的邻域信息粒 $\delta_B(x) \mid x \subset U$ 构成了论域中的一组基本概念。

定义 12-2[46]　给定一个邻域决策表 $\mathrm{NDT} = \langle U, C \cup D \rangle$，$X$ 是具有决策属性 $\omega_j (j = 1,2,\cdots,c)$ 的样本子集，$\delta_B(x_i)(x_i \in U, i = 1,2,\cdots,n)$ 是对象 x_i 根据属性子集 $B \subseteq C$

定义的邻域信息粒。定义决策类 X 关于属性子集 B 的上、下近似分别为

$$\underline{R_B}X = \{x_i \mid \delta_B(x_i) \subseteq X, x_i \in U\} \tag{12.2}$$

$$\overline{R_B}X = \{x_i \mid \delta_B(x_i) \cap X \neq \varnothing, x_i \in U\} \tag{12.3}$$

从上面定义可以得出，对于每个决策类 X，邻域粗糙集模型将论域分成三个子集：X 的决策正域、X 的决策边界域和 X 的决策负域。X 关于 B 的决策正域，即决策类 X 的下近似可以定义为

$$\mathrm{POS}_B(X) = \underline{R_B}X \tag{12.4}$$

X 的决策正域中的对象具有一个特点，即这些对象的 k 个邻居一定都属于决策类 X。X 关于 B 的决策边界域可以定义为

$$\mathrm{BND}_B(X) = \overline{R_B}X - \underline{R_B}X \tag{12.5}$$

X 的决策边界域中的对象的邻居可能来自不同的决策类。因此，决策边界域中的对象是不相容的，很容易被误分。决策边界域大小反映了决策的精确程度，因此决策边界域应该越小越好，这样可以减少决策的不确定性。此外，X 关于 B 的决策负域可以定义为

$$\mathrm{NEG}_B(X) = U - \overline{R_B}X \tag{12.6}$$

X 决策负域中对象一定不属于决策类 X。

定义 12-3[47]　给定一个邻域决策表 $\mathrm{NDT} = \langle U, C \cup D \rangle$ 和任意对象 $x_i \in U$，其中 $\delta(x_i)$ 是对象 x_i 的邻域信息粒。$P(\omega_j \mid \delta(x_i))(j=1,2,\cdots,c)$ 表示对象 x_i 属于决策类 ω_j 的概率，其中 $P(\omega_j \mid \delta(x_i)) = n_j / k$，$k$ 表示邻域中对象的个数，而 n_j 表示邻域 $\delta(x_i)$ 中属于决策类 ω_j 的对象的个数。如果 $P(\omega_l \mid \delta(x_i)) = \max_j P(\omega_j \mid \delta(x_i))$，则对象 x_i 的邻域决策函数 $\mathrm{ND}(x_i) = \omega_l$，$\omega_l$ 是根据概率赋予对象 x_i 的标签。显然，如果 x_i 位于决策类 ω 的正域，则 $\mathrm{ND}(x_i) = \omega$；如果 x_i 位于决策类 ω 的负域，则 $\mathrm{ND}(x_i) \neq \omega$；如果 x_i 位于决策类 ω 的边界域，则将根据 $\delta(x_i)$ 计算对象 x_i 属于决策类 ω 的概率。如果 $\delta(x_i)$ 中的大部分对象都属于决策类 ω，则 x_i 也属于决策类 ω。

图 12-4 给出了一个二维邻域决策系统。该系统包含两个决策类 X_1 和 X_2，其中“*”表示决策类 X_1，“+”表示决策类 X_2。样本空间中的每个对象(如 a、b、c)被赋

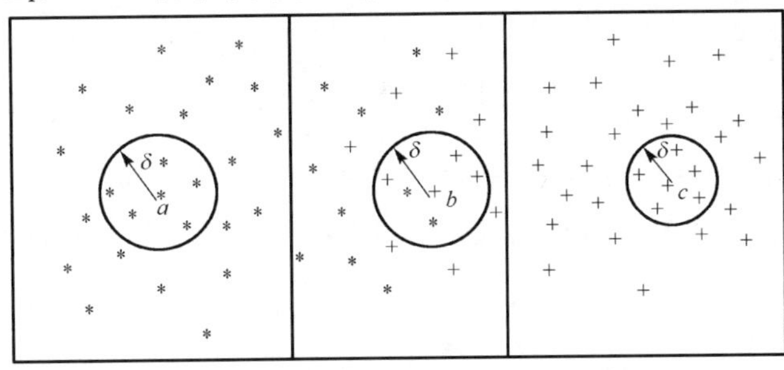

图 12-4　二维邻域决策系统

予一个邻域，邻域中对象的个数为 5。从图 12-4 中可见，a 位于类 X_1 的正域（$\delta(a)\subseteq X_1$），c 位于类 X_2 的正域（$\delta(c)\subseteq X_2$），而 b 位于两类的边界域中（$\delta(b)\cap X_1\neq\varnothing$，$\delta(b)\cap X_2\neq\varnothing$），$\delta(b)$ 中的大部分对象都属于类 X_2。根据定义 12-3，$\mathrm{ND}(a)=X_1$，$\mathrm{ND}(c)=X_2$，$\mathrm{ND}(b)=X_2$。

12.2.3 多标记系统评价指标

在多标记学习问题中，由于每个对象具有一个或多个类别标签，单标记学习中常用的评价指标，如精度(Accuracy)、查准率(Precision)、查全率(Recall)等，无法直接用于多标记学习系统的性能评价。因此，研究者相继提出了一系列多标记评价指标，总的来看可分为两种类型，即基于样本的多标记评价指标(Example-based Metrics)[49]以及基于标签的多标记评价指标(Label-based Metrics)[50]。

基于样本的多标记评价指标首先衡量分类器在单个测试样本上的分类效果，然后返回其在整个测试集上的“均值”(Mean Value)作为最终的结果。

(1) Hamming Loss(hloss)：

$$\mathrm{hloss}=1-\frac{1}{mq}\sum_{i=1}^{q}\sum_{j=1}^{m}1_{y_i'^j=y_i^j} \tag{12.7}$$

其中，y_i' 是对象 x_i 的预测值。该指标用来考察样本在单个类别上的误分情况，即属于该样本的类别标签未出现在标签集合中而不属于该样本的类别标签出现在标签集合中。该指标取值越小则系统性能越好，其最优值为 hloss=0。

(2) Ranking Loss(rloss)：

$$\mathrm{rloss}=\frac{1}{q}\sum_{i=1}^{q}\frac{1}{|y_i||\overline{y}_i|}|\{l_a,l_b:r_i(l_a)>r_i(l_b),(l_a,l_b)\in y_i\times\overline{y}_i\}| \tag{12.8}$$

其中，$\overline{y}_i$ 是 y_i 关于 L 的补集。该指标用于考察在样本的类别标记排序中出现排序错误的情况，即样本相关标签排名低于不相关标签的可能性，该指标取值越小则系统性能越优，其最优值为 rloss=0。

(3) Coverage(cov)：

$$\mathrm{cov}=\frac{1}{q}\sum_{i=1}^{q}\max_{l\in y_i}r_i(l)-1 \tag{12.9}$$

该评价指标用于考察在样本的类别标签排序中，覆盖所有隶属于样本的类别标签所需的搜索深度。该评价指标的取值越小则说明对应的分类系统性能越优。

(4) One-error：

$$\text{One-error}=\frac{1}{q}\sum_{i=1}^{q}\delta(\operatorname*{argmax}_{l\in L}r_i(l)) \tag{12.10}$$

其中

$$\delta(\lambda)=\begin{cases}1, & l \notin L\\ 0, & \text{其他}\end{cases}$$

该评价指标用于考察在样本的类别标签排序中，排名最高的标签不是样本真实标签的可能性。在单标记学习中，就演化成一般的分类错误率。该指标越小，说明分类性能越好。

(5) Average Precision (avgprec)：

$$\text{avgprec}=\frac{1}{q}\sum_{i=1}^{q}\frac{1}{|y_i|}\sum_{\lambda\in y_i}\frac{|\{\lambda'\in y_i: r_i(\lambda')\leqslant r_i(\lambda)\}|}{r_i(\lambda)} \tag{12.11}$$

该评价指标用于考察在样本的类别标签排序中，排在相关标签之前的标签仍为相关标签的情况，即反映了预测类别标签的平均精确度。该指标取值越大则系统性能越优，其最优值为 avgprec=1。

除以上所给出的评价指标外，在文献[1]中也给出了一些基于样本的多标记评价指标：

$$\text{precision}=\frac{1}{q}\sum_{i=1}^{q}\frac{|y_i\cap y_i'|}{|y_i'|} \tag{12.12}$$

$$\text{recall}=\frac{1}{q}\sum_{i=1}^{q}\frac{|y_i\cap y_i'|}{|y_i'|} \tag{12.13}$$

$$F_1=\frac{1}{q}\sum_{i=1}^{q}\frac{|y_i\cap y_i'|}{|y_i|+|y_i'|} \tag{12.14}$$

$$\text{accuracy}=\frac{1}{q}\sum_{i=1}^{q}\frac{|y_i\cap y_i'|}{|y_i\cup y_i'|} \tag{12.15}$$

与基于样本的多标记评价指标不同，基于标签的多标记评价指标首先衡量分类器在单个标签上对应的“二类分类”(Binary Classification)效果，然后返回其在所有标签上的“宏平均值”(Macro-averaged Value)或者“微平均值”(Micro-averaged Value)作为最终的结果。给定多标记测试集 D，对于第 j 个类别标签 l_j 而言，分类器在该标签上的二类分类性能可由四个统计量 TP_j、FP_j、TN_j、FN_j ($\text{TP}_j+\text{FP}_j+\text{TN}_j+\text{FN}_j=n$) 进行刻画。$\text{TP}_j$ 表示真正例(True Positive Instances)的个数，FP_j 表示伪正例(False Positive Instances)的个数，TN_j 表示真负例(True Negative Instances)的个数，FN_j 表示伪负例(False Negative Instances)的个数。值得注意的是，绝大部分二类分类性能指标均可由以上四个统计量导出，例如：

$$\text{Accuracy} = B(\text{TP}_j, \text{FP}_j, \text{TN}_j, \text{FN}_j) = \frac{\text{TP}_j + \text{TN}_j}{\text{TP}_j + \text{FP}_j + \text{TN}_j + \text{FN}_j} \tag{12.16}$$

$$\text{Precision} = B(\text{TP}_j, \text{FP}_j, \text{TN}_j, \text{FN}_j) = \frac{\text{TP}_j}{\text{TP}_j + \text{FP}_j} \tag{12.17}$$

$$\text{Recall} = B(\text{TP}_j, \text{FP}_j, \text{TN}_j, \text{FN}_j) = \frac{\text{TP}_j}{\text{TP}_j + \text{FN}_j} \tag{12.18}$$

基于此，令 $B(\text{TP}_j, \text{FP}_j, \text{TN}_j, \text{FN}_j)$ 代表由所定义的统计量求得的某种二类分类性能指标，则基于类别的多标记评价指标可采用如下两种方式获得。

（1）Macro-averaging：

$$B_{\text{macro}} = \frac{1}{m}\sum_{j=1}^{m} B(\text{TP}_j, \text{FP}_j, \text{TN}_j, \text{FN}_j) \tag{12.19}$$

（2）Micro-averaging：

$$B_{\text{micro}} = B\left(\sum_{j=1}^{m}\text{TP}_j, \sum_{j=1}^{m}\text{FP}_j, \sum_{j=1}^{m}\text{TN}_j, \sum_{j=1}^{m}\text{FN}_j\right) \tag{12.20}$$

其中，Macro-averaging 首先基于统计量求得在各个类上的分类性能，然后再将所有类上的均值作为最终结果，其基本思想是为各个类赋予相同的权重。相应地，Micro-averaging 首先将各个类上的统计量相加，然后再将求得的分类性能作为最终结果，其基本思想是为各个样本赋予相同的权重。

总的来看，已有的各种基于样本的或者基于标签的多标记评价指标是从不同的侧面来衡量学习系统的泛化性能。目前并不存在适用于所有问题的“通用的”(General-purpose) 多标记评价指标，其选择依赖于具体的学习任务。例如，对于分类 (Classification) 任务而言，采用基于样本的多标记评价指标如 Hamming Loss 可能比较合适；而对于检索 (Retrieval) 任务而言，采用基于类别的多标记评价指标如 Micro-averaged Precision 可能比较合适。除此之外，各评价指标之间的关系尚不明确，如优化其中一些指标是否意味着同时优化其他一些指标等，关于这方面的研究工作目前还比较少[51]。

12.3　基于邻域粗糙集的多标记分类算法

在单标签数据中，各个类别之间是互斥的，一个对象不可能同时属于两个类；而在多标签数据中，类别之间可能会有重叠，一个对象可能同时属于多个类。一般来说，具有多个类别标签的对象位于重叠区域。图 12-5 就是一个两类多标签分类问题。和图 12-4 类似，“∗”表示类 X_1，“+”表示类 X_2，同时具有两个类别标签的对象用“×”表示。从图 12-5 可以看出，同时属于两类的对象位于重叠区域而只属于一类的对象位于非重叠区域。因为样本集中的很多对象同时属于多个类，所以多标签分类问题可以看作单标签不相容决策问题，即两个拥有相同条件属性值的对象拥有不同的决策值。邻域粗糙集理论可以解决单标签相容决策问题。为了能够解决多标签不相容决策问题，必须对邻域决策函数进行扩展。

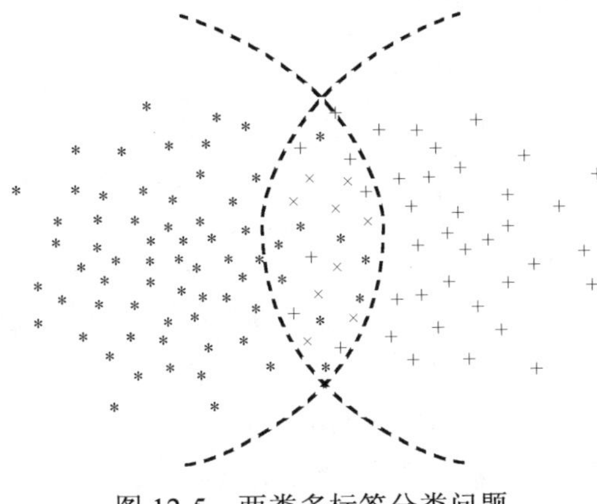

图 12-5　两类多标签分类问题

定义 12-4　给定一个多标签邻域决策表 $\mathrm{NDT}=\langle U, C\cup D\rangle$，任意对象 $x_i\in U$，$\delta(x_i)$ 是 x_i 的邻域。λ 表示 $\delta(x_i)$ 中具有标签 l_j 的对象所占的比例，$\lambda=\dfrac{|\delta_{l_j}(x_i)|}{\sum\limits_{\eta=1,2,\cdots,m}|\delta_{l_\eta}(x_i)|}$。$E_{l_j}^{\lambda}$ 表示事件 $\delta(x_i)$ 中具有标签 l_j 的对象所占的比例为 λ。对于每个标签 $l_j(j=1,2,\cdots,m)$，$P(l_j^1\,|\,E_{l_j}^{\lambda})$ 表示事件 $E_{l_j}^{\lambda}$ 发生时，x_i 具有标签 l_j 的概率；$P(l_j^0\,|\,E_{l_j}^{\lambda})$ 表示事件 $E_{l_j}^{\lambda}$ 发生时，x_i 不具有标签 l_j 的概率。$P(l_j^1\,|\,E_{l_j}^{\lambda})$ 可以被定义为

$$P(l_j^1\,|\,E_{l_j}^{\lambda})=\begin{cases}1, & |\delta_{l_j}(x_i)|=k\\ 0, & |\delta_{l_j}(x_i)|=0\\ \xi, & \text{其他}\end{cases}\tag{12.21}$$

其中，k 表示邻域 $\delta(x_i)$ 中对象的个数；$|\delta_{l_j}(x_i)|$ 表示 x_i 的邻域中具有标签 l_j 的对象个数且 $P(l_j^0\,|\,E_{l_j}^{\lambda})=1-P(l_j^1\,|\,E_{l_j}^{\lambda})$。针对标签 l_j，对象 x_i 的邻域决策函数可以定义为：如果 $P(l_j^1\,|\,E_{l_j}^{\lambda})=\underset{b\in\{0,1\}}{\arg\max}\,P(l_j^b\,|\,E_{l_j}^{\lambda})$，则 $\mathrm{ND}_{l_j}(x_i)=l_j^1$。

根据贝叶斯决策理论，当 $E_{l_j}^{\lambda}$ 发生时，对象 x_i 是否具有标签 l_j 由条件概率密度 $p(y_i^j)$ 决定：

$$p(y_i^j) = \underset{b\in\{0,1\}}{\arg\max} P(l_j^b \mid E_{l_j}^\lambda) = \underset{b\in\{0,1\}}{\arg\max} \frac{P(l_j^b)P(E_{l_j}^\lambda \mid l_j^b)}{P(E_{l_j}^\lambda)} \tag{12.22}$$

对 l_j^1 和 l_j^0 来说，$P(E_{l_j}^\lambda)$ 的值都是一样的，因此式(12.22)的结果实际上由 $\underset{b\in\{0,1\}}{\arg\max} P(l_j^b)P(E_{l_j}^\lambda \mid l_j^b)$ 决定。先验概率 $P(l_j^b)$ 和类条件概率密度 $P(E_{l_j}^\lambda \mid l_j^b)$ 可以通过频率计数的办法从训练样本中估计出来。

在定义 12-4 中，多标签分类可以转换为 m 个两类分类问题，邻域决策函数可以分别用于每个两类分类任务。同时，在分类的过程中，标签之间的相关性和非互斥性也会加以考虑。显然对于每个标签 l_j，如果 x_i 位于类 l_j 的正域，则 $\mathrm{ND}_{l_j}(x_i) = l_j^1$；如果 x_i 位于类 l_j 的负域，则 $\mathrm{ND}_{l_j}(x_i) = l_j^0$；如果 x_i 位于类 l_j 的边界域，则将根据样本的统计信息，并利用贝叶斯决策准则计算 x_i 属于类 l_j 的后验概率。

根据定义 12-4，算法 12-1 给出基于邻域粗糙集的多标签分类算法(MLNRS)的完整描述。算法的输入参数包括 T、k、t、s 和ϕ。其中，T 表示训练集，t 表示测试对象，k 表示给定对象的最近邻的个数，ϕ表示多项拟合函数的度数。此外，为了避免频率计算中出现 0 次，采用了平滑技术。平滑参数 s 初始值设定为 1，即 Laplace 平滑，这样使得计数的初始值都是从 1 开始，避免了在求概率值时分母为 0，无法计算的问题。输出参数 $y = [y^1\ \ y^2\ \ \cdots\ \ y^m]$ 是测试对象 t 的预测结果，y^j 是标签 l_j 的预测结果。

算法 12-1　基于邻域粗糙集的多标签分类算法

输入参数：T、k、t、s、ϕ
输出参数：y
// 计算每个标签的先验概率 $P(l_j^1)$
Step 1　for each　$l_j \in L$
Step 2　$P(l_j^1) = \left(\sum_{i=1}^{n} y_i^j + s\right) \Big/ (n + s \times 2)$
Step 3　$P(l_j^0) = 1 - P(l_j^1)$
//统计每个对象具有各种标签的邻居的比例值，并根据比例值进行计数
Step 4　for each training instance　$x_i \in T$
Step 5　　计算训练对象 x_i 的邻域 $\delta(x_i)$
Step 6　　for　$l_j = l_1, l_2, \cdots, l_m$
Step 7　　　为标签 l_j 计算比例值 λ
Step 8　　　if　$(y_i^j = 1) w_j^\lambda = w_j^\lambda + 1$
Step 9　　　else　$w_j'^\lambda = w_j'^\lambda + 1$

```
//估计每个标签的类条件概率密度 P(E_l^λ | l_j^b)
Step 10   for  l_j = l_1, l_2, ⋯, l_m
Step 11     统计不同 λ 值的个数
Step 12     for each  λ
Step 13         P(E_{l_j}^λ / l_j^1) = (w_j^λ + s) / (∑ w_j^λ + s × m)
Step 14         P(E_{l_j}^λ / l_j^0) = (w'_j^λ + s) / (∑ w'_j^λ + s × m)
Step 15     根据概率 P(E_{l_j}^λ / l_j^1) 和 P(E_{l_j}^λ / l_j^0) 生成两条度为 φ 的拟合曲线
// 计算测试对象 t 的后验概率
Step 16   计算待测试对象 t 的邻域 δ(t)
Step 17   for  l_j = l_1, l_2, ⋯, l_m
Step 18     统计 δ(t) 内具有标签 l_j 的对象的个数 β
Step 19     if  (β = k)          ND_{l_j}(t) = l_j^1
Step 20     else if  (β = 0)     ND_{l_j}(t) = l_j^0
Step 21     else    count proportion  λ  for l_j
Step 22     if  P(l_j^1 | E_{l_j}^λ) = argmax_{b∈{0,1}} P(l_j^b | E_{l_j}^λ)   ND_{l_j}(t) = l_j^1
Step 23     else  ND_{l_j}(t) = l_j^0
Step 24     if  ND_{l_j}(t) = l_j^1   y_t^j = 1   else   y_t^j = 0
```

如算法 12-1 所示，Step 1～Step 3 估计各个标签有和无的先验概率 $P(l_j^1)$ 和 $P(l_j^0)$。Step 4～Step 9 针对每个标签，统计了邻居比例为λ的训练样本的个数。对于某个对象，如果它具有标签 l_j，且在它的邻居中具有标签 l_j 的个数占总数的比例为λ时，向量 $w_j^\lambda(j\in[1,m],\lambda\in[0,1])$ 的值加 1。相应地，如果对象不具有标签 l_j，且在它的邻居中具有标签 l_j 的个数占总数的比例为λ时，则 $w_j'^\lambda$ 的值加 1。Step 10～Step 15 估计了每个标签 l_j 在比例值λ上的类条件概率密度 $P(E_{l_j}^\lambda | l_j^b)$，这里采用了两条多项式拟合曲线的方法来估计未知的概率密度 $P(E_{l_j}^\lambda | l_j^1)$ 和 $P(E_{l_j}^\lambda | l_j^0)$。最后，Step 16～Step 24 使用贝叶斯决策规则计算出给定测试对象的拥有各个标签的后验概率并给出每个标签的预测结果。

为了更清晰地解释算法 MLNRS，我们使用一个具体的例子(图 12-6)来说明 MLNRS 是如何对一个多标签对象进行分类的。二维特征空间中的两个类 X_1 和 X_2 分别用“*”和“+”表示，同时具有两个类别标签的对象用“×”表示。为了方便，假设两个类的分布是圆形的。首先为空间中的每个对象，如 a、b、c、d 确定一个邻域，邻域内对象个数固定为 5，然后由 MLNRS 来预测每个对象的类别标签。由图 12-6 可知，a 位于非交叉区域(Non-overlapped)，它的邻域$\delta(a)$内的所有对象只有一个类别标签 X_1，根据 MLNRS 算法，a 位于 X_1 的正域和 X_2 的负域，所以具有

类别标签 X_1。对象 d 和 a 类似，它位于 X_2 的正域，所以具有标签 X_2。对象 b 和 c 位于交叉区域，因为它们的邻域中的对象具有多个类别标签。b 的邻域 $\delta(b)$ 内的 5 个对象都具有标签 X_1，即 $|\delta_{X_1}(b)|=5$，所以 b 位于 X_1 的正域且 $\mathrm{ND}_{X_1}(t)=X_1^1$。同时邻域 $\delta(b)$ 内只有一个对象具有标签 X_2，即 $|\delta_{X_2}(b)|=1$ 且 $\lambda=1/6$，所以 b 位于 X_2 的边界域。b 具有标签 X_2 的概率将由 λ 决定。c 和 b 的情况类似。

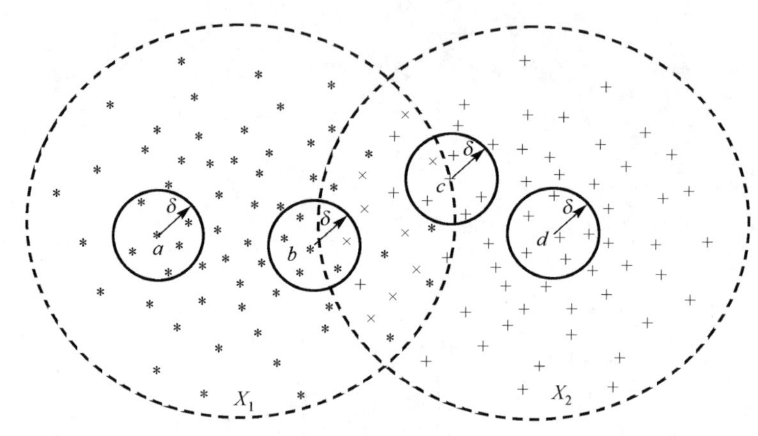

图 12-6 使用 MLNRS 进行多标签分类

12.4 实验仿真

本节将通过实验比较的方式来验证 MLNRS 算法的有效性。参与比较的多标签算法包括 BR 算法[1]、CC 算法[52]、RAkEL 算法[1]和 BPMLL(Back-propagation Multi-label Learning)算法[1]，它们都是经典的高性能多标签算法。此外，本节还将通过实验分析参数 k 和 ϕ 对算法 MLNRS 性能的影响。

12.4.1 实验数据集

实验选用了 3 个多标签图像数据集，数据集 Scene[1]是图像分类的标准数据集，它包含了 2407 幅自然景观图像；数据集 Corel5k[53]由 5000 幅 Corel 图像组成，曾经在 ECCV 2002 会议上作为测试数据集。数据集 Corel16k001 来源于文献[54]的第一个数据子集，它由 13766 幅 Corel 图像组成。

数据集的详细信息如表 12-2 所示。instance 代表数据集中样本的个数，attribute 代表数据集属性的个数，label 代表数据集标签的个数。同时，数据集还给出了标签的势 cardinality 和密度 density。标签的势是给定数据集中对象的平均标签数量。标签密度是标签的势再除以标签的个数。

表 12-2　多标签实验数据集

name	Instance	attribute	label	cardinality	density	train	test
Scene	2407	294	6	1.074	0.179	1211	1196
Corel5k	5000	499	374	3.522	0.009	4500	500
Corel16k001	13766	500	153	2.867±0.033	0.018±0.001	5188	1744

12.4.2　实验设置

Mulan[1]是基于 Weka[55]的开源多标签软件包，它已经实现了常见的多标签分类算法，包括本节参与比较的多标签算法。BR、RAkEL 和 CC 等算法使用决策树算法 C4.5 作为基础分类器。BPMLL 采用了文献[40]中的建议，学习率(Learning Rate)设为 0.05，Epochs 设为 100，隐层单元(Hidden Unit)的数量等于输入单元(Input Units)数量的 20%。MLNRS 采用 MATLAB 实现，多项式函数作为拟合函数。邻域没有以给定半径的形式定义，而是通过给定邻居个数 k 来定义。测试方法采用十折交叉，并取平均值作为实验结果。因为某些图像数据集过大，十折交叉方法导致计算量过大，不利于参数分析。因此在对参数进行分析时，将数据集分成了训练集和测试集两部分，减少计算量。数据集的划分方式采用了 Mulan 中给定的方式(表 12-2)，train 代表训练集中对象的个数，而 test 则代表测试集中对象的个数。

所有的实验在 PC 上运行，Intel 3.0GHz 主频，6GB 内存和 Windows 7 操作系统。

12.4.3　实验结果与分析

首先，通过实验验证参数 k 和 ϕ 对算法 MLNRS 性能的影响。最近邻的个数 k 以 2 为步长，从 2 逐渐增大到 40，而多项式拟合函数的度 ϕ 以 1 为步长，从 2 逐渐增大到 10。从图 12-7～图 12-21 中可以看出，评价指标值随参数 k 和 ϕ 的改变而改变。然而，当参数 k 和 ϕ 变化到一定范围时，如 $k > 5$，$9>\phi>2$，算法的性能趋于相对稳定，这表明参数 k 和 ϕ 可以赋值的范围比较大。在此可以为参数 k 和 ϕ 选择一个相对较小的值以减少计算量，同时让算法保持良好的性能。

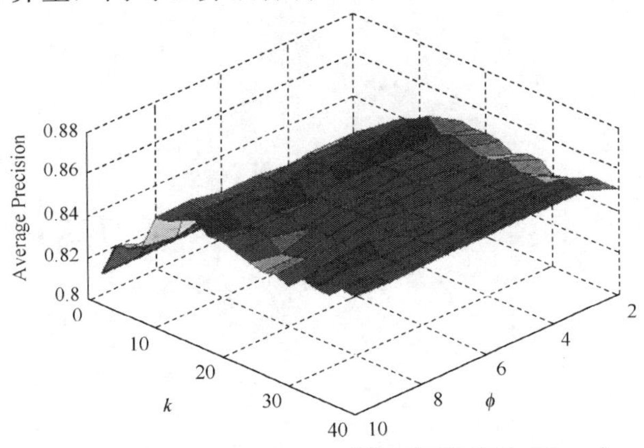

图 12-7　Average Precision 随 k 和 ϕ 的变化(Scene)

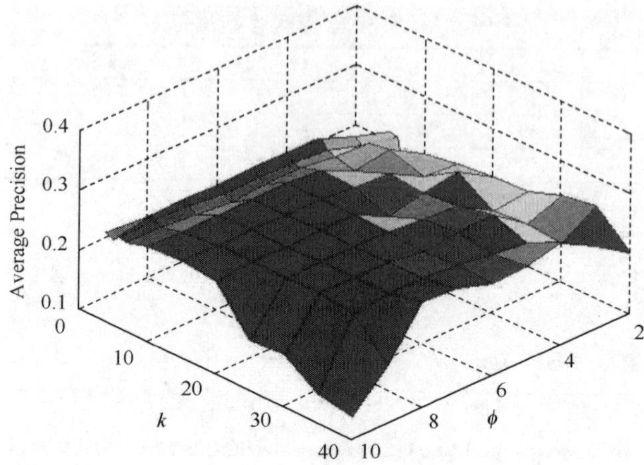

图 12-8　Average Precision 随 k 和 ϕ 的变化(Corel5k)

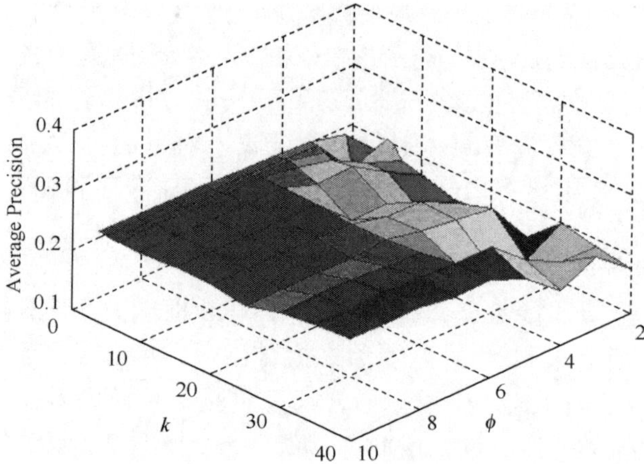

图 12-9　Average Precision 随 k 和 ϕ 的变化(Corel16k001)

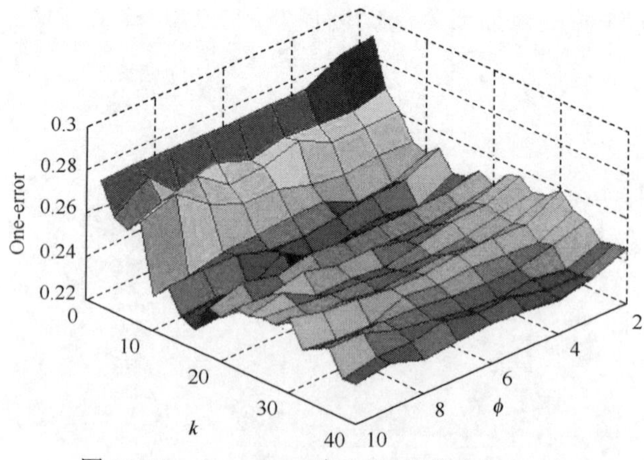

图 12-10　One-error 随 k 和 ϕ 的变化(Scene)

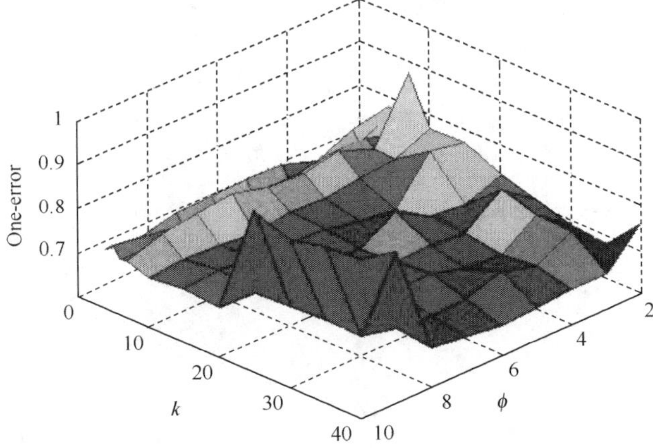

图 12-11 One-error 随 k 和 ϕ 的变化(Corel5k)

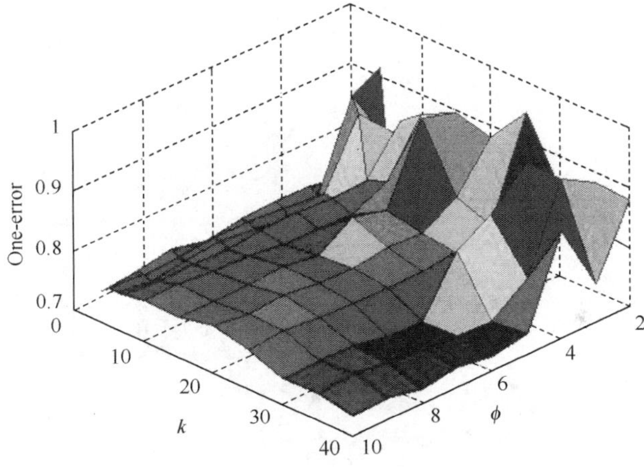

图 12-12 One-error 随 k 和 ϕ 的变化(Corel16k001)

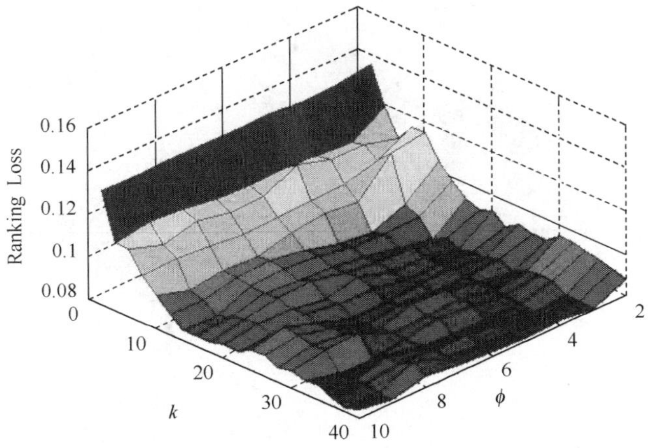

图 12-13 Ranking Loss 随 k 和 ϕ 的变化(Scene)

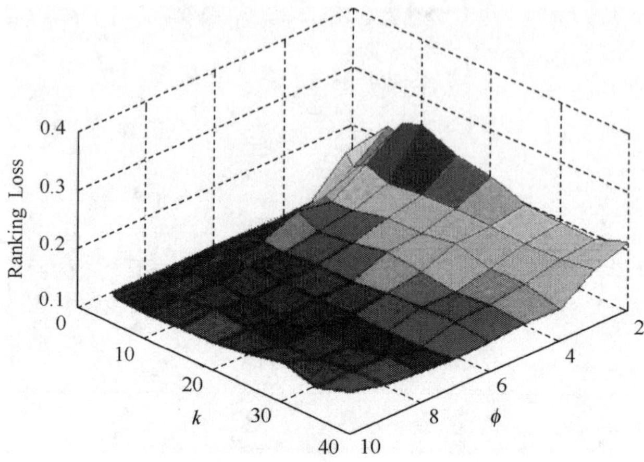

图 12-14　Ranking Loss 随 k 和 ϕ 的变化(Corel5k)

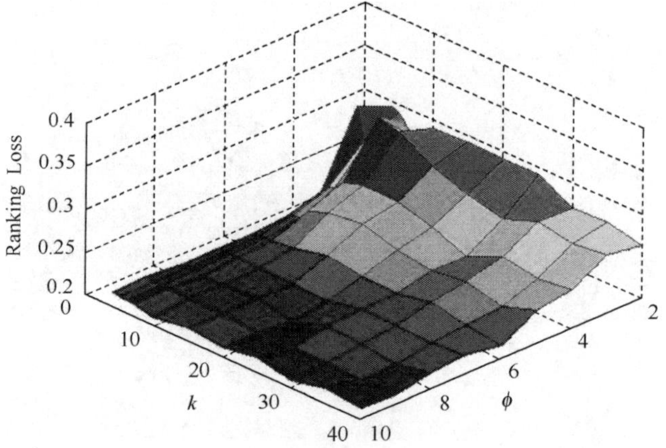

图 12-15　Ranking Loss 随 k 和 ϕ 的变化(Corel16k001)

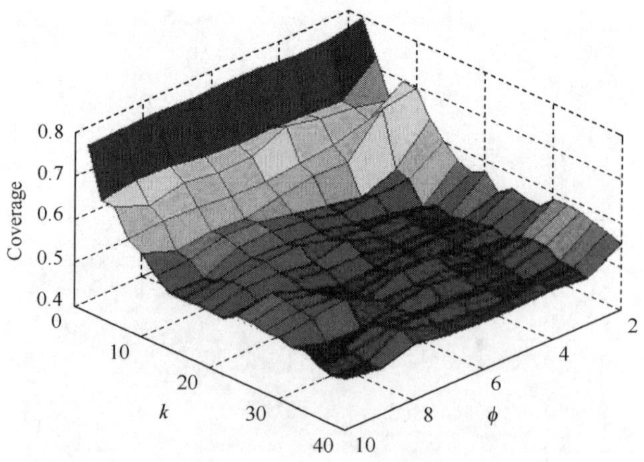

图 12-16　Coverage 随 k 和 ϕ 的变化(Scene)

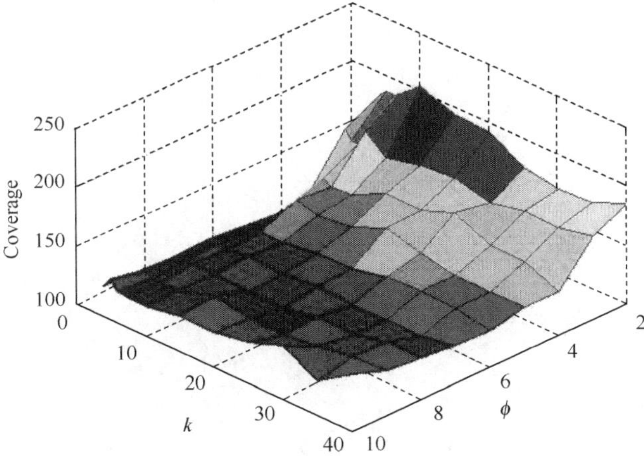

图 12-17　Coverage 随 k 和 ϕ 的变化(Corel5k)

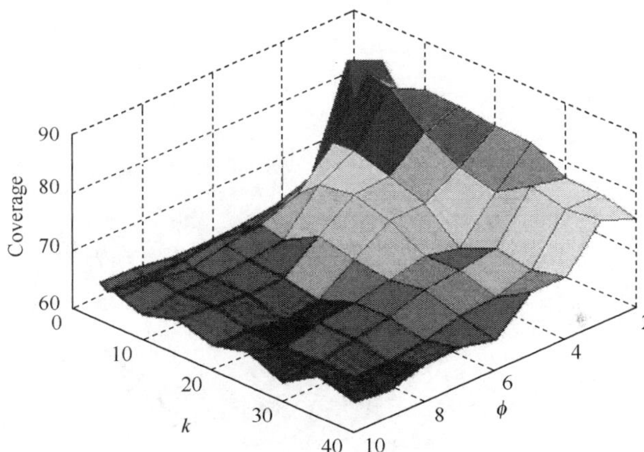

图 12-18　Coverage 随 k 和 ϕ 的变化(Corel16k001)

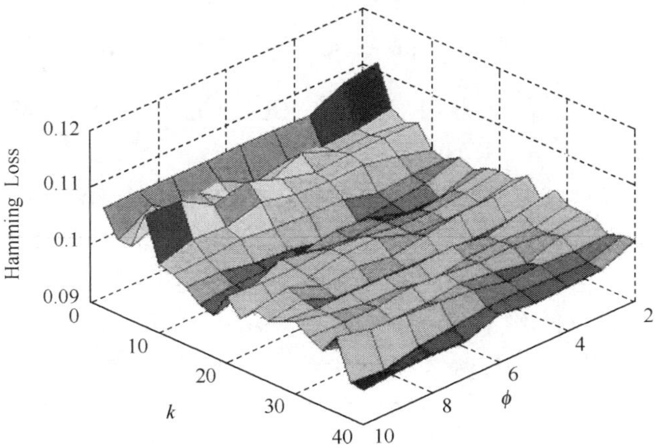

图 12-19　Hamming Loss 随 k 和 ϕ 的变化(Scene)

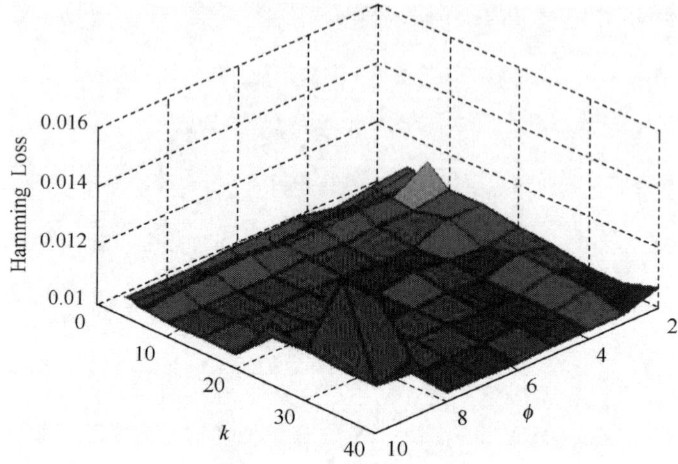

图 12-20　Hamming Loss 随 k 和ϕ的变化(Corel5k)

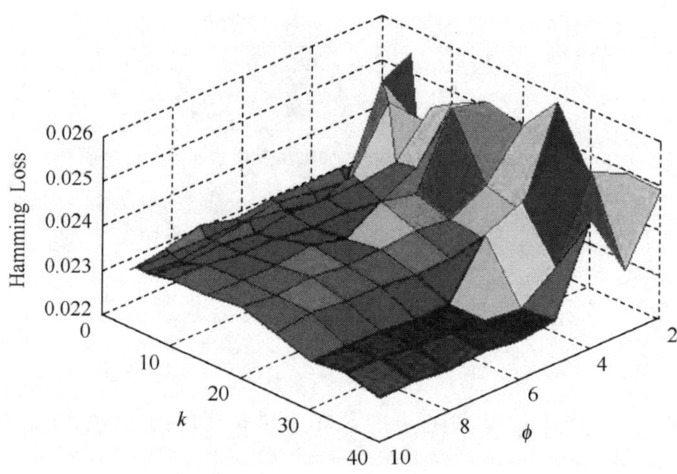

图 12-21　Hamming Loss 随 k 和ϕ的变化(Corel16k001)

其次，基于十折交叉测试方法，将 MLNRS 算法和一些经典的多标签算法进行了比较，这些算法包括 BR、RAkEL、BPMLL 和 CC。表 12-3～表 12-5 详细地列出了三个多标签数据集上十折交叉测试的运行结果，包括 Hamming Loss、Average Precision、Coverage、One-error 和 Ranking Loss。符号“±”的左边是评价指标的平均值，右边是评价指标的标准差，每一行的最优结果用粗体显示。邻域内邻居的个数 k=10，三阶多项式函数作为拟合函数。虽然拟合函数的阶数越高，对训练样本的拟合性就越好，但是会导致预测的泛化性变差，因此，多项式拟合函数的阶数应合理选择，在此我们选用三阶多项式函数作为拟合函数。

表 12-3　多标签算法在数据集 Scene 上的运行结果

性能指标	BR	RAkEL	BPMLL	CC	MLNRS
Hamming Loss	0.1368±0.0078	0.1012±0.0075	0.2667±0.0508	0.1444±0.0164	**0.0905±0.0053**
Average Precision	0.7109±0.0283	0.8379±0.0156	0.6852±0.0235	0.7176±0.0354	**0.8676±0.0144**
Coverage	1.3345±0.1501	0.5862±0.0593	0.9405±0.0855	1.3504±0.2002	**0.4926±0.0548**
One-error	0.4138±0.0402	0.2663±0.0258	0.5450±0.0381	0.3914±0.0453	**0.2293±0.0246**
Ranking Loss	0.2465±0.0296	0.0999±0.0121	0.1714±0.0165	0.3914±0.0453	**0.0809±0.0108**

表 12-4　多标签算法在数据集 Corel5k 上的运行结果

性能指标	BR	RAkEL	BPMLL	CC	MLNRS
Hamming Loss	0.0098±0.0001	**0.0097±0.0001**	0.5547±0.0213	0.0099±0.0001	0.0107±0.0001
Average Precision	0.2494±0.0093	0.1075±0.0080	0.0563±0.0097	0.2364±0.0102	**0.2456±0.0096**
Coverage	**126.9872±3.945**	336.0374±2.6687	169.0732±4.6338	165.3946±5.8193	131.5248±5.5082
One-error	**0.6964±0.0174**	0.7734±0.0201	0.9974±0.0025	0.7076±0.0172	0.7442±0.0154
Ranking Loss	**0.1472±0.0043**	0.6565±0.0116	0.2273±0.0096	0.1869±0.0083	0.1530±0.0052

表 12-5　多标签算法在数据集 Corel16k001 上的运行结果

性能指标	BR	RAkEL	BPMLL	CC	MLNRS
Hamming Loss	0.0197±0.0001	0.0196±0.0001	0.6730±0.1085	0.0206±0.0003	**0.0187±0.0002**
Average Precision	**0.2892±0.0045**	0.1656±0.0036	0.0444±0.0045	0.2677±0.0068	0.2788±0.0069
Coverage	56.1436±1.0587	100.6580±0.8441	92.9266±2.4173	64.1887±0.8631	**51.2341±1.4363**
One-error	**0.7035±0.0098**	0.7582±0.0101	0.9935±0.0031	0.7473±0.0182	0.7269±0.0138
Ranking Loss	0.1883±0.0042	0.3963±0.0038	0.4029±0.0171	0.2194±0.0036	**0.1727±0.0047**

由表 12-3 可见，算法 MLNRS 在数据集 Scene 上表现优于其他多标签算法，所有评价指标都取得了最优值。表 12-4 显示了多标签算法在数据集 Corel5k 上的性能比较结果。Corel5k 在样本数量和标签数量上都远远大于 Scene，但 MLNRS 和其他多标签算法相比，依然表现良好，这说明 MLNRS 具有一定的可扩展性。表 12-5 给出了算法在数据集 Corel16k001 上的运行结果，从表中可以看出 MLNRS 在评价指标 Hamming Loss、Coverage 和 Ranking Loss 上比其他算法更好，但是在 Average Precision 和 One-error 上略逊于最简单多标签分类算法 BR。这可能是因为 Corel16k001 的维度较高，使得分布比较稀疏，从而影响类条件概率的估计。总之，和其他多标签分类算法相比，MLNRS 的性能优于其他算法。原因在于引入邻域粗糙集的上、下近似概念来估计测试样本的位置。MLNRS 可以降低不相关标签被错误预测的概率，并提高相关标签被准确预测的概率。此外，对于边界域中的对象，MLNRS 在预测标签的过程中，考虑了标签之间的相关性。另外，我们也注意到

MLNRS 在某些数据集上性能略差于最简单的多标签算法。这是因为 MLNRS 是基于 kNN 算法的，而基于 kNN 算法的性能会受样本维度的影响。因此，未来的工作将会考虑如何进行多标签数据的维度约简，以提高分类的效果。

MLNRS 的算法复杂度可以分两步计算。在训练阶段，要为每个对象寻找 k 个最近邻，就需要计算任意一对样本间的距离，因此训练阶段的时间复杂度为 $O(n^2 \times k)$。在测试阶段，要从 n 个训练样本中找出测试对象的 k 个最近邻，因此时间复杂度为 $O(n \times k)$。

12.5 本章小结

粗糙集理论是一种处理不精确、不一致和不完备信息的有监督学习模型。本章针对图像多标签分类中底层特征和高层语义之间进行匹配存在不确定性的问题，基于邻域粗糙集模型提出了多标签分类算法 MLNRS。MLNRS 利用邻域粗糙集上、下近似的概念估计待分类对象的位置。位于正域和负域中的对象可以直接判断标签的隶属关系，而位于边界域中的对象则通过贝叶斯决策规则进行判断。实验结果表明，MLNRS 同其他多标签分类算法相比计算复杂度较低，但是预测的性能更好。

尽管 MLNRS 在一定程度上提高了预测性能，但是从实验结果中也可以看出因为 MLNRS 的实现基于 kNN 算法，导致它受数据维度的影响较大，高维数据会降低 MLNRS 的预测性能。

参考文献

[1] Zhang M L, Zhou Z H. A review on multi-label learning algorithms[J]. IEEE Transactions on Knowledge and Data Engineering, 2014, 26(8): 1819 - 1837.

[2] Wu B, Lyu S, Hu B G, et al. Multi-label learning with missing labels for image annotation and facial action unit recognition[J]. Pattern Recognition, 2015. doi: 10. 1016/j. patcog. 2015. 01. 022.

[3] Qin J, Yung N H C. Feature fusion within local region using localized maximum-margin learning for scene categorization[J]. Pattern Recognition, 2012, 45(4): 1671-1683.

[4] Wang J, Zhao Y, Wu X, et al. A transductive multi-label learning approach for video concept detection[J]. Pattern Recognition, 2011, 44(10): 2274-2286.

[5] Barutcuoglu Z, Schapire R E, Troyanskaya O G. Hierarchical multi-label prediction of gene function[J]. Bioinformatics, 2006, 22(7): 830-836.

[6] Cesa-Bianchi N, Gentile C, Zaniboni L. Hierarchical classification: Combining Bayes with SVM[C]. Proceedings of the 23rd International Conference on Machine Learning. New York: ACM, 2006: 177-184.

[7] Li G Z, You M, Ge L, et al. Feature selection for semi-supervised multi-label learning with application to gene function analysis[C]. Proceedings of the First ACM International Conference on Bioinformatics and Computational Biology. New York: ACM, 2010: 354-357.

[8] Wieczorkowska A, Synak P, Raś Z W. Multi-label Classification of Emotions in Music[M]. Berlin: Springer, 2006: 307-315.

[9] Luo X, Zincir-Heywood A N. Evaluation of Two Systems on Multi-class Multi-label Document Classification[M]. Berlin: Springer, 2005: 161-169.

[10] Sanden C, Zhang J Z. Enhancing multi-label music genre classification through ensemble techniques[C]. Proceedings of the 34th International ACM SIGIR Conference on Research and Development in Information Retrieval. New York: ACM, 2011: 705-714.

[11] Tsoumakas G, Katakis I, Vlahavas I. Mining Multi-label Data[M]. Berlin: Springer, 2010: 667-685.

[12] Bucak S S, Jin R, Jain A K. Multi-label learning with incomplete class assignments [C]. IEEE Conference on Computer Vision and Pattern Recognition（CVPR）, 2011: 2801-2808.

[13] Hariharan B. Efficient max-margin multi-label classification with applications to zero-shot learning[J]. Machine Learning, 2012, 88（1/2）: 127-155.

[14] Boutell M R, Luo J, Shen X, et al. Learning multi-label scene classification[J]. Pattern Recognition, 2004, 37（9）: 1757-1771.

[15] Read J, Pfahringer B, Holmes G, et al. Classifier chains for multi-label classification[J]. Machine Learning, 2011, 85（3）: 333-359.

[16] Read J, Pfahringer B, Holmes G, et al. Classifier chains for multi-label classification[C]. The 20th European Conference on Machine Learning. Berlin: Springer, 2009: 254-269.

[17] Read J, Pfahringer B, Holmes G. Multi-label classification using ensembles of pruned sets[C]. The Eighth IEEE International Conference on Data Mining, 2008: 995-1000.

[18] Read J. A pruned problem transformation method for multi-label classification[C]. Proceedings of 2008 New Zealand Computer Science Research Student Conference（NZCSRS 2008）, Christchwch, 2008: 143-150.

[19] Tsoumakas G, Vlahavas I. Random k-labelsets: An ensemble method for multilabel classification[C]. Proceedings of the 18th European Conference on Machine Learning. Berlin: Springer-Verlag, 2007: 406-417.

[20] Hüllermeier E, Fürnkranz J, Cheng W, et al. Label ranking by learning pairwise preferences[J]. Artificial Intelligence, 2008, 172（16）: 1897-1916.

[21] Fürnkranz J, Hüllermeier E, Mencía E L, et al. Multilabel classification via calibrated label ranking[J]. Machine Learning, 2008, 73（2）: 133-153.

[22] Schapire R E, Singer Y. BoosTexter: A boosting-based system for text categorization[J]. Machine Learning, 2000, 39（2/3）: 135-168.

[23] de Comité F, Gilleron R, Tommasi M. Learning Multi-label Alternating Decision Trees from Texts and Data[M]. Berlin: Springer, 2003: 35-49.

[24] Elisseeff A, Weston J. A kernel method for multi-labelled classification[J]. NIPS, 2001, 14: 681-687.

[25] Godbole S, Sarawagi S. Discriminative Methods for Multi-labeled Classification[M]. Berlin: Springer, 2004: 22-30.

[26] Xu J. An efficient multi-label support vector machine with a zero label[J]. Expert Systems with Applications, 2012, 39(5): 4796-4804.

[27] McCallum A. Multi-label text classification with a mixture model trained by EM[J]. AAAI'99 Workshop on Text Learning, 1999: 1-7.

[28] Ueda N, Saito K. Parametric mixture models for multi-labeled text[J]. Advances in Neural Information Processing Systems, 2003: 737-744.

[29] Ghamrawi N, McCallum A. Collective multi-label classification[C]. Proceedings of the 14th ACM International Conference on Information and Knowledge Management. New York: ACM, 2005: 195-200.

[30] Xu X S, Jiang Y, Peng L, et al. Ensemble approach based on conditional random field for multi-label image and video annotation[C]. Proceedings of the 19th ACM International Conference on Multimedia. New York: ACM, 2011: 1377-1380.

[31] 郑伟, 王朝坤, 刘璋, 等. 一种基于随机游走模型的多标记分类算法[J]. 计算机学报, 2010, 33(8): 1418-1426.

[32] Zhang M L, Zhou Z H. ML-KNN: A lazy learning approach to multi-label learning[J]. Pattern Recognition, 2007, 40(7): 2038-2048.

[33] Wieczorkowska A, Synak P, Raś Z W. Multi-label classification of emotions in music[C]. Intelligent Information Processing and Web Mining. Berlin: Springer, 2006: 307-315.

[34] Xu J. Multi-label weighted k-nearest neighbor classifier with adaptive weight estimation[C]. Neural Information Processing. Berlin: Springer, 2011: 79-88.

[35] Clare A, King R D. Knowledge discovery in multi-label phenotype data[C]. Principles of Data Mining and Knowledge Discovery. Berlin: Springer, 2001: 42-53.

[36] Zhang X, Graepel T, Herbrich R. Bayesian online learning for multi-label and multi-variate performance measures[C]. International Conference on Artificial Intelligence and Statistics, Sardinia, 2010: 956-963.

[37] Cheng W, Hüllermeier E. Combining instance-based learning and logistic regression for multilabel classification[J]. Machine Learning, 2009, 76(2/3): 211-225.

[38] Tang L, Rajan S, Narayanan V K. Large scale multi-label classification via metalabeler[C]. Proceedings of the 18th International Conference on World Wide Web. New York: ACM, 2009:

211-220.

[39] Pachet F, Roy P. Improving multilabel analysis of music titles: A large-scale validation of the correction approach[J]. IEEE Transactions on Audio, Speech, and Language Processing, 2009, 17(2): 335-343.

[40] Zhang M L, Zhou Z H. Multilabel neural networks with applications to functional genomics and text categorization[J]. IEEE Transactions on Knowledge and Data Engineering, 2006, 18(10): 1338-1351.

[41] Pawlak Z. Rough Sets: Theoretical Aspects of Reasoning about Data[M]. Dordrecht: Kluwer Academic Publishers, 1991.

[42] Zhang H, Zhou J, Miao D, et al. Bayesian rough set model: A further investigation[J]. International Journal of Approximate Reasoning, 2012, 53(4): 541-557.

[43] Kaneiwa K, Kudo Y. A sequential pattern mining algorithm using rough set theory[J]. International Journal of Approximate Reasoning, 2011, 52(6): 881-893.

[44] Maji P, Paul S. Rough set based maximum relevance-maximum significance criterion and gene selection from microarray data[J]. International Journal of Approximate Reasoning, 2011, 52(3): 408-426.

[45] Yao Y Y. Relational interpretations of neighborhood operators and rough set approximation operators[J]. Information Sciences, 1998, 111(1): 239-259.

[46] Hu Q, Liu J, Yu D. Mixed feature selection based on granulation and approximation[J]. Knowledge-Based Systems, 2008, 21(4): 294-304.

[47] Hu Q, Pedrycz W, Yu D, et al. Selecting discrete and continuous features based on neighborhood decision error minimization[J]. IEEE Transactions on Systems, Man, and Cybernetics, Part B: Cybernetics, 2010, 40(1): 137-150.

[48] Hu Q, Yu D, Liu J, et al. Neighborhood rough set based heterogeneous feature subset selection[J]. Information Sciences, 2008, 178(18): 3577-3594.

[49] Schapire R E, Singer Y. BoosTexter: A boosting-based system for text categorization[J]. Machine Learning, 2000, 39(2/3): 135-168.

[50] Tsoumakas G, Vlahavas I. Random k-labelsets: An ensemble method for multilabel classification[C]. Machine Learning: ECML 2007. Berlin: Springer, 2007: 406-417.

[51] Dembczyński K, Waegeman W, Cheng W, et al. Regret analysis for performance metrics in multi-label classification: The case of hamming and subset zero-one loss[C]. Machine Learning and Knowledge Discovery in Databases. Berlin: Springer, 2010: 280-295.

[52] Read J, Pfahringerand B, Holmes G, et al. Classifier chains for multi-label classification[C]. Proceedings of the ECML'09: 20th European Conference on Machine Learning. Berlin, 2009: 254-269.

[53] Duygulu P, Barnard K, de Freitas J F G, et al. Object Recognition as Machine Translation: Learning a Lexicon for a Fixed Image Vocabulary[M]. Berlin: Springer, 2002: 97-112.

[54] Barnard K, Duygulu P, Forsyth D, et al. Matching words and pictures[J]. The Journal of Machine Learning Research, 2003, 3: 1107-1135.

[55] Witten I H, Frank E. Data Mining: Practical Machine Learning Tools and Techniques[M]. San Francisco: Morgan Kaufmann, 2005.

附录A　三支熵的粒化单调性/非单调性的实例佐证

设条件分类$U/\mathrm{IND}(A)$含有两个条件类$[x]_A^1$、$[x]_A^2$，而决策分类$U/\mathrm{IND}(D)$含有两个决策类X_1、X_2。相关的粒基数如下：

(1) $|[x]_A^1|=40=|[x]_A^2|$；

(2) $|X_1|=29$、$|X_2|=51$；

(3) $|[x]_A^1\cap X_1|=1$、$|[x]_A^1\cap X_2|=39$、$|[x]_A^2\cap X_1|=28$、$|[x]_A^2\cap X_2|=12$。

粒合并$[x]_A^1\cup[x]_A^2\xrightarrow{=}[x]_B$导致了知识粗化$U/\mathrm{IND}(A)\xrightarrow{\leqslant}U/\mathrm{IND}(B)$，这里$U/\mathrm{IND}(A)=\{[x]_A^1,[x]_A^2\}$且$U/\mathrm{IND}(B)=\{[x]_B\}$。根据式(5.18)～式(5.20)，表A-1提供了基于X_1与X_2的三支熵计算结果。

表A-1　三支熵的概率计算与粒化单调性/非单调性

决策类	类型符号	$[x]_A^1$ 概率	$[x]_A^2$ 概率	$[x]_B$ 概率	A 熵	B 熵	熵关系
X_1	$p(X_1/[x].)$ or $H(X_1/.)$	0.025	0.700	0.3625	0.4932	0.5307	$H(X_1/B)>H(X_1/A)$
X_1	$p([x].)$ or $H^{X_1}(\cdot)$	0.500	0.500	1.0000	1.0000	0.0000	$H^{X_1}(B)<H^{X_1}(A)$
X_1	$p([x]./X_1)$ or $H(./X_1)$	1/29	28/29	1.0000	0.2164	0.0000	$H(B/X_1)<H(A/X_1)$
X_2	$p(X_2/[x].)$ or $H(X_2/.)$	0.975	0.300	0.6375	0.5567	0.4141	$H(X_2/B)<H(X_2/A)$
X_2	$p([x].)$ or $H^{X_2}(\cdot)$	0.500	0.500	1.0000	1.0000	0.0000	$H^{X_2}(B)<H^{X2}(A)$
X_2	$p([x]./X_2)$ or $H(./X_2)$	39/51	12/51	1.0000	0.7871	0.0000	$H(B/X_1)<H(A/X_1)$

对于三支熵，表A-1呈现的熵关系证明了它们的粒化单调性/非单调性，尤其是基于$H(X_1/B)>H(X_1/A)$与$H(X_2/B)<H(X_2/A)$的非单调性。

附录B 定理5-4的证明——中观-中层三支权熵的粒化单调性证明

证明 因为知识粗化包含多组粒合并，粒合并的信息单调性可以集成到知识粗化的信息单调性。由此，只需要证明粒合并代表组 $\bigcup_{t=1}^{k}[x]_A^t \xrightarrow{=} [x]_B$ 的信息单调性[2,17]。

（1）$f(u)=-u\log u(u\in[0,1])$ 是一个凹函数。因此

$$\sum_{t=1}^{k}\lambda_t=1\Rightarrow -\sum_{t=1}^{k}\lambda_t p_t\log p_t\leqslant -\left[\sum_{t=1}^{k}\lambda_t p_t\right]\log\left[\sum_{t=1}^{k}\lambda_t p_t\right] \tag{B.1}$$

该凹函数性质能够有效确定如下变形中的关键不等式：

$$\begin{aligned}
&-\sum_{t=1}^{k}p([x]_A^t)p(X_j/[x]_A^t)\log p(X_j/[x]_A^t)\\
&=-\sum_{t=1}^{k}p([x]_B)\frac{|[x]_A^t|}{|[x]_B|}p(X_j/[x]_A^t)\log p(X_j/[x]_A^t)\\
&=p([x]_B)\left[-\sum_{t=1}^{k}\frac{|[x]_A^t|}{|[x]_B|}p(X_j/[x]_A^t)\log p(X_j/[x]_A^t)\right]\\
&\leqslant p([x]_B)\left[\sum_{t=1}^{k}\frac{|[x]_A^t|}{|[x]_B|}p(X_j/[x]_A^t)\right]\log\frac{\sum_{t=1}^{k}|[x]_A^t\cap X_j|}{|[x]_B|}\\
&=-p([x]_B)\frac{|[x]_B\cap X_j|}{|[x]_B|}\log\frac{|[x]_B\cap X_j|}{|[x]_B|}\\
&=-p([x]_B)p(X_j/[x]_B)\log p(X_j/[x]_B)
\end{aligned} \tag{B.2}$$

(2)注意到

$$\begin{aligned}
H_W^{X_j}(A)&=-\sum_{i=1}^{n}p(X_j/[x]_A^i)p([x]_A^i)\log p([x]_A^i)\\
&=-\sum_{i=1}^{n}p([x]_A^i\cap X_j)\log p([x]_A^i)
\end{aligned} \tag{B.3}$$

因此

$$
\begin{aligned}
&-\sum_{i=1}^{k} p([x]_A^t \cap X_j)\log p([x]_A^t) \\
&= -p([x]_A^1 \cap X_j)\log p([x]_A^1) - \cdots - p([x]_A^k \cap X_j)\log p([x]_A^k) \\
&\geqslant -p([x]_A^1 \cap X_j)\log p([x]_B) - \cdots - p([x]_A^k \cap X_j)\log p([x]_B) \\
&= -\sum_{i=1}^{k} p([x]_A^t \cap X_j)\log p([x]_B) \\
&= -\left[\sum_{i=1}^{k} p([x]_A^t \cap X_j)\right]\log p([x]_B) \\
&= -p([x]_B \cap X_j)\log p([x]_B)
\end{aligned}
\tag{B.4}
$$

(3) $H_W(A/X_j) = -\sum_{i=1}^{n} p([x]_A^i \cap X_j)\log p([x]_A^i / X_j)$，因此可以类似于式(B.4)的过程来证明 $H_W(A/X_j) \geqslant H_W(B/X_j)$。